程懋筠教授（1900—1957）

程懋筠的音乐人生

萧友梅音乐教育促进会　编

中央音乐学院出版社
CENTRAL CONSERVATORY OF MUSIC PRESS
·北京·

干吧！

让我们的心，

整个地共鸣；

让我们的歌声，

激起每个魂灵；

还有我们的笔，

要同时描写，一致经营，

为了祖国的光荣胜利；

人类的永久和平！

程懋筠 1941 年 2 月 21 日于泰和

程懋筠的父亲程时燿

晚年程懋筠

程懋筠与姐姐程淑荃(右 2)、侄女程应铮(左 2)外甥女裘婉畴(右 1)

程懋筠与儿子应锟（左）侄女应铮(右后1)与外甥女裘婉华(右前1)

程懋筠(左1)与原配夫人(坐者)及儿子应锟(前右1)、女应钿(左1)和学生陈婉(右1站立者)

程懋筠与侄儿在一起

原中央大学艺术教育专修科所在地梅庵，现为江南大学艺术学院办公室。

程懋筠当年任教的中央大学校门

校徽

校訓

誠　樸

校　歌

吴縣汪東 作歌
程懋筠 製譜

这是程懋筠为汪东作词所谱写的《中央大学校歌》

1934年10月，江西音教会组建的管弦乐队。该乐队是继20年代萧友梅之后创建的全部由中国人组成的又一支管弦乐队。指挥：程懋筠（中站立者）；首席小提琴：赵年魁（左前二）；第一小提琴：魏沃能（左前三）、魏自中（左前四）；重低音提琴：王家齐（后排一）；大提琴：张贞黻（中坐者）；第二小提琴：邓雅宾、张志渊（右一、二）；钢琴伴奏：缪天瑞先生等。“湖滨音乐堂”原在今南昌“八一”公园内，靠近佑民寺前面。

由程懋筠于30年代策划建造的

南昌湖滨音乐堂

儿子程应锟在湖滨音乐堂前

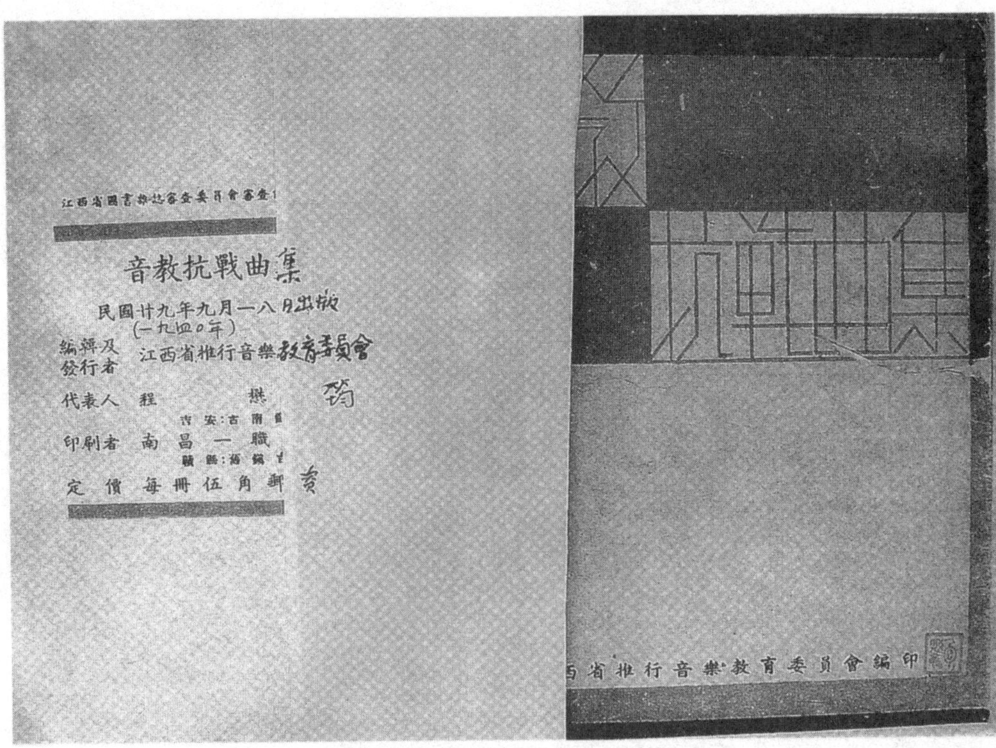

《音教抗战曲集》的封面与封底

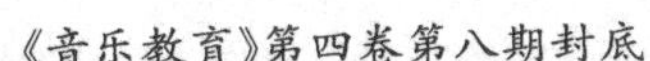

《音乐教育》第四卷第八期封底

《音乐教育》第二卷第五期封面

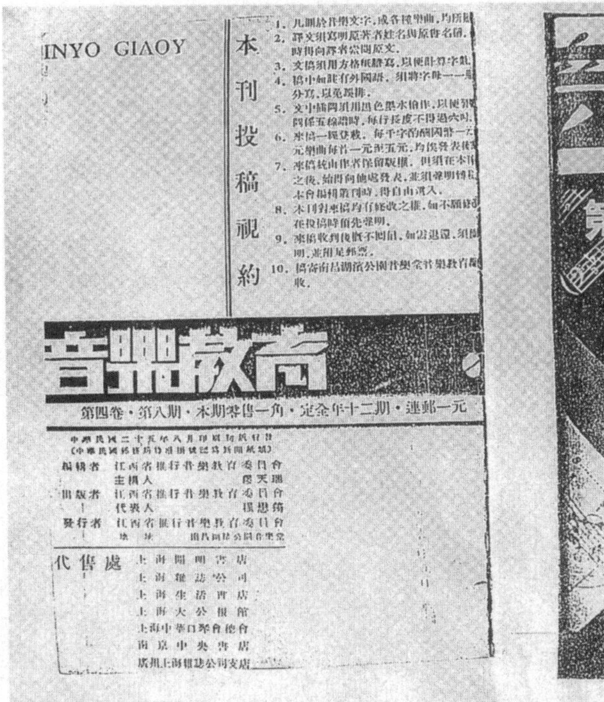

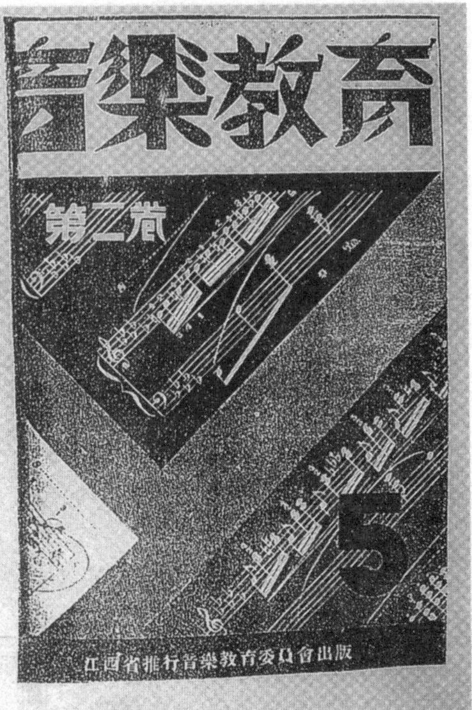

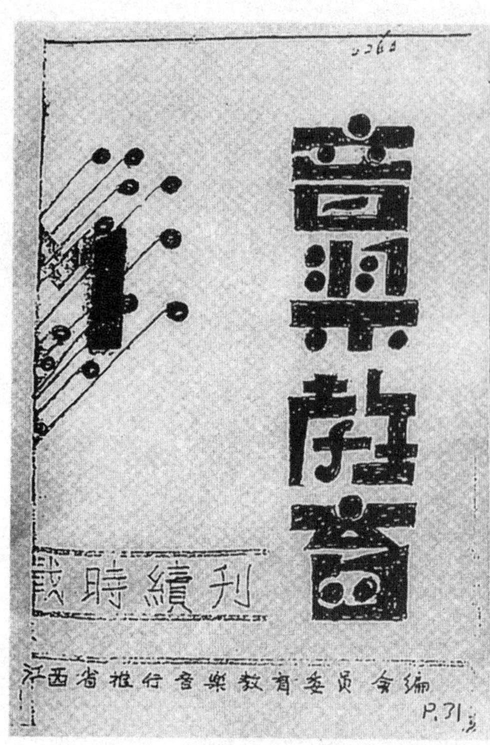

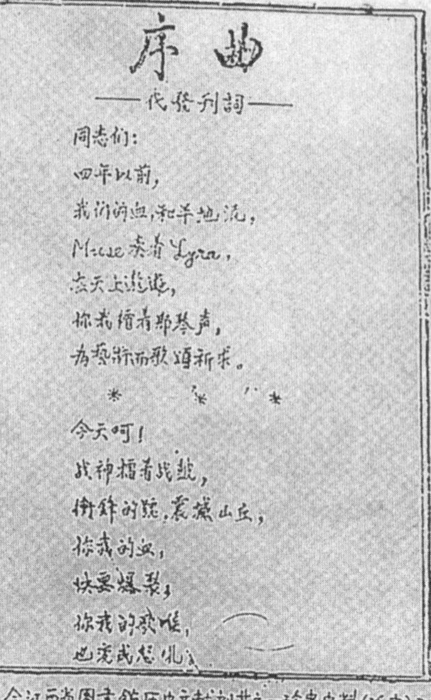

序曲

——代發刊詞——

同志们：

四年以前，
我们的血，和平地流，
Muse奏着Lyra，
在天上逍遥，
你我倾着那琴声，
为艺术而歌颂新乐。

* * *

今天呵！
战神播着战鼓，
衝锋的號，震撼山丘，
你我的血，
快要爆裂，
你我的歌喉，
也变成怒吼。

註：今江西省图書館历史文献部藏一珍贵史料（孤本）即1941年油印出版的《音乐教育战时续刊》刊載程懋筠写的代刊詞—序曲

油印出版的《音乐教育战时续刊》封面

在艰难困苦中创办的《音乐与戏剧》双月刊封面及程懋筠写的发刊词

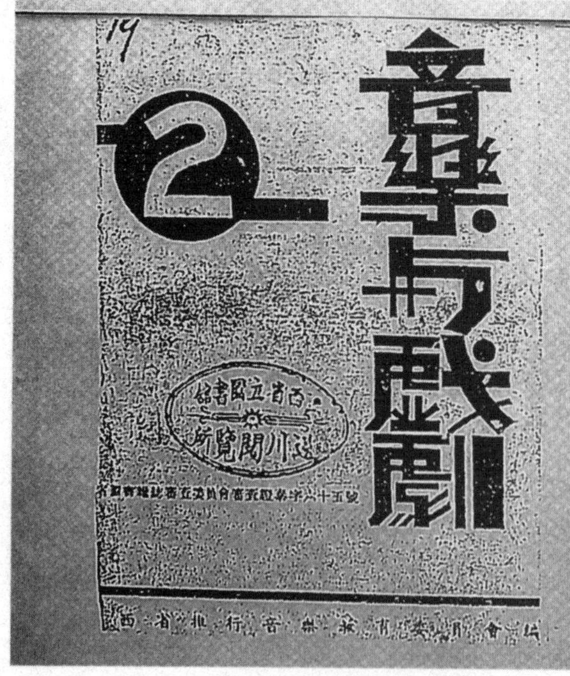

音樂與戲劇

發刊詞

程懋筠

當我提起筆來寫這「前奏」的時候，不能不想起我們辦了五年的月刊——音樂教育。它因爲抗戰關係，稿源缺乏，印刷困難而不幸停刊了！

但爲了適應時代的需要和推行我們的任務起見，這小小的刊物，又在艱難困苦中，以新的姿態，呈獻於諸君之前了。敵人的飛機大炮，是永遠不能摧毀我們的心靈和意志！

時代既已轉變，我們這刊物的目標也不能不有所更改。這刊物的內容，自然不應該完全像以前純與學院風的音樂教育，必須和抗戰時期的其他藝術一樣，於「深刻」之外，再求「普遍」！但我們決不願陷於「淺薄」，如果力量做得到時，「深入淺出」四字，就是我們技巧上的最高原則！

因爲本會現在兼事戲劇宣傳，所以在本來專爲音樂開闢的園地中，也散佈着這姊妹藝術的種子。而且今後發表的曲譜，同樣地爲着時勢的要求，當偏重於歌樂。

希望海內先進和同志們，像以前愛護音樂教育一樣，不時予以積極的援助與深切的同情。謹代表同人，先致感謝！（註：1940年音教会在江西出版的《音乐与戏剧》……双月刊。）

P.35

前一排：由左至右学员：颜茜、傅徵、唐玫娟、刘豫珍（即凤羽）李凤文、万德滋、陶端栉、朱琪星、李敏芳、吴兆夙、陈芳梅、□□□、赵诗溶、□□□

第二排：由左至右学员：□□□（工友）、汪洋、傅汝昌、邹金山（工友）、虞明德、蔡君豪、□□□（文书）、邓白汀、高孝泓、陈鲁南、蔡定昌（会计）、屠咸若、□□□、熊志成

最后排：由左至右学员：吉星野、蒋协和、吴善斌、袁明、张慕鲁、李中和、陈雁影、周柏年、朱仲候（总务主任）、□□□、陵心田（收发）、□□□。

注：抗日战争艰苦年代（1940-1941）江西省音教会曾于遂川县泰和县举办江西省音乐师资训练班，这帧照片是当年镜头。（遂川北门朱家祠堂大门口所摄影。）
音乐教育家程懋筠先生兼班主任（左前八）音乐理论家萧而化先生（左前九）
（此照片由定居美国洛杉矶的傅汝昌先生于1992年12月提供）

第一排：由左至右工：□□□　李敏芳(女)　林国瓦(女)　刘豫珍(女)　李凤文(女)　张咏真(女)　□□□　程远(女)　周宇平(女)　皮宪英(女)　□□□

第二排：□□□（烧饭工人）　付汝昌　袁明　熊志成　程懋筠　陈鲁南　蔡君豪　屠咸若　（工友）

第三排：邹金山　□□□（工友）　盖步瀛　陆心田　李中和　蒋协和　张慕鲁　陈敏明　周柏年

注：抗日救亡时代1942年江西省音教会抗敌歌咏团成员，摄于江西省泰和县上田村“临江花园”该团的住地。

投降的日本侵略军向中国军人交出武器

中山陵无梁殿中刻有以孙中山先生黄埔训词为国歌的歌词

1945年10月10日上午10点，北京受降区接受日寇投降的庄严仪式开始，全体肃立，高奏国歌，雄壮有力的歌声大长了中国人民的志气。

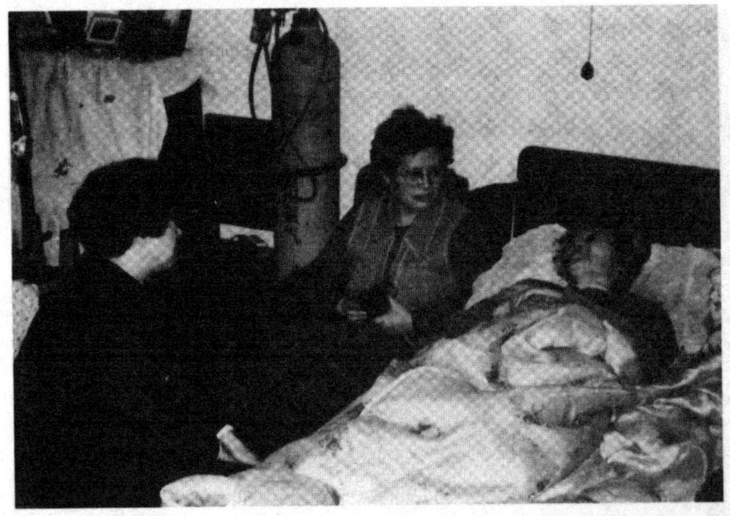

病重中的姐姐程应钿向妹妹讲述父亲的情况

◀▲1995年1月程应钿(中)把《悼歌》唱给妹妹银尔(左)、泰尔(右)听

悼　歌

男中音独唱

1=C $\frac{4}{4}$ $\frac{3}{4}$ 慢板

程懋筠 词曲

沉痛、哀悼地
好粮官，程懋型，既爱百姓又爱民。
征不到粮食愧作官，逼迫了百姓愧作人。他
呀，他呀，只有悠悠地在白鹭洲中自
尽。尽。他呀，他呀，只有
rit.
悠悠地在白鹭洲中自尽。

程应锟（1929—1978）
程懋筠教授儿子（老大），男高音歌唱家，毕业于中央音乐学院声乐系，师从喻宜萱教授；1951年7月随中国青年艺术代表团参加世界青年联欢节后，接着又在苏联、捷克、波兰、匈牙利、罗马尼亚、保加利亚、东德、澳大利亚等国巡回演出，1958年9月至1965年12月任哈尔滨师范学院艺术系讲师等职。1978年12月病故，终年49岁。

程懋筠教授原配夫人舒文辉女士（1905—1993）和其长孙女程韵（程应锟女儿）合影

程懋筠原配夫人舒文辉女士（右，1905—1993，教育家），和女儿（老二）程应钿（1930—1995）哈尔滨儿童医院副院长、主任医师合影。

程懋筠夫人张咏真教授（1914—1992）在西安音乐学院任教时摄

程懋筠女儿宁尔教授（中，老四，西安音乐学院作曲系副教授），张强（右，老六，西安建筑科技大学副教授），冯云（左，程懋筠的外甥女及其女儿）摄于西安音乐学院。

1996年春，程懋筠教授女儿泰尔（老三，左），中央音乐学院钢琴系教授，儿子张坚（老五，后中）成都军区歌舞团艺术总指导兼团长，外甥女冯云（右）哈尔滨省委党校经济管理学讲师，到南昌访问与程懋筠学生熊志成先生合影。

2007年2月“纪念程懋筠学术活动”发起人黄旭东（左）与程懋筠孙女程韵

序　言

王次炤

今年是程懋筠（1900～1957）先生逝世50周年。我院萧友梅音乐教育促进会，遵循“尊重历史人为本，面向现实唯求真”的学术理念，策划、发起并组织举办纪念程懋筠的学术活动，内容包括编辑、出版《程懋筠的音乐人生》一书，举行程先生创作的以抗日救亡歌曲为主的作品音乐会，制作介绍程先生生平事迹的CD光盘，召开以程先生的音乐思想、音乐创作、音乐教育和音乐社会活动为主题的学术研讨会。这是一次富有意义的学术活动；可以说，在一定程度上填补了我国现代音乐史教学和研究的一个空白。

由于人所共知的历史原因，在相当长的一个时期里，我国音乐教育界、音乐史学界，总是避而不提、不谈，更说不上研究程懋筠，似乎中国现代音乐史上根本就不存在这样一位具有多方面音乐才能、在多个音乐领域做出不同程度贡献的爱国音乐家。这使我想起2004年由我院联合大陆八大音乐学院及台湾师大共同举办“吴伯超百年诞辰学术纪念活动”的吴伯超先生，也是长期被贬斥的一位有历史贡献的音乐家。随着改革、开放的深入，人们的思想进一步解放，史学观念也得到更新，程懋筠的名字及其事迹，从上世纪80年代初才逐步地出现在音乐书刊上。

就目前所见资料，程懋筠最早创作的歌曲，是1928年以孙中山先生黄浦训词为歌词谱写的应征获选的国民党党歌；此歌后又定为中华民国代国歌、国歌。这首歌，在我国20世纪30－40年代的社会生活中，曾经产生过极其广泛的影响，起过不可替代的历史作用；程懋也由此而名声鹊起。1949年，程先生婉拒了朋友们的安排，留在大陆；同年5月上海解放时，先生带病冒雨和市民一起，走上街头，欢迎中国人民解放军入城。新中国成立不久，他又激情满怀地自写歌词创作了《新中国颂》，并致力于新中国的音乐教育事业；后又加入“九三学社”。从事实出发，以史实为依据，我认为：在政治上，程懋筠先生正像众多的老一辈音乐家一样，是随着历史的潮流，顺应社会的变革，紧跟时代的步伐，怀着一颗赤诚的爱国之心，自觉地从旧中国跨入新中国的一位爱国民主进步人士。但长期以来，却把他编入“另册”，打入“冷宫”。这一历史经验值得总结与研究。

作为音乐家的程懋筠先生，就他所学的专业和日后的音乐实践活动来说，我们称其为音乐教育家、作曲家、声乐家、指挥家是符合实际的。而从他是《音乐教育》月刊的代表人，并亲自编过若干期，后又主编《音教抗战曲集》、《音乐教育战时续刊》、《音乐与戏剧》等来看，先生还是位音乐编辑。可以说，程懋筠先生是在20世纪上半叶，为中国音乐文化事业做出多方面贡献的音乐家之一。

程先生的为人，据与他共事五载的缪天瑞先生所介绍，"他待人诚恳，对人采取信任态度，让人大胆放手工作，是位善于合作的人"；"待人接物处处从大处着眼，从远处着想"。这些都值得大家学习。

当然，程懋筠作为出身在官宦之家、成长于旧社会的一位知识分子，且又有复杂的社会政治关系，他的思想和音乐观念以及他所参与的音乐社会活动，都不可避免地带有时代的、社会的、历史的以及个人的局限性。仅就他的音乐作品而言，有一些明显是属于为当年的现实政治服务或是应景之作。这是客观事实。我们不必讳言，也不该回避。这也需要我们去正确认识和理解。这是历史主义的态度。

这本书，分上、下两卷。上卷为后人对程懋筠先生的缅怀与研究文章；下卷为程先生的音乐文论和音乐创作。这是目前为止有关研究程懋筠先生的一本最完整的音乐资料集，将其纳入我院出版社的"中国近现代音乐史教学参考文献"。其中，缪天瑞先生、熊志成先生、刘再生教授等撰写的回忆和研究文章，其史料价值和学术价值更高。我相信，本书的出版，对于进一步深入研究程懋筠，对于丰富和推动我国近现代音乐史的教学与研究，必将会起到积极的作用。

为此，我要向黄旭东老师以及同他一起为本书的搜集资料、提供资料和编辑、校对、出版付出劳动的10多位校内外师生，表示感谢。

最后，在纪念程懋筠逝世50周年学术活动即将举办之际，我想，以我个人和中央音乐学院的名义，并代表各主办单位和承办单位，向程懋筠先生的家人和亲友，致以诚挚的问候，并告慰在天之灵的程懋筠先生，安息吧！

2007年5月20日于北京

序言作者为：中央音乐学院院长兼萧友梅音乐教育促进会会长、中国音乐家协会副主席兼理论委员会主任、全国政协委员兼教科文卫委员会委员。

让被打入“另册”的音乐家回归到中国现代音乐文化建设的队伍中来

——程懋筠逝世50周年学术纪念断想

（代前言）

黄旭东

“整十逢五”的年月，是中国民间学术界纪念或庆贺老一辈人士辞世或诞辰的传统习俗。在纪念程懋筠（1900－1957）逝世50周年学术活动举办前夕，我思绪万千，感慨良多，且突然想起自己也该写点儿什么。因事务繁多，而又时间仓促，无暇撰述正式的带有学术价值的文稿。这里，仅以“断想”的形式，记下我的一些思绪与大家交流，以表个人对前辈音乐家程懋筠先生的敬重与缅怀之情

一

程懋筠大约是1950年代初以后的什么时候不知不觉地被打入“另册”的一位爱国民主人士和有成就、有贡献的音乐家。就是说，长期（至少有30多年）以来，在现代音乐史教学和研究领域，是不敢或不愿（有意无意）提及程懋筠的。其主要原因，就是因为他为以孙中山黄埔训词作为中国国民党党歌谱了曲，应征获选；该曲后又定为中华民国（1912—1949）的代国歌、国歌。就是这么一个原因，上世纪50年代以后中国音乐界的几代音乐学子，几乎都不知道中国现代音乐史上有程懋筠（以下简称“程氏”）这样一位音乐家。你说，这一历史经验，难道不应该作个反思或总结吗？

二

程氏出身于江西新建一个有着深厚中国传统文化氛围的家庭之中，是名副其实的一位书香子弟，从小接受了良好的中国传统文化教育。1918年又东渡日本拜当时日本著名声乐表演艺术家彩田秀子学声乐。兴趣广泛的程氏，两年后又兼学作曲，曾数次登台参加歌剧的演出。上世纪20年代曾来中国北大讲学并与萧友梅有过交往的日本著

名音乐学家田边尚雄，对程氏颇为赏识；在当年程氏就读的学校被誉为“特生”。家庭的文化熏陶与留日多年的勤学苦练，为程氏的音乐人生奠定了扎实的专业基础。

1926 年程氏学成回国。约二年后，曾出任南京的国立中央大学艺术专修科首届科主任，与著名画家徐悲鸿（时任专修科绘画组组长）为同仁。1928 年他应征为国民党党歌谱曲；评审结果名列第一。1929 年 1 月，国民党中央决定采选程氏所谱之曲为国歌。要知道，应征时，程氏没有政治后台，也并非国民党员，而且评审又是匿名编号。这次征选国歌，可以说是中国现代政治史、音乐史上一次公开、公正、公平的征曲活动。不像现在有的评选活动，还没有开始进入评审，传闻 XX 获第一名，结果竟丝毫不差（这是插话）。应征党歌谱曲获选，揭开了程氏音乐人生光彩的起步篇章。

三

任何一个国家，都有国歌，因为她代表了一个国家的尊严、意志和人民的向往、愿望。据我所知，在中华民国（1912—1949）的历史上，公开发表并明令传唱的有两首国歌。一是萧友梅谱曲的《卿云歌》；当年萧先生应邀谱曲时，就对歌词表示过不同意见，曾预言此歌“必不能久用”。二是程氏的以孙中山黄埔训词所谱之《三民主义歌》。这首国歌，在上世纪我国 30—40 年代的社会政治生活中，曾经起过不可替代的历史作用，产生过极其广泛的影响，在特定的场合中，歌声还起到了使中国人民扬眉吐气的积极作用。这就是曾经不可一世、强暴凶狠的日本帝国主义 1945 年 8 月宣布无条件乞降后不久，中国军队准备接受日本投降，决定将日军占领之地划分为 15 个受降区，分别先后接受侵略者交枪（刀）投降，并举行庄严的受降仪式。据我所读到的亲自目睹受降仪式场面者的回忆资料，1945 年 9 月 9 日和 10 月 10 日分别在北平和青岛举行的庄严受降仪式开始时，人们都要肃立，静听高奏国歌（其他战区我想也是如此），日本鬼子往日的蛮横劲丢得精光。还有，中华民国（1912—1949）为联合国的创始国之一；每当联合国开会前，各国升国旗时，也要奏国歌。就是说，程氏谱写的国歌，在特定的历史时期内、特定的场合下，起到了特定的不可或缺、不可替代的具有人文意义和积极历史作用，体现了当年中国人民的尊严。毛泽东曾强调指出：“今天的中国是历史的中国的一个发展，我们是马克思主义的历史主义者，我们不应当割断历史。”就是说，程氏谱写的国歌，是客观的历史存在，无法否认或抹杀她的历史价值。应该实事求是地承认其起过的历史作用。在史学研究中，我们决不能以党派的观点来看待国歌，而应当以上述毛泽东的论述为指导，客观、公正、求实地看待民国国歌的历史作用及其意义。

四

1949 年 10 月 1 日，天安门升起五星红旗，奏响聂耳谱曲、田汉作词的《义勇军进行曲》代国歌时，程氏谱曲的国歌，在中国大陆结束、完成了她的历史使命。五星红旗在飘扬新中国国歌在奏响，它表明社会在变革，中国在发展，时代在前进。这是历史的辩证法。但同时人所皆知，程氏谱写的这首国歌，至今仍在海峡对岸的台湾岛上回响，在坚定不移地反对一小撮台独分子妄图分裂伟大祖国领土，实现邓小平“一国两制”构想的今天，这首歌的意义，某种程度上在祖国宝岛依然存在。

五

20 世纪 70 年代末 80 年代初中国改革开放后的初期，程氏的音乐人生开始被人关注；西安音乐学院罗艺峰同志是第一人。从此，程氏的事迹或他所创办的《音乐教育》杂志才逐步见诸书刊。但一本史书在已经谈到《音乐教育》月刊时，却避而不提该刊的创办人、代表人程懋筠的大名。可见“程懋筠”这个名字，不知什么原因在少数人的眼里似乎有点“可怕”。为什么？我想，大概这是某种史学观念的反映。其实，程氏的音乐成就和贡献，远远不是一本《音乐教育》月刊所能代表的；也就是说，程氏的才能、成就和贡献是多方面的。除创办《音乐教育》杂志外，据我读到的确切史料或以实物可以作证的确切史实，程氏至少有这么几个“创办”：1933 年创办了以向群众进行艺术教育、提高民众欣赏水平为目的改良平剧（即京剧）班；同时配套还办了平剧研究社，1934 年 10 月创办了全部由中国人组成、由他亲任指挥的管弦乐队；后又在南昌创办了中国传统文艺形式中所未有、向国外学习引进的话剧团，并聘请了多位国内著名导演来排演；在抗日峰火燃起之后，还创办了抗战歌咏剧团，兼任团长，担任指挥；他还与当时在南昌的何士德创建了“南昌抗日歌咏协会”，何为主任，程氏为副主任，推动举行了南昌的抗日歌咏大游行；1940 年又创办了《音乐与戏剧》双月刊，编辑了《音教抗战曲集》；《音乐教育》停刊后的 1941 年，在极其困难的条件下，又油印出版了《音乐教育战时续刊》，举办江西省音乐师资训练班，兼班主任……足够了，不必再举例了。在 20 世纪 30 年代多灾多难的旧中国、在那艰苦抗日的岁月里，程氏把自己的学识与才能，基本上全部贡献给了祖国，给了人民，给了他所钟爱的音乐文化事业。

六

在相当长的一个时期里，“抗日救亡歌曲”，在近现代音乐史学界的某些人眼里，似乎只有共产党籍的音乐家或直接在中国共产党领导下的音乐家才会、也才能创作出来，即把音乐界人为地划分成所谓的“学院派”和“救亡派”。其实这是不符事实的。1931 年“九·一八”事变，日本帝国主义的魔爪已伸进东北，虎视眈眈，妄图侵吞整个中华大地。救亡、爱国、抗日，是当时中国广大人民群众包括爱国知识分子在内的中华儿女最迫切、最需要，也是义不容辞的大事。从史实出发，应该承认，抗日救亡歌咏的创作活动，是发韧或滥觞于萧友梅任校长、黄自任教务主任的上海·国立音专。我丝毫没有贬低聂耳的成就和贡献，但有人把“抗日救亡歌曲”称之谓新生事物，但却认为这一新事物出现于 20 世纪“30 年代中期”，是指聂耳创作于 1934 年和 1935 年的《毕业歌》、《自卫歌》、《义勇军进行曲》等，这就不符史实了。那萧友梅、黄自为首的国立音专师生于 30 年代初创作的一批抗日救亡歌曲又该算什么事物？全国抗战爆发后，程氏积极投身于抗日救亡歌曲的创作和组织推动抗日歌咏活动的开展，还到穷乡僻壤的各县农村进行巡回演出自己和同行创作的歌曲，这里不再一一罗列（他的抗日救亡歌曲详见本书下卷作品篇）。

总而言之，过去有些人，只讲他写了国民党党歌，有意无意地不说他还创作了抗日救亡歌曲。其实，程氏是一位赤诚的爱国主义者和坚定的“民族至上”主义者。在留日回国的知识分子中，在学习音乐的同行中，有些人在民族存亡的关头，失足了，落水了，犯错误了。但程懋筠却是位昂首挺胸，要做一个不向日寇低头的堂堂正正的中国人，坚决不向敌人弯腰屈膝的硬汉子。

我们完全可以说，程氏在抗日战争中的所作所为，所言所曲，是程氏身上中华民族精神升华的外在表现，他留下的文论资料和体现他民族意识和爱国情怀的抗日救亡曲作，赋予了他音乐人生积极向上、恒久不朽的价值。

七

1949 年 5 月 27 日，中国第一大城市上海宣告解放。程氏当时正在由江西广昌迁往上海的幼师任教。他与师生冒雨走上街头与广大市民一起热烈欢迎中国人民解放军进城。1949 年 10 月 1 日五星旗在天安门升起，中华人民共和国的成立，使程氏目睹了祖国所发生的翻天覆地的变化。诗言志，即最能体现一个人的心声，程氏抑制不住自己的激动心情，兴奋不已，情不自禁地撰写歌词，谱写了一首四部合唱《新中国颂》。这首颂歌，标志着程懋筠先生的音乐人生，自觉地健步跨入了人民当家作主的新时代。

八

很难说清何时起把程氏编入“另册”，随之打入“冷宫”的。从上世纪 70 年代末

80年代初开始，在小平同志“解放思想，实事求是”思想路线的指引下，不仅解放了一大批被打倒了的为建立新中国而立下汗马功劳的革命干部，同时也解放了一大批从旧社会走过来的热爱新中国、拥护共产党领导的爱国民主进步人士和广大知识分子。今天，我们要进一步本着尊重历史，实事求是的原则，从建设和谐社会的角度，从学术研究的的角度，对曾经遭受过不公正待遇的音乐家，不管是健在的或已故世了的，都应还他一个清白。要做到纪念一个人解放一大片。举办程氏逝世50周年学术纪念活动，就是要被编入“另册”30余年、已故50周年的程懋筠先生，请他回归到上世纪30－40年代曾为中国现代音乐文化建设作出贡献的这个队伍中来，给他以客观公正的历史定位，给予实事求是的评价，也就是正如中央音乐学院院长兼萧友梅音乐教育促进会会长王次炤在《程懋筠的音乐人生》一书序言中恰如其分地说，“程懋筠先生是在20世纪上半叶，为中国音乐文化事业做出多方面贡献的音乐家之一”。

当然，我们在请程氏回归队伍的时候，也不要肯定一切，从一个极端走向另一个极端。这就是说，我们要从事实出发，具体分析、论评。应该明白，任何一个历史人物包括顶天立地曾做出丰功伟业、名闻世界的历史伟人，也都有不可避免的时代的、历史的局限性，程氏当然更不例外。对这一点，王次炤院长在序言中已指出了。在此不再重复。

永远有断想，但也永远写不完。是该停笔“断”写的时候了。在此，我希望有机会读到这篇“断想”以及本书的前辈、同辈和小辈们，当发现其中有失误、不妥之处，请毫不客气提出来，批评指正。

2007年5月31日

程懋筠生平简历

1900 年 8 月 25 日

出生于南昌。字舆松，又名誉松，雨松，然云。祖籍江西省新建县大塘乡汪山土库，祖父程志和为清朝同治戊辰（1868 年）科进士。父亲程时燿，任江西省女子师范学校语文教员；母亲朱纫慧，读过私塾相夫教子，操持家务。生有一女二子，程懋筠排行第三，姐程淑荃，兄程懋型。

1905 年—1916 年

程懋筠天资聪慧，记忆超人。五岁起在家读私塾。能背诵许多古今著名诗词及名篇，且能自作诗词，出口成章。喜爱语文、音乐。

1916 年夏—1918 年夏

就读于江西省师范学校。

1918 年

随兄程懋型东渡日本，奉父命准备攻读理工科。但因稍疏理工，未能如愿。

1921 年夏

为发挥自身音乐、语文专长，自作主张，改变专业，考取了日本东洋音乐学校（现东京音乐大学），主修声乐专业，其导师为曾在美声歌唱故乡意大利学过声乐的著名声乐教授彩田秀子。两年后又兼学作曲。在学期间，其声乐、作曲成绩优秀，尤其在声乐方面初露锋芒，多次与日本同学登台演出歌剧，表现出了很高的艺术天赋，受到日本著名音乐学家田边尚雄教授的赏识，被誉为“特生”。程懋筠在日本学习八年之久，不仅能讲一口流利的日语，且熟悉意大利语及英语。由于家学渊源，酷爱博览群书，汉语修养深厚，具有扎实的中国传统文化的功底，为其以后的声乐演出和歌词创作以及他的所言所行所思，打下了坚实的文化基础。

1926 年夏

学成归国，先后在南昌一中、二中、江西省师范学校任音乐教员。同年与江西省女子师范学校毕业的舒文辉女士（1905 年 4 月—1993 年 3 月）结婚。生有一子一女。

1928 年夏

出任南京中央大学艺术教育专修科第一任系主任、声乐副教授。

1928 年 10 月

中国国民党中央党部决定以孙中山先生黄埔训词为歌词，向社会征集党歌曲谱，共征得 150 余首。程懋筠应征。经音乐专家精选，选出 4 个曲谱。同年 12 月 28 日下午 2 时，经审听，结果以第 80 号程懋筠所作之谱为党歌曲谱。1929 年 1 月 10 日国民党中常会决定采选程懋筠所谱者为党歌。认为该歌词极富爱国思想，且曲调庄严和平，雄壮有力，有激发民族意识之功效。1930 年 3 月 24 日，中华民国行政院明令全国，以这首党歌代国歌；1936 年 6 月 3 日，国民党中常会批准以党歌代国歌的提案；1943 年，宣布正式为中华民国国歌。

1930 年夏—1933 年初

先后在杭州湘湖师范、英士大学、杭州艺术专科学校任教授。

1933 年初

应聘返回故里南昌。同年 3 月组建“江西省推行音乐教育委员会”，几乎集中了当时国内音乐界的精英，出任该委员会的委员。程任主任委员，主持全面工作。同时组建合唱队。

1933 年 4 月

在他的主持领导下，创办了由肖而化、缪天瑞先后担任主编的《音乐教育》月刊，并任该刊代表人，至 1937 年 12 月停刊，共出版 57 期；是 1949 年前，中国音乐期刊史上，出刊时间最长，出版期数最多，发行范围最广的期刊，深受广大音乐工作者尤其是中小学音乐教师的欢迎。从最权威的萧友梅，到普通的中小学音乐教师，多在此刊物发表文章。该刊同时也为日后现代音乐史的教学与研究，留下了一份极其珍贵的音乐史料。

1933 年 10 月

组建管弦乐队，自任指挥。

1934 年

是年起先后建立了改良评剧团 、话剧团。从全国招聘了一批著名的音乐家、戏剧家、导演和演员来音教会工作。

1937 年 7 月

抗日战争爆发。1938 年日军进攻南昌。程懋筠本可随其兄去四川。但在国家民族危亡的时刻，本着天下兴亡、匹夫有责的古训，挺身而出，义无返顾地率领“音教会”合唱队、话剧团（后改为抗敌歌咏话剧团）辗转于江西吉安、遂川、泰和、赣州等县镇和偏僻农村宣传抗日，培训音乐人才。同时，兼任江西幼稚师范专科学校教授（校长为著名教育家陈鹤琴先生，此系我国第一个公办幼稚师范学校）。抗战伊始，他就迸发出极大的爱国热情，源源不断地创作了百余首抗日救亡歌曲，举办并参加了许多演出（包括音乐会、话剧等）。由于资金紧张，演出条件差，许多演出都是在露天搭台进行，表现出了顽强的抗敌救国意志。他们的歌声和演出大大鼓舞了群众的斗志，激发了人民的爱国热忱，坚定了抗战必胜的信念，产生了巨大的反响，出现过不少台上台下演员与群众同声高唱、群情激愤的感人场面。一个留学日本的"洋音乐家"，表现出了强烈的民族气节和崇高爱国精神。

1939 年

与音教会钢琴伴奏张咏真女士（1914 年 2 月—1992 年 1 月）结合，生有二女二儿。

1940 年

在江西遂川主编两期《音乐与戏剧》。

1941 年 3 月

主编油印出版的《音乐教育战时续刊》。同年 8 月出版发行《音教抗战曲选》。

1944 年末—1945 年

音教会因资金困难被迫解散，他随幼师搬迁往江西广昌甘竹乡，任幼师音乐教授。1945 年 8 月日寇无条件投降。抗日战争取得胜利。

1946 年初

随幼师途经南昌迁往上海，任上海幼师及上海美专教授。期间曾去台湾授课，但很快返回大陆。

1949 年 5 月

上海解放，与广大市民一起冒雨上街欢迎中国人民解放军入城。

1951 年 3 月

在《上海音乐》创刊号上发表自己作词谱曲的歌颂新中国的四部大合唱《新中国颂》。

1951 年春

应兰州大学吕斯百教授邀请前往兰州，途经西安时，不幸突患脑溢血于客旅，随后在西安休养。

1953 年春

南归。居住于南京农学院家属宿舍，养病。病中曾用瘫痪后尚能活动的左手，执笔写过以歌颂我国人民战水灾为内容的歌曲《人定胜天》，还写过以梁山伯祝英台飞回人间赞赏人间大地繁荣景象，以比喻解放后祖国发生的巨大变化（此歌曲当时曾给他家人看过，但未公开发表）。

1957 年 7 月 31 日晨

脑溢血复发，病故于南京家中。享年 57 岁。后安葬于南京郊区公墓。

（冯云撰稿　黄旭东校订）

目 录

上 卷
纪 念 篇

研 究 篇

下　卷

文　论　篇

作　品　篇

纪念·研究篇

纪念篇

名音乐学家田边尚雄，对程氏颇为赏识；在当年程氏就读的学校被誉为“特生”。家庭的文化熏陶与留日多年的勤学苦练，为程氏的音乐人生奠定了扎实的专业基础。

1926 年程氏学成回国。约二年后，曾出任南京的国立中央大学艺术专修科首届科主任，与著名画家徐悲鸿（时任专修科绘画组组长）为同仁。1928 年他应征为国民党党歌谱曲；评审结果名列第一。1929 年 1 月，国民党中央决定采选程氏所谱之曲为国歌。要知道，应征时，程氏没有政治后台，也并非国民党员，而且评审又是匿名编号。这次征选国歌，可以说是中国现代政治史、音乐史上一次公开、公正、公平的征曲活动。（评选经过，请参阅本书司马庵一文文末的编者按及所附的《申报》复印件。）

三

任何一个国家，都有国歌，因为她代表了一个国家的尊严、意志和人民的向往、愿望。据我所知，在中华民国（1912—1949）的历史上，公开发表并明令传唱的有两首国歌。一是萧友梅谱曲的《卿云歌》；当年萧先生应邀谱曲时，就对歌词表示过不同意见，曾预言此歌“必不能久用”。二是程氏的以孙中山黄埔训词所谱之《三民主义歌》。这首国歌，在上世纪我国 30—40 年代的社会政治生活中，曾经起过不可替代的历史作用，产生过极其广泛的影响，在特定的场合中，歌声还起到了使中国人民扬眉吐气的积极作用。这就是曾经不可一世、强暴凶狠的日本帝国主义 1945 年 8 月宣布无条件乞降后不久，中国军队准备接受日本投降，决定将日军占领之地划分为 15 个受降区，分别先后接受侵略者交枪（刀）投降，并举行庄严的受降仪式。据我所读到的亲自目睹受降仪式场面者的回忆资料，1945 年 10 月 10 日和 9 月 9 日分别在北平和青岛举行的庄严受降仪式开始时，人们都要肃立，静听高奏国歌（其他战区我想也是如此），日本鬼子往日的蛮横劲丢得精光。还有，中华民国（1912—1949）为联合国的创始国之一；每当联合国开会前，各国升国旗时，也要奏国歌。就是说，程氏谱写的国歌，在特定的历史时期内、特定的场合下，起到了特定的不可或缺、不可替代的具有人文意义和积极历史作用，体现了当年中国人民的尊严。毛泽东曾强调指出：“今天的中国是历史的中国的一个发展，我们是马克思主义的历史主义者，我们不应当割断历史。”就是说，程氏谱写的国歌，是客观的历史存在，无法否认或抹杀她的历史价值。应该实事求是地承认其起过的历史作用。在史学研究中，我们决不能以党派的观点来看待国歌，而应当以上述毛泽东的论述为指导，客观、公正、求实地看待民国国歌的历史作用及其意义。

《音乐教育》的特点是面向中小学音乐教师，采取“由上而下”、“由下而上”的方式加强与音乐教师的联系。一方面，《音乐教育》每期都刊登一批歌曲和乐曲，包括创作歌曲、少年儿童歌曲、合唱曲、翻译歌曲、儿童节奏乐队用曲、民间歌曲、中外器乐曲等，为中小学提供音乐教材。另一方面，为验证这些歌曲和乐曲是否适用于中小学，编者和读者之间经常相互交流，并针对音乐教师提出的疑问和观察中小学时发现的问题，来组织、编写相关文章，以期帮助解决音乐教学中的实际问题。此外，还刊登相关的评论、报道、理论、乐曲解说、声乐和器乐知识、音乐家和歌剧知识、音乐教育理论等，着重介绍西方音乐作品和教育理论及方法，如儿童节奏乐队等，除进行介绍外，还指导学校教师开展试验，使这些外来的音乐和教学方法“本土化”。

《音乐教育》曾出版许多专辑，有“小学音乐教育专号”（2 卷 1 期）、“中国音乐问题专号”（2 卷 8 期）、“乐曲创作专号”（3 卷 1 期）等，特别是 1935 年以后，发表抗日救亡作品、论文，报道各地救亡歌咏活动，出版“全国音乐界总动员特大号”（4 卷 1 期）、“救亡歌曲特辑”（4 卷 11 期）、“苏联音乐专号”（5 卷 7 期）等包含进步内容的专号，同时所发表的音乐作品大多具有进步倾向。例如“救亡歌曲特辑”刊登的歌曲有《抗敌》（江定仙作曲）；《提倡国货》（刘雪庵作曲）；《前进》《奋斗》（均何安东作曲）；《中国人》（赵元任作曲）；《上前线》（陈洪作曲）；《长城谣》（陆华柏作曲）；《民族战歌》（老志诚作曲）；《中华女儿》（包恩鸿作曲）；《睡狮奋起》（卢安度作曲）等。再如第 5 卷各期刊登创作歌曲共 23 首，如《摇船歌》《工人之歌》《新的中国》（均贺绿汀作曲）；《我是个北方人》《中华我中华》（均赵元任作曲）；《民族解放战歌》《大众的歌手》《抗敌词》《芦沟桥畔》《奋起救国》（均何安东作曲）；《怒吼》《四万万的大众起来》（均陈洪作曲）；《岁月悠悠》《打杀汉奸》（均江定仙作曲）；《枪口对外歌》《万里长征曲》（均章枚作曲）；《抵抗》（陆华柏作曲）；《田家苦》《送战士》（均曾雨音作曲）；《抗敌战士悼歌》（邓尔敬作曲）；《马赛曲》（章枚、沙帆译）；《白玫瑰》（郭沫若译、高立中作曲）等。对于上述包含进步内容的专号和具有进步倾向的歌曲，作为音教会的负责人程先生都真心诚意地给予支持，他在当时那样的环境里和所处的职位上，能做到如此开明，真是难能可贵。

《音乐教育》在程先生的号召下，全国许多知名音乐家和中小学音乐教师，如萧友梅、王光祈、赵元任、青主、陈洪、胡周淑安、李抱忱、廖辅叔、李树化、萧而化、江定仙、王云阶、何安东、刘雪庵、钱学森、欧漫郎、贺绿汀、李焕之、陈田鹤、李元庆、章枚等，相继为之撰稿。

在《音乐教育》扉页上原有教育厅长程时煃的题词：“普及音乐知识，提高欣赏程度，纠正错误观念，供给适用作品。”李元庆和我认为含义模糊，建议其中第三句“纠正错误观念”改为“刊登译著论文，介绍创作乐曲”。程先先同意我们的建议，并亲自送给厅长重新题写，又将字体缩小，放在目录上方较不显著的位置。

李元庆和我讨论《音乐教育》出什么专号时，他说鲁迅在文学上强调“弱小民族文学”，我们应效之。但我们找不到音乐方面的合适题材，只找到苏联音乐的资料，就决定出《苏联音乐专号》。专号出刊后，教育厅有意见，我们的答复是：这是艺术问题，我们既有美国音乐，也有苏联音乐。程先生为此肯定受到压力，但他如何答复教育厅，我们就不得而知了。

我在编辑《音乐教育》时，曾采纳吕骥同志意见，每期都刊登我国各地的民间歌曲。例如：第5卷各期共刊载各地民歌30首，如《短歌六首》（绥远民歌，吕骥采录）；《小白菜》（北平民歌，章枚采录）：《十二步》（厦门民歌，李焕之采录）；《要陪送》（河北乡间民歌，老志诚采录）；《山歌三首》《“唱春牛”歌五首》（均广东小北江连景山歌，梁得灵采录）；《十朵鲜花》（北平民歌）、《打雷》（山东儿歌，均刘贵英采录）；《手扶栏杆》《打骆驼》《十送》（均江西修水民歌）、《桃竹树上开红花》（湖南平江民歌，均晏即曙采录）；《踏秧歌三首》（四川渠县民歌，廖正斌采录）。

此事，对程先生产生了很好的影响。每期刊出民歌后，程先生都会很有兴味地拿来吟唱。他还要求乐队的演奏人员，如发现本地有好的民歌，要介绍给《音乐教育》选载。有一次，他听说当地建筑工人“打夯歌”唱得很好，就带我一起去听，学习工人们演唱的歌，回来后他写成新的打夯歌，并试教工人们演唱。由于他没有掌握工人劳动的经验，新作的打夯歌缺乏原来号子的节奏，结果没有在工人中得到推广，但这种精神是很好的。还有一次，他请来一位能演唱民间歌曲的道士来演唱一首名叫《玲珑塔》的宗教歌曲。说明程先生对民间音乐有浓厚的兴趣。

《音乐教育》所登载的歌曲，至今常有被采用者，例如：《摇船歌》《清流》《雷锋塔影》（均贺绿汀作曲），《岁月悠悠》《唱不完·轮唱曲》《晚歌》《竹叶船》《不倒翁》《黎明》（均江定仙作曲），《葵园景》（赵元任作曲），《月光光》（陆华柏作曲），《纺纱歌》（胡周淑安作曲），《燕子哥哥》（刘雪庵作曲），《晨歌》（陈田鹤作曲），《蝴蝶不飞来》（刘已明作曲），《合作》（程懋筠作曲）；外国歌曲（译词）；《飘泊者》《小夜曲》（均舒伯特作曲），《莲花》（舒曼作曲，均默生译词）；此外还有一些儿童节奏乐队曲。

《音乐教育》所登载的论文被辑入《中国近现代学校音乐教育文选》（俞玉滋、张援编，上海教育出版社，2000年）中者有：《选择小学唱歌教材的标准》（李垂铭）、《小学模范音乐教科书的编辑经过》（柯政和）、《部颁小学课程标准内几个值得讨论的问题》（铁光毅）、《怎样发达儿童听音的官能》（光毅）、《小学音乐教学的环境及方法》（刘忠谋）、《北京市的合唱团》（李抱忱）《六年来教学的印象》（王抒情）、《中学音乐教学经验谈》（刘已明）、《一个乡村师范的音乐教学》（俞拔棠）、《我们的歌咏团》（刘锡璠）等。被辑入《二十世纪中国音乐美学·第一卷》（王宁一等编，现代出版社，2000年）中者有：《音乐的势力》（萧友梅著）、《通信》（王光祈著）、《音乐会

的功用》（曾学薰著）、《什么是民族社会主义的音乐》（青主著）、《音乐教育心理学》（邹敏、铁明著）、《关于音乐的欣赏》（健人著）、《音乐艺术往哪儿去?》、《音乐真是高于一切么？——评青主〈乐话〉》（均章枚著）、《音乐中的思想和感情》（邦瑟［Bomser］著，欧阳采薇译）、《音响心理学概观》（高野浏著，曾葆译）、《诗与音乐之比较》（哈道著，马葆炼译）。

众所周知，当时音教会地处江西南昌五次“围剿”的指挥中心，社会和学校生活难免蒙上政治色彩，而程先生从来没有要求《音乐教育》发表政治色彩的歌曲。他在当时所遇到的困难和阻力可想而知。他在《写在终刊号之后》（5卷，11、12合期）中表示：刊物不能用“国防歌曲”的名称，不能正面提名“鲁迅悼歌”，他深为内疚。

程先生和音教会管弦乐队

管弦乐队成立于1934年10月。程先生任指挥。弦乐聘请赵年魁、陈健、李九仙、盛文龙（均小提琴）、张贞黻、李元庆、方大堤（大提琴）等一批演奏家。弦乐组人数不足，请社会人士客席参加，如陈品中、胡江非（第二小提琴），第二小提琴中有一位是现职警察；并培养人员补充，如让本会专业人员钱曾葆在小提琴基础上学习中提琴，让话剧人员王家齐学习倍大提琴。管乐器演奏员从省府管乐队中选拔充任。伴奏人力不足，请省会教会女中教师王家琼协助。

当时乐队是单管制，最多时才20名演奏员。配器上有一定局限性，整个乐队较难处理。钢琴主要用作补充和声，有时也协助小提琴，重复主要曲调。由于乐队本身存在缺陷，它在音乐会中不是每次效果都很好，因此音乐会除由乐队演出莫扎特、罗西尼、奥芬巴赫等的歌剧序曲外，需要加配一些表演贝多芬、舒伯特的交响曲改编的钢琴五重奏曲，以及独奏和独唱等，以事调和、补充。

程先生指挥管弦乐队，与演奏员的关系几年来一直处在和谐气氛之中。小提琴首席赵年魁先生在“北京大学附设音乐传习所”时代就是管弦乐队的演员，是老资格。程先生对他很尊重，赵年魁也不以老资格自居。有时大家对程先生的某乐曲处理有不同意见，赵先生总是说，既然指挥这样认为，我们就照他的意见。乐队大提琴首席张贞黻先生当时已是著名的指挥家帕器指挥的上海工部局乐队的实习演奏员，富有演奏经验，演奏表现力十分丰富。程先生在指挥乐队时，凡有突出大提琴的地方，就十分注意发挥张贞黻的作用，使他得以展示个人才能。另外，程先生在音乐会中特别注意多安排张贞黻的独奏节目，使其特长有用武之地。陈健的小提琴演奏在音乐表现上较自由，因此也多安排他独奏节目。但他在乐队中只按照指挥和首席，发挥乐队的总体作用。

上面讲过，钢琴在乐队中主要用作补充和声，起融合整个乐队的作用。但我演奏时经常忘了自己的任务，不能保持"中等强度"，虽经指挥程先生提示，我也不注意。这当然会使程先生不满，但他不言明，倒是乐队演员指出我的缺点。

合唱、教师独唱、学生合奏列为音乐会节目

程先生任指挥的合唱团，初约40人，1938年改为"抗战歌咏团"，主要吸收中小学音乐教师参加。合唱团经常开展训练和演出活动。曾演唱一些西洋名曲，或者用西洋名曲曲调填上中国歌词的歌曲。通过合唱训练，既提高了音乐教师的水平，加强了与中小学音乐教师的联系，也为社会音乐活动提供了音乐会的节目。省会女中教师王笥香也作为女高音独唱列入音乐会节目。

1936年，专为中小学同学举办一场内有小学生节目（儿童节奏乐队）的巡回演出，轮流到中小学去演出。并印发简单有趣味的节目单，演出前有人讲解各种西洋乐器，并作示范演奏。这次演出受到同学们的欢迎。

程先生有时会突然走进我的工作室，见我正在工作（写作、阅稿），他不说话，就把琴谱放在钢琴上，表示自己想要唱歌，要我伴奏。程先生的听觉很灵敏，他唱歌时有时发现我的伴奏漏了音，就叫起来："你又漏了音了。"我笑着说："我脑子里少了一根弦。"我的意思是，固然我的视奏能力不强，同时也由于我的思想还没有从原来工作转到钢琴上来。

在音乐会中程先生自己较少出独唱节目。唱得最多的是赵元任的《也是微云》、舒伯特的《云雀》《飘泊者》和《马赛曲》。

为推进中小学音乐教育，还利用寒暑假期间，开设音乐教师补习班。以教育厅的名义要求各校指派幼儿园及中小学音乐教师参加进修。学习的课程分主科和选科，主科包括和声学、作曲入门、唱歌及教学法；选科包括风琴、钢琴、民间歌曲等。

音教会还设立口琴队，曾邀请外地口琴队来省演出。

音教会的戏剧组和话剧团

在指导社会音乐方面，音教会专设戏剧组，由裘德煌负责。当时南昌地区广泛流行地方戏曲"采茶戏"多色情内容，经裘德煌删改或自编新剧本，交剧团演出。曾演出《胡阿毛抗日记》。此外还推荐古典的采茶戏。

外地来南昌演出的团体，也经音教会派专人检查。例如黎明晖率"明月歌舞团"来演出，经检查认为其中有"草裙舞"带色情表演，要删去后才准许演出。

为了代替当时流行的黎锦晖的歌舞表演，程先生根据日本的坪内逍遥著、周作人译的故事创作了一幕三场的学校音乐剧《猴儿酒》，还有钱光毅根据安徒生与叶圣陶的

童话改编的学校乐剧《皇帝的新衣》（廖辅叔作词、陈田鹤作曲），均发表在《音乐教育》上，前者并组织省会女子中学同学进行排练表演。

按照程先生的长远计划，还组织了一个戏剧训练班，称“改良平（京）剧班”，招收年轻学员，聘请教员进行训练，计划准备将来由他们表演自己编写的京剧。此项工作虽已着手进行，但后来因抗战爆发未能实现。

音教会另设话剧团，由邵惟主持，曾演出曹禺名作《雷雨》，还演出宣传抗日的话剧，如《电线杆子》《血洒晴空》等。记得有一出话剧叫《最后一计》，故事梗概是：抗日英雄马百计被反对抗日的军官抓去，为了使他“认罪屈服”，便将他的儿子捉去当人质，最后马百计大义灭亲将儿子毒死，而马百计也被军官一枪打死。话剧团由于人员不足，只得从社会上临时找人协助，有一回缺少一位演员，临时请拉幕者充任。

程先生的学术思想

程先生在此期间发表的文章，有《五线谱实际教学问题研究》《发声与指挥》《音乐教学实际问题研究》《黎锦晖一流剧曲何以必须取缔》《江西省推行应景委员会之使命及计划》《推行音乐教育实施方案》《改良我国音乐教育建议》等数十篇。我以为其中较为重要的是有关推行五线谱方面和批评黎锦晖作品的文章。

程先生在《五线谱实际教学问题研究》（载《音乐教育》2 卷 1 期）一文中提出和回答了小学五线谱教学中的 20 个问题。

显然，程先生对音乐教学中的实际问题，既坚持从实际出发，又能从长远考虑。关于提倡五线谱、反对简谱问题，程先生贯彻执行当时教育部颁布的小学和初中《音乐课程标准》（1932 年）的要求，同时他也主张仿照欧美、日本的音乐教育模式。当然，人们对此一直持有各种不同意见。我当时考虑推行五线谱主要存在教员培养和印刷方面的困难。实际上，印刷问题，可采用万叶书店发行“活页歌曲”的办法，如像欧美国家那样，上音乐课时将歌篇发给学生，下课后收回保存待下次上课时再用。当时如采用这种办法，也许对于以后五线谱的普及会发挥更大作用。

程先生在《黎锦晖一流剧曲何以必须取缔》（载《音乐教育》2 卷 1 期）一文中说：“本会成立以来，对于黎锦晖一流歌剧谣曲，即厉行取缔，并在去年全省教育行政会议中，提出取缔民教机关及学校演唱此曲之议案，经全体大会通过，复经教育厅通令禁止。”

关于取缔黎锦晖一流歌曲的理由，他认为：黎锦晖等所作歌剧及谣曲，大抵取材于都市流行之小曲、俗调，多属描写色情之作，意淫情荡，音乖词秽，不利于国民品性的陶冶；歌曲往往超出儿童音域，力竭声嘶，声带容易疲劳，不能发柔美声音，有碍身体健康；黎锦晖等一类剧曲习听既久，耳濡目染，不能辨别音乐的优劣，不能欣赏纯正音乐，不利于提高人民的欣赏程度；黎锦晖剧曲节奏单调，滥用装饰音，歌词浮艳不实，舞蹈形式及表演方式常呈骚态，不利于国家文化向上发展。

关于批评禁演黎锦晖音乐作品，我觉得要联系历史背景来看。当时正值全国奋起抗战，民族危难时刻，提倡鼓舞人民奋起的歌曲，反对“商业化”的音乐，是当时音乐界比较一致的看法。关于禁演黎锦晖音乐作品，连他的儿童歌舞剧《葡萄仙子》一类也一概否定，在今天看来是“一棍子打死”，有些“矫枉过正”了。

程先生的为人处事

程先生待人诚恳，对人采取信任态度，让人大胆放手工作，是一位善于合作的人，因此大家都能负起责任，合作气氛是很好的。比如，我编好月刊年计划，打算出哪几个专号等，程先生几乎连看都不看就说：“你做就是了。”但是一旦出现了问题，他又自己担当责任。有一次张贞黻化名“微之”在刊物上发表一篇介绍上海音专概况的文章（《上海国立音乐专科学校琐记》，4卷8期）。谈到上海音专的沿革、校舍、教师和费用等，文章末尾说：“在过去，有些远地学生钱一时汇不到，去向校长要求宽限几天，校长冰冷地对他说：‘你没有钱，下一学期来好啦!’”。上海音专校长萧友梅先生来信提出意见，说明没有这回事。程先生不找张贞黻说此事，而是亲自写信答复解释，并将复信发表在刊物上（《国立音乐专科学校琐记一文——更正》4卷10期）。

程先生对行政费用尽量节约。每次在本市学校演出，他自己就步行（不坐人力车），演员们自然各自走去，大件乐器，如倍大提琴，也是二人扛去。晚上加班，第二天按时照样上班，什么“补助费”、“市内交通费”、“加班费”一类，大家连听也没听过。当《音乐教育》第四期第一卷“特大号”出版时，会计人员说：“印刷费高达八百元，可以买一架钢琴!”，程先生说：“《音乐教育》现在已发行全国，影响很大，该花的钱就花吧。”（大意）。程先生对业务方面必须付用的一点也不吝惜。例如，我提出从英美、日本订购供《音乐教育》参考的书刊，程先生都同意购买。所以我们备有《世界音乐全集》《音乐讲座》等大型音乐工具书，可供大家学习参考。好些英、美有关国民音乐教育的译文，先由我们从外国买到适当文本，然后请人翻译、刊登。

音教会的每一个职员、演员都兼着多种工作。程先生主张“一专多能”，并非全是出于当时环境，他自己就是主修声乐，又学作曲。本人除音乐之外还有兼事戏剧的意向，如编写小歌剧《猴儿酒》，组织、训练青年平剧（京剧）班等。他对很多音教会工作人员都是从“多能”的方向给予培养。如上所述，让钱曾葆在小提琴基础上兼学中提琴，让话剧人员王家齐兼学倍大提琴。程先生还注意大家音乐修养的提高，有时借到中外唱片，供大家听赏。

总之，程先生待人接物处处从大处着眼，远处着想；无论是处理音教会各项工作，

还是对待各位同仁，乃至学术思想等，都能坚持从音乐教育事业的大局出发。

1938南昌失陷，我离开音教会。后来，程先生率领音教会的抗敌歌咏团辗转吉安、赣州等偏僻农村山区，从事抗战宣传活动，在极恶劣条件下坚持油印出版《音乐教育战时续刊》，登载程先生所作的抗战歌曲，艰苦维持达五年之久，着实令人钦佩。

2006年1月

（本文作者为中国艺术研究院音乐研究所研究员）

程懋筠与“江西推行音乐教育委员会”

熊志成　熊小明

序　言

在程懋筠先生诞辰105周年之际，中央音乐学院萧友梅音乐教育促进会发起筹划关于先生音乐生涯的研讨与学术纪念事宜（编者按：后因故延至2007年，改名为纪念程懋筠逝世50周年），并约笔者撰写相关文字，以志先生事迹。这令笔者感慨良多。一则，为中央音乐学院尊重历史、实事求是的学术传统而感动；再则，今年是中国人民抗日战争胜利六十周年，懋筠先生的音乐生涯亦经抗日战争的洗礼而愈见光彩。在这样的日子里来研讨先生事迹，能不令人动容乎；其三，懋筠先生乃吾师也，先生之音容笑貌仍历历在目，谆谆教诲还常绕耳边，岂容私披其泽而不弘扬乎？无奈笔者亦八十三岁高龄，无论精力、体力都感有所不逮，遂令小女熊小明（赣南师范学院音乐系副教授）共襄撰述之事。

程懋筠生平事略

程懋筠，字与松，江西新建县大塘乡汪山土库人，1900年8月1日（农历）生于南昌。

祖父程志和，清同治7年（1866年）进士，善书画，官至工部主事及端方幕客，事书画鉴定，光绪初年（1875年）参加撰修《江西通志》，“致力颇多”。父亲程时耀，光绪年间新建县学痒生（秀才），江西省立女子师范学校国文教师。母亲朱幻慧（1873年），家庭主妇，能诗文。外祖父朱辉系同治6年举人。

懋筠先生五岁发蒙，天资聪颖，记忆力过人，幼即能背诵古今名篇，且能作诗词。偏爱音乐、文学及戏剧艺术。16岁（1916年）就读江西省立师范学校，1918年随兄赴日留学，并奉父命攻读理工科。因其对理工毫无兴趣，几经考试皆落榜。1921年，以优异成绩考取日本东京音乐学院声乐系，主修声乐，师从著名声乐教授彩田秀子，选修理论作曲。因其学业成绩优异，被誉为“特生”。旅居日本八年，懋筠先生能操流利

日语，还熟悉英、意两门外语。深厚的中外语文功底，为其日后的声乐表演暨音乐创作打下坚实的基础。

1926 年夏，檍筠先生学成回国，任江西省立师范学校音乐教师。同年与江西省立师范学校毕业生舒文辉（1905 年生）女士结为夫妇。

1927 年，受聘南京中央大学教育学院艺术科音乐组任教授。1928 年适逢国民党中央党部登报公开征选《党歌》（以孙中山“黄埔训词”亦即“总理遗训”为歌词），檍筠先生投稿竞选获中（投稿密封号码为 81 号），得奖金 2000 元。1937 年国民党中常会决议将党歌定为《中华民国国歌》。

1930 年夏，受聘浙江省立湘湖师范学校音乐科主任，兼乐理、和声、作曲、声乐等课教师，另兼杭州英士大学、上海暨南大学、复旦大学音乐教授。期间，曾在杭州出席有中外名人参加的音乐会，独唱 Capua（卡普阿）的 Osolemio（《我的太阳》）、Vefai 的《李戈莱托》及 Puccini（普契尼）歌剧等咏叹调，其抒情男高音的华丽音色及精湛的表演艺术，在杭州乐坛轰动一时。

1933 年，应聘回江西，担任“江西省推行音乐教育委员会”（以下简称“音教会”）主任委员，主持全面工作。“音教会”成立伊始，便大力延聘国内著名音乐家和戏剧家来南昌担任指导工作，并相继成立管弦乐队、开办音乐培训班、成立话剧团、创办《音乐教育》月刊及戏剧刊物，指导学校音乐教育、监督娱乐业者的经营活动，将江西的国民音乐教育活动办得有声有色。抗日战争爆发后，“音教会”的活动重心转为组织抗日救亡歌咏、戏剧活动。

1938 年下半年，因赣北战局吃紧，马当失守，南昌省市机关、团体、学校纷纷疏散撤退到吉安、遂川、泰和、赣州等城镇乡间，音教会宣传工作也就随之转移。在这七年艰苦的岁月中仍坚持演出音乐与戏剧节目约计八十余场。

抗战胜利后，1946 年檍筠先生离开江西，就任国立幼稚师范学校教授直至新中国成立。

1951 年，檍筠先生应兰州师范学院艺术系主任吕斯百之聘，携家小离开任职的上海美专前往兰州，经西安时不幸中风病倒而未就。1953 年南归。先生虽身患重病，仍生命不息，创作不止，用左手写词作曲《人定胜天》歌曲，直至 1957 年 7 月 31 日，因脑溢血逝于南京，享年 57 岁。

檍筠先生系通才型音乐家，擅声乐、作曲、指挥及戏剧表演。先生存世作品计有歌曲百余首、言论十数篇。先生以“国民党党歌”（后定为“中华民国国歌”）的曲作者而名闻于世，也因此而长期寂然于世。

值得强调一提的是，先生虽为国民党党歌的曲作者却终身未入国民党，1949 年也未随之去台湾。而是毅然留在上海，带病冒雨上街欢迎解放军入城。1949 年 10 月 1 日五星红旗在天安门广场冉冉升起之后不久，先生满怀激情，高歌一曲，自撰歌词，谱写了《新中国颂》：

看啊，我们的祖国真是伟大雄壮。
山有珠穆朗玛，
水有黄河长江，
物多地大历史久长，
人民勤朴又坚强。
联合阵线，民主专政，
中华民族团结得象铁和钢
斧头和镰刀建立了自由平等，
政治文化增进了幸福安康。
前进啊前进!
新民主主义的旗帜在飘扬，
努力啊努力!
新的中国伟大坚强。

拳拳之心，爱国之情，可见一斑。此作发表于音协上海分会编印的《上海歌声》创刊号（1950年）。

懋筠先生是杰出的音乐教育家与音乐社会活动家。先生在主持“音教会”期间，不遗余力地推行国民音乐教育，以高涨的热情组织抗日救亡歌咏、戏剧活动，于国难之中，将一位音乐家的社会责任及组织动员能力发挥到极至。在江西乃至中国现代音乐发展史上，懋筠先生具有不可忽视的地位，应该实事求是地给予客观、公正的评价。

国民音乐教育的一道独特风景

“音教会”之设，环顾当时中国，唯江西独有，堪称中国国民音乐教育的一道独特的风景线。其独特之处在于产生背景独特、机制独特、作为与影响独特。

当时，懋筠先生以其影响力，向江西省教育厅提出了一份建议：“创设一个音乐机构，推行音乐教育。”教育厅长程时煃是他的叔父，自然乐观其成；加之省府委员李德钊（留日音乐行家）、省府主席熊式辉的夫人顾竹筠（音乐爱好者）从旁促成，而熊式辉本人亦感此事能为其增辉，于是，提案很快就在省务会议通过了。试想，在当时的环境下，如果不仰仗懋筠先生的人脉关系，“音乐教育”恐难列入政客的议事日程。“音教会”的“顺产”，乃天时、地利、人和使然。此所谓背景独特也。

“音教会”完全由政府出资，而运作机制则采委员制，共设委员9名，懋筠先生为主任委员。委员多为音乐界专业人士，因而其运作基本上能遵循音乐教育本身的客观规律，而较少其他干扰。若以通俗的话来说，即“政府出钱，行家运作”。此所谓机制

独特也。

“音教会”之作为，以推行国民音乐教育为主轴，有计划地开展音乐、戏剧等艺术活动，广泛吸收和培养音乐、戏剧艺术人才；定期派员视导各学校的音乐教学，并对一切娱乐场所有视察取缔之权，具有专业研究、学术辅导、演出实践及兼具演艺业监督、管理等多种职能的文化机构。“音教会”虽为江西一省之设，但其影响力却远播省外。其《音乐教育》月刊的撰稿人几乎囊括了当时中国音乐界各专业的精英人物。仅此即可见其影响力之一斑。尤其是“音教会”历经抗日战争的磨难，在战火连天的岁月里，汇集了来自全国各地的爱国志士、热血青年，成为抗战救亡的一支不可忽视的文艺生力军。此所谓作为与影响力独特也。

1933 年 3 月，江西省推行音乐教育委员会在南昌创立。该会本着“音乐在教育上有移风易俗，潜移默化之功，振发民族精神，涵养爱国思想，音乐尤具效力”的宗旨，有计划地开展工作；办公地点设在南昌市环湖路（今南昌二中附近），并在当时的南昌湖滨公园（今八一公园）内建有一座结构别致的露天音乐堂，作为南昌市群众音乐活动的场所。

据《民国日报》1933 年 3 月 23 日第二版报道：“江西省推行音乐教育委员会举行的首次委员会议，出席会议委员有：李德钊（省府委员，音乐行家），黄光斗（原南昌－师校长，当时任公安局长，后任社会处长），陈蒙（留学日本，音乐教育家）、徐庆誉（江西新生活促进会干事）、程懋筠（日本东洋音乐学院毕业，音乐专家，曾为中国国民党党歌作曲，非国民党人士），王筍香（女，上海音专毕业，南昌女中音乐教员，声乐家、钢琴家）。

“该会主任委员程懋筠在首次会议上，宣布了《推行音乐教育实施方案》：（一）调查中小学音乐教师之履历及服务状况。（二）编印出版.《音乐教育》月刊。（三）调查省市及各县戏剧歌曲。（四）已就救国，复兴两歌，先从省教育厅职员方面推行，每日练习二十分钟。（五）请营业歌者来歌唱。（六）取缔淫秽词曲。他还在会上强调指出：一、推行音乐教育原则及办事上之注意点：甲. 除害，乙. 革改，丙：创新。二、办事上的重点：1. 敏捷。2. 正确。3. 优美。4. 经济。5. 实际（特别注重民众音乐）。并谓本会主任委员及干事人数既少，财力有限，希望各委员时加指导云。会议上关于民众音乐应如何推行一案，决议由省整会，公安局、教育厅第三科及本会各推一人，负责查审计划之类。同时，就该会工作创新方面，决议先制婚丧典礼之乐谱及征集有价值之歌词乐曲，以利推行国民音乐教育。”

1933 年 3 月该会宣告成立时，经费为一千元。1936 年 5 月起，因设立管弦乐队和戏剧组，复增加经费每月为二千二百元。

“音教会”为谋求开拓江西音乐教育、戏剧事业，延聘国内著名音乐家和戏剧家来南昌指导工作，其种种作为及诸般风景，笔者将在后文叙述，此不赘。

影响深远的《音乐教育》月刊

1933年3月，《音乐教育》月刊在江西南昌问世。这是国内唯一由政府出资办的音乐教育期刊。该刊由“音教会”出版发行，代表人为程懋筠，主编人是著名音乐理论家、译著家缪天瑞（笔者按：本刊最初三期由肖而化所编辑，从一卷6·7期起由缪天瑞任主编）。其宗旨是“普及音乐知识，提高欣赏程度，纠正错误观念，供给适用作品”。它的出版，不仅对促进江西音乐教育事业有着重大作用，而且对全国的音乐教育之传播也产生相当影响。

与当时国内同类刊物相比，无论从刊物内容、办刊寿命、发行范围，还是从刊物影响力而言，该刊都堪称佼佼者。

该刊自1933年4月创刊至1937年12月，历时五载，算是最长久的了。该刊每月一期，每年一卷，共出刊发行57期。其发行范围较广，不仅在国内拥有读者，而且在海外亦有订户。

刊物的影响力来自于该刊的作者队伍阵容强大及编者的眼光和胆识。

《音乐教育》的撰稿人有肖而化、萧友梅、青主、赵元任、王光祈、缪天瑞、刘雪庵、贺绿汀、老志诚、邓尔敬、钱君匋、吕骥、陈歌辛、李元庆、李焕之、丰子恺、王晓相、江定仙、章枚、王云阶、何安东、蔡继琨、陆华柏、刘天浪等，此外还有一部分作家、翻译家、中小学教师，甚至科学家钱学森当年也为该刊撰写“美国通讯”（四卷3期）。《音乐教育》的撰稿队伍几乎囊括了近、现代中国音乐史上的精英人物，足见其阵容豪华、强大，其内容之精彩可期。

《音乐教育》栏目很多，内容广泛，如创作、评论、记述、理论、译介、感想、随笔、通讯、乐闻、报告、乐曲解说、器乐技巧、声乐技术、声乐器乐作品、民间歌曲集、中外音乐史等，曾介绍中外音乐家达几十人之多。该刊在抗日战争中持进步立场，发表不少抗日救亡的作品，并大量报道各地救亡歌咏活动。

《音乐教育》月刊所出“专刊号”，有《小学音乐教育专号》（1934年2卷1期）；《中国音乐问题专号》（1934年2卷8期），《乐曲创作专号》（1935年3卷1期）；《全国音乐界总动员特大号》（1936年4卷1期），《救亡歌曲特辑》（1936年4卷11期），《苏联音乐专号》（1937年5卷7期）；《音乐教学情况专号》（1937年5卷11、12合期）等。从中可见编者的眼光和胆识，而作为音乐史料则弥足珍贵。

抗日战争全面爆发后，由于稿源中断，《音乐教育》月刊终于在1937年第五卷第十一十二期合刊号中停刊。

在战时经费十分困难的情况下，经懋筠先生奔走呼吁，得到国民党当局开明人士支持，由教育厅拨给音教会两仟元经费作为出版发行《音教抗战曲集》专用经费。终

于在1940年10月由江西“音教会”向全国大后方发行。此歌本汇集了我国当时许多著名进步音乐家如冼星海、黄自、贺绿汀、舒模，江定仙、何安东、夏之秋、陈田鹤，陆华柏、胡然，周巍峙、章枚、吕骥、刘雪广、赵元任、宋居田，程懋筠、唐学泳、沙梅、老志诚、塞克、劫夫、朱洪干、李维宁、周淑安、洛宾、刘天浪等音乐家作品。这些作品在民众之中广为传唱，在抗日斗争中产生巨大影响。实为难能可贵。

1941年在江西泰和，程懋筠主持出版油印本《音乐教育战时续刊》（双月刊）创刊号。“续刊”共出两期，内容有歌曲、论文诗歌、音乐讲话、戏剧讲话、剧本创作、乐坛消息等。这两期双月刊曾发表了程懋筠、赵定保等歌曲作品如：《劳动歌》、《中国青年》等，赵定保的木刻，高孝泓的诗歌论文，陶端栉的《识谱知识》，梦鹭的《戏剧讲话》，胡德龙的独幕话剧《拼》、汪洋的《戏剧拾零》等。

懋筠先生作为《音乐教育》的代表人，在为刊物的正常出版而奔忙的同时，也身体力行，亲自为刊物撰稿，发表了不少作品和言论。这些稿件较为集中地反映了他的音乐思想。

他虽受过西方音乐文化的熏陶，但仍崇尚儒家“乐教”的崇“雅”斥“郑”的音乐思想。他认为“雄毅舒朗之声，可以起顽立懦；中正平和之乐，可以止暴祛邪”“今闾巷充斥郑声，乡井争看俚剧，为之者颜厚不惭，司此者熟视无睹”，痛心于“民德颓废，风俗弛败”。他殚精竭虑地推行国民音乐教育、主张禁止淫邪旧剧，反对黎锦晖之流香艳肉感，品格低下的剧曲、歌曲等行为（笔者按：当时音乐界对懋筠先生反对黎氏的激烈态度有不同看法），与其音乐思想无不一脉相连。

如果以1937年抗日战争全面爆发为界限，懋筠先生的音乐思想及创作态度有较为明显的变化。此前，无论其音乐思想抑或音乐创作、表演实践，或多或少有艺术至上及音乐文化的“欧洲中心”思想的影响。此后，其思想与态度为之一变，面对仇寇而慷慨激昂，勇赴国难。他在1937年《音乐教育》第五卷第十一、十二合刊的终刊词——《写在终刊号之后》中说：“我们丝毫没有伤感的心情，当我们提笔来写这篇结束文的时候，在这个时期，像音乐教育似的这样颇有些学院性的刊物，是没有存在的可能的。或者说简直没有存在的必要。作为宣传武器的音乐，大抵侧重声乐，或与戏剧相结合。所以，将来要出音乐与戏剧之类的刊物，也说不定的……”“在抗战期中，本刊的停刊，自是意中的事。我们除请求读者原谅外，只有咬紧牙关，去恨我们的敌人。”宣布要“用艺术的力量，来表现民族的精神，宣传抗战的胜利”。（编者按：懋筠先生设想要出音乐与戏剧之类的刊物，终于在1940年2月15日实现，出版了《音乐与戏剧》双月刊，由先生亲自担任主编人。赵定保、陈鲁南、陶端栉、胡德龙、汪洋、高孝泓、李中和、颜西为编辑委员）

抗日战争期间，先生从一个固执地要求强制全面推行五线谱的音乐家，变为一个善用民间劳动歌曲为素材，善用简谱这种更贴近民众的形式来进行创作的作曲家。这期间他创作的《再牺牲再前进》、《全靠俺自己》、《劳动歌》、《锄奸谣》和《打游击去》等抗日歌曲，其情绪或慷慨悲歌、或愤怒深沉、或节奏短促，其音铿锵，都不同程度地体现出他在思想感情上的变化，体现出他的音乐思想的进步，而创作形式、风格方面则面貌为之一变，诸如民歌、劳动号子、民谚俚语等，先生皆兼收并蓄，作为创作素材。

笔者有幸见证懋筠先生创作之变，曾目睹先生在防空壕里躲避敌机轰炸时，仍镇定自若，手拿铅笔在膝上写一首男女二部合唱《打铁歌》。随着歌中“叮当叮/叮当叮”的旋律，第一声部与第二声部交叉进行着，令人仿佛亲临其境：“打铁，打铁/大家一心来打铁/打铁要趁热/敌人好比是顽铁重锤猛打不要歇/敌人虽然是顽铁/我们全国人手中/有的是四万万五千万铁锤/铁锤举起/好像刀枪剑戟/你一锤/我一锤/打得敌人粉粉碎……”。从这鲜活的俚语、生动的形象，我们可以看出，此时的懋筠先生与“音教会”初期相比，其音乐观和创作方法已判若两人。

懋筠先生的音乐思想，在他的《三民主义与音乐》（发表于1942年1月1日《三民主义文艺季刊》创刊号）一文中有较为清晰、完整的表述。他认同柏拉图“各种教育中，音乐教育效力最大”，“音乐是大众教育的最好工具”的观点；论证了“节奏”与“谐和”是音乐发挥教化功能的两大要素；认为“今后吾国音乐家的最大任务，是要‘精深刻苦’的研究，‘勇往直前’的实行，参考古乐，应用西乐，来创造一种新的中国音乐”。纵观懋筠先生在“音教会”的作为，其音乐思想与音乐实践、知与行大体是一致的，其积极影响也是应该肯定的。

又一支由中国人自办的管弦乐队

1934年10月，“音教会”创办管弦乐队，其宗旨是“普及推广西洋乐曲常识，提高民众音乐欣赏水平。”

七十年前，这支管弦乐队是继20年代萧友梅创办的北大音乐传所管弦乐队之后又一支中国人自办的管弦乐队。当时上海工部局有个管弦乐队，却是外国人办的，演奏人员也绝大多数是外国人。

程懋筠任管弦乐队指挥。该队的成员中汇集了我国著名小提琴家赵年魁，大提琴家张贞黻、李元庆，中提琴钱曾葆，重低音提琴王家齐，以及小提琴家魏沃能、张志渊等。聘请周咸安、穆志清等任指导兼演奏员。还有其他小提琴手，诸如陈健、魏自中、邓雅宾、李九仙、陈品中、盛文龙（即盛雪）、胡江非等，皆为当时江西的一时之选。而该队的管乐师则借用当时省政府和公安局军乐队队员中成绩优秀者担任。钢琴伴奏由著名音乐理论家缪天瑞担任。

管弦乐队定期举行音乐会，经常排练欧洲世界名曲，如：莫扎特《魔笛》序曲，

罗西尼《啊尔及利亚人在意大利》序曲，《塞维勒的理发师》序曲，伊拉蒂艾《拉巴洛麦》，奥芳巴哈《船歌》，塞兹《提琴协奏曲》，苏菲《骑兵进行曲》，《诗人与农夫》序曲，帕德雷夫斯基《小步舞曲》，以及 IvanTschakoff；“Cossack Reuis”（原引文如此）即《哥萨克之狂舞》等。

音教会于1934年与1936年间，在南昌市举行大小型音乐会达上百次之多，还到外县巡回演出、内容有独唱、独奏，重唱、室内乐，混合唱、管弦乐等，形式多样，曲目丰富（见《附录一》），活跃丰富了民众的音乐生活。据笔者了解，这支管弦乐队从1934年创办到1937，约存在了三年多，后因抗日战事的关系，乐队移交给武汉励志社。武汉沦陷后，该乐队部分人员合并于重庆中华交响乐团。

音教会的戏剧活动

1933年，音教会为谋求提高民众欣赏戏剧之程度，以达到艺术教育目的，决定创办改良平剧（即京剧）班、平剧研究社以及话剧团。

一、改良平剧班

首先，建立平剧改良的标准。标准共有十二条：（一）剧本多用自编，有时亦采用旧剧，但须合乎教育与艺术原则；（二）男不饰女，女不饰男；（三）用改良髯口，不用旧式遮口之须（旧历史剧在不得已时不在此限）；（四）新剧生、旦、净、丑只可化装，不勾脸谱；（五）新剧不用引子及定场诗，自报职业等唱白；（六）新剧用科学布景，动作及用具，在可能范围内力避虚拟；（七）新剧两人在场，一人表现内心秘密时，非不得已用简短之独白独唱；（八）新剧虽用武打，但只用对打，不翻筋斗及各种危险动作；（九）新剧敲击锣鼓，力避噪烈及无意义的音响；（十）新剧可用花旦，但禁止一切淫秽之唱白动作；（十一）力避不合理之发声方法，男不唱女声，女不唱男声，小生不唱尖嗓；（十二）新剧务求情景逼真，力戒剧中人之唱白动作与观众发生关系等。这些尝试，若以今日眼光视之，自然有值得商榷之处，但在当时则创新之处多多。

第二，进行组织建设。聘请江西省著名戏剧家新建人裘德煌担任平剧班的主任，并兼平剧社社长（裘亦是音教会专职干事），还聘请戏剧家满子善、朱月斋、陈涵舟、陆更生等为平剧艺术指导。之后，即招收学员。平剧班学员，每月津贴十二元。在排练纯熟后，每月至少公演二次。

第三，抓剧本。改良平剧班从创办起，即创作剧本《胡阿毛》（又名《平民抗日记》，由裘德煌编剧，满子善导演）。该剧在南昌演出，轰动一时。演员亦受到当局的奖励。评剧班还排练演出传统剧目及省剧《黑藉冤》、《模范夫妻》、《杀狗劝夫》等。

此外，音教会还办了平剧研究社。“七·七”事变后，改良平剧班经费减缩，人员设备则全部移交荣誉军人管理处领导。

二、创办话剧团

1934 年，又创办了话剧团。其宗旨是：以研究及公演近代话剧，藉以提高民众欣赏程度，促进社会文化，达到艺术教育的目的。演员资格：凡品行端正，有中等学校毕业及相当程度，十五岁以上，四十岁以下者，经口试合格后，方可入团学习；基本演员每人每月酌送交通费用十四元。如公演时售票提出票价百分之五十，为全体工作人员奖励金。话剧训练课程有如下项目：国剧概论、话剧概论、舞台实习、舞台装置、姿态表情、化装训练、乐歌、话剧发言等。

该团团长由程懋筠兼任，副团长由戏剧家邵惟担任（兼导演），导演有王家齐、刘江（静源）等。王枕石和吴竹君担任干事。学员则有徐廷敏等。

1934 月 10 月，话剧团在教育厅礼堂第一次公演话剧。剧目有《保险柜》、《月之初升》、《父归》等。第二次公演在 1934 年 11 月，演出熊佛西编《锄头健儿》。第三次公演的剧目是三个独幕剧，其中有儿童剧《猴儿酒》（程懋筠改编、王家齐导演）。在公演《政大爷》时，该剧在天幕景上有座高约两米的立体石膏裸体女神像，是舞美专家任浪波雕塑翻制的，此为该剧演出增添气氛和舞美效果。据说这次表演在国内颇有影响。

1935 年，音教会第二次又上演《月之初升》，程懋筠饰该剧主角逃犯，并担任演唱此剧三首插曲，他是职业音乐家参加话剧演出，这在当时算是破天荒了。

1936 年夏，在豫章公园中山纪念堂演出曹禺的《雷雨》（邵惟导演，演员有徐廷敏、徐兰等）。此剧首次演出轰动了南昌，满场四天，座无虚席。广大观众认为这是一次高质量的精彩演出，新闻报纸连篇累牍地发表新闻和剧评。谁料演至第五天时，忽有国民党江西省党部头目范争波派来的特务，声称要禁止《雷雨》继续演出，理由是该剧有“宣扬阶级斗争，为异党张目的嫌疑”，因此该剧演出五场之后乃告停演。

此后，至抗日战争开始前，音教会话剧团在邵惟主持下，在南昌市广泛开展了话剧的社会教育和爱国教育活动，取得了可喜的成绩，亦排演过名剧《视察专员》等。

开展社会音乐教育

音教会在推行民众音乐及学校音乐教育方面做了许多工作，这在音教会的一篇工作报告——“本会过去、现在及将来之设施”（刊于《音乐教育》第四卷第十二期）中，所述甚详。笔者查考并摘录其中要点，供读者了解当年该会这方面工作的情况。

一、关于民众音乐、戏剧方面

（1）修正陈旧的剧曲及唱本，现已修改旧剧十二出，歌曲三十余种。（2）取缔恶劣之音乐、戏剧。当时民间流行一些淫秽的曲词，如《十八摸》、《外甥嫖姨娘》等，

该会联合有关机关（计十一处）组织成立“江西民众娱乐指导委员会”，订定取缔标准，取缔不良的有声电影歌曲，派员审查各商店留声机唱片，如黎锦晖等的《毛毛雨》等歌曲歌片，均禁止销售。（3）创作民众新歌曲、歌剧、话剧及改良平剧的脚本，计有歌曲《四季叹洋烟》、《抗敌救国》、《嫖客十叹》、《快报国仇》、《赌博十二害》、《灭蝇曲》、《除蚊道情》、《新生活歌》等八种。歌剧《猴儿酒》、《皇帝的新衣》两种。（4）设立音乐传习班，使民众有学习机会。计有合唱队（程懋筠亲自指导，参加者有四十五人），钢琴班（由缪天瑞等亲自指导，参加者三十人），提琴班（由赵年魁等指导，参加者六十人），口琴班（参加者三十人），胡琴班（由刘天华高徒谌亚新等任指导，参加者二十人等）。上述音乐传习班参加者均为公务人员、学校师生以及一般民众。又特为经营清音唱曲业者设立民众歌曲训练班两期，即从新编歌曲教材，大多数经营歌曲业者均能唱新曲。（5）不定期举行音乐会并公演戏剧，使民众有欣赏机会。已开音乐会三十余次，公演平剧十七次，话剧十五次（其中包括赴外地演出）。（6）与南昌广播电台合作举行广播音乐会十余次、平剧七次、话剧三次。（7）训练公民歌唱应用歌曲，如程懋筠作曲的《抗敌军歌》等。

二、学校音乐方面

1. 设立幼稚园及中小学音乐教师补习班。在教育厅主办的寒暑假期学校内及寒假修养会中，附设音乐组，每次参加听讲中小学音乐教师均在六十人以上，如王家澍、喻梦龄、陈品中等音乐教师都是当时音乐教师班毕业的。授课教师由音教会聘请省内外知名音乐家担任。如曾任国立福建音专校长、中央大学教育学院音乐科主任的唐学咏先生，即允音教会之聘。

2. 改良课程及教学法。召开省会初等及中等音乐教育讨论会二次，议决要案如下：一、各校禁止简谱，实用五线谱教学；二、禁止演唱黎锦晖一类剧曲；三、各学校应组织课外音乐研究会，现各校均已照办。如：学生歌咏团、学生歌咏比赛、儿童节奏乐队等。

3. 供给教材。编辑《音乐教育》月刊中介绍教材、已出版至第四卷第九期。并代制校歌谱曲若干首。

4. 审查教材。各校音乐教材，大半已送本会审查过。

5. 视导音乐教学并襄与学校排演戏剧。

6. 举行各中学歌唱比赛。中学参加者十五校，小学参加者四十七校。又举行省会各中学暑期补习班唱歌比赛一次，参加的学校有十余所，学生千余人。

抗战后期的音教会迁到遂川、泰和、赣州等地后，坚持推广普及音乐教育。按照当时的布置，曾举办两期“江西省中、小学音乐教师训练班”，简称“江西音训班”，在吉安、泰和、赣州等地招收学员50余名，学员有沪、杭等地流亡到赣的青年，也有在校的音乐教师，音训班由程懋筠兼班主任，并亲自担任教授声乐、合唱指挥法，教材教法等课程，该班从广西聘请著名音乐理论家肖而化担任和声学、视唱练耳、音乐常识等课程。宋居田教授简易作曲法。张咏真、曾寅育分别担任钢琴课，李九仙教授小提琴练习曲。这两期音训班有半年和八个月的训练，在抗战艰苦环境中办得较有质量。

音教会举办两期音训班，为战时后方培养了一批出色的音乐人才。学员中如屠咸若，刘凤羽，胡德龙、张慕鲁、李中和（现在台湾）等毕业后赴重庆国立音乐学院、国立戏剧学院、福建国立音专继续深造。而笔者与傅汝昌（现在美国洛杉矶）等十数人则留在江西从事音乐教育。

“咬紧牙关，去恨我们的敌人”

抗日战争全面爆发之后，懋筠先生将“音教会”的活动中心转为开展抗日救亡歌咏、戏剧活动，一如他所言：“用音乐艺术来振奋民族精神，达到抗日胜利的目的”，“咬紧牙关，去恨我们的敌人。”从此，“音教会”开始了新的征程，在抗日战争的烽火中接受到洗礼。

1938 年初，“音教会”“抗敌歌咏话剧团”在南昌成立。剧团与各个救亡团体并肩作战。懋筠先生本人兼任团长，担任指挥，并聘请当时著名的爱国作曲家何士德（上海流亡歌咏队领队，《新四军军歌》作曲者）作为客席指导，赵定保（江苏丹阳流亡青年歌咏队领队）、宋居田、张咏真等担任音乐指导，同时聘请戏剧家黄若海、陈鲁南、徐廷敏等担任话剧导演。

懋筠先生在条件艰苦的情况下，争取多方面的支持，吸收了一批爱国的热血青年，包含南昌地区以及外地流亡来南昌的青年学生为该团成员，笔者亦有幸成为该团一分子。(团员名单见《附录二》）这支抗日救亡文艺队伍，与当时在南昌的新四军战地服务团、抗敌后援会宣传大队、青年服务团宣传大队、赣保政训处宣传大队等单位一道，冒着敌人疯狂的轰炸，开展抗日宣传工作。

该团在创建之初，一方面对成员进行音乐戏剧的基本训练，程懋筠和宋居田、赵定保，张咏真、陈鲁南等为培养人才而做出了艰辛的努力。一方面，又抓紧时间，展开宣传工作，紧张地排练节目、练唱抗战歌曲，面向广大群众，用艺术的感染力，激发人们的爱国意志，为反对日本帝国主义的侵略，为争取抗战的最后胜利而共同奋斗。当时，笔者刚满 15 岁，是这个团年龄最小的成员，在这里工作、学习七年。笔者回顾当时的峥嵘岁月，至今脑海中仍然留下极为深刻的印象，其中一系列动人心弦的往事，历历在目。

1938 年 1 月，“音教会”歌咏团会同好几个救亡团体，在南昌总镇坡的公安局礼堂，举行歌咏演唱大会，各阶层的观众踊跃而来，座无虚席，各单位的歌手们分别由

何士德、程懋筠指挥，引吭高歌："起来！不愿做奴隶的人们，把我们的血肉筑成新的长城……"，"大刀向鬼子头上砍去……"，"再牺牲，再前进，如今不打更不行……"。雄壮的歌声，激动人心，许多观众为之鼓掌，为之淌下热泪，台上台下融为一体，发出了共鸣。这一场联合大演唱，是抗日民族统一战线的吼声，它显示了音乐艺术在抗日运动中的强大号召力。

1938年初春季节，在新四军战地服务团的支持下，由上海流亡青年歌咏一队发起，南昌市各音乐团体共同组成的"南昌抗日歌咏协会"于2月16日在百花洲举行成立大会，会上选何士德为主任兼总指挥，程懋筠为副主任。会后举行了抗日歌咏大游行。这支由上千名歌手组成的歌咏游行队伍，从百花洲出发，沿南昌主要街道高歌行进，行人夹道欢呼，歌声与群众的口号声响彻云霄。当时，何士德站在大卡车的蓬顶上，挥动着一根特别的指挥棒，上下旋转飞舞，"工农兵学商，一齐来救亡，拿起我们铁锤刀枪，走出工厂，学校，田庄，到前线去吧！走上民族解放的战场！"怒吼般的歌声，震撼人心，唤起人们保卫祖国、保卫家乡的巨大热情。

1938年5月，"音教会"抗敌歌咏团，在南昌街头演出了崔巍编剧，吕骥作曲，黄煌导演的《放下你的鞭子》，裘忠恕、高孝泓、傅汝昌等主演。观众融入剧情，激起对日本侵略者的无比愤慨，演出效果十分动人。

1938年6月，"音教会"抗放歌咏团走出城市，沿南浔铁路线，赴九江、永修、新建县等地进行宣传工作，就在露天场地临时搭台演出，演唱《救国军歌》、《全靠俺自己》等歌曲，并演出《扬子江暴风雨》、《三江好》等独幕剧。数以千计的观众前来观看，有不少农民跑好几里路赶来，男女老少把露天台都团团围住，直至演出结束了他们还久久不愿离去。

此外，"音教会"抗敌歌咏话剧团，先后同其他宣传团体联合演出数十场之多，其中主要的有《扬子江暴风雨》、《血洒晴空》、《汉奸》等。这些公演，为抗日救亡运动呐喊助威，均获得良好的效果。

1938年下半年，因赣北战局吃紧，马当失守，南昌省市机关团体学校纷纷疏散撤退到吉安、遂川、泰和、赣州等城镇乡间，"音教会"宣传工作亦随之转移。在这七年艰苦的岁月中仍坚持演出音乐与戏剧节日约计八十余场。1938年至1939年，"音教会"参加演出的各种类型音乐会有：

1. 参加地方当局举办的抗日"国民月会"。会上聘请知名的民主人士，如王造时等，作抗日演说。然后由各宣传团体演出抗日文艺节目。"音教会"抗敌歌咏团曾参加若干次演出，所唱抗日歌曲有：冼星海作曲的《青年进行曲》、孙慎作曲的《救亡进行曲》、孟波作曲的《牺牲已到最后关头》，及程懋筠作曲的《精神总动员歌》，《全靠俺自己》、《再牺牲再前进》等，由程懋筠指挥。

2. 慰劳伤兵战士演出。这种演出曾在南昌六十九后方医院以及吉安白鹭洲伤兵医院的病房进行。演唱曲目有聂耳作曲的《慰劳歌》、张寒晖作曲的《松花江上》等。程懋筠还亲自演唱夏之秋作的《歌八百壮士》。

3. 为抗日前线募捐义务演出。

4. 经常到各地巡回演出抗日话剧。如多幕剧《烟苇港》、《牛头岑》、《反间谍》等剧。

1943 年，音教会在赣州设分会后，曾参加由当时任赣南专员的蒋经国举办的“虎岗”青年夏令营的音乐会，1944 年 12 月 25 日圣诞节，音教会邀请参加驻赣州美国盟军空军俱乐部举办的圣诞节晚会，演唱基督教赞美诗，如《平安夜》、《普天同庆》等歌，程懋筠演唱意大利名曲《我的太阳》，张咏真钢琴独奏《渐入佳境变奏曲》、马玲演唱《黄水谣》，熊志成演唱《飘泊者》（修伯尔特曲），正气中学钟维同同学亦邀请参加演唱世界名曲。

从 1938 年初到 1944 年 10 月止，“音教会”在南昌、吉安、遂川、泰和、赣州等地举办了一系列音乐会演，演出了大量有水平的节目。现据资料和笔者的回忆，作综合性的介绍（见〈附录三〉）。

这些演出节目，在当时的江西而言，是属于一流水平的，它在为抗日救亡进行宣传，鼓舞人民斗志，树立抗战必胜的信念，起到了相当的作用。同时、为开展音乐教育，活跃广大群众的文化生活，都发生了有力、有利的影响

还懋筠先生以历史真面目

纵观懋筠先生的一生，而又从发展的眼先来看，我们认为：先生是一位拥护社会变革、跟随历史脚步、顺应时代潮流而前进的爱国主义者，尤其是在民族危亡的生死关头——抗日战争时期和新中国成立后的几年里表现得尤为鲜明。在事业上，先生是一位忘我工作、埋头苦干、不求回报的敬业者，尤其是在创办音乐杂志、推进国民音乐教育、率先改良京剧、普及音乐知识等方面尤为突出；在专业上，先生既是一位能写（歌词、谱曲），能演（歌唱、指挥），修养丰富、才艺双全做出重要贡献的音乐艺术家，又是一位会谋划、擅组织、长管理，在一定地域内具有相当号召力的音乐活动家，堪称是 20 世纪上半叶我国乐坛上风云一时、屈指可数的一位精英人物。不过，我们还应看到，懋筠先生终究是生活、工作在民弱国穷、灾难不断、社会动荡的年代里，先生所处的社会地位和复杂的社会关系，在一定程度上又制约着他的行动，时代的阶级的烙印和历史的局限性也不应该忽略回避的。但遗憾的是，在 1949 年以后相当长的一个时期里，竟把谱写《新中国颂》的懋筠先生打入冷宫，编入“另册”，视为仇敌，似乎现代音乐史上根本不存在程懋筠这个人。这既是懋筠先生个人的悲哀，也是我国现代音乐史研究与教学的悲哀。当然，众所周知，这是特定历史时期、特定指导思想

下的必然产物，决不是音乐界某些人的责任。没有意义也毫无必要去追究什么。但历史经验还是值得加以总结与记取的，尤其是音乐史学界作为学术研究，更有必要。在懋筠先生诞辰105周年之际，作为懋筠先生的一位学子，在当今政治清明，环境宽松，努力创建和谐社会的今天，欣喜地提笔撰文，缅怀先生，告慰先生在天之灵。

程懋筠先生安息！

鸣谢：笔者写这篇文章时，曾得到音教会老前辈舒文辉女士和她女儿程应钿大夫提供懋筠先生生平简介，徐廷敏、陈品中先生以及戏剧、新闻界老友吴识沧、龚屏先生等提供大量的1934年至1938年南昌抗日音乐戏剧演出情况；笔者还参考了罗艺峰《程懋筠生平简介及其创作研究》一文（《交响—西安音乐学院学报》1988年第3期）；同时大量参考三十年代音教会出版的《音乐教育》、《江西民国日报》、《江西年鉴》、《赣政十年》、《音教抗战曲集》、《音乐与戏剧》、《音乐教育战时续刊》、《南昌青年运动回忆录》等资料。笔者对上述资料的提供者、著者、出版者，谨致谢忱。

附　录

附录（一）

1934年11月12、13两天，在南昌市总镇坡警察局大礼堂举行“总理诞辰纪念音乐会”节目

1. 男女混声合唱：《党歌》（孙总理训词、程懋筠曲），音教会合唱团，音教会管弦乐队伴奏。指挥程懋筠。

2. 管弦乐：A：歌剧《魔笛》之序曲（莫查尔特曲），B：《婚礼进行曲》（华格纳曲）。

3. 女高音独唱：《瓶花》（胡适，范大成词，赵元任曲），独唱王筍香，钢琴伴奏缪天瑞。

4. 中提琴及钢琴合奏：《仙境》（舒曼曲）之第一段，中提琴钱曾葆，钢琴王家琼。

5. 小提琴独奏：《舞姿》（贝利欧曲），演奏魏沃能，钢琴伴奏王筍香。

6. 女声合唱：A：《佛曲》（中国古曲，由胡周淑安配和声）。B：《到百合花丛里》（汤孙曲），由南昌女中合唱队演唱，钢琴伴奏王筍香。

7. 男高音独唱：《别了》（普契尼曲），程懋筠独唱，钢琴伴奏缪天瑞。

8. 大提琴独奏：歌剧《约瑟蓝》的摇篮歌（哥达德曲），张贞黻演奏，钢琴伴奏王家琼。

9. 钢琴三重奏：《梅利爱舞曲》（莫查尔特曲），钢琴王筍香　小提琴赵年魁，大提琴张贞黻。

10. 男女混声合唱:《凯旋歌》(潘恩霖词,凡格瑟尔曲)音教会合唱团,指挥程懋筠,钢琴伴奏缪天瑞。

11. 管弦乐:A:《白鸽舞》(伊拉底尔曲)。B:《巴格达》之回教主中序曲(波啊底乌曲),音教会管弦乐队伴奏,指挥程懋筠。

(此节目单刊于:《音乐教育》二卷十二期)

附录(二)

音教会"抗敌歌咏话剧团"成员:

团长兼指挥:程懋筠

音乐指导:赵定保、宋居田、张咏真

话剧导演:黄若海、陈鲁南、徐廷敏

团　　员:张慧、刘凤羽、万芷真、李凤文、殷勤、陶端枬、黄六明、裘宗恕、颜茜、李敏芳、程远、潘美玲、周宇平、皮宪英、林国瓦、张慕鲁、甘铎民、高孝泓、傅汝昌、胡德龙、万昌文、吉星野、蔡君豪、屠咸若、陈佩秋、陈荇南、汪洋、熊志成、周柏年、蒋协和、李中和、李曼云、朱起凤、万德滋、程国英、袁明、熊晓林、虞明德、丁立鸣、江俊、盖步瀛等。

附录(三)

音教会南迁后的系列演出活动

(A)声乐

(一)齐唱部分　指挥:程懋筠、赵定保。钢琴伴奏:张咏真、陶端枬、屠咸若、李敏芳等。齐唱曲目有《大刀进行曲》(麦新作曲),《义勇军进行曲》(聂耳作曲),《青年进行曲》(冼星海作曲)、《去当兵》(程懋筠词曲)、《全靠俺自己》(程懋筠词曲)、《牺牲已到最后关头》(孟波曲)、《锄奸谣》(程懋筠词曲),《劳动歌》(程懋筠曲)、《游击队歌》(贺绿汀曲)《民族战歌》(老志诚曲)等二十余首。

(二)合唱部分　1. 二部合唱曲目有:《军民合作》(舒模曲)、《到敌人后方去》(冼星海曲)、《太行山上》(冼星海曲)、《打铁歌》(程懋筠曲)、《保家乡》(贺绿汀词曲),《欢迎勇士们》(Boieldieu 曲、程懋筠配词)、《向前进攻》(《夏伯阳》插曲)、《打游击去》(程懋筠词曲)、《打回东北去》(沙梅曲)、《磨刀歌》(陆华柏曲)等十余首。2. 四部合唱曲目有:《旗正飘飘》(黄自曲)、《抗敌歌》(黄自曲)、《我们的祖国》(程懋筠填词),《垦春泥》(贺绿汀曲)、《救国军歌》,(塞克词,星海曲)、《全国总动员》(何安东曲),《最后胜利是我们的》(未光然词、夏之秋曲)《家乡进行仙》李维宁曲,《凯旋歌》潘思霖谭词、凡格瑟尔曲等十余首。此外,还有同声四部合唱《游击乐》(用 Bulidog 原调,)程懋筠填词。《海韵》(赵元任曲)、《山在虚无飘渺间》(黄自曲)、《阳关三叠》(古曲)、《空谷回声》(佚名)《国家至上》(亨德尔原曲"哈嘞努亚"弥撒曲,程懋筠填词)

（三）独唱部分 男高音独唱：程懋筠，曲目有：《马赛曲》（法国名曲）《我的太阳》（意大利名曲）、《歌八百士壮》（夏之秋曲）、威尔弟歌剧《李戈委托》选段、普契尼歌剧选段等，钢琴伴奏张咏贞；女高音独唱：李凤文，曲目有：《巾帼英雄》（刘雪厂曲）、《丈夫去当兵》（张曙曲）等，钢琴伴奏张泳真；女高音独唱：程远，曲目有：《上山》（赵元任曲）钢琴伴奏张慕鲁；男低音独唱张慕鲁，曲目有：《嘉陵江上》（贺绿汀曲）、《飘泊者》（修伯尔特曲）、《我们的家乡》（沙梅曲）等，钢琴伴奏屠咸若；男高音独唱李中和，曲目有：《白云故乡》（韦瀚章词，李中和曲），钢琴伴奏屠咸若；男中音独唱傅汝昌，曲目有：《热血歌》（冼星海曲）、《思故乡》（刘雪庵曲）等，钢琴伴奏李敏芳；女中音独唱刘凤羽，曲目有：《玫瑰三愿》（黄自曲）、《本事》（黄自曲）等，钢琴伴奏陶端栴；女中音独唱张慧，曲目有：《救国军歌》（美国军歌原词），钢琴伴奏陶端节；男低音独唱蒋协和——“八一三”抗日爱国残废警官，曲目有：《我是个北方人》（赵元任曲）、《歌八百壮士》（夏之秋曲），钢琴伴奏屠咸若；男高音独唱熊志成，曲目有：《故乡》（陆华柏曲）、《嘉陵江上》（贺绿汀曲），钢琴伴奏肖静芳；女高音独唱马玲，曲目有：《黄水谣》（冼星海曲）、《延水谣》郑律成曲）等，钢琴伴奏熊志成；女高音独唱黄六明，曲目：《故乡祭》－为纪念南昌沦陷而作（徐廷敏词曲），钢琴伴奏李敏芳。

（四）重唱部分 女声二重唱，曲目：《山有枢》（诗经，俄国作曲家配曲），演唱者李凤文、万芷贞、黄六明、刘凤羽、李敏芳、陶端栴、张慧、万德滋；钢琴伴奏张咏真；男女声二重唱，曲目：《孤岛天堂》（刘雪庵曲）、《我们在一起融和》（熊志成曲），重唱马玲、熊志成，钢琴伴奏肖静芳。

（B）器乐

A. 小提琴独奏：李德钊（特邀）

1. HUMORESKE（幽默曲） Anton DVOYaK 曲。

2. GAVOTTE（加禾特），FJ，GoSSec 曲 钢琴伴奏：陶端栴。

B. 小提琴独奏：程希逸（特邀），

1. Souvehiv（纪念品） FRANZDRDLA 曲

2. MINUETihCT（小步舞曲） Beetnoven 曲钢琴伴奏：屠咸若。

C. 钢琴独奏：

1. 《牧童短笛》（贺绿汀曲，演奏屠咸若）

2. 《摇篮曲》（贺绿汀曲），演奏张咏真）

3. THE MAIDEN ‘SPrayer（少女的祈祷）Thekla’ Badarzewzka 曲；ADAGIO/“MOONLIGHT”（月光曲）Beetnoven 曲（演奏张慕鲁）

4. MiNUE TihG（小步舞曲）Beetnoven 曲；GAVOTTE（加乐特）F、J、GOSSec 曲（演奏熊志成），

D. 钢琴联奏

1. MARCHEMILITAIRE F、V、Scnuoertgn

（军队进行曲）（演奏屠咸若、陶端桥、张慕鲁、张咏真）

2. TURKISH MARCH（土耳其进行曲）Mozart 曲（演奏李凤文、陶端桥、万芷贞）

3. 维也纳进行曲（佚名）（演奏熊志成、汪洋）

E. 大提琴独奏（演奏　邵波）

《梦幻》修芒曲　钢琴伴奏：徐学惠

F. 小号独奏（演奏　小 韩）

《美国巡逻兵》

G. 口琴独奏（演奏　蔡君豪）

《救国军歌》（美国军歌）

2005 年 8 月 15 日

（本文作者为原南昌市文联副主席、南昌市音协主席、江西省音协副主席）

追念懋筠先生

李中和

程主任懋筠先生是近代杰出的音乐家。性情潇洒，个性刚直，为人风趣，处事果断，能唱能弹，能诗能文，国学基础很深，日文英文都行，尤其是作曲填词，更是高明。其所主持的《江西省音乐教育推行委员会》（简称音教会）是中国有史以来最庞大的音乐机构。其下辖有：交响乐团、合唱团、话剧团、平剧团、出版社，《音乐教育》月刊社及中学音乐师资训练班等。其影响及于全国之艺术思想，艺术气氛，以及艺术创作与表演。程主任此时常至各校演讲，倡导乐教，刊行论著，纠正谬误，例如《一塌糊涂的刘诚甫音乐词典》一文，纠举了错误百出的音乐工具书，并行文教育部通令全国禁止采用，复要求出版者上海商务印书馆毁版。其于音乐创作之鼓舞，无论数量、品质，都是近代的最高潮。可惜抗战军兴，基地屡迁，经费不继而逐渐萎缩关门。无限遗憾！

中和曾在前述之“音教会”追随程主任学习与工作，学验得以俱进，铭感殊深；奈何因战乱而各奔东西，此后其生活状况，一无所悉，其逝世之日，亦不得而知。事后闻讯，不胜悲痛！兹略述数则往事以为追念：

（一）我作曲的《白云故乡》一曲，是在音教会作成的，作曲完成的当晚——应说是次日凌晨天尚未亮时，我商请陶端栴（钢琴）刘豫珍（声乐）两位同仁为此曲试行奏唱，咸认效果甚佳，正在继续高唱之际，程主任来了，询问情况并一再聆听之后，极为赞赏。当即嘱刘豫珍以此曲作为下次音乐会之独唱节目。以后每次音乐会，此曲都是必有的节目。其后，此曲经寄送重庆教育部的《乐风》杂志社，刊出后，迅即风行全国。1948 年我在上海音乐公司出版的作曲选集即以《白云故乡》为书名，程主任为我写序，语多鼓励。序言最后一句是：“看啊！音乐的天幕上又将出现一颗新星。”

（二）我和内子萧沪音于1946 年5 月在上海结婚，很荣幸请到程主任为我们作证婚人。席间程主任还应邀高唱赵元任作曲的《茶花女中的饮酒歌》，宾客激赏，欢声雷动！程主任当时在上海愚园路国立幼儿教育专科学校任教授，在此期间，我们常时聚会，有一次半夜里来电话，叫我们去他家试唱新歌——那首新歌的旋律是肖邦钢琴曲之主题，程主任将此主题摘下来配了一首情意绵绵的情诗，词曲虽然是中外相连、今古相合，但听起来却是混元一体，美而多情！我们欣赏之余，询及为何想到这种借曲填词的事。原来是程夫人张咏真女士爱奏此曲，但当时张女士远在台湾，思念之间，引起灵感！稍后，程主任将此曲寄往台湾，张女士果然大受感动，程主任乃实时亲赴台湾接张女士回上海，共享欢乐、怡情！

（三）1949 年我从上海到台湾，行前数月，我和程主任曾讨论过行止的方向，起初，程主任有意去台湾，并嘱我代为安排。但安排妥当后，程主任却说“幼专”拟迁广州，他还是以随校为宜。自此以后，我们就只能隔海思念了！

2005/11/09 于台北市

（本文作者为原台湾中国文化大学教授）

飞向时代的暴风雨

——忆“音教会”抗敌剧团

裘宗恕

1938年初，时局又紧张起来，迫使我随父亲来到南昌，在江西省推行音乐教育委会下属抗敌剧团，从事抗日宣传活动。

音教会成立于抗战前的1933年左右。主任是留日归国的音乐家程懋筠。下分音乐和改良平剧（京剧）两个大组。这是当时全国绝无仅有的直属省教育厅的音乐团体。音乐组主体是管弦乐队，总指挥是程本人，乐队成员多数是省外聘请来的，包括著名的大提琴家张贞黻、李元庆；中提琴家钱曾葆；小提琴家李健、赵年魁，本省的程希逸、胡江非、盛文龙，钢琴家缪天瑞。

改良平（京）剧组长裘德煌，伶工满子善、京韵大鼓手杨贞如，演员有徐宝元、杨文义、徐玉贞等。

程懋筠是学西洋音乐的，但也很支持京剧的改良，财力、物力给予很大支援。重视并团结这方面的人才，如我爹裘德煌和满子善等人。爹对改良平剧付出了锲而不舍的努力，不但写过不少的文章并且亲自编导了《胡阿毛》《模范军人》《飞来的祸》《焦土抗战》以及历史改良平剧《宫井埋香》《西门豹》《刮骨疗毒》等。前三剧主要是揭露日本侵略者杀害中国人民的罪行与歌颂中国军民英勇抗敌的行动，上演后备受人民群众欢迎。特别是《胡阿毛》一剧，讲述的是“一·二八”上海被日寇占领时，汽车司机被日寇抓夫，并命其驾驶一辆满载枪支弹药汽车，胡知道这些罪恶的枪弹是用来屠杀自己同胞的，他毅然把车开进黄浦江中，与一车军火和几名押车日寇同归于尽的故事。该剧在很多地区上演都受到了各界好评。当时政府并为此剧发给奖金。

音教会改良平剧组，对南昌市流行民间的地方采茶剧进行过改编，由我爹亲自负责。他剔除了其中一些封建迷信、诲淫诲盗有害群众的糟粕，加进移风易俗的健康的内容。他还编写过一些爱国小调供给走街串巷的盲艺人传唱，运用旧瓶装新酒方式使社会上一般群众容易接受，“寓教于乐”进行思想教育。可惜父亲编导的很多的剧本、唱词和撰写的文章，大部分都记不起来，作品和剧照都丢失了。真是一大憾事。

抗战初期，我参加音教会是第二次。第一次是在南昌女中读初中时我就是合唱队队员。那时只有几名专业人员。指挥程懋筠，伴奏张蕴贞，有时是缪天瑞。队员多数是南昌市的中学生，女中有我、程淑珊、朱兴、傅惠英、谢天姿等；一职有徐廷敏、熊珣、李锦霞等；二职有梅焕谓、裘宗慈、周绪鸿等；还有陶端柔、陶端榴老师。

那时我们学唱的基本上全是艺术歌曲，如《月下独酌》《潺潺溪水》《山在虚无飘渺间》、《劝君莫惜金缕衣，劝君惜取少年时》等等。

音教会地址在风景秀丽的环湖路一栋小平房里，排练及演出的地点在湖滨公园（今八一公园）内的音乐堂。那是在公园北面一片茂林绿树掩映地方的一栋特殊的建筑物：长方形米黄色外壳，两边是浮雕大花，半月形框边又点缀着浮雕小花。里面凹进去的是天蓝色、顶和四边连为一体的拱形演奏厅。音乐堂不仅外形壮观，华丽而富有艺术情调，结构也很奇特，能关住音响，即使没有扩音设备，也能把声音送到很远很远。幕线以外，还延伸出宽阔的露天舞台，台前围了伴奏乐池，还筑了低栏范围的观众席，有可以容纳上千人的坐位。栏杆外，三面都是空草地，成千的人都可以不买票站着听、看。晚上开亮了顶光脚灯，辉映的音乐堂五彩缤纷，壮丽非凡。管弦乐队演奏和话剧、改良平剧的演出，都在这里。湖滨音乐堂成了南昌市的音乐、戏剧活动中心。

在这艺术的殿堂里，我们这些中学生第一次接受到正规的音乐训练。学练发音、识五线谱，大型男女声四部合唱。除了一些抒情艺术歌曲外，我们印象最深的是黄自的作品。《抗敌歌》、《中华锦绣江山谁是主人翁》是雄浑的男低音开了头，《我们四万万同胞》坚强有力的清脆的女高音响起了，然后四部合唱《强虏入寇呈凶暴》："快一致，永久抵抗将仇报！""……努力杀敌誓不饶……拼将头颅为国抛。"还有《睡狮奋起》《旗正飘飘》等等。这些艺术性与爱国热情结合极完美的歌曲，唱得我们这些男女青年心潮激荡、热血沸腾。我在这里度过了一个又一个有意义的星期六下午。

1937 年，抗战开始，因经费关系，管弦乐队移交了，改良平剧组也撤消了。南昌市的抗战宣传团体正风起云涌。程懋筠重整旗鼓充实合唱团、扩编话剧团，两套班子一套人马。我第二次来"音教会"从事抗日宣传活动，工作和爱好结合一起，很高兴。那一段，我度过了青春闪耀着光芒的峥嵘岁月。

现在音教会基本上换了一套人马，最初女的只有 4 人：李凤文、万芷贞、我（裘宗恕）、我妹妹裘宗慈（只有学校放假才会来）。男的有傅汝昌、甘铎民、熊晓林、胡德龙、张慕鲁，还有十四岁的小鬼熊志成。后来黄六明来了，张慧也从上海来了。我们除了唱抗战歌曲，主要是演话剧。导演陈鲁南，音乐指挥还是程懋筠，要求还是那样严格。有的队员参加合唱比较少，有时没按节拍，个人声音突出，程就毫不客气地批评。李凤文是女职艺术科毕业的，弹琴唱歌有一定基础，我和她都唱女高音。黄六明、张慧是女中音。我和李凤文年龄稍大，其他的基本上都是中学尚未毕业的小青年。

随着时间推移，我们的伙伴越来越多，除了领导和工作人员，还都是年轻人。这

一时期我们唱的歌，主要是《义勇军进行曲》《流亡三部曲》《民主青年进行曲》《毕业歌》等等。那些原来经常演唱的四部合唱的大型歌曲较少唱了，代之而起的是抗日宣传鼓动性极强、服务于政治的歌曲。后来的《黄河大合唱》则是艺术与政治完美结合的伟大作品。

进行宣传教育，演话剧也是非常重要的手段。音教会在这方面曾有过光荣的历史。有过邵维、王家齐名导演，也有过演技很高的吴竹君，上演过《雷雨》，还有外国名剧《月之初升》，徐廷敏任主角，是歌剧。上演后其中歌曲传唱很广。如今，导演、演员都离开了，要重组一套人马，是有一些难度的。后来在上海业余剧团呆过的黄煌、邓白丁来音教会当导演。他们对排练要求较高，演员很敬佩他们。

记得改编后的“抗敌剧团”上演的第一出戏《放下你的鞭子》，只有三个演员，道具、布景都很简单，也适宜在街头群众中演。黄煌让我演“香姑娘”，卖艺老汉由甘铎民演，傅汝昌演打抱不平的青年。这次排练我学到不少东西。首先对台词就非常认真，要能背得出台词才能进入排练，尽量少用提示，否则就进入不了角色。这出短剧上演效果好，唤起群众敌忾同仇的高涨情绪。在舞台、街头、乡村一共上演一百多场。卖艺老汉黄若海、胡德龙都轮流饰演过，香姑娘就我一人扮演，没有换过角色，花的精力也是最大的。我也学会了敲鼓、舞剑、鹞子翻身等一些杂技。这其间，剧团还上演了《电线杆子》，甘铎民演老头、万芷贞演小莲子、宗慈演她妈。还上演过冼星海作曲的歌剧《扬子江暴风雨》，内容是劳动群众和日寇及资本家的斗争，号召“让我们结成一座铁的长城，把强盗们都赶尽，让我们结成一座铁的长城，向着自由的路前进”。上演后，这些歌传唱很广。

时局的动荡，使平津、江浙的一些流亡学生和宣传团体如过江之鲫，纷纷游向当时所谓后方——南昌。有杜宣率领的演剧二队；有著名舞蹈家吴晓邦；有话剧界知名人士黄煌、黄若海、邓白丁，还有新四军军歌曲作者何士德。这一批人来了，为南昌抗日宣传工作增添了生力军，提高了政治、艺术水平。我们经常在一起工作唱歌，吴晓邦还指导我们舞蹈的基本动作，怎样运手指、怎样转眼珠。我们还是第一次见到男演员跳舞，用雄健的步伐跳《义勇军进行曲》。何士德还指挥他作词作曲的《挖战壕》，“齐心挖呀！合力挖呀！挖战壕呀，打日本强盗。”

南昌所有的宣传团体还联合上演大型话剧《最后的胜利》，歌颂镇守上海四行仓库的八百壮士和谢晋元团长，高唱中国不会亡。歌声震天动地，大长了中华民族的志气，增强了抗战必胜的信心。

黄煌、黄若海先后在音教会担任导演，使音教会继抗战前上演《雷雨》《日出》《月之初升》等名剧光辉历程之后，在财力、物质异常欠缺的艰苦条件下，再一次取得辉煌。接连演出两出有影响的抗战话剧。

一出是宋之的编剧《烙痕》，内容是描写沦陷时期的东北抗日联军，为了一次袭击敌人的战斗，少女在绣战旗时刺破手指后与监视的日军官喜多周旋，巧妙地送走了参加抗日联军战斗的弟弟，最后获得成功的故事。由我和黄若海分别担任男女主角，导演也是黄若海。

当湖滨音乐堂大幕徐徐拉开时，台上只有脚灯亮着，在苍茫夜色中，一轮明月从摇曳着婆娑花影的窗户射进，映着一个青年军官的身影。他正吐出袅袅上升的烟圈凝视窗外，若有所思。台上静静的，一幅异常幽雅的画面展现在观众面前。这布景、这灯光在当时南昌市的舞台上是很少看见的，一下就把人吸引住了。片刻，一位妙龄少女迅速把灯打开，很明显地看到她手指上缠着纱布，一声清脆的招呼："喜多先生。"他是被派来她家监视的日本军官。他很有礼貌地向小姐深深地鞠了一躬，然后把转椅一转"请坐"，剧情层层深入，直到高潮。激动人心、扣人心弦。该剧还有李凤文唱插曲。

在这出戏里，导演和演员花了不少心血排练，舞美和灯光也是一流水平，演出效果也极好。我自己也感到送弟弟的一番长长的讲话，浸入肺腑，像是用血呕出来的。当时我真的泪流满面忘了自己，深入角色。事后程懋筠也在我爹面前赞赏："宗恕这次是一鸣惊人。"他忘了我在演一百多场《放下你的鞭子》中所付出的艰苦劳动。

另一个戏是张慧主演的《血洒晴空》，导演和男主角都是黄若海。其内容是空军阎海文赴武汉参加空战前夕，他的情人在西子湖边为他送行，高唱饮酒歌："饮酒，请饮尽，这离别的酒樽，今晚啊，请记住，这西子湖滨，这黄昏灯影，这悲壮的饯行，明天啊，明天，你是万里鹏程，完成你那壮志凌云。"

不幸到武汉后，阎的飞机被日寇击中，他跳伞下地，然后自杀身亡。这是一个真实的故事。上演时阎海文的弟弟正路过南昌，观剧后万分悲痛，并感谢剧团和演员的辛勤劳动和对他哥哥的深情怀念与赞颂。

在音教会，我们生活、工作很有规律。除了敌机临近、警报响了进地下室躲避外，都定时排练、唱歌，演戏。每次演出后，都要开会评论，检讨不足、提出改进意见。其他宣传队演出也必须观看，取长补短。看电影也是我们的工作和学习任务。每片必须看三遍，每遍各有不同重点，以提高我们的演技和欣赏水平。

我们每月只有十五元的生活费，但我们也不在乎，只觉得大伙儿在一起，工作生活很愉快。每天在公园绿树成荫的芳草地上，总有一伙年轻姑娘，身着天蓝色十分合体的标准布旗袍，鬓发上飞舞着黑色绸子的蝴蝶结，全身散发着青春的气息，那就是我们音教会抗敌剧团女演员们娇健的身影。南昌市的群众基本上都能认出我们。我们庄重大方而又活泼，比学生们多一些艺术气质。

过了一段时期较平静的生活，时局又紧张起来。马垱要塞告急，南昌也快变成前沿了。各机关团体都准备撤离，音教会的搬迁地点是吉安。我爹却要我去临川我二哥那里，因为改良平剧早撤消了，他可以去临川教书，我可以去教小学干本行。在马垱

快失守的时候，我和爹去了临川，从此离开了音教会那些志趣相投、年龄相仿、共同在抗日宣传战线上奋斗的朋友们，离开了自己喜爱的专业。临别时，我们都依依不舍，在一起吃了一顿简单的便餐。大家在我的纪念册上写了临别赠言，时隔几十年了，大都记不起来，只记得黄煌导演写的“人生原是戏，何妨更扮粉墨、唤醒群众”。两年后黄去了遂川“巡回剧团”，找我回去排演《雷雨》。我去遂川后，黄却离开了。正巧音教会也在遂川和“巡回”一起在一栋朱家祠堂。程懋筠要我回“音教会”，但熟人全都走光了，他们只办音训班，不太演戏了，我就没回去，仍在“巡回剧团”吴硕昌的导演下演戏。现在，我很后悔，当时应该到音训班接受正规的弹琴、唱歌的训练，成为专业的音乐人才。

此文是从裘宗恕的回忆录《生活在音教会》节选出来的。收入本集时，编者作了少许删节。

（本文作者为原南昌二中教师）

音教会回忆

胡德龙

1938年1月1日我正式得到江西省推行音乐教育委员会抗敌剧团的聘书。那时候，除供给本人膳宿外，每月津贴八元。但不久，增加到十三元；又不久，增加到十八元、二十三元。我在抗敌剧团近三年，到1940年中秋前夕，我告别了音教会，告别了江西遂川，经湖南、广西和贵州奔赴四川江安国立戏剧专科学校求学。临离别音教会时，主任程懋筠先生给了我一封厚厚的长信，他戏称我为表侄，实际上是写了一个老师对学生的评价和对学生未来人生的祈望。那是一封很珍贵的信件，我一直珍藏着。直到1967年在前无史例的运动中，我被审查时，它与另一封洪深先生写给我的信函一并丢失了。真正的可惜，但也无话好说吧。

我进入音教会之前，与南昌二中的高孝泓、欧阳谧和程思三诸同学，在课余之暇，经常到音教会活动。当时音教会拥有一个管弦乐团、《音乐教育》杂志社、平（京）剧改革委员会和一个话剧团等机构，是一个丰富而又充实的艺术团体。

我记得，程懋筠先生常在东湖湖滨露天音乐堂指挥管弦乐团演奏一些世界交响名曲。当时有人说，除上海工部局的管弦乐团外，它是国内数一数二的乐队了。它让南昌的人们得到非凡的音乐享受。

《音乐教育》月刊杂志是由缪天瑞先生主编。我记得登过一篇李元庆写的文章，批评了某音乐辞书的错误和缺陷，使得国内著名出版社商务印书馆只得将某辞书全部收回销毁。

音教会的平（京）剧改革委员会是请了当时江西的教育名家裘叟耘先生主持。

我当然更记得音教会的话剧团在抗战前夕演出了曹禺的新作《雷雨》。邵惟饰“鲁贵”、刘静沅饰“周朴园”、徐廷敏饰“周萍”、熊恂饰“周冲”，是谁饰“鲁大海”我现在已记不清楚了，王忱石饰“鲁侍萍”、吴竹君饰“繁漪”、端木丽尼饰“四凤”。据当时在国内看过几台《雷雨》的人说，音教会的演员阵容最为理想。是一出精彩的舞台演出。

我进音教会时已经抗战，我们唱了不少的抗战歌曲，演了不少的抗战戏剧。在音

教会的三年中，更感觉到主任程懋筠先生是一位爱国的民主的音乐艺术大师。在他诞辰 104 周年之际，写这点对音教会的回忆，以表达纪念之情。

2004 年 12 月 19 日

（本文作者为原上海儿童艺术剧院导演）

回忆程懋筠先生

（1943年夏至1945年夏）

大　凤

1943年春节后半月，我从上海出发，因战时，须乘火车四天四夜，历尽艰辛，才到达芜湖。然后越过敌我封锁钱，步行1043里山路，总算 抵达自由的大后方——江西赣州。

我以战地青年身分，到蒋经国先生任专员的“战地青年接待所”，自我介绍后说明来意，要求工作。次晨即由蒋经国先生手谕，分配到离城七华里的“中华儿童新村”任艺术指导员，并要我同时筹备“天才学校”。以及到“赣州战地青年训导所”去兼课。因表兄林必余巧在该校为主任，是一所专门接待沦陷区流浪青年的机构，带有待业性质。该所平时组织学员自修，也请有学问的学者去作讲座，如音乐家程懋筠先生。因此，就由表兄林必余介绍与程相识。与程一见面，才知他是国歌作曲者。他与我一交谈，因都是搞音乐的，故谈得很投机。他即告我一个故事：最早草成该曲，因自已不满意，就丢进字纸篓，却被妻子拿去，寄到中央党部，因当时正在征求党歌，就由蔡元培先生慧眼相识，才定为《党歌》。我也说，我的《国际反侵略进行曲》也是蔡元培先生推荐的。然后，我拿出 我刚写的《战地青年训导所所歌》，请他提意见，他说不错，就由他教学员们唱。歌词是这样起头的：离开了家乡，告别了爹娘，越过了战场，来到了自由的地方。这里是我第二个故乡——”学员们唱时声泪惧下，因为 唱出了他们心底的话和内心的感情。

不日，程懋筠先生要求我到“小学音乐教师暑期进修班”去兼课。在班上我发现了一位叫傅金发的学员，已36岁，他想学声乐。我认为学声乐嫌年令大些，就与程懋筠先生商议，还是攻音乐理论为宜。程欣然同意，就向傅金发建议，程及我为傅辅导一个时期后，通过福建音专陆华柏教授，傅进福建音专了（解放后，傅在“广西艺术学院”为和声教师，改名傅蒙，与陆华柏教授同在该院任教。）

那知我任教的儿童新村天才学校约50公尺小坡上，正是“江西省推行音乐教育委员会”的驻地。由程懋筠先生任主任，他集中了十几位音乐家，经常到社会上开音乐会，都是中外名曲。如有十个人左右的混声合唱（如夏之秋的《八百壮士》，黄自的

《旗正飘飘》《抗敌歌》………女声合唱（如黄自的《山在虚无飘缈间》……”，也有女声独唱（如《救国军歌》……）他妻子张咏真钢琴独奏（如《东方舞曲》《牧童短笛》等等，以及担任所有节目的伴奏；程懋筠先生自已也独唱（如陆华柏的《故乡》贺绿汀的《嘉陵江上》………的确，为正派音乐及高洁的爱国歌曲普及等，起到了极大的作用。

当时，我写了一个儿童剧《不夜天》（憧憬抗战胜利后十年的国强民富内容的理想剧，由李中和作曲、熊志成指挥）。程懋筠先生看了大为称赞，说这是理想剧，能鼓舞人心，一致抗日。当时驻赣州的教育部“ 剧教二队”杨明同志也在旁，就对我说，戏剧应反映现实生活 ，不能用超前意识写 ，世界上还没有“ 幻想性戏剧 ”出现过 ，是空想的乌托邦思想。我与他辩论了 ，我认为不要有什么框框 ，“ 理想剧 ”也应该提倡，还应写上戏剧理论书中 ，来发展新的戏剧理论 。(我还向他介绍十年前，在我母校灵山小学读书时 ，有二位老师 ，共同创作了“ 幻想剧 ”《 火星人 》。因“火星人”的启迪 ，才有今天理想剧《 不夜天 》的出现，说明理想剧、幻想剧早已有过。)。这种“ 超前意识 ”，本人人都应具备的思维方式 ，因为没有超前性幻想，就没有创造，更不会有人类的进步。我又说，过去也曾从母校老师和同学王博平（共产党员）口中了解到 ，从“ 反证法 ”中去求得更完备的结论 。又说“ 空想社会主义 ”又是马克思思想来源之一 。故我想更重要的则是任何事，不要受任何框框所束缚，打破了框框社会才会进步，新事物才会不断出现 。

那天 ，杨明还告诉我们一个消息 ，说“ 毛泽东在延安发表了有关文艺方面的长篇讲话 ”。他还把大致内容简略地告诉我 。(估计他是共产党员或赞成共产主义者)。

他还对最近在江西某刊物发表的《 秦淑的悲哀 》一剧（由程懋筠作《摇篮曲 》提出批评。因程懋筠很同情剧中的主人公秦淑这位被侮辱的青年学生，故写得很有感情，我唱给杨明听（杨说已在音乐会中听到过音教会马玲独唱)。这支曲却被杨明批得一钱不值，并大批程懋筠先生。他说不应该写工人之短（剧本写秦淑这位女大学生 ，因搭便車 ，在途中被汽車司机勾搭上而发生了关系 ，两人次晨即分离，几月后这位女大学生怀孕了，还生了孩子 ，秦淑在经济上极为困难 ，学业上也荒费 。而汽车司机却杳无音信 ，完全是一个玩弄女性，道德败坏的人。）杨明把汽車司机当作产业工人 ，认为作者是在侮辱工人阶级 。我与他辩论良久 ，我认为对道德败坏的任何人，都应揭露批判。我们两人争得很激烈，最后，当然是不了了之。

1944 年夏，因战乱，我去穷乡偏地广昌中学任教。那时候，物质生活相当艰苦，只求温饱而已满足。当时程懋筠先生因担任“国立幼稚师范专科学校”教授职，该校也因战争而来广昌 25 里甘竹乡饶家堡避战乱。程懋筠先生因长期营养不良，而患黄胆肝炎，无力上课，故请我为他代几节课。于是，我就常去离县城 25 里的甘竹乡饶家堡（龙溪）上课。去该校时，我总要去看望他，但他均无力与我多谈。故我总与美术教师王小雄同住一床，但吃的仍是竹筒糙米饭，青菜、笋干汤，连豆腐也极少能吃到。与广昌中学的师生营养水平也差不多。在这样情况下，程懋筠先生还率领师生 20 余人，到相距 25 华里的广昌中学来举办音乐会二场，为穷县民众开了眼界，他的精神确使人感动不已。

后来，我又邀请程懋筠及张咏真夫妇，假九江青年电影院开二场独唱音乐会（公益性）。也组织九江女师及同文、儒励、九江中学四校师生来聆听并请他俩来九江中学、九江女师两学校中作讲座。我还为程懋筠演唱的《故乡》（陆华柏曲）作钢琴伴奏。音乐会后还请他俩在咖啡店吃夜宵，并招待他俩在九江风景区甘棠湖畔住了半个月，经费由当时任九江青年馆馆长必余表兄设法。我又介绍张咏真先生去公立九江中学任教近两亇月（后由林元宁接任）。后一直未联系。只在九十年代，张咏真先生来信，才知程先生已逝，后又闻张咏真老师也仙逝了。

行云落月，良师益友，舍我而去，使我悲恸不已！但高山仰之，一代良师，总会使后人永远怀念。

三十年代江西省音教会史况

熊志成

三十年代之前，南昌的音乐事业尚处在无所作为的时期。各级学校音乐设施简陋，音乐人才奇缺，音乐教材陈旧。就在这时，正在中央大学任教的音乐教育、声乐、作曲、指挥家，新建县人程懋筠应聘返回家乡，承担了我省推行音乐教育的创业任务。

一、江西省推行音乐教育委员会的创建

1933 年 3 月，江西省推行音乐教育委员会在南昌创立。该会的观点是："音乐在教育上有移风易俗，潜移默化之功；振发民族精神，涵养爱国思想，音乐尤具效力。"由省教育厅领导，而在机构体制上采取委员会制，以南昌为中心，面向全省展开工作。办公地点设在南昌市环湖路（今南昌二中附近），并在当时的湖滨公园（今八一公园）内建有一座结构别致的露天音乐堂，作为南昌市群众音乐活动的场所。

该会以推行音乐教育为前提，有计划地开展音乐、戏剧等艺术活动的广泛吸收和培养音乐、戏剧艺术人才。定期派员视导各学校的音乐教学，并对一切娱乐场所有视察取缔之权。该会是一个具有专业研究、学术辅导与经常演出的多种职能的文化机构。

1933 年 3 月 23 日《民国日报》作过如下的报道：江西省推行音乐教育委员会举行首次委员会议，出席会议的委员有：李德钊（省府委员，音乐行家）、黄光斗（原南昌一师校长，当时任公安局长，后任社会处长）、陈蒙（留学日本，音乐教育家）、徐庆誉（江西新生活促进会干事）、程懋筠（日本东洋音乐学院毕业，音乐专家，曾为中国国民党党歌作曲，非国民党人士）、王笥香（上海音专毕业，南昌女中音乐教员，声乐家、钢琴家）。该会主任委员程懋筠在首次会议上，宣布了"推行音乐教育实施方案"：1. 调查中小学音乐教师之履历及服务状况。2. 编印出版《音乐教育》月刊。3. 调查省市及各县戏剧歌曲。4. 已制就救国、复兴两歌、先从省教育厅职员方面推行，每日练习二十分钟。5. 请营业歌者来歌唱。6. 取缔淫秽词曲。他还在会上强调指出推行音乐教育的原则是：除害、革改、创新；办事的要求是：敏捷、正确、优美、经济、实际（特别注重民众音乐）。并谓该会人员既少，财力有限，希望各委员时加指导。关于

民众音乐应如何推行一案，决议由省工会、公安局、教育厅第三科及该会各推一人，负责查审计划之类。在工作创新方面，决议先制婚丧典礼之乐谱，并征集有价值之歌词乐曲，以利推行国民音乐教育。

二、热心创办艺术事业

1933年3月该会宣告成立，经费为一千元。1936年5月起，因设立管弦乐队和戏剧组，每月经费为二千二百元。

该会在主任委员程懋筠全面主持工作中，为求开拓江西音乐教育和戏剧事业，延聘了国内著名音乐家和戏剧家来南昌指导工作。先后创办的艺术事业有：

（一）创办《音乐教育》月刊 该刊于1933年3月创刊并成立了编委会，其宗旨是“普及音乐知识，提高欣赏程度，纠正错误观念，供给适用作品”。该刊由省音教会出版发行，代表人为程懋筠，主编是我国著名音乐理论家、译著家萧而化和缪天瑞。《音乐教育》的出版，对促进江西音乐教育事业有着重大作用，对省外各地音乐教育的介绍传播也产生一定的影响。与当时国内同类的音乐刊物相比，从时间而言，自1933年4月至1937年12月，历时五载，算是最长久的了。其发行范围不仅在国内拥有读者，而且在海外亦有订户。及至1937年抗日战争全面爆发后，由于稿源困难，终于在当年第十一、十二期合刊号出版后休刊，共出刊五卷57期。程懋筠在《写在终刊号之后》这篇文章中说：“我们丝毫没有伤感的心情，当我们提笔来写这篇结束文章的时候，在这个时期，像《音乐教育》这样颇有些学术性的刊物，是没有存在的可能的。或者说简直没有存在的必要。作为宣传武器的音乐，大抵侧重声乐，或与戏剧相结合。所以，将来要出音乐与戏剧之类的刊物，也说不定的……”“好在来日方长，将来战争结束，社会情形改变过来，一定会有非常完善的音乐刊物出来；那时候，再不会如去年似的，因为顾忌政治上的问题，怕影响本会前途，连‘国防音乐’四字都不能用；连鲁迅悼歌都不能发表真名！（本刊四卷十一期原来“国防歌曲特辑”，结果改为“救亡歌曲特辑”。又四卷第十期第一首歌曲《哀挽一位民族解放的战士》原是《鲁迅悼歌》，但不能按真面目和读者见面。）在抗战期间，什么也受到了影响。本刊的停刊，自是意中的事。我们除请求读者原谅外，只有咬紧牙关，去恨我们的敌人。”

该刊从其撰搞人来看，几乎集中了近、现代中国音乐史上所有的精粹人物，阵容极为可观，例如：萧友梅、王光祈、青主、赵元任、缪天瑞、萧而化、刘雪庵、贺绿汀、老志诚、邓尔敬、钱君匋、吕骥、陈歌辛、李元庆、李焕之、丰子恺、王晓湘、江定仙、章枚、王云阶、何安东、蔡继琨、刘天浪……等，以及一部分写家、译者、中小学教师，乃至于科学家钱学森当年也为此刊撰作《美国通讯》（四卷3期）。

该刊栏目很多，内容广泛，如：创作、评论、记述、理论、译介、感想、随笔、

通迅、乐闻、报告、乐曲解说、器乐技巧、声乐技术、声乐器乐作品、民间歌曲汇集、中外音乐史等，并介绍中外音乐家达几十人之多。

五年之中，该刊所出的专刊有：《小学音乐教育专号》（1934 年 2 卷 1 期）、《中国音乐问题专号》（1934 年 2 卷 8 期）、《乐曲创作专号》（1935 年 3 卷 1 期）、《全国音乐界总动员特大号》（1936 年 4 卷 1 期）、《救亡歌曲特辑》（1936 年 4 卷 11 期）、《苏联音乐专号》（1937 年 5 卷 7 期）、《音乐教学情况专号》（1937 年 5 卷 11、12 合期）等。（注：该刊最初三期完全是萧而化所编辑，从一卷 6·7 期起就由缪天瑞任主编）

该刊尤为可贵之处，是在抗日战争中持进步立场，发表不少抗日救亡的作品，并大量报道各地救亡歌咏活动。

（二）创办管弦乐队　1934 年 10 月创办了管弦乐队，其宗旨是“普及推广西洋乐曲常识，提高民众音乐欣赏水平”。在五十年前的旧中国，这是中国人自办的惟一管弦乐队，当时上海工部局有个管弦乐队，却是外国人办的，演奏人员也绝大多数是外国人。

程懋筠任管弦乐队指挥。该队的成员汇集了我国著名小提琴家赵年魁，大提琴家张贞黻、李元庆，中提琴家钱曾葆等。聘请周咸安、穆志清等任指导兼演奏员。还有其他小提琴家如：陈健、魏自中、邓雅宾、李九仙、陈品中、盛文龙（即盛雪）、胡江非等。该队的管乐师、器乐师借用当时省政府和警察局军乐队优秀的队员，钢琴伴奏由著名音乐理论家缪天瑞担任。

管弦乐队定期举行音乐会，经常排练世界名曲，如：莫扎特的《魔笛》序曲，罗西尼的《阿尔及利亚人在意大利》序曲、塞维勒的《理发师》序曲，伊拉蒂艾的《拉巴洛麦》，奥芳巴哈的《船歌》，塞兹的《提琴协奏曲》，苏菲的《骑兵进行曲》、《诗人与农夫》序曲，帕德雷夫斯基的《小步舞曲》，以及 Ivan Tschakoff：“Cossack Reuis”（原文如此），即《哥萨克之狂舞》等。

音教会于 1934 年至 1936 年间，在南昌市举行了大小型音乐会达上百次之多，还到外县巡回演出，内容有独唱、独奏、重唱、室内乐，混合唱、管弦乐等，形式多样，活跃和丰富了民众的音乐生活。这支管弦乐队后因抗日战事的关系，移交给武汉励志社；武汉沦陷后，部分人员合并于重庆中华交响乐团。

现抄录 1934 年 11 月 12、13 两天，在南昌市总镇坡警察局大礼堂举行“总理诞辰纪念音乐会”节目，以供读者了解当年演出的一般情况：

1. 男女混声合唱：《党歌》（孙总理训词，程懋筠曲），音教会合唱团，音教会管弦乐队伴奏。指挥：程懋筠

2. 管弦乐：A、歌剧《魔笛》之序曲（莫查尔特曲），B、《婚礼进行曲》（华格纳曲）。

3. 女高音独唱：王笥香女士独唱《瓶花》（胡适、范大成词，赵元任曲），钢琴伴

奏：缪天瑞

4. 中提琴及钢琴合奏：《仙境》之第一段（舒曼曲），中提琴钱曾葆，钢琴家王家琼女士。

5. 小提琴独奏：《舞姿》（贝利欧曲），演奏：魏沃能，钢琴伴奏王笥香。

6. 女声合唱：A、《佛曲》（中国古曲，胡周淑安合声）。B、《到百合花丛里》（汤孙曲），由南昌女中合唱队演唱，钢琴伴奏王笥香女士。

7. 男高音独唱：《别了》（曾济尼曲），程懋筠独唱，钢琴伴奏缪天瑞。

8. 大提琴独奏：歌剧《约瑟蓝》的摇篮歌（哥达德曲），张贞黻演奏，钢琴伴奏王家琼女士。

9. 钢琴三重奏：《梅利爱舞曲》（莫查尔特曲），钢琴王笥香，小提琴赵年魁，大提琴张贞黻。

10. 男女混声合唱：《凯旋歌》（潘恩霖词，凡格瑟尔曲），音教会合唱团，指挥：程懋筠，钢琴伴奏缪天瑞。

11. 管弦乐：A、《白鸽舞》（伊拉底尔曲）。B、《巴格达》之回教主中序曲（波阿底乌曲），音教会管弦乐队伴奏，指挥：程懋筠。（此节目单刊《音乐教育》二卷十二期）

音乐会上，还唱过如下几首中外世界名曲：《阳关三叠》（古曲、王维诗）、《山在虚无缥渺间》（韦瀚章词、黄自曲）、《海韵》（刘半农诗，赵元任曲）、《空谷回声》（即两个混声四部合唱）、贝多芬作第九交响乐中交响大合唱《欢乐颂》以及《哈嘞努亚》等。

（三）创办改良平剧班 1933年，音教会为求提高民众欣赏戏剧之程度，以达到艺术教育的目的，决定创办改良平剧（即京剧）班、平剧研究社及话剧团，聘请我省著名戏剧家新建人裘德煌担任平剧班主任，并兼平剧社社长（裘亦是音教会专职干事），还聘请戏剧家满子善、朱月斋、陈涵舟、陆更生等为平剧艺术指导。

平剧班招收的学员，每月津贴十二元。在排练纯熟后，每月至少公演二次。改良平剧班创办之初，演出了裘德煌编剧、由满子善导演的《胡阿毛》（又名《平民抗日记》）。此剧得到程懋筠修改后，又经满子善、朱月斋提意见，最后由王家齐，邵惟等提了意见定稿。该剧在南昌演出，曾轰动一时，参加演出的演员，受到当局的奖励。

裘德煌等人除创作《胡阿毛》一剧外，并排练演出《西门豹》《宫井埋香记》《飞来的祸》《苧萝二村女》《一片真情》《侠女姻缘》等及省剧《黑籍冤》《模范夫妻》《杀狗劝夫》等。

音教会还办了平剧研究社。“七七”事变后，改良平剧班经费减缩，人员设备全部移交荣誉军人管理处。

当时所定平剧改良标准是：1. 剧本多用自编。有时亦采用旧剧，但须合乎教育与

艺术原则；2. 男不饰女，女不饰男；3. 用改良髯口，不用旧式遮口之须（旧历史剧在不得已时不在此限）；4. 新剧生、旦、净、丑只可化装，不勾脸谱；5. 新剧不用引子及定场诗、自报职业等唱白；6. 新剧用科学布景，动作及用具在可能范围内力避虚拟；7. 新剧两人在场，一人表现内心秘密，非不得已用简短之独白独唱；8. 新剧虽用武打，但只用对打，不翻筋斗及各种危险动作；9. 新剧敲击锣鼓，力避嗓烈及无意义的音响；10. 新剧可用花旦，但禁止一切淫秽之唱白动作；11. 力避不合理之发声方法，男不唱女声，女不唱男声，小生不唱尖嗓；12. 新剧务求情景逼真，力戒剧中人之唱白动作与观众发生关系等。这些新的尝试，在当时而言确有其独到之处。

（四）创办话剧团 1934 年创办话剧团，研究及公演近代话剧藉以提高民众欣赏程度，促进社会文化，达到艺术教育的目的。演员资格：凡品行端正，有中等学校毕业及相当程度，十五岁以上，四十岁以下者，经口试合格后，方可入团学习，基本演员每人每月酌发交通费用十四元。公演时提出票价百分之五十作为全体工作人员奖励金。话剧训练课程有如下项目：国剧概论、话剧概论、舞台实习、舞台装置、姿态表情、化装训练、乐歌、话剧发音等。

该团团长由程懋筠兼任，副团长由戏剧家邵惟担任（兼导演，是南京怒潮剧社导演、著名演员，抗战时曾在新四军工作，解放后任过北京“青艺”业务领导）。该团有导演王家齐、刘江（静源，北大戏剧系毕业，著名演员）等。王枕石和吴竹君担任干事，名誉指导有田自昭，名誉干事有程润琴、廖翰翔。该团的学员徐廷敏（解放后在中央戏剧学院舞美系任教授，现任江西文史馆特约馆员）、凤贤贞、陈鲁南（解放后曾任江西省话剧团导演）、胡江非、高少鹏、贺露、涂海涛、杨贞如、陈新民、舒政铨、陈樱南、郑宝珊、刘云、吴云苓等。

音教会话剧团于 1934 年 10 月，在都司前教育厅礼堂第一次公演剧：1.《保险柜》：导演王家齐，演员有舒政铨、舒文辉等；2.《月之初升》：英国葛雷戈莱著，黄药眠翻译。导演邵惟主演有徐廷敏等；3.《父归》：导演邵惟。第二次公演是 1934 年 11 月，演出熊佛西的《锄头健儿》，王家齐导演，演员有舒政铨、郑宝珊、陈樱南、胡江非等。当时协助演出的著名戏剧家、王瑞麟（电影《故都春梦》中的男主角）、田自昭等。第三次公演三个独幕剧：1. 儿童剧《猴儿酒》：程懋筠改编，王家齐导演，舞蹈指导魏沃能，由省立南昌女中学生担任全部角色。2.《政大爷》：熊佛西编剧，参加演出者有陈新民、胡江非、陈鲁南。该剧在天幕景上有座高约两米的立体石膏裸体女神像，由舞美专家任浪波雕塑翻制的，为该剧演出增添气氛和舞美效果。这次表演在国内是较健全的。3.《最后一计》：邵惟导演，邵惟、田自昭、王家齐、徐廷敏等参加演出。

1935 年中，音教会第二次上演《月之初升》，程懋筠饰该剧主角逃犯，并担任演唱此剧三首插曲。他是职业音乐家参加话剧演出，这在当时算是破天荒第一遭。

1936年夏，在豫章公园中山纪念堂演出曹禺编剧《雷雨》，邵惟导演，演员有徐廷敏、徐兰等。此剧首次演出轰动了南昌，满场四天，座无虚席。广大观众一致认为这是一次高质量的精彩演出，新闻报纸连篇累牍地发表新闻和剧评。谁料演至第五天时，忽有国民党江西省党部头目范争波派来的特务，声称要禁止《雷雨》继续演出，理由是该剧"有宣扬阶级斗争，为异党张目的嫌疑"，因此该剧演出五场之后乃告停演。

此后，至抗日战争开始前，音教会话剧团在邵惟主持下，在南昌市广泛开展了话剧的社会教育和爱国教育活动，取得了可喜的成绩，亦排演过名剧《视察专员》等。

（五）开展社会音乐教育 音教会推行民众音乐及学校音乐教育方面的工作，程懋筠在1936年11个月间的一篇"本会过去、现在及将来之设施"的报告（刊于《音乐教育》第四卷第十二期），曾详加论述，现摘录其中要点如下：

（1）关于民众音乐、戏剧方面：1. 修正陈旧的剧曲及唱本，现已修改旧剧十二出，歌曲三十余种。2. 取缔恶劣之音乐、戏剧，当时民间流行一些淫秽的曲词，如《十八摸》《外甥嫖姨娘》等，不堪入目，败坏社会风气，因此，联合有关机关（计十一处）组织成立"民乐娱乐指导委员会"，订定取缔标准，取缔不良的有声电影歌曲，派员审查各商店留声机唱片，如《毛毛雨》等黄色歌曲歌片均禁止销售。3. 创作民众新歌曲、歌剧、话剧及改良平剧的脚本，计有歌曲《四季叹洋烟》《抗敌救国》《嫖客十叹》《快报国仇》《赌博十二害》《灭蝇曲》《除蚊道情》《新生活歌》等八种。歌剧《猴儿酒》《皇帝的新衣》两种。4. 设立音乐传习班，使民众有学习机会。计有合唱队，程懋筠亲自指导，参加者四十五人，钢琴班由缪天瑞等指导，参加者三十人；提琴班由赵年魁等指导，参加者六十人；口琴班参加者三十人；胡琴班由刘天华高徒谌亚新等任指导，参加者二十人。上述音乐传习班参加者均为公务人员、学校师生及一般民众。又特为清音唱曲营业者设立民众歌曲训练班两期，以新编歌曲为教材，使大多数歌曲营业者均能唱新曲。5. 不定期举行音乐会并公演戏剧，使民众有欣赏机会，已开音乐会三十余次，公演平剧十七次，话剧十五次（其中包括赴外地演出音乐、平剧、话剧等）。6. 与南昌广播电台合作举行广播音乐会十余次、平剧七次、话剧三次。7. 训练公民学唱应用歌曲，如程懋筠作曲的《抗敌军歌》等。

（2）关于学校音乐教育方面。1. 设立幼稚园及中小学音乐教师补习班，在教育厅主办的寒暑假修养会中附设音乐组，每次参加听讲的中小学音乐教师均在六十人以上，如：王家澍、喻梦龄、陈品中等音乐教师都是当时音乐教师班毕业的。授课教师有聘请的省内外名音乐家如唐学咏等。（唐学咏是江西永新人，曾任国立福建音专校长、中央大学音乐系主任。）2. 改良课程及教学法，召开省会初等及中等音乐教育讨论会二次，议决要案如下：各校禁止简谱，采用五线谱教学；禁止演唱黄色剧曲；各学校应组织课外音乐研究会、学生歌咏团、学生歌咏比赛、儿童节奏乐队等。3. 在《音乐教

育》月刊中介绍供给教材。4. 各校音乐教材须送该会审查过。5. 视导音乐教学并襄助学校排演戏剧。6. 举办各中小学歌唱比赛，中学参加者十五校，小学参加者四十七校。又举行省会各中学暑期补习班唱歌比赛一次，参加的学校有十余所，学生千余人。

三、抗日烽火中的音教会

1937 年，抗日战争爆发，中国面临着生死存亡的严峻关头。由于中国共产党的大力倡导和奋力争取，抗日民族统一战线的旗帜，在神州大地高高举起。爱国主义迅速成为中国人民的精神支柱。在巨大的时代浪潮中，音教会投入到抗日救亡的洪流里。程懋筠的“艺术观”在新的形势下有了根本的转变，他改变了“为艺术而艺术”的狭窄圈子，把音教会的工作中心紧密地与抗日救亡联结在一起，在他主持的音乐刊物的发刊词上写道：“用音乐艺术来振奋民族精神，达到抗日胜利的目的。”从此，音教会进入了新的起点。

（一）创办抗敌歌咏剧团　1938 年初，省音教会在南昌创办了“抗敌歌咏话剧团”，与各个救亡团体并肩作战。程懋筠兼任团长，担任指挥，并聘请当时著名的爱国音乐作曲家何士德（上海流亡歌咏队领队，《新四军军歌》作曲者）和赵定保（江苏丹阳流亡青年歌咏队领队）、宋居田、张泳真等担任音乐指导，同时聘请著名戏剧家黄若海、陈鲁南、徐廷敏等担任话剧导演。

音教会抗敌歌咏话剧团产生于抗日烽火之中，程氏在条件艰苦的情况下，争取多方面的支持，吸收了一批爱国的热血青年，包括南昌地区以及外地流亡来南昌的青年学生为该团成员，如：张慧、刘凤羽、万芷真、李凤文、殷勤、陶端栟、黄六明、裘忠恕、颜茜、李敏芳、程远、潘美玲、周宇平、皮宪英、林国瓦、张慕鲁、甘铎民、高孝泓，傅汝昌、胡德龙、万昌文、吉星野、蔡君豪、屠咸若、陈佩秋、陈荐南、汪洋、熊志成、周柏年、蒋协和、李中和、李曼云、朱起凤、万德滋、程国英、袁明、熊晓林、虞明德、丁载福、江俊、马玲、肖静芳、蔡柏云、韩肇文、张榴仙、姚绍南等。他们组成一支抗日救亡的文艺队伍，与当时在南昌的新四军战地服务团、抗敌后援会宣传大队、青年服务团宣传大队、赣保政训处宣传大队等一道，冒着敌机疯狂的轰炸，开展抗日宣传工作。

该团在创建之初，一方面对成员进行音乐戏剧的基本训练，程懋筠和何士德、宋居田、赵定保、张泳真、陈鲁南等为培养人才作出了艰辛的努力；一方面紧张地排练节目，练唱抗战歌曲，面向广大群众，展开宣传工作，用艺术的感染力，激发人们的爱国意志，为反对日本帝国主义的侵略，为争取抗战的最后胜利而共同奋斗。笔者当时是这个团年龄最小的成员（刚 15 岁，在这里工作学习 7 年多），在时代的巨浪面前，热血沸腾，在抗日的烽火中成长。当时的峥嵘岁月，至今在脑海中仍然留下极为深刻的印象；其间一系列动人心弦的往事，历历在目。

1938 年 1 月，音教会歌咏团会同好几个救亡团体，在南昌总镇坡的警察局礼堂举行歌咏演唱大会，各阶层的观众踊跃而来，座无虚席，各单位的歌手分别由何士德、程懋筠指挥，引吭高歌："起来！不愿做奴隶的人们，把我们的血肉筑成我们新的长城……"；"大刀向鬼子们的头上砍去……"；"再牺牲，再前进，如今不打更不行……"，雄壮的歌声，激动人心，许多观众为之鼓掌，为之淌下热泪，台上台下，融为一体。这一场联合大演唱，是抗日民族统一战线的吼声，显示了音乐艺术在抗日救亡运动中的强大号召力。

1938 年初春季节，在新四军战地服务团的支持下，由上海流亡青年歌咏一队所发起的，南昌市各音乐团体共同组成的南昌抗日歌咏协会，于 2 月 16 日在百花洲举行成立大会，会后举行了抗日歌咏大游行。这支由上千名歌手组成的歌咏游行队伍，从百花洲出发，沿南昌主要街道高歌行进，街道两旁是人山人海，人们夹道欢呼，歌声与群众的口号声响彻云霄。何士德担任总指挥，他站在大卡车蓬顶上，挥动着一根特别的指挥棒，上下旋转飞舞。"工农兵学商，一齐来救亡，拿起我们铁锤刀枪，走出工厂、学校、田庄，到前线去吧！走上民族解放的战场！"怒吼般的歌声，在人们心中震荡，掀起了保卫祖国，保卫家乡的巨大热潮。

1938 年 5 月，省音教会抗敌歌咏团在南昌街头演出了崔嵬编剧、吕骥作曲、黄煌导演的《放下你的鞭子》。裘忠恕、高孝泓、傅汝昌等主演，由于艺术形象的逼真，其剧情激起千万观众对日本侵略者的无比愤慨。

1938 年 6 月，音教会抗敌歌咏团走出城市，沿南浔铁路线赴九江、永修、新建县等地进行宣传工作，在露天场地临时搭台演出，演唱《救国军歌》《全靠俺自己》等歌曲，并演出《扬子江暴风雨》《三江好》等独幕剧。数以千计的观众前来观看，有不少农民跑好几里路赶来，男女老少把露天台都团团围住，直至演出结束了他们还久久不愿离去。

此外，省音教会抗敌歌咏剧团，先后同其他宣传团体联合演出数十场之多，其中主要的有由田汉编剧、作词，聂耳作曲，陈鲁南导演的歌剧《扬子江暴风雨》；由甘铎民、胡德龙、高孝泓、傅汝昌、张慕鲁、程应琨（程懋筠的儿子）等人主演；由黄若海导演的《烙痕》《血洒晴空》，由黄若海、张慧主演；邵惟执行导演的《最后的胜利》，由徐廷敏、刘曼华主演；在吉安有徐廷敏执行导演的《汉奸》，由杜广、熊志成主演等。这些公演有的是为了筹募"剧人号"飞机，有的是为了筹集慰问庐山孤军的经费，均获得良好的效果，为抗日救亡运动作出了贡献。

音教会抗敌歌咏团曾举办各种类型音乐会，由于战时流动性大，资料难以保存，今天也就无法搜集五十年前音乐会演出的节目单。1938 年下半年，赣北战局吃紧，南昌市机关团体学校纷纷疏散撤退到吉安、遂川、泰和、赣州等城镇乡间，音教会宣传

工作也就随之转移。在七年艰苦的岁月中，仍坚持演出音乐与戏剧节目约计八十余场。1938年至1939年，音教会参加的各种类型的音乐会有：(1) 参加地方当局举办的抗日"国民月会"，宣传精神总动员，会上聘请知名的民主人士，如：王造时等，作抗日演说，然后由各宣传团体分别担任演出抗日文艺节目。音教会抗敌歌咏团曾参加若干次演出，演唱抗日歌曲有：冼星海作曲的《青年进行曲》、孙慎作曲的《救亡进行曲》、孟波作曲的《牺牲已到最后关头》，还演唱程懋筠作曲的《精神总动员歌》和《全靠俺自己》《再牺牲，再前进》等歌曲，由程懋筠指挥；(2) 曾到南昌六十九后方医院和吉安白鹭洲伤兵医院，对伤兵进行慰问演出，演唱过聂耳作曲的《慰劳歌》、张寒晖作曲的《松花江上》。程懋筠还亲自独唱夏之秋作的《歌八百壮士》；(3) 为抗日前线募捐义务演出；(4) 音教会经常到各地巡回演出抗日话剧，如陈鲁南导演多幕剧《烟苇港》《牛头岭》、《反间谍》等。

1943年，音教会在赣州设立分会，曾参加由当时任赣南专员的蒋经国举办的"虎岗"青年夏令营的音乐会。1943年12月25日圣诞节，音教会被邀请参加驻赣州美国盟军空军俱乐部举办的圣诞节晚会，演唱基督教赞美诗如《平安夜》《普天同庆》等，程懋筠演唱意大利名曲《我的太阳》，张泳真钢琴独奏《渐入佳境变奏曲》、马玲演唱《黄水谣》，熊志成演唱《飘泊者》（修伯尔特曲），正气中学钟维国同学亦被邀请参加演唱世界名曲。

从1938年初到1944年4月，音教会在南昌、吉安、遂川、泰和，赣州等地举办了一系列的音乐会演，演出了大量有水平的节目，现凭回忆和查找资料作综合的介绍如后：

声乐：分齐唱、独唱、合唱。

器乐：分独奏、联奏。

声乐齐唱部分——演唱：省音教会抗敌歌咏团，指挥：程懋筠、赵定保。钢琴伴奏：张泳真、陶端栉、屠咸若、李敏芳等。齐唱：《大刀进行曲》（麦新作曲）、《义勇军进行曲》（聂耳作曲）、《青年进行曲》（冼星海作曲）、《去当兵》（程懋筠词曲）、《全靠俺自己》（程懋筠词曲）、《牺牲已到最后关头》（孟波曲）、《锄奸谣》（程懋筠词曲）、《劳动歌》（程懋筠曲）、《游击队歌》（贺绿汀曲）《民族战歌》（老志诚曲）等二十余首。合唱：（二部合唱）《军民合作》（舒模曲）、《到敌人后方去》（冼星海曲）、《太行山上》（冼星海曲）、《打铁歌》（程懋筠曲）、《保家乡》（贺绿汀词曲）、《欢迎勇士们》（Boieldieu曲、程懋筠配词）、《向前进攻》（《夏伯阳》插曲）、《打游击去》（程懋筠词曲）、《打回东北去》（沙梅曲）、《磨刀歌》（陆华柏曲）等十余首。（四部合唱）：《玉门出塞》（李惟宁曲）、《空军歌》（李惟宁曲）《阳关三叠》（古曲）《国家至上》（"嗨嘞奴亚"填词）、《旗正飘飘》（黄自曲）、《抗敌歌》（黄自曲）、《我们的祖国》（程懋筠填词）、《垦春泥》（贺绿汀曲）、《救国军歌》（塞克词，星海曲)、《全国总动员》(何安未曲)、《最后胜利是我们的》(光未然词、夏之秋曲)、《家乡进行曲》(李惟宁曲)、《凯旋曲》(潘思霖潭词、凡格瑟尔曲)等十余首。

声乐独唱——男高音独唱：程懋筠。钢琴伴奏：张泳真、陶端柟、屠咸若。有《马赛曲》(法国名曲)、《我的太阳》(意大利名曲)、《歌八百壮士》(夏之秋曲)、威尔弟歌剧《李戈委托》选段、普契尼歌剧选段等。女高音独唱：李凤文。有《巾帼英雄》(刘雪庵曲)、《丈夫去当兵》(张曙曲)等。钢琴伴奏：张泳真。男低音独唱：张慕鲁。有《嘉陵江上》(贺绿汀曲)、《飘泊者》(修伯尔特曲)、《我们的家乡》(沙梅曲)等。钢琴伴奏：屠咸若。男中音独唱：傅汝昌。有《热血歌》(冼星海曲),《思故乡》(刘雪庵曲)。钢琴伴奏：李敏芳。女中音独唱：刘凤羽。有《玫瑰三愿》(黄自曲)、《本事》(黄自曲)。钢琴伴奏：陶端柟。女中音独唱张慧，有《救国军歌》(美国军歌原词)。钢琴伴琴：陶端柟。男低音独唱：蒋协和(“八、一三”抗日爱国残废警官)。有《我是个北方人》(赵元任曲)、《歌八百壮士》(夏之秋曲)。钢琴伴奏：屠咸若。女高音独唱：程远。《上山》(赵元任曲)、《卖布谣》(赵元任曲)。钢琴伴奏：张慕鲁。男高音独唱：熊志成。有《故乡》(陆华柏曲)、《嘉陵江上》(贺绿汀曲)、《延安颂》(郑律成曲)。钢琴伴奏：肖静芳。男高音独唱：虞明德。有《教我如何不想他》(赵元任曲)、《也是微云》(赵元任曲)。钢琴伴奏：屠咸若。

女声二重唱：《山有枢》(中国诗经词，俄国作曲家配曲)。演唱者：李凤文、万芷贞、黄大明、刘凤羽、李敏芳、陶端柟、张慧、万德滋。钢琴伴奏：张泳真。

男女声二重唱：马玲、熊志成。有《孤岛天堂》(刘雪庵曲)、《我们在一起融和》(熊志成曲)。钢琴伴奏：肖静芳。女高音独唱：马玲。钢琴伴奏：熊志成。有《黄水谣》(冼星海曲)、《延水谣》(郑律成曲)。

同声四部合唱——Tenor：Ⅰ：虞明德、李中和。Tenor Ⅱ：汪洋、李曼云。Bass Ⅰ：周柏年、傅汝昌。Bass Ⅱ：张慕鲁、蒋协和。合唱《游击乐》(用 Bulldog 原调，程懋筠填词)、钢琴伴奏：屠咸若。男高音独唱：李中和《白云故乡》(韦翰章词，李中和曲)。钢琴伴奏：屠咸若。女高音独唱：黄六明。《故乡祭》——为纪念南昌沦陷而作(徐廷敏词曲)。钢琴伴奏：李敏芳。

器乐独奏、联奏部分：

A. 小提琴独奏：李德钊(特邀)。1. HUMORESKE(幽默曲)，AntOn DVOYaK 曲。2. GAVOTTE(加禾特)，F. J. GOSSec 曲。钢琴伴奏：陶端柟。

B. 小提琴独奏：崔思愚(特邀)。1. Souvehiv(纪念品)，FRANZDRDLA 曲。2. MINUETIHCT(小步舞曲)，Beetnoven 曲。钢琴伴奏，屠咸若。

C. 1. 钢琴独奏：屠咸若。《牧童短笛》(贺绿汀曲)。2. 钢琴独奏：张泳真。《摆篮曲》(贺绿汀曲)。3. 钢琴独奏：张慕鲁。THE MAIDEN，Sprayer(少女的祈祷)，Thekla Badarzewzka 曲。ADAGIO、“MOONLIGHT”(月光曲)，Beetnoven 曲。4. 钢琴独

奏：熊志成。MINUE TIHG（小步舞曲），Beetnoven 曲。GAVOTTE（加禾特），F. J. GOSSec 曲。

钢琴独奏：1. MARCHEMILITAIRE（军队进行曲）F. V. Senuoer 曲。演奏者：（A 组）屠咸若、张慕鲁。（B 组）陶端枏、张泳真。2. TURKISH MARCH（土耳进行曲），Mozart 曲。演奏者：（A 组）李凤文、万芷贞。（B 组）陶端枏、李敏芳。3. 维也纳进行曲（佚名）。演奏者：熊志成、汪洋。4. 口琴独奏：蔡君豪。《救国军歌》（美国军歌）。5. 小号独奏：——韩肇文《凯旋歌》（Giverdi 曲）。

这些演出节目，在当时的江西是属于一流水平的，在抗日救亡的宣传的活动中，起到了鼓舞人民斗志，树立抗战必胜的信念的积极作用。对开展音乐教育，活跃广大群众的文化生活，产生了有力的影响。

（二）抗战后期的音教会　音教会于四十年代初迁到遂川、泰和、赣州等地后，坚持推广普及音乐教育，曾举办两期江西省中、小学音乐教师训练班，简称“江西音训班”，在吉安、泰和、赣州等地招收学员 50 余名。学员有沪、杭等地流亡到赣的青年，也有在校的音乐教师。音训班由程懋筠兼班主任，并亲自教授声乐、合唱、指挥法、教材教法等课程。该班从广西聘请著名音乐理论家萧而化教授和声学、视唱练耳、音乐常识等课程。宋居田教授简易作曲法。张泳真、曾寅育分别担任钢琴课教师，李九仙教授小提琴练习曲。这两期音训班有半年和八个月的训练，在抗战的艰苦环境中办得较有质量。

两期音训班，为战时后方培养了一批出色的音乐人才，学员中如屠咸若、刘凤羽、胡德龙等毕业后，不辞辛苦，奔赴重庆青木关国立音乐学院、国立戏剧学院继续深造。1943 年，有张慕鲁、李中和、李敏芳、蔡君豪、徐学惠、沈晓、黄荣森、程远、万滋德等前往福建国立音专继续深造。留在江西坚持从事音乐教育的有：李凤文、周柏年、陈芳梅、傅汝昌（现在美国洛衫矶）、吴兆凤、傅徵、赵诗溶、皮宪英、林国瓦、程国英、熊志成、陈敏明、李林白、陶端枏（现在台北）、周宇平、陈雁影、袁明、虞明德、吴善斌、朱琪星等。

（三）音教会战时的创作与出版　抗日战争艰苦年代的 1941 年，程懋筠在泰和主持出版了油印本《音乐教育战时续刊》创刊号，他在代发刊词中说：“四年以前/我们的血/和平地流/谬斯奏着里拉/在天上遨游/你我循着那琴声/为艺术而歌颂祈求。”抗日战争爆发后，他的音乐观发生了深刻的变化，终于从天上落到地上，从梦中回返了现实，代刊词中还说：“今天啊！战神擂着战鼓/冲锋的号/震撼山丘/你我的血/快要爆裂/你我的歌喉/也变成怒吼。”程氏的艺术观的转变，体现于他积极拥护抗日民族统一战线的政策，以音乐、戏剧为武器，去宣传抗日必胜的信念。创刊号内容有：李中和《筑路之歌》、张泳真的《国画上之六法与音乐关系》、张慕鲁的《怎样辨别调子》、汪洋的《音训班日记选载》《音乐消息》等。音教会于 1940 年 2 月 15 日在遂川水南乡竹子头下郭村出版发行《音乐与戏剧》双月刊，该刊宗旨是："普及音乐戏剧教育，提高大众欣赏程度，介绍音乐戏剧著作，供给抗战宣传材料。"程懋筠任主编，他在发刊词中说："为了适应时代的需要和推行我们的任务起见，这小小的刊物，又在艰难困苦中，以新的姿态，呈现于读者之前了。敌人的飞机大炮是永远不能摧毁我们的心灵和意志……"。编辑委员有：赵定保，陈鲁南、陶端栟、胡德龙、汪洋、高孝泓、李中和、颜茜等。此双月刊内容有歌曲、诗歌论文、音乐讲话、戏剧讲话，剧本创作、音坛消息等。两期双月刊，曾发表程懋筠、赵定保等人的歌曲作品：《劳动歌》《中国青年》等，赵定保的木刻，高孝泓的诗歌论文，陶端栟的《识谱知识》，梦鹭的《戏剧讲话》，胡德龙的独幕话剧《拚》，汪洋的《戏剧拾零》等。

抗战时期，音教会经费十分困难，经过程懋筠的呼吁奔走，得到国民党当局开明人士支持，由教育厅拨给音教会两万元经费作为出版发行《音教抗战曲集》专用经费。于是，《音教抗战曲集》得以出版，1940 年 10 月由江西音教会向全国大后方发行，与广大读者见面了。此歌本汇集了我国当时许多著名进步音乐家如冼星海、黄自、贺绿汀、舒模、江定仙、何安东、夏之秋、陈田鹤、陆华柏、胡然、周巍峙、章枚、吕骥、刘雪庵、赵元任、宋居田、程懋筠、唐学咏、沙梅、老志诚、塞克、劫夫、朱洪干、李惟宁、周淑安、洛宾、刘天浪等音乐家的作品。这些作品在抗日战争中产生了巨大影响，在人民大众中广泛流传。歌唱曲集的词曲作者共有 200 余人，齐唱有 35 首（包括独唱的在内），合唱有 63 首（包括二部、三部、混声四部合唱），共一百余首曲子，篇幅为 180 余页。它配合抗日救亡宣传，给广大人民众业余歌咏队和专业抗敌歌咏团体提供了抗日演唱材料，是非常可贵的精神食粮。

关于江西音教会的情况，笔者只是粗略写了这点轮廓。程懋筠是江西音教会主要创始人，音教会的音乐、戏剧艺术成就是该会全体同仁共同努力取得的，但与程氏直接领导是分不开的。他毕生热心音乐教育事业，在音乐创作方面，主要以歌曲创作为主，少与词家合作而多为自己作词作曲。音教会 1933 年初创之际，他写过一个儿童歌剧《猴儿酒》在南昌湖滨公园音乐堂公演。他是国民党党歌作曲者，也写过与当时（指三十年代）的政治背影有紧密联系的政治歌曲，如《新生活运动歌》《国民精神总动员歌》《庆祝总裁寿诞歌》（汤光溶词）《虎岗谣》等等，曾产生过相当大的影响。然而在民族存亡关头，他的艺术观发生了很大的变化，宣布"要用艺术的力量，来表现民族的精神，宣传抗战胜利"。他是这样说，也是这样做的。在他领导下的抗敌歌咏团上演了大量抗日进步歌曲、话剧，自己还创作不少的抗日救亡歌曲。随着时代生活的巨大变化，他在创作上贴近生活，采用民歌劳动号子为素材，进行歌曲创作。如仿南昌建筑工人打桩号子写了《劳动歌》，和用说唱形式写的《锄奸谣》，还有《再牺牲、再前进》，这些曲子写得很生动，多为有感而发，程氏作词曲的《再牺牲、再前进》，其中间一段是："再牺牲/再前进/如今不打更不行/请看看/可怜的/东北同胞们/

七家人保一口/个个被迫去当兵/到如今/反不免/要打自己人/去啊！最后胜利已经不远/我们拚命现在 要拚/人生自古谁能免了一死/要令千秋万岁仰 名……”曲调处理十分出色，感情深沉真切，十分动人。又如程氏作词曲的《全靠俺自己》，在当时国民党政府的“不抵抗”政策已造成恶劣后果的时候，作者喊出了体现了“有钱出钱/有力出力/抗战须要到底/保卫祖国/收复失地/全靠俺自己”的心声，充分体现了作者的爱国主义思想。1939 年春，南昌已陷敌手，音教会转移到后方，记得在敌机滥施轰炸的情况下，他在防空壕里，仍镇定自若地，手拿铅笔，在膝腿上写一首男女二部合唱《打铁歌》，并且词曲一道上。词句中，叮当叮/叮当叮/的旋律第一声部与第二声部交叉进行着，模仿打铁的意境：“打铁，打铁/大家一心来打铁/打铁要趁热/敌人好比是顽铁/重锤猛打不要歇/敌人虽然是顽铁/我们全国人手中/有的是四万万/五千万铁锤/铁锤举起/好像刀枪剑戟/你一锤/我一锤/打得敌人粉粉碎……”这是多么生动的形象啊！

程氏在三十、四十年代，还是一位颇具凝聚力的音乐社会活动家和作曲、表演、指挥兼长的通才式人物。

新中国成立后，程懋筠曾参加九三学社。1952 年他在上海美专供职时，应兰州师范学院艺术系主任吕斯百之聘，途经西安中风病倒于客旅而未能到职。1953 年卧病南京，至 1957 年 7 月 31 日因脑溢血逝世，其间无作品发表，结束了作为音乐家的一生。

程懋筠和国民党"党歌"创作

司马庵

国民党的"党歌"，其创作历程，作曲者是谁，人们知之甚少。

孙中山先生在"辛亥革命"后，建立了"中华民国"。一九二八年，国民党定都南京后，在重大政治集会和国事活动时，没有自己的"国歌"和"党歌"。为此，中央党部登报公开征选，并要求以孙中山先生"黄埔训词"（即：三民主义，吾党所宗，以建民国，以进大同，咨尔多士，为民前锋，夙夜匪懈，主义是徒，矢勤矢勇，必信必忠，一心一德，贯彻始终。）作为歌词。登报后，国内百余名作曲家根据孙中山先生的"四字韵文"谱曲。

评委对"党歌"的评选极为严格。采取依演唱顺序评分，演唱者与评委互不见面，然后以高分录取。最后，排在第八十一号演奏的曲子当选。

该曲为程懋筠先生谱写。程先生留学日本回国不久，便见报征集"党歌"，他恰又学的是声乐、作曲，便按孙中山先生的四字韵文，一字一字开始了谱曲。他认为，所谱写的曲子，一定要有韵律、节奏，要能代表国家水平。他每一个乐句、每一个乐段，仔细推敲，反复演奏，反复修改。创作完毕，程先生对作品从始至末演奏一遍又一遍，站在一旁的程先生夫人舒文辉女士非常满意，认为已具高水准，韵律很完美，但程先生仍不满意，便将原稿抛入纸篓，欲再重现创作。

舒文辉女士则认为，此曲已很完美，程先生已尽了最大努力，于是将作品从废纸篓中拾起，寄给国民党南京党部，终应征获选。

程懋筠先生出生于江西新建，少年时代曾受其家庭熏陶，酷爱音乐。二十年代初，程先生赴日本东洋音乐学院主修声乐，兼修作曲，受到日本著名音乐家田边尚雄教授的器重，被誉为"特生"，一九二六年学成回国。

一九三三年，程懋筠先生被聘为江西省推行音乐教育委员会主任委员，主持该会全面工作。在他担任该会主任期间，创办了当时在国内有重大影响的月刊《音乐教育》。同年十月程先生创建了大陆第一支管弦乐队。这支乐队规模大，技术实力强，在当时享有很高的声誉。

程先生在创办第一支管弦乐队的同时，还主持创建了一座非常别致的“音乐堂”，设立在江西南昌湖滨公园内，每到周末，一些音乐爱好者竞相前往欣赏。程先生的举措为推行、普及西洋音乐知识，提高群众音乐欣赏层次起了很重要的作用。

本书编者按：关于国民党党歌的评审，据1928年12月31日《申报》载，这次征集曲谱，共征得150余个谱。经音乐专家精选，选出4个曲谱，交南京男中及女中学生试唱熟练。本日下午2时，邀集南京女中教员5人，学生4人及男中学生10余人，到中央党部试唱，蔡元培、胡汉民、戴季陶、蒋梦麟四委员到场审听。结果，以第80号程懋筠所作之谱当选为党歌曲谱。

（1928年12月31日《申报》）

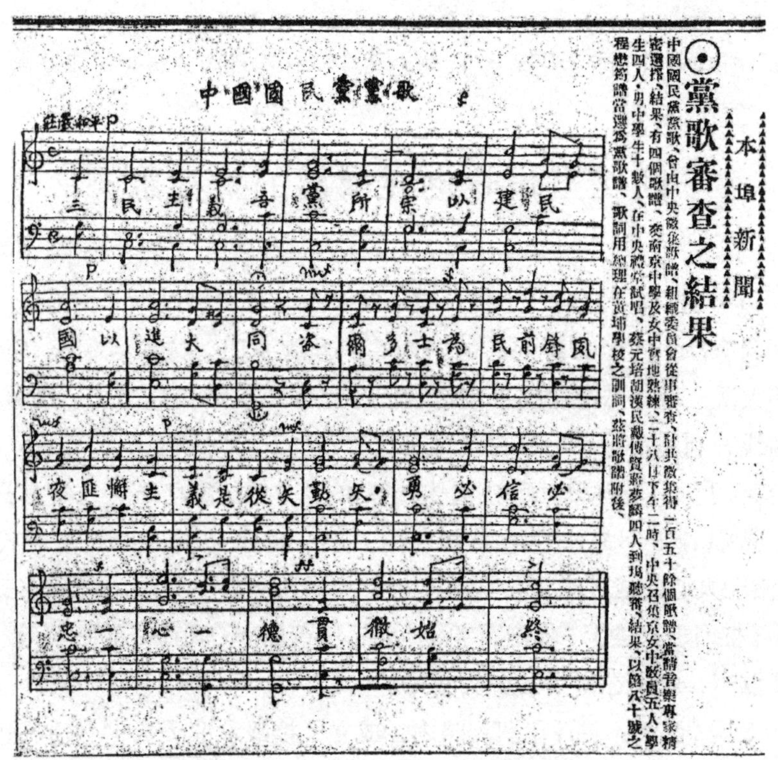

本埠新聞

⊙黨歌審查之結果

中國國民黨黨歌、曾由中央徵集歌譜、組織委員會從事審查、計共徵集得一百五十餘個歌譜、當請音樂專家精密選擇、結果、有四個歌譜、交南京中學及女中實地熟練、二十八日下午二時、中央召集京女中教員五人・學生四人・男中學生十數人、在中央禮堂試唱、蔡元培胡漢民戴傳賢蔣夢麟四人到場聽審、結果、以第八十號之程懋筠譜當選為黨歌譜、歌詞用總理在黃埔學校之訓詞、茲將歌譜附後、

中國國民黨黨歌

对“音教会”抗日歌咏与戏剧活动的回忆

丁立鸣

本书编者按：以下七篇文章，原为独立的单篇，分别发表在不同的报刊上。现将其组合一起，根据文章内容，编者加了一个大标题，原文题目，则成了小标题。

丁立鸣抗战时期原为“音教会”抗日歌咏团的一个普通团员。撰写这几篇文章时，他为南昌市爱国电影院职工。

这几篇朴实无华的回忆，记写了抗日战争时期音教会的活动情况及南昌地区抗日歌咏文艺开展的实情，其中许多事情都直接、简接与程懋筠有关，都是作者亲见、亲闻及亲历的事情，可帮助我们了解当年程懋筠是在一种什么样的环境中开展音教工作的。

回忆当年响彻在南昌的抗战歌声

“七七”芦沟桥事变，揭开了抗日战争的序幕。东北热血青年，汇合一大批京沪流亡学生，来到南昌，同时，在南昌的新四军战地服务团、抗敌后援会宣传大队、赣保政训处宣传大队、游击队总指挥部宣传大队，冒着敌机的狂轰滥炸，沿着新建、德安、九江等铁路线，利用音乐、话剧在农村展开声势浩大的宣传工作。

1938年元月份，上海救亡歌咏宣传队等单位，在省警察局大礼堂演出，他们个个挺胸昂首，高唱着“起来，不愿做奴隶的人们，把我们的血肉，筑成我们新的长城……”，这激动人心的战斗歌声，博得台下一片暴风雨般的掌声。紧接着又唱起了《青年进行曲》《打回老家去》《救国军歌》《大刀进行曲》《流亡三部曲》等。从此，气壮山河的抗战歌声，响彻在南昌的街头巷尾。

1938年2月26日，在百花洲公园内，成立了抗战歌曲大会，会后在市区中心举行抗战歌咏大游行，夹道观看的民众人山人海，游行的队伍宛如一条巨龙。为了使群众看到歌唱队伍的指挥，还特备了一辆篷车，做了一根特长的指挥棒，由何士德站立在汽车头上指挥。响亮的歌声伴随着整齐的步伐，同声高唱“前进！中国的青年，挺进！中国的青年，中国恰像暴风雨中的破船……”，歌声、口号声、冲入云霄。当游行队伍

走到洗马池十字路口时，街道全被堵塞，盛况空前，非笔墨可以形容。歌曲指挥何士德为新四军军歌的作者，他在指挥抗战歌曲时热情洋溢，大刀阔斧，精神百倍，给群众留下了深刻的印象。

江西省推行音乐教育委员会（简称音教会）是推行全省的音乐教育的单位，并在今八一公园北侧建有“湖滨音乐堂”。1938 年 10 月 5 日早上 9 时许，敌机九架窜入本市上空，先后在上营坊、二纬路、澹台墓、民德路、北坛投弹，炸毁民房无数，湖滨音乐堂后面为佑民寺，敌机听信汉奸信号的指挥，误为我子弹库，投下一弹，炸坏后面大门，后又回转再投一弹，将音乐堂全部炸毁。这座经常宣传抗日的音乐、话剧舞台，再也无力担负那神圣抗战的重大使命。

不久，马垱失守，在南昌的省会各单位均迁往吉安、泰和、赣州等地，音教会及各宣传团体也先后齐集吉安、赣州等地，继续宣传抗日救亡工作。

1938 年初，音教会创办“抗敌歌咏话剧团”，并与各救亡团体共同作战，地点在吉安乡师内，除公演话剧外，还唱了不少抗战歌曲。记得有一次在吉安白鹭洲慰劳抗日负伤将士演唱《歌八百壮士》一曲时，那雄壮嘹亮的歌声，仿佛使我们看到了坚守在上海四行仓库的八百壮士浴血抗战，又似乎看见中学生杨惠敏舍生忘死泅渡苏州河，向中国抗日的英雄献旗，用歌声唤醒了负伤的将士们，台下掌声不绝。当时的音教会的演唱，除了齐唱、独唱外，还有《打铁歌》《旗正飘飘》《抗敌歌》《空谷回声》等二部、四部乃至八部合唱。当年，在江西流传较广和群众喜爱的歌曲中有《再牺牲再前进》《砰磞调》《故乡祭》《白云故乡》等。

抗战已整整过去60周年了，但“大刀向鬼子们的头上砍去……”的抗战歌声似乎还在我耳边响彻，永远难忘。

血洒晴空

《血洒晴空》是由江西省推行音乐教育委员会，于 1938 年 6 月在南昌湖滨音乐堂（现八一公园北侧）为纪念在上海“八·一三”抗战中壮烈牺牲的我空军英雄阎海文而演出的话剧。

故事发生在杭州西子湖畔。阎海文接到即将参加一次空战的命令，其爱人设酒饯行，并高唱：“饮酒，请饮尽我们这离别的酒樽。今晚啊，请记住，这西子湖滨，这黄昏灯影，这悲壮的饯行！明天啊，明天，你是万里鹏程，完成你那壮志凌云！”一曲唱完，掌声四起，经久不息。

次日，阎海文驾机出征，直向敌机群冲击。敌机见阎海文飞机号码，知阎前来助战，一时机形无序，阵脚纷乱。因为阎海文每次空战中，均卓有功勋。他以骁勇善战著称，先后击落敌机多架。敌机群自然闻风丧胆，只有重组机形前来迎击。阎海文驾轻就熟，忽上忽下，时左时右，牵着日军鼻子转。但终因力量悬殊，寡不敌众，当他俯冲射击时，恰被地面高射炮击中而致油箱起火，被迫跳伞落入地面，着地时被敌地面部队包围。但阎海文尽忠报国，誓死不投降，举枪自杀而死，实现以身殉国之愿。敌人被阎海文这种誓死如归的精神所折服，特地给他立了一块碑石，上书“空军英雄阎海文之墓”，并告诫日本空军人员，应向阎海文英雄学习，“杀身成仁”，舍生取义。

此剧在南昌上演时，正遇阎海文胞弟因公来南昌办事。现场观看时，他被亲兄光荣牺牲，报效祖国的大无畏精神所感动，热泪横流，泣不成声，久久说不出话来。

《血洒晴空》为剧作大家曹禺所撰，他先后写过《日出》《雷雨》《扬子江暴风雨》《烙痕》等名剧。

（丁本人自注：1995 年 8 月 24 日，工人）

故乡祭

抗战歌曲《故乡祭》的作者为徐建敏，于南昌沦陷后所作。当时，徐在遂川县担任江西省音教会抗敌剧团导演，得悉敌人占领南昌，忧心如焚，在一个晚上，便将歌词写完，其词曰：“将血泪当酒，雨丝织帐，记住啊，我的故乡，你高卧章水之东，长枕西山之阳，自从三·二八敌人伸进了魔掌，从此千万人做了牛羊，那高耸的楼房，那繁华的市街，一刹间变成了屠场。故乡啊！故乡！我要去抚慰你劫后的创伤。”次日一早起来，他便将此歌词，送给程懋筠（音教会主任）夫妇看，在程氏夫妇的鼓舞下，他又花了一天的时间作曲，至当日傍晚，由程氏略加修改，便完成了这首歌曲。

数日后，遂川县城为纪念“七七”抗战二周年音乐大会，由该会演员黄六明独唱，李敏芳伴奏，一曲唱完，台下掌声如雷，久久不息。嗣后，又在吉安、泰和的几次巡回演唱会上唱出，深受群众欢迎。

抗战胜利后，上海出版的《抒情歌曲》（姚牧编选），在开卷第一篇，收录了这首歌曲。

（丁本人自注：1995 年 8 月 24 日，工人）

抗战时的改良平剧《胡阿毛》

1935年，改良平剧《胡阿毛》在南昌“湖滨音乐堂”首次演出。它将往日京剧中一般旧习加以改革，如开台锣鼓、改穿现代服装，颇受群众欢迎。该剧中心内容，是揭发日寇侵华暴行，剧中主人公胡阿毛，是当时上海某纱厂的汽车司机，因该厂买办汉奸，强迫胡阿毛为日寇送一车军火，去淞花江打中国人，胡拒不接受。后汉奸用计将胡捉去，迫使胡母命阿毛出车，胡为孝子，只得遵命。待车行至黄浦江时，连人带车，投入江心，以身殉国。胡阿毛为国捐躯，令观众深为感动。演出时，台下鸦雀无声，个个泪下，一片沉寂，效果极佳。

由于剧情动人，演员演出效果逼真，不久，又在市都司前教育厅礼堂，再次演出。其时，街道停止交通达数小时之久，前往观戏的有省府主席熊式辉、教育厅长程时煃，以及其他各厅处要员均前往观看。熊式辉看完此剧以后，发给奖金叁仟元大洋，作剧组添制服道具所用，以资鼓励。

《胡阿毛》编剧裘德煌，江西新建县人，为江西省推行音乐教育委员会改良平剧组组长，裘早年毕业于南京两江师范，平生热爱戏剧，编写过许多改良平剧，如《宫井埋香》《飞来的祸》《模范军人》等，胡阿毛是他的代表作。裘德煌与当代戏剧家田汉、石凌鹤等名人，相交甚密，故他编写的剧本，故事内容十分动人。

日寇侵华，北京、上海等地，先后沦陷，改良平剧班也及时迁往吉安，并在圳头中皇宫进行整顿。并开办伤兵之友社改良平剧训练班，招收学员30名，训练半年，将原来重点宣传抗日，动员民众抗战，改为慰问从抗日前线回到后方医院的伤病员。该社下设总干事，由陈涵舟担任，队长徐宝元，副队长熊筱南，教师满子善新编了剧目《辕门斩子》《飞虎记》《尚武村》等。

（丁本人自注：1995年7月30日，晚报）

抗战时期的江西“音教会”

抗战开始不久，南昌便成了前方的后方，江西省会迁往吉安，省推行音乐教育委员会（简称“音教会”），也带领“抗敌剧团”迁到“吉安乡师”内，以音乐和话剧为武器。打击敌人。他们先后演出了话剧《壮丁》《扬子江暴风雨》等，宣传群众，进行抗日，在演出时，利用换景和演出结束时的期间，高唱抗战歌曲。

当时的省音教会，是一支水平较高的文艺队伍。他们除唱《义勇军进行曲》及《大刀进行曲》的齐唱曲外，还能唱二部唱《打铁歌》，以及唱四部唱的《抗敌歌》《旗正飘飘》等合唱歌曲。此外，音教会的与松及小羔二人，还合写了一首《砰磞调》，这是一首易学、易唱、易教的五声音组成的歌曲，歌曲教唱后，不到一个月，小小的县城，便到处听到“日本强盗哟嗬，杀人放火哟嗬，赶走强盗哟嗬，才得太平哟嗬……”的抗战歌声。

歌曲作者与松，原名程懋筠，是音教会的主委，他写了100多首抗战歌曲，如《去当兵》《锄奸谣》《全靠俺自己》《再牺牲！再前进!》等歌曲。另一个是小羔，系“音教会”队员，爱好音乐、话剧、文艺。

在纪念抗日战争胜利50周年的今天，我们不应忘记省“音教会”及其文艺战士所作出的贡献。

（丁本人自注：1995年6月30日大众）

湖滨音乐堂

三十年代，南昌市音乐、歌剧，惟一演唱地是湖滨音乐堂。该音乐堂当年座落在湖滨公园内北侧，它是江西省推行音乐教育委员会的露天舞台。

在三十年代的中国，管弦乐队是十分稀有的，仅上海有个管弦乐队，而且还是由外国人办的。1934年10月，南昌在省音教会程懋筠先生的努力下，终于创办了一个由中国人演奏的管弦乐队，程自任指挥，阵容整齐。该队成员有大提琴家张贞黻、李元庆，中提琴家钱曾葆，小提琴家赵斗魁；还聘请周咸安、穆志清等任指导兼演奏员。并有其他的小提琴家：陈健、魏自中、邓雅滨、李九仙、陈品中、盛文龙即盛雪、胡江非等。钢琴伴奏由著名音乐理论家缪天瑞担任。演奏的节目，都是些欧洲的世界名曲。如：莫扎特的《魔笛》序曲，罗西尼的《阿尔及利亚人在意大利》序曲，《塞维勒的理发师》序曲，伊拉蒂艾的《拉巴洛声》，奥芬巴哈的《船歌》，塞兹的《提琴协奏曲》，苏菲的《花歌》，瓦格纳的《结婚进行曲》、F. A·布瓦称迪厄的《巴格达首长》序曲，萨姆克尼克的《波斯舞曲》，帕德雷夫斯基的《小步舞曲》以及Ivan Tschak off：“Cossack Reuels”（原引文如此）即《哥萨克之狂舞》等。这支乐队，在

1934－1936年间，举行了一场场大小型的音乐会，取得了一定的成绩。约在1937年前后，乐队移交给武汉励志社，因抗日战争暂受失利影响，该乐队部份人员，又再合并于重庆中华交响乐团。

改良平剧，也是当时湖滨音乐堂上演的剧种之一。由音教会裘德煌任组长，裘早年毕业于南京两江师范，平生热爱歌剧，他编写过许多改良平剧，如《宫井埋香》《飞来的祸》《模范军人》等。《胡阿毛》是他的代表作，该剧内容是描叙抗日救国时期，上海市南市救火会汽车司机胡阿毛，因被洋行买办（汉奸）盯住，要胡阿毛开一车军火去屠杀中国人民，胡坚决不从，汉奸即将胡捉去，并要胡母促子开车，胡为孝子，只有遵从母命，开车前去，待车开至黄埔江时，胡阿毛连人带车，冲进江心，以身殉国。该剧资料，由裘编写了约一星期时间，即在湖滨音乐堂上演，颇受各界好评，不久又在都司前教育厅大礼堂演出，省府主席熊式辉，教育厅长程时煃等均在场观看，幕落后，熊给奖金三千元，补助剧团添制服装道具，以资鼓励。裘德煌与当代歌剧界名人田汉、欧阳予晴、石凌鹤等相交甚密，故编写剧本内容也十分深刻动人。

湖滨音乐堂，是抗战前南昌青少年最喜爱的地方，每月有一至二次的公开演出，其中有音乐、话剧、改良平剧以及各种音乐歌剧的活动。它的露天舞台构造特别，即台下前面有一小演奏乐池，必要时可招待二三十人的宾客，台外四周围有约500人的场地，用电网围成长方形，不买票观众可在电网外观看，夏夜演出，一轮明月，满天星斗，效果最佳。

（1995年7月台北市《南昌文献》季刊161期；1997年江西《文史大观》第1期）

程懋筠及其抗战歌曲

程懋筠号与松，江西新建县大塘乡人。父程时耀，为江西一女中语文教员，母朱纫惠，为知识分子。程自幼爱好国学，尤喜京剧及音乐艺术，青年时，就读于第一师范，1917年，随兄程懋型赴日留学，并考入日本东洋音乐学院，主修声乐，二年后，兼修作曲，就学期间，得力于导师彩田秀子的精心培养。该导师为日人，早年曾留学意大利，乃当时日本著名的音乐教授。程懋筠于1926年学成归国后，曾在江西省音一中、二中、女中任教，自1928年后，历任浙江省立湘湖师范音乐科主任，兼乐理、和声、作曲、唱歌等课教师。杭州英士大学音乐教师，南京中央大学艺术科主任兼声乐副教授，国立中正大学音乐教授，上海国立幼稚师范专科学校声乐教授、上海美专声乐教授等职。

1931年九一八事变，日本鬼子强占东北，1932年，一二八事变，又对我上海进行狂轰滥炸，程懋筠见祖国河山，遍体鳞伤，他征集了数首陶陶君的歌词，编写了一首雄壮的抗战军歌，词曰："朋友！大家奋起，我在前线等你，朋友！大家奋起，我在前线等你，人生难得沙场死，成功让后人牺牲自我始，尽忠报国志不移，誓雪重重耻。朋友，大家奋起，我在前线等你。"歌词中的"我在前线等你"是当年□殿英将军的讲话。"牺牲自吾意，成功让后辈"是宋哲元将军的讲话。此曲在卅年代时，曾在南昌市模范小学，儿童节时比赛过，在场群众、学生听后，便会联想起二位将军，血战沙场的可歌可泣的情形。

回想当年，九一八事变，给中国造成了重大的损失，日本帝国主义想把中国变成殖民地的阴谋也实现了。一周之内，辽宁、吉林二省基本丢失，1932年1月3日，东北三省全部沦陷，中国官方损失竟达一七八亿元，公私财物损失达二百亿元，仅沈阳兵工厂来说，就损失步枪十五万支，重炮、野炮二百五十门，各种子弹，三百余万发，炮弹十万发，还有百余架飞机，也被日军掠走，全库所存七千万元，也被日军洗劫一空。南昌市民气愤不平，由市商会带头，将各商店搜查到的日本花布、洋伞、人造丝等百货，全部拿到市体育场烧毁，一时火光冲天，人心大快。

七七芦沟桥事变，国军节节败退，北京、南京、上海等各大城市，先后被日军占领。不久，江西省会南昌，也在向吉安、泰和等后方疏散，由程懋筠领导的江西省推行音乐教育委员会，"抗战歌咏话剧团"，也迁往吉安。在战争的年月里，每当天空晴朗时，警报不离，大家都躲在吉安乡师的地洞里，程懋筠常利用空袭警报时，谱写了许多抗战歌曲。他虽早年留学日本，但满怀爱国热情，提起笔来，写着"连天烽火，遍地血腥，枪林弹雨大炮轰，飞机侵入上空更逞凶……"的《难民垦殖歌》以及二部唱的《打铁歌》。程氏有很多抗战歌曲，都是脱稿在这个地洞中。这些抗战的歌声，多是在敌机轰轰的炸弹声，和卡卡卡卡的机枪扫射声中，用手电筒射着微弱的灯光，一字一句地在膝盖上谱写而成的。当夜暮来临时，这些歌曲，却又在三盏汽灯的舞台上，由程懋筠指挥，将歌声传到群众中去，造成了抗战必胜的群众思想，给大后方千万民众带来了许多的精神粮食。

在八年的抗战中，程懋筠谱写的抗战歌曲，数量极为丰富，如《去当兵》《游击乐》《打游击去》《出征歌》《我们的祖国》《全靠俺自己》《救国是我们大家的事》《再牺牲！再前进!》《除奸谣》《国家至上》《砰磞调》等流传甚广。

1952年，程懋筠应职去兰州师范学院，途经西安，突患脑溢血，继而半身不遂，由张慕鲁护送南京，于1957年7月31日，旧病复发医药无效，与世长辞，享年五十八岁。

（1995年7月登于台湾管弦乐 43期）

研究篇

民族精神境界之升华

——萧友梅与程懋筠的战时音乐教育思想兼及音乐创作与历史地位之比较

刘再生

一、相　近

萧友梅《国立音乐专科学校为适应非常时期之需要拟办集团唱歌指挥养成班暨军乐队长养成班理由及办法》这一珍贵历史文献的发现①（以下简称“理由及办法”），对于我国近代音乐史学研究具有重要的史料价值和突破性研究意义。萧友梅在文中提出：“历史昭示我们，不只要建设一道巩固的物质上的国防，并且须建设一道看不见，摸不着，而牢不可破的精神上的国防；即民族意识与爱国热忱的养成。”同时认为：“教育也当然要能适应目前的变动的环境，才有存在的可能。教育的制度、组织、理论和方法之应当怎样改变，来适应现下的国情，这是现阶段教育界一个最严重的问题。”因此，重新调整音乐教育方针便成为萧友梅战时教育思想的中心：“现在既然到了一个大转变的时代，音乐应该即刻从非意识的境界苏醒过来，回到意识的境界，意识地替国家服务。”他认为转变后的音乐教育方针应该“打破传统的超然观念；打破技术万能观念；废弃作为奢侈品的音乐；废弃一切个人主义的音乐”等消极方面的因素，并且从积极方面提出“跟随中华民族的解放而获得中国音乐的出路”等11项具体措施。这是萧友梅在抗日战争时期音乐教育思想所达到的一生颠峰之高度。对于萧友梅战时音乐教育思想的重大变化，音乐史学界的认识是不尽相同的。由于在中国近现代音乐历史著作中，萧友梅长期以来是被“塑造”成含有贬义的“学院派”领袖与代表人物形象出现，“国立音专”即“学院派”代名词，影射他们是关在脱离社会、脱离群众的象牙塔里“为艺术而艺术”、单纯追求“技术至上”的艺术流派。因此认为萧友梅的“理由及办法”在音乐教育思想上来了一个180度的大转弯，自我否定“学院派”，向着“救亡派”的音乐思想靠拢，这种认识实际上是自身陷于宗派主义思想局限的“误读”。萧友梅战时音乐教育思想的核心是建立在爱国主义思想基础之上民族精神的进一步发扬与升华。略举几例，我们即可了解萧友梅一生贯穿的爱国思想之可贵精神：1.

同盟会于1905年创建，1906年萧友梅即加入同盟会。同年，他在日本留学学习音乐期间曾将孙中山藏匿在自己的住处免遭日本密探协同清政府缉捕达一个月之久，在32岁时即显示了过人的胆识；2. 1931年，日本发动“九·一八”侵华战争后第五天，国立音专便成立了“抗日救国会”，萧友梅在成立大会上说：“我们中华民族之后裔，国难当头，岂能无视坐等。古人云‘养兵千日，用兵一时’。当兵应以刀枪卫国，我等应以歌声唤起民众，齐心协力，赶走日寇。”[②]号召师生创作抗日救亡歌曲。自己带头创作了《从军歌》（为义勇军作，骆凤嶙词），发表于上海《申报》1931年11月12日；3. 1936年，日本首相近卫文麿的弟弟近卫秀磨来上海指挥工部局乐队，事后访问国立音专，为表示“亲善”，赠送音专一台钢琴，钢琴运到上海日本驻沪领事馆后，萧友梅复函予以谢绝；4. 1937年抗战全面爆发后，萧友梅即著文提出“在此非常时期，必须注意如何利用音乐唤醒民族意识与加强民众爱国心。”[③]因此，萧友梅在1937年12月14日致函国民政府教育部的“理由及办法”是他爱国主义思想和民族精神的延续与升华、并渗透至其音乐教育思想及办学方针中去的一种必然。这样一种将民族尊严和民族精神置于最高利益的音乐教育思想与胸怀，是政治上习惯于投机取巧的人所无法理解的。同时，萧友梅提出国立音专拟办“集团唱歌指挥养成班”和“军乐队长养成班”两种类似“培训班”性质的教育机构，这两个班“拟在广西或四川举办”，以适应“非常时期”之需要，亦非用于取代“国立音专”之存在。萧友梅担任“国立音专”校长以来，即十分重视音乐的社会作用和教育作用。正如廖辅叔所说：“萧先生曾经感叹地说，一个学生在音专上了几年学，领到一张证书，只是添了一份嫁妆。为了改变这种状况，萧先生出了一个主意：发函各省教育厅，每省保送音乐学生若干人来音专学习，毕业后回原地方工作，以便促进各省音乐教育的发展。”[④]“一份嫁妆”，多么形象的比喻！这种办学指导思想，和他在“理由及办法”中提出的“废弃作为奢侈品的音乐”的办学方针又是一脉相承的。因此，认识音乐教育在国家的和平时期与战争年代各自侧重其兼而有之的“艺术功能”与“斗争武器作用”，正是音乐教育家服从于国家利益需要的爱国思想与民族精神的体现。贺绿汀早在1936年就著文说：“在这时候有人提出‘打倒古典主义学院派’的口号。这当然是指国立音乐院。听了这口号，本文作者只能深表惋惜。一个历史这样短的音乐院，人才是这样贫乏，规模又是这样小，教育当局不把它放在眼里，而且在社会上它也几乎抬不起头来，居然也已经成了‘派’……假如连这仅有的小规模的音乐院还要打倒，那么我们只能说他是有意摧残中国的音乐文化。”[⑤]一针见血地指出了将音乐文化的艺术性能和教育功能对立起来的“左”倾思想之弊病所在。总之，萧友梅在“理由及办法”中所体现的音乐教育思想及其办学方针，在他的音乐思想发展历程中，有着“高”与“更高”之区分，决不存在“低”与“高”之差异。毋庸置疑，“理由及办法”是萧友梅在抗战时期对“国立音专”办学方针的一个全面的回顾与总结，充分体现了萧友梅在特殊的历史条件下更加重视音乐教育的意识形态作用，即把国家和民族的利益放置在高于一切的地位。萧友梅为中国音乐教育事业鞠躬尽瘁的精神和国家、民族的命运完全融为一体。萧友梅这一音乐教育思想所达到的时代高度，在抗战时期与之相近似的，还有一位在近现代音乐史著作中被“边缘化”了的社会音乐教育家，名叫程懋筠。

程懋筠（1900. 9. 24—1957. 7. 31），生于江西新建县大塘乡。在江西省第一师范毕业后，至日本留学，就读于东京音乐学校（一说为东洋音乐学校），先主修声乐，后兼修作曲，日本著名音乐学家田边尚雄曾赞扬其为“特生”。1926年归国，在江西省立第一中学等校任教。1928年5月国立中央大学教育学院艺术系（下设艺术教育科、艺术专修科）成立，程懋筠为首任系主任。[6]同年，在《中国国民党党歌》应征中获选，一时名声鹊起。由于程懋筠向江西省教育厅提出一份建议：“创建一个音乐机构，推行音乐教育。”以南昌为中心，面向全省展开工作。江西省教育厅长程时煃[7]为其叔父，提案很快被提交省务会议通过。1933年3月7日，江西省政府明令设立“江西省推行音乐教育委员会”，（以下简称“音教会”）设委员9人，任命程懋筠为主任委员。[8]萧友梅为委员之一。出席首次委员会议的有李德钊、黄光斗、陈蒙、徐庆誉、程懋筠、王笥香等人。[9]我国社会音乐教育自沈心工于1902年在日本发起组织“音乐讲习会”肇始，1907年曾志忞、高寿田、冯亚雄等在上海创办“夏季音乐讲习会”；1919年1月北京大学成立“北京大学音乐研究会”，蔡元培任会长；同年，吴梦非、丰子恺、刘质平等在上海成立“中华美育会”……，直至30年代“音教会”的成立，以其典范性的成就将中国社会音乐教育的发展推向了一个前所未有的境地。自此，程懋筠的名字和“江西省推行音乐教育委员会”始终联系在了一起。

“音教会”所以能够超越以往社会音乐教育机构之成效，主要有以下几个方面特色：

1. “音教会”的宗旨是“除害”（废除颓废淫靡音乐）、“革故”（改良旧乐）和“创新”（参考西乐，创作适合吾国国民性的新音乐）。提出“音乐有移风易俗之功，故而创设音教会推行音乐教育，目的在于‘振奋民族精神，涵养爱国思想’。”在程懋筠1940年所写的《本会的任务和工作》一文中（载《音乐与戏剧》第2期），又提出了“抗战”与“建国”并重的方针，并将“抗战宣传”（包括“组织抗战歌咏团及剧团”、“编印抗战歌集”、“创作抗战歌曲及剧本”等）作为第一位的任务。

2. 建造音乐堂。“音教会”地址在南昌风景秀丽的环湖路一栋小平房里，排练、演出的地点在湖滨公园（今八一公园）内的音乐堂。音乐堂为长方形米黄色建筑外壳，两边是浮雕大花，半月形框边点缀着浮雕小花。里面为凹进去的天蓝色的顶和四周连为一体的拱形演奏厅。外形壮观，结构奇特，富有艺术情调。在舞台上即使不用扩音设备，声音也能够传得很远。幕线以外，还延伸出宽广的露天舞台，台前围着伴奏乐池，低栏范围内的观众席有容纳上千人的座位；栏杆外三面均为草地，成千上万的观

众可以不买票站着观听演出。晚上打开顶光脚灯，将音乐堂辉映得五彩缤纷、壮丽非凡。[10]这样的音乐堂建筑，不仅成为南昌市的音乐戏剧中心，在全国也实属罕见。《音乐教育》第二卷第10期出版了《湖滨音乐堂落成纪念》特刊（1934年10月）。可惜后来湖滨音乐堂毁于日军炮火之中。

3. "音教会"开办训练班（钢琴班、提琴班、口琴班、胡琴班、唱歌班等），创建管弦乐队、组建合唱团（分专业和业余两组），此外，还有话剧团、平剧（京剧）团等。

其中管弦乐队于1934年10月创建，其宗旨为"普及推广西洋乐曲常识，提高民众音乐欣赏水平。"程懋筠任管弦乐队指挥，周成安、穆志清任音乐指导。这是30年代演奏员全部为中国人的一支管弦乐队。小提琴家有赵年魁，还有魏沃能、陈健、魏自中、邓雅宾、李九仙、陈品中、盛文龙（盛雪）、屠咸若、胡江非等，大提琴家有张贞黻、李元庆，中提琴有钱曾葆、倍大提琴有王家齐等。管乐演奏员多借用当时省政府和公安局军乐队员，钢琴伴奏由缪天瑞担任。管弦乐队定期举行音乐会，仅1934—1936年间，在南昌市举行大小型音乐会达上百次之多。经常演奏的曲目有莫扎特的《魔笛》、贝多芬的《第九交响乐》、罗西尼的《塞维利亚理发师序曲》等等，实现了程懋筠所说的"我梦寐以求组建一支演奏员全是中国人的管弦乐队"的理想。这是30年代除"上海工部局乐队"（几乎全部为外国乐手）之外一支全部为中国演奏员的水平较高的管弦乐队。抗战爆发后，管弦乐队移交给武汉励志社，后部分队员合并于重庆中华交响乐团。"音教会"合唱团则有相当规模，专业、业余两组经常合在一起演唱。初期的演唱曲目以抒情性的作品居多，如赵元任的《海韵》、黄自的《山在虚无飘渺间》、周淑安的《佛曲》、贝多芬的《欢乐颂》以及《哈里路亚》等歌曲作品。抗战爆发后，音教会于1938年初创办了"抗敌歌咏话剧团"，程懋筠兼任团长，并担任指挥。聘请何士德、赵定保、宋居田、张詠真等担任音乐指导。演唱黄自的《旗正飘飘》、《抗敌歌》、聂耳的《义勇军进行曲》、麦新的《大刀进行曲》、冼星海的《救国军歌》、孟波的《牺牲已到最后关头》、程懋筠的《精神总动员歌》、《再牺牲！再前进！》、《全靠俺自己》等抗日救亡作品，还演出了《放下你的鞭子》、《扬子江暴风雨》等剧目。或举行音乐会，或慰劳伤兵战士，或为抗日前线募捐，或进行巡回演出。从1938年初至1944年4月，音教会在南昌、吉安、遂州、泰和、赣州举办了一系列音乐会的演出，在抗日救亡运动中发挥了重要作用。

4. "音教会"在指导中小学音乐教育方面做了大量工作，其中包括调查中小学音乐教师之履历及服务状况；设立幼稚园及中小学音乐教师补习班；改良课程与教学法（如各校禁止简谱，使用五线谱教学，取缔淫秽词曲，组织课外音乐研究会等）；为中小学提供教材，代制校歌，审查教材；指导音乐教学、协助学校排练戏剧；举行各中小学的歌唱比赛等等。尤其在40年代初音教会迁至遂州、泰和、赣州等地后，坚持推广普及音乐教育，曾举办两期“江西省中、小学音乐教师训练班”，程懋筠兼班主任，亲自担任声乐、合唱、指挥法、教材教法等课程；萧而化教授和声学、视唱练耳、乐理；宋居田教授简易作曲法；张詠真、曾寅育担任钢琴课的教学；李九仙担任小提琴教学等。两期音训班分别为半年和八个月的时间，在艰苦的抗战环境中培养了一批音乐骨干人才。

5. “音教会”创办的《音乐教育》月刊是我国近代影响最大的一份以音乐教育为中心的音乐期刊。该刊于1933年4月创刊并成立编委会。其宗旨为“普及音乐知识，提高欣赏程度，刊登译著论文，介绍创作乐曲”，[11]代表人为程懋筠，由音教会出版发行。前三期由萧而化和程懋筠合编；其后直至1937年12月，由缪天瑞任主编。1937年12月停刊。正式出版5卷、57期。第1卷为1—9期，2—5卷各1—12期。《音乐教育》约请全国音乐界精英为之撰稿。如钱君匋《北欧各国的音乐》，唐学咏《音乐的社会作用》（第一卷第四、五期合刊）；柯政和《中国音乐的发达概况》（第一卷第八、九期合刊）；程懋筠《黎锦晖一流剧曲何以必须取缔》（第二卷第一期）；萧友梅《音乐的势力》（第二卷第三期）；青主《什么是民族社会主义的音乐》（第二卷第六期）；第二卷第八期刊载有青主的《我亦来谈谈所谓国乐问题》，王光祈的《通信》，萧友梅的《最近一千年来西乐发展之显著事实与吾国旧乐不振之原因》，柯政和的《新国乐的建设》等文章；陈洪《国乐的定义》（第二卷第十二期）；青主《今代音乐之途径与目标》（第三卷第五期）；贺绿汀《和弦研究》、廖辅叔《舒曼》（第三卷第六期）；李树化《乐器简述》（第三卷第七期）；钱学森《机械音乐》（第三卷第八期）；穆华（吕骥）《中国音乐文献书目稿》（第四卷第一期）；欧漫郎《今代作曲名家白尔格》（第四卷第三期）；蔡继琨《现代日本作曲界概略》（第四卷第四期）；章枚《音乐艺术往那儿去?》（第四卷第七、八期）；还刊有缪天瑞、萧而化的大量译著和文章。同时，《音乐教育》还出版了许多专辑，如《小学音乐教育专号》（第二卷第一期）、《中国音乐问题专号》（第二卷第八期）、《乐曲创作专号》（第三卷第一期），尤其自1935年后更加突出了抗日救亡的时代主题，出版了《全国音乐界总动员特大号》（第四卷第一期）、《救亡歌曲特辑》（第四卷第十一期）、《苏联音乐专号》（第五卷第七期），第五卷第十一、十二两期合刊为终刊号《音乐教育情况专号》（1937年12月）；刊载的歌曲则有赵元任、萧友梅、唐学咏、李树化、陈田鹤、刘雪庵、贺绿汀、钱君匋、江定仙、程懋筠、陆华柏、青主、邱望湘、周淑安、陈洪、老志诚、陈歌辛、刘已明、张定和、何安东、林声翕、王沛纶、邓尔敬、李焕之等创作歌曲与搜集的民歌，几乎囊括了全国作曲界的精英人才。《音乐教育》的每期封面均由钱君匋设计。[12]因此，《音乐教育》是我国近代音乐期刊中连续出版时间最长、册数最多、内容丰富、质量很高的具有全国性影响的刊物，在中国音乐期刊发展史上占有重要地位。应该强调的是，缪天瑞先生作为主编，他的爱国、进步的思想倾向和埋头苦干的工作精神对《音乐教育》

所取得的巨大成绩功不可没，无疑起到了中流砥柱作用。现年 98 岁高龄的缪先生在回忆《音乐教育》的往事时谦虚地说："对于以上包含进步内容的专号和具有进步倾向的歌曲，作为'音教会'的负责人程先生都真心诚意地给予支持，他在当时那样环境和职位上，能做到如此开明，真是难能可贵。"[13]

程懋筠在"音教会"上述几项工作中，即便只是做了其中之一、二项，也会对我国音乐教育的发展产生广泛影响，何况程懋筠热情高涨、四面出击，在推动音乐教育、音乐创作、音乐表演、音乐理论各个方面发展都取得了重大成绩，在中国近代社会音乐教育领域具有他人难以替代的地位。尤其随着抗日战争的深入进行，程懋筠在音乐教育思想方面有了一个重要的飞跃，民族精神升华到了一种新的境界。

无庸讳言，程懋筠在"音教会"成立之初，其音乐教育思想虽然是建立在爱国主义思想基础之上，意欲通过推行音乐教育来达到"振奋民族精神"的目的，但依然具有一定"艺术至上"倾向。这从"音教会"的一系列音乐活动、措施、演出曲目、创作内容和《音乐教育》刊载的歌曲、文章中都能够反映出来。但是，在抗日战争全面爆发的时代潮流中，"音教会"在投入到抗日救亡的日子里，程懋筠对音乐社会作用的认识有了一个重大提升。1938 年初，他创办和领导的"抗敌歌咏话剧团"在南昌与其他抗日救亡歌咏团体共同组成"南昌抗日歌咏协会"，并举行抗日歌咏大游行，何士德担任总指挥，歌声震天撼地，掀起了抗日救亡的热潮。6 月后，"音教会抗敌歌咏团"走出城市，赴九江、永新、新建、吉安、遂州、泰和、赣州等地进行宣传工作，举办各种音乐会，在露天场地临时搭台演出，在极其艰苦的环境中宣传抗日斗争。在这些"火"与"剑"的磨练中，程懋筠的音乐观念产生了重大的变化。他于 1941 年在泰和出版了油印本《音乐教育战时续刊》创刊号，刊印了同年 2 月 21 日写的《序曲——代发刊词》：

同志们：四年以前，我们的血，和平地流。Muse（谬斯）奏着 Lyra（里拉），在天上遨游，你我循着那琴声，为艺术而歌颂祈求。

今天啊，战神擂着战鼓，冲锋的号，震撼山丘，你我的血，快要爆裂；你我的歌喉，也变成怒吼。

干吧！让我们的心，整个地共鸣；让我们的歌声，激起每个魂灵；还有我们的笔，要同时描写，一致经营，为了祖国的光荣胜利；人类的永久和平！

程懋筠用诗一般的语言写的"代发刊词"和萧友梅的《国立音乐专科学校为适应非常时期之需要拟办集团唱歌指挥养成班暨军乐队长养成班理由及办法》有着同工异曲、殊途同归之意义。"音教会"于 1940 年 2 月 15 日在遂州水南乡竹子头下郭店印刷发行了《音乐与戏剧》（双月刊），程懋筠任主编。他在"发刊词"中又说："为了适应时代的需要和推行我们的任务起见，这小小的刊物，又在艰难困苦中，以新的姿态，呈现于读者之前了。敌人的飞机大炮，是永远不能摧毁我们的心灵和意志！时代既已转变，我们编印刊物的目标也不能不有所更改。这刊物的内容，自然不应该完全像以前纯具学院风的音乐教育，必须和抗战时期的其他艺术一样，于‘深刻’之外，再求‘普遍’！但我们决不愿陷于‘浅薄’，如果力量做得到时，‘深入浅出’四字，就是我们技巧上的最高原则！"[14]这是何等掷地有声的话语！在这些材料中，我们看到了一个“以新的姿态”出现的音乐教育家程懋筠。我们不禁反复思考这样一个问题：这些在艰苦卓绝的抗日救亡运动中献出了自己的青春和血汗的音乐家，今天历史的定位，究竟应该算是什么“派”？萧友梅和程懋筠这些具有高度爱国思想和民族精神的音乐教育家在近现代音乐历史中到底应该有什么样的地位？但无论如何，以萧友梅和程懋筠为代表的音乐教育家，在抗日战争的时代洪流中，他们的民族精神已经升华到了一种新的时代高度，他们是在用音乐作为武器为中华民族不做“亡国奴”而贡献着自己的一切。

二、相　续

萧友梅和程懋筠作为中国近代作曲家，他们在音乐创作方面的成就均未超越各自在音乐教育领域的业绩，但也都有经典性的歌曲作品传世。萧友梅的代表作《问》(1922)、《南飞之燕语》(1923)、《“五四”纪念爱国歌》(1924) 等集中于20年代初期；程懋筠的代表作《全靠俺自己》、《打游击去》(二部合唱)、《再牺牲！再前进!》(混声合唱)、《锄奸谣》(混声合唱) 等多作于30年代后期或40年代初期。但是，无独有偶的巧合是他们两人乃是相延续的北洋政府和国民政府两个时期“中国国歌”的曲作者。

北洋政府教育部于1919年12月4日设立“国歌研究会”，办理审定新国歌事宜，翌年决定采用《尚书大传·虞夏传》中的“卿云歌”为国歌歌词，并公开征求曲谱。约请王露、萧友梅、吴梅、陈仲子配曲以供选用。歌词为“卿云烂兮，糺缦缦兮，日月光华，旦复旦兮。”萧友梅曾著文不赞成用“卿云歌”为国歌歌词，由于他有对教育部作曲之义务，谱曲后以“卿云歌谱其一”发表于北京大学音乐研究会1920年5月31日出版的《音乐杂志》第一卷第三号，并有萧友梅编配的钢琴伴奏谱。同期还刊载了陈仲子谱写的“卿云歌谱其二”。

国歌研究会从应征的曲谱中，选定萧友梅作曲的《卿云歌》为国歌。1920年10月经北洋政府国务会议通过，由国歌研究会印刷国歌曲谱，颁布至各省，从1921年7月1日起正式施行。1921年3月31日，大总统徐世昌指令：准如所拟办理，即由教育部通行遵照。陈毅在法国勤工俭学时因参加学权斗争，1921年被法国警察关进监狱，陈毅等人曾高唱《卿云歌》以表示中国人的尊严与气概。[15]萧友梅为《卿云歌》谱曲后，北洋政府于1928年即寿终正寝，这首“国歌”也随之成为历史陈迹，但萧友梅也因其作为近代中国“国歌”的曲作者之一而载入了音乐史册。

程懋筠为孙中山“黄埔训词”（该词实际是易大安所写，以孙中山名义发表）谱写的《中国国民党党歌》，则更富于一种戏剧性。1929 年，国民党中央在全国征选“党歌”，歌词即为“黄埔训词”。程懋筠的堂弟、四川音乐学院声乐教授程希逸回忆云：“说起当时征选党歌一事，还有一段鲜为人知的佳话。那时，堂兄正处于事业的低潮期，他为人清高，不懂职场圆滑，心情沮丧。他在房间里为应征国民党党歌而谱曲，完成后，自己却不甚满意，烦躁之下便将写好的稿纸一把揉烂，扔进废纸篓。事后，我的堂嫂舒文辉打扫废纸篓时发现了这份曲谱。觉得作品庄严肃穆，有浩然之气，应是很好的作品，便自己重新誊抄了一份，悄悄地寄给了当时的‘党歌编制研究委员会’……”。[16]投稿后被编为 81 号，在 139 首应征作品中，经由中外音乐家组成的评议小组幕后隔听通过获选，得奖金 2000 元（一说为银洋 500 元），一时名噪朝野。国民党中常委 1936 年 6 月 3 日决议此歌为中华民国代“国歌”。1943 年宣布为正式国歌。正如国内最早研究程懋筠的学者罗艺峰所说：“与新中国成立以前的多首国歌相比较，它存在的时间最长、影响最大，因此在近代政治史、音乐史上，均应有其相当的地位。”[17]

萧友梅谱曲的《卿云歌》和程懋筠谱曲的《中华民国国歌》，对其研究的积极意义在于它们反映了近代中国社会变化发展的历史进程。《卿云歌》歌词选自《尚书》，记载舜将禅位于禹时和臣僚一起唱的歌。“卿云”即庆云，古谓祥瑞之气。反映了北洋政府政治上迷惑于虚无的“瑞兆”、文化上追求“复古”的倾向。萧友梅为文辞深奥的十六字谱曲，已经相当难能可贵了。全曲共 16 小节。4 小节前奏之后，为 8 小节的上、下两个乐句，下乐句在变化重复后结束全曲。音域为一个八度加纯四度，曲调庄重流畅、朴实大方，重复中略带变化，体现了一种略为压抑沉闷的文化气息。《中华民国国歌》的歌词则寄托了“革命先行者”孙中山先生的政治信仰：“三民主义，吾党所宗，以建民国，以进大同。咨尔多士，为民先锋，夙夜匪懈，主义是从。矢勤矢勇，必信必忠，一心一德，贯彻始终。”为十二句之四言体，较之北洋政府的《卿云歌》，已经有了较为开放的时代气息。程懋筠的谱曲为三段体结构：A 段曲调庄严沉郁；B 段以短促的上下行音型进行；C 段开阔高昂，具有自信的力量。尤其中段与前后两段有着鲜明的对比效果，可谓峰回路转，高潮迭出。正如王光祈在《各国国歌评述》（1926）中所说：“凡是国家或民族间的生存竞争愈厉害的，则其需要‘国歌’的程度愈增高。”如果再将 1949 年建国后定为《中华人民共和国国歌》的曲作者聂耳于 1935 年创作的《义勇军进行曲》与之相比，我们不难发现在中国近代的几首“国歌”，实际上反映了中国社会的巨大进步。其中所体现的时代精神之差异，既是中国近代社会连续性发展的一个投影，也是中国近代社会不同时代精神面貌的鲜明反映。因此，从中国几代“国歌”中我们可以看到中国社会面貌与精神气质的巨大变化。萧友梅和程懋筠谱曲的两首“国歌”，也给了我们这样的历史信息。它们既是客观的历史存在，又反映了历史的进步面目。历史既不会重复，也不容倒退。正视历史，恰恰是历史自信心的一种体现。程懋筠谱写《中华民国国歌》后，国民党曾多次动员他“入党”，均为他拒绝。但是，在程懋筠后来创建“音教会”推行音乐教育的主张与实践中，“国歌”曲作者的身份却无疑给他增添了一份政治上的“无形资产”和在文化界享有的较高地位。

三、相 异

萧友梅和程懋筠的历史命运却有着“相异”之不同。萧友梅是中国近代音乐历史上一座绕不过去的巨峰；程懋筠却是被历史所“遗忘”了的一位音乐家，或者更直率地说，是被历史“封杀”了的一个悲剧式的人物。

萧友梅以他对中国近代音乐教育发展而做出的巨大贡献使得历史学家不能无视他的存在，即便有评价的主、客观差异之分，但多以“批判”的口气，或以“淡化”的笔法加以贬低，但是，避开了萧友梅的“中国近现代音乐史”恐怕很难写得下去。这一问题在有关学术探讨文章中已经屡见不鲜，本文不另赘述。萧友梅晚年的音乐教育思想致力于唤醒民族意识与爱国热忱，提出建设一道“牢不可破的精神上的国防”的主张，有着更为深刻的现实意义。可惜，萧友梅未曾看到抗日战争的伟大胜利而于1940年底去世。“逝世后家里极为萧条，丧葬费用全为音专师生捐赠。转年1月2日在中国殡仪馆大殓，安葬在虹桥万国公墓。时遗有5岁的儿子萧勤与4岁的女儿雪真。夫人戚粹真1945年亦病逝于上海。”[18]但是，中国自改革开放以来，随着史学观念的更新、最新史料的发现、价值取向的切换，对萧友梅一生历史功绩的评价正在“还历史以本来面目”。因之，萧友梅对我国近代音乐事业所作出的丰功伟绩，将永远名垂史册。

程懋筠的历史评价似乎没有萧友梅“幸运”。在权威性的《中国近现代音乐史》（修订版）的正文中提到“江西省推行音乐教育委员会”和《音乐教育》刊物时，是留着一条“反共”尾巴的（所谓“反共”，用原著者的话说，是“尽管在这个刊物的初期，刊登了部分宣扬反共思想的音乐作品、文章，以及关于反共音乐活动的报导……”但缪天瑞先生说：“众所周知，当时‘音教会’地处江西南昌五次‘围剿’的指挥中心，社会和学校生活难免蒙上政治色彩，而程先生除政府规定发表的歌曲外，没有在《音乐教育》上刊登政治色彩的歌曲。他在当时遇到的困难和阻力可想而知。”[19]），“修订版”在脚注中尚有程懋筠生平事迹的注释。但在该书2002年4月最新的“第二次修订版”中，“反共”的字眼全部删掉了，却连原来注释中关于程懋筠生平事迹的文字也一笔勾销了。[20]只在正文中留下了程懋筠姓名和“江西省推行音乐教育委员会”以及《音乐教育》的总共5行文字。诚然，音乐史学家在历史著作中有取舍音乐家以及使用篇幅多寡的权利，但历史著作毕竟要接受历史事实的检验与制约。这样

的取舍或许和程懋筠为《中国国民党党歌》谱曲有关。前面说过，一个不是国民党党员的音乐家，为孙中山的“黄埔训词”谱曲，后来又多次拒绝加入国民党；在抗日战争的艰苦岁月中，提出了“用音乐艺术来振奋民族精神，达到抗日胜利的目的”[21]的主张，并且身体力行地带领“音教会抗敌歌咏团”在江西各地城镇宣传抗日救亡，使“江西省推行音乐教育委员会”成为全国各省开展音乐教育活动最有成效的一个机构；尤其江西省地处偏僻、文化相对落后，因此而取得具有全国影响之成绩，这在我国近代音乐史上是极为罕见的。尽管程懋筠的历史地位难以和萧友梅完全相提并论，但作为一种历史经验，值得加以借重与借鉴。程懋筠在中国近代音乐史上所以需要一席之地，意义也在于此。在历史著作中容不下对历史文化发展做出过重要贡献的历史人物，只能表明我们的史学思维还停留在“后朝莫谈前朝事”的老化与僵化状态。程懋筠的历史命运值得我们对历史的现状进行反思。

程懋筠于抗战胜利后，曾应邀去台湾讲学，当地学校以优越条件挽留他留在台湾，为他婉言谢绝，回到了祖国。解放前夕，又有人动员程懋筠赴台湾，但他毅然留在了大陆，迎接了新中国的诞生。1950 年他满怀激情地写下了歌曲《新中国颂》（程懋筠词曲），发表在《上海音乐》创刊号上。这首音乐作品也是程懋筠的“绝唱”。他在国民党和共产党水火不容的历史背景下所作出的抉择，由此可见一斑。1951 年程懋筠在上海美专任声乐教授时，应兰州师范学院主任吕斯百之聘，赴西北任教，途经西安时患中风症瘫痪，1953 年南归，1957 年 7 月 31 日因脑溢血在南京病逝。

程懋筠出生的程氏家族是一个世代书香门第的大家族。他的高祖三兄弟皆为清嘉庆年间进士，官至一品。至今江西南昌新建县还能见到当时的“程家大院”。程懋筠则是程氏家族中第一位留学日本的音乐家。自此之后，程家逐渐造就了一支庞大的音乐队伍。程懋筠和原配夫人舒文辉（1905—1993）生有一子一女，长子程应锟（1929—1978）毕业于中央音乐学院，后在哈尔滨师范学院音乐系任声乐教授，其女儿在该系毕业；长女程应锢（1930—1995）毕业于中国医科大学，后在哈尔滨从事医务工作。40 年代，程懋筠和参加音教会工作的张詠真女士（1914—1992）结合，生有二子二女，次女泰尔（1941— ）为中央音乐学院钢琴教授，丈夫潘一飞（1940— ）曾任中央音乐学院副院长、钢琴教授，其子在该院钢琴系教学，其女为该院在读博士研究生；程懋筠三女儿宁尔（1943— ）在西安音乐学院担任作曲教授，其子在中央音乐学院理论作曲系任教，女儿也在该院担任视唱练耳教学；程懋筠次子张坚（1945— ）毕业于中央音乐学院，现任成都军区战旗歌舞团艺术指导，其子为中央音乐学院硕士研究生；程懋筠小儿子张强（1947— ）毕业于清华大学，其子在西安音乐学院毕业。所以，程懋筠后裔第二代 6 人中有 4 人从事专业音乐工作，第三代 8 人中有 7 人跨入了音乐殿堂。此外，程懋筠堂弟程希逸为四川音乐学院声乐系教授；另一堂弟程思三毕业于鲁迅艺术学院，后任哈尔滨师范学院艺术系主任，其女程路也在哈师毕业。程懋筠的另一叔伯侄女程浩曾任沈阳音乐学院、中国音乐学院声乐教授。张詠真之弟张慕鲁曾为南京军区前线歌舞团创作人员……。[22]因此，程懋筠的亲属中建国后从事于专业音乐工作者将近20人之多，其中许多人卓有成就。就家族的角度而言，程懋筠用音乐点燃的“香火”源源不绝，使我国近代具有代表性的一个大家族的音乐历史一直延伸到现代、当代的音乐文化之中。

民族精神是一个国家和民族不可或缺的灵魂，也是推动历史发展的原动力之一。尤其在外族入侵、关系到国家和民族生死存亡的历史时刻，民族精神更是一种崇高的象征，也是判断历史人物是否值得后人景仰与纪念的重要标准。萧友梅和程懋筠两位我国近代重要的音乐教育家，在抗日战争期间所体现出来的民族精神达到了一个新的时代高度。诚然，对萧友梅和程懋筠的肯定，并不意味着对其他具有高度民族精神的音乐家之否定，反之亦是。我们既需要高唱聂耳《义勇军进行曲》“起来，不愿做奴隶的人们!”冼星海《救国军歌》“枪口对外，齐步前进!”也应重温萧友梅《从军歌》“国家危险，好男儿奋勇当先”，程懋筠词曲《全靠俺自己》“同胞们，快起来，大家一条心！打倒那，日本鬼，捉拿汉奸们!”因为它们都是中华民族面临做“亡国奴”时代，中国人都曾经高唱过的救亡歌曲，历史不应该忘记这一点。“以史为鉴”，在于认识历史的真实性与客观性，对于现实生活能够产生重要的借鉴意义。萧友梅和程懋筠在中华民族面临生死存亡的历史阶段所提出的音乐教育主张以及在实践中体现的民族精神，既是可贵的自我超越，也代表着一大群近代音乐家的爱国思想和意志、愿望。这样一种民族尊严和民族精神，如果站在狭隘爱国主义和宗派主义立场上加以歧视，将之打入“另册”，不仅历史的公正性遭受到挑战与排斥，还会产生“淡化”民族精神的意识形态作用，其后果将遗患无穷。

［附记］ 本文写作过程中，承蒙张坚先生和冯云女士提供有关程懋筠生平事迹的不少资料，在此表示衷心感谢。

---

①萧友梅《国立音乐专科学校为适应非常时期之需要拟办集团唱歌指挥养成班暨军乐队长养成班理由及办法》，《中国音乐学》2006年第2期。

②刘雪庵《闻上海音乐学院师生为萧友梅先生树立铜像有感》，戴鹏海、黄旭东主编《萧友梅纪念文集》第81页，上海音乐出版社1993年第1版。

③萧友梅《〈音乐月刊〉发刊词》，原载1937年11月1日出版的《音乐月刊》第1卷第1期。《萧友梅全集·第一卷·文论专著卷》第673页，上海音乐学院出版社2004年11月第1版。

④廖辅叔《回忆萧友梅先生》，《人民音乐》1979年第5期。

⑤贺绿汀《中国音乐界的现状及我们对于音乐艺术所应有的认识》，原载1936年9月15日《明星》（半月刊）。

⑥孙继南编著《中国近现代（1840——2000）音乐教育史纪年》第82页，山东教育出版社2004年9月第1版第1次印刷。

⑦在程时煃支持下成立的“江西推行音乐教育委员会”创办的《音乐教育》，曾被称作“官办的音乐杂志”。但就是这一位江西省教育厅长程时煃曾对程懋筠说过一句发人深省、意味深长的话：“瞎子提胡琴上街叫卖，其中都有宣传抗战的有心人！”对程懋筠积极投身于抗日歌咏运动有很大影响。

⑧吴识沧《程懋筠和他创建的音教会》，南昌市政协文史资料研究委员会编《南昌文史资料》第9辑，第35页，1993年4月第一次印刷。

⑨1933年3月23日《民国日报》第二版，转印自熊志成《音乐教育在南昌的起步——三十年代江西音教会概况》，南昌市地方志编纂委员会办公室编《南昌史志》1989年第三期（总十二期）。

⑩裘宗恕《飞向时代的暴风雨》（手抄复印稿，张坚先生提供。注：作者原为音教会成员，本文为其回忆录《生活在音教会》的节选。2004年重抄，时年88岁）。

⑪《音乐教育》扉页上原有江西省教育厅长程时煃的题词：“普及音乐知识，提高欣赏程度，纠正错误观念，供给适用作品。”李元庆和缪天瑞认为第三句“纠正错误观念”含义模糊，建议改为“刊登译著论文，介绍创作乐曲。”程懋筠同意这一建议，并亲自送程厅长重新题写。见缪天瑞《纪念程懋筠先生》（《中央音乐学院学报》2006年第3期）。

⑫材料采自中国艺术研究院音乐研究所李文和编《二十世纪中国音乐期刊篇目汇编》第40—54页，文化艺术出版社2005年11月第1版。

⑬缪天瑞《纪念程懋筠先生》（《中央音乐学院学报》2006年第3期）。

⑭江西省推行音乐教育委员会编《音乐与戏剧》扉页，程懋筠《发刊词》，1940年于江西遂川县出版，共出版两期。

⑮向延生《中国近代音乐教育的宗师——音乐教育家萧友梅先生》，向延生主编《中国近现代音乐家传》（1）第93页，春风文艺出版社1994年4月第1版。

⑯吴婧婷《追忆五哥程懋筠——声乐教育家程希逸教授亲述笔录》（《音乐周报》2006年2月24日（第7期）第8版。

⑰罗艺峰《程懋筠生平简介及其创作研究》（《交响》1988年第3期）。

⑱同15，第108页。

⑲同13。

⑳详见汪毓和编著《中国近现代音乐史》（修订版）第117页，人民音乐出版社1994年10月北京第2版和该书“第二次修订版”第176页，人民音乐出版社 华乐出版社出版发行2002年10月北京第3版。

㉑熊志成《三十年代江西省音教会史况》，江西省文化厅、江西省老年文艺家协会《江西文艺史料》第13、14辑，1992年10月、1993年5月编印。

㉒此段程家世系与亲属关系材料由程懋筠之子张坚于2006年8月29日电话联系时口述提供，此外，程懋筠之外孙女冯云女士也补充了相关材料。

（本文作者为山东师范大学音乐学院教授）

纪念程懋筠的理由及问题评判

李　岩

一、理　由

程懋筠，作为民国时期（1928—1949）《国民党党歌》——代《国歌》的作者，在国民党行政文化建设委员会委托台湾音乐史家赵广晖编写的《现代中国音乐史纲》中，有1928年10月至1929年1月，该歌由“党歌”到国民党第二届中常委第190次会议议定为“代国歌”并一直沿用至今的史实[1]，但程何许人也？该书在第四章第五节：“音乐杂志”之《音乐教育》（月刊）一节中，仅程懋筠为该刊主编之一屈屈数字[2]。而问及台湾人，程在他们心目中的印象，“所知很少”、“并无了解，”[3]几乎成“众口之辞”。但仍在唱程懋筠歌的台湾人，却对曲作者一无所知抑或知之甚少，绝对是一种“怪现象”！也是对程懋筠著作权的侵害及人格的不恭！

大陆的情况如何？在相对不“开明”时期，不敢、也不能对程懋筠进行公开的研究，遂使之成为研究“禁地”；“改革开放”以来，最早进入“程懋筠研究”的罗艺峰，发“河东、河西”之叹[4]，就再自然不过了。仅以程懋筠创作的《党歌》——代《国歌》而论，在汪毓和《中国近现代音乐史》数个版本中，对其或长或短的不同评述①，十分有趣地反映了大陆近现代音乐史学界的微妙变化，其中最具力度的正面评价，出现在该书修订版中：

> 程懋筠于一九二九年根据孙中山“黄埔训辞”所写的《中国国民党党歌》于一九三七年被定为“国歌”②，曾在我国三、四十年代的社会生活中有过相当广泛的影响。[6]

这是自该书问世以来，首次全面肯定这首歌在历史上所起过的作用。程懋筠也因此有了一个介绍性的两百余字脚注版面。[7]其实，如果不以“共产党性”论“民国”中人与事，“国歌”从“代”到“立”，是不应回避的“民国要事”。她诞生后，不知曾在多少国际、国内的“大事”中，代表中国人庄严、肃穆地数百、甚至上千次奏响。而最早将此歌被之管弦的，当为日本音乐家、指挥家近卫秀麿③，1936年2月，时任上海工部局管弦乐队客席指挥的近卫，在1936年2月13日的一场音乐会中，由他自己配

器、指挥演出了这首“国歌”，笔者据历史材料[10]研究表明：

> 由于有此曲的出演，“并且是在东洋人棒下役使西洋人（也包括俄国人）演奏，在国人眼中，这是大长志气的事，故是晚来看演出的中国人极多，当‘国歌’奏完后，异常热烈的掌声四起之时，梅兰芳飞也似地跑到台上，与近卫热烈握手并连向他道了二声‘谢谢’，事后中国的报界，也有大量赞扬此事的文章，并大书由音乐而‘中日亲善’等语。可见当时国人，虽对1932年“一·二八”淞沪战事，记忆犹新，伤口还在淌血，但中国文化界对此事无疑是呈表扬态势的。”[11]

这一历史事件表明，“国歌”在当时，无疑代表了国家的利益，并在国人心中，具有至高无上的地位。她在1936年夏季奥林匹克运动会，还被评选为世界最佳国歌[12]；而最为助长国人志气的演奏，是1945年10月10日北平日本军方向中国递交投降书的仪式中，在故宫博物院内太和殿前，文华殿和武英殿中间那一大片朝拜广场上，当中方代表：国民党第十一战区司令长官孙连仲，日方代表：日本驻华北战区司令根本博进入会场并于10点奏完“国歌”后，特别是缴枪仪式开始时，日本军人排好队，双手托枪按顺序排好，在指定地点，分几个缴枪点，把枪慢慢地放下，并向中国人民鞠躬，当时在场的李振宗等写道：

> 这时候我热血沸腾，日本兵把平日的蛮横劲已经丢的精光。原来那么丧心病狂、残杀欺辱中国人民的日本鬼子也会有今天，心中顿时升腾起一个强烈心声，中华民族不屈，人民团结必胜。[13]

当然此时奏“国歌”，由于特殊情境，特别在1945年自8月15日日本天皇向全世界宣布无条件投降后，各种在中国举行的“日本受降仪式（如9月9日9时，何应钦在南京正式接受日本投降）中，均要奏响“国歌”，她代表着中国人特殊的抗战情怀及中华民国（1928—1945）的尊严；她建立在中国军民伤亡总数3500万人、直接经济损失超过1000亿美元、间接经济损失5000亿美元的巨大代价[14]之上，并由此化作了一股浩然之气。当她被奏响时，必然在每一个有这种情境的中国人心中升腾、曼延出一种特殊的历史“情绪”。

我们探究程懋筠不被台湾重视的前因，是他虽因作《国民党党歌》成名，并且国民党曾多次规劝、有时甚至是强迫其入党，但他并未加入。抗战胜利后，曾应邀去台湾讲学，当地学校以优越条件挽留，又被他婉言谢绝。1949年前夕，又有人再次动员他去台湾，但他毅然决然地留在了大陆，并坚定地选择了共产党领导的新中国，还带病冒雨上街欢迎解放军入城。当10月1日，毛泽东在天安门开国大典中操着湖南腔宣布“中国人民共和国成立了，中国人民站立起来了”五星红旗在天安门广场冉冉升起后，他满怀激情，欣然命笔，自撰歌词，谱写了《新中国颂》，歌云：

> 看啊，我们的祖国真是伟大雄壮。

山有珠穆朗玛，
水有黄河长江，
物多地大历史久长，
人民勤朴又坚强。
联合阵线，民主专政，
中华民族团结得像铁和钢
斧头和镰刀建立了自由平等，
政治文化增进了幸福安康。
前进啊前进！
新民主主义的旗帜在飘扬，
努力啊努力！
新的中国伟大坚强。[15]

从中我们看到他从“三民主义”（按：《中国国民党党歌》原名《三民主义歌》）至“新民主主义”的转换，这就是他不被台湾所看重的简单理由——在政治上选择了共产党。但这一切也没有使他在新中国得到重用，就显得相当不合情理，正应了一句所谓“你爱江山，江山爱你吗？的老话。有人说：

> 1949年以后相当长的一个时期里，竟把谱写《新中国颂》的懋筠先生打入冷宫，编入“另册”，视为仇敌，似乎现代音乐史上根本不存在程懋筠这个人。这既是懋筠先生个人的悲哀，也是我国现代音乐史研究与教学的悲哀。[16]

此言绝非妄断。在《中国近现代音乐史》的各版本中，固然有对程懋筠的“简略”介绍，但对其所主办的江西省推行音乐教育委员会及其所主编的《音乐教育》这个当时办刊时间最长，影响最大杂志的评述，则留有“反共”的影子④，据笔者查证，在《音乐教育》上，虽有所谓“反共音乐活动的报导”⑤，因当时的南昌，是国民党剿共总司令部及行营的所在地，但从未刊登过所谓“反共歌曲”，缪天瑞作为程懋筠的同事，对此回忆道：

> 众所周知，当时“音教会”地处江西南昌五次“围剿”的指挥中心，社会和学校生活难免蒙上政治色彩，而程先生除政府规定发表的歌曲外，没有在《音乐教育》上刊登政治色彩的歌曲。[21]

作为史学家，我们在算历史旧账时，要以事实为依据。更何况在国民党主席连战、亲民党主席宋楚瑜、新党主席郁慕明接踵访问大陆，并纷纷对中国历史之宗进行回归指认（如：他们均首先拜谒孙中山陵或黄帝陵，并纷纷发表大陆、台湾同祖、同宗、同源的讲话）、大有“渡波劫尽兄弟在，相逢一笑泯恩仇”[22]的大好形势下，如果不重新对程懋筠的历史功过进行精确梳理，确立他在近现代音乐史中应有的地位，是台湾、

也是大陆史学工作者的失职。

除此之外，我们再以如下两条“正当理由”来纪念他：

1. 以抗战的名义

当狼烟四起，敌人已经把刀架在我们脖子上时，他作为一个留学东洋、学习声乐与小提琴的海归派，从起先执着普及五线谱，主“艺术至上”、憧憬着“Muse（谬斯）奏着Lyra（里拉），在天上遨游，你我循着那琴声，为艺术而歌颂祈求”至“今天啊，战神擂着战鼓，冲锋的号，震撼山丘，你我的血，快要爆裂；你我的歌喉，也变成怒吼”[23]；从西装革履、衣冠堂堂地在舞台上演唱着威尔弟、普契尼等人的歌剧选段、赵元任、黄自等人的艺术歌曲，指挥音教会管弦乐队演奏莫扎特、罗西尼、瓦格纳、奥芬巴哈、苏菲等人的名曲，指挥合唱团演奏中外名曲，到喊出“好铁要打钉好男要当兵”、“保卫祖国，收获失地，全靠俺自己”（摘自歌曲《全靠俺自己》——表达出一种对政府“不抵抗主义”的义愤），并于1938年初创办“抗敌歌咏团”，在日军攻陷南昌后，率领该团辗转深山小县如遂川、吉安、泰和、赣州等地，继续以音乐、戏剧宣传抗日救亡，坚持在极其恶劣的条件下，出版音乐刊物。鲜明地体现了他艺术思想的重大转变，并宣布要“用艺术的力量”表现民族精神，并从一个不耻于运用民间劳动歌曲素材，到以简谱这种更贴近人民群众的形式创作短小、生动而口语化的民谣、民歌风歌曲，由此而成为深受群众爱戴的作曲家。

有幸亲历程懋筠创作巨变的熊志成，曾亲眼目睹过程在防空壕里躲避敌机轰炸时，镇定自若，手拿铅笔在膝上创作一首男女二部合唱《打铁歌》的情景，他记述道：

> 随着歌中“叮当叮/ 叮当叮”的旋律，第一声部与第二声部交叉进行着，令人仿佛亲临其境：“打铁，打铁 /大家一心来打铁/ 打铁要趁热/ 敌人好比是顽铁/重锤猛打不要歇 /敌人虽然是顽铁 /我们全国人手中/ 有的是四万万五千万铁锤/铁锤举起/好像刀枪剑戟 /你一锤/ 我一锤 /打得敌人粉粉碎……”。从这鲜活的俚语、生动的形象，我们可以看出，此时的懋筠先生与“音教会”初期相比，其音乐观和创作方法已判若两人。[24]

这是时代使然，更是一个有爱国心的中国人在战时的必然之变，是国家有难时的“匹夫之责”。如下歌词，足以表明他的心音：

“同胞们，快起来！大家一条心，打倒日本鬼，捉拿汉奸们！有钱出钱，有力出力，抗敌须要到底，保卫祖国，收复失地，全靠俺自己！（《全靠俺自己》歌词）“干吧！让我们的心，整个地共鸣；让我们的歌声，激起每个魂灵；还有我们的笔，要同时描写，一致经营，为了祖国的光荣胜利，人类的永久和平！”[25]

2. 以教育及政治的名义

当国家积贫积弱、办教育之难、难于上青天之时，他不但直接站在学校教育的讲台之上从事具体的教育工作⑥，而且还创建“江西省推行教育委员会”、创办《音乐教育》杂志，这两者对当时全国音乐教育的推助，是有目共睹的事实。特别是后者，其办刊方针，明确是针对中小学音乐教师，而且有具体的实施办法，缪天瑞对此曾回忆道：

> 《音乐教育》的特点是面向中小学音乐教师，采取“由上而下”、“由下而上”，的方式加强与音乐教师的联系。一方面，《音乐教育》每期都刊登一批歌曲和乐曲，包括创作歌曲、少年儿童歌曲、合唱曲、翻译歌曲、儿童节奏乐队用曲、民间歌曲、中外器乐曲等，为中小学提供音乐教材；另一方面，为验证这些歌曲和乐曲是否适用于中小学，编者和读者之间经常相互交流，并针对音乐教师提出的疑问和视察中小学时发现的问题，来组织、编写相关文章，以期帮助解决音乐教学中的实际问题。此外还刊登相关的评论、报道、理论、乐曲解说、声乐和器乐知识、音乐家和歌剧知识、音乐教育理论等，着重介绍西方音乐作品、教育理论和方法，如儿童节奏乐队等。除进行介绍外，还指导学校教师开展试验，使这些外来的音乐和教学方法“本土化”。[27]

其中“由上而下”、“由下而上”，显然是一种提倡互动的教育新举措，使上情下达，下情上递，并在《音乐教育》中，构筑一条信息的通道。另外，在程懋筠营造一个“纯正之音乐环境”的理想中，曾想尽力避免、超脱“党派、主义之争”，以为“歌好就行”[28]，但却身不由己地陷于政治之中，正如陈独秀所言：“你谈政治也罢，不谈政治也罢，除非逃在深山人迹绝对不到的地方，政治总会寻着你的。”[29]他敢于在《音乐教育》上发表苏联专号、并曾冒着风险，到学校教唱《国际歌》、指挥进步作品，并从人道主义出发，表明了反对屠杀红军官兵的立场[30]等，均明白无误地证明他与共产党的“灵犀之通”。虽然程懋筠无党无派，但这些言行，难道不令我们当今中国音乐史学界的共产党员肃然起敬吗？

二、问　题

人无完人，金无足赤，程懋筠在文化价值判断上，明显带有“以西衡中”的立场，这在当时虽是时代主流及权威话语，但由此造成对中国文化的伤害，却令人始料不及。原本他受极利于各种文化和谐发展的“文化价值相对论”影响，发为言论，称“低级文化民族”的歌谣不亚于“高级文化民族”，它们同样都具有艺术价值，虽然物质文化存在高低差异，但它们的“歌谣”——音乐，与我们是“不相上下”并“平等”的。[31]他当时研究所谓“低级民族”，是以台湾卜吉番人、石印化番人、莱社番人、竹堑社、淡水社，日本的八重山岛人、奄美大岛人，苗族的狼人、马来人、广东的蛋户，

广西中部的猺民及黑人的歌谣音乐为例，用程懋筠的话说，即：

这些可怜的人种，在物质的享受上，建设上，虽不如我们，但在心灵的感应上，表现上，论其实质，却和我们不相上下，……低级文化民族的歌谣里所表现的技巧，有许多和文明人最高作品中所用的一样。（因）美学上的均衡，统一，变化等原则，均由人类生理的心理作用而成立。……低级文化的民族，决不如吾人所想象的野蛮，他们行为的动机是合乎道德的……然而一般文明人，除少数诗人外，……（把艺术）只不过在一切仪式中，把它作为装饰，或娱乐别人，或自己消遣罢了。那种随时创作，和充分表达的艺术精神，完全被文明生活所摧毁，所以真纯朴质的情感，反不如低级文化民族的丰富！……（那）文明人还有什么特权把那些文化较低的同类任意摧残呢？[32]

在上引文中，有几个层面的问题值得深思：1. 文化、表现技巧无高低、贵贱之分。2. 文明人音乐、艺术作品的感情，反倒不如野蛮人充沛。3. 文明人不应把自己的意志，强加于低级民族文化之上，这等于破坏他们的文化。这实际已经是一种建立在人类学对弱小民族文化观照基础上的深刻反思。在 20 世纪 30 年代有这种观点，实属不易！但程懋筠的“思”与“行”，却呈“两股道上跑车，不走一条路”之势。一方面，他曾说：

“吾国旧乐多已失传，所剩余留者，手法既甚复杂，音量亦太小，不足为民族艺术。现在之音乐，均属羌胡之物，组织简陋，几无从改良，亦不足以代表国乐而与文明国家之音乐列同等地位，以后乐器方面，或将采用钢琴及提琴管乐等物，作曲方法，自可采用西洋作曲法，而保留东方之风味。此为推行音乐教育之最后目的。”[33]

这表明，他所谓“代表国家之音乐”——“国乐”，是仅以“保留东方之风味”而在形式及作曲法，则尽穿洋装、洋服。这种牺牲中国音乐的结合，似乎代价过大。继而他又认为“吾国音阶，有放弃其中心地位之必要”，他曾以日本音乐家废除日本音阶而主张用西洋音阶及方法为例，说“编制新曲，亦渐能树其民族之新声。融贯东西音乐，取法日本自为捷径”，继而主张“放弃中国音阶之中心地位”，因“中国音阶，较西洋音阶，其第四音约高半音之故，遂生和声学上种种阻碍，故不得不从事更改”[34]。这种表述，说明他对西方音乐，也并未深入了解，因他说的中国雅乐音阶的增四度，在西方 11 世纪教会八种调式中的利第亚（lydian），与此音阶结构完全相同。放弃中国音阶的想法，故而显得相当幼稚。而他在说到中国京剧时，认为“中国音乐亦当采用西洋发声法，吐字发音，……西洋的发声法根据生理学和美学，极足发挥人声之美”，而“吾国京戏，常以男优而为花旦青衣之役，于是喉音、鼻音、叫声、假声，骚然并作，杂以锣鼓之喧嚣，听众之喝彩，遂使吾人如坠五里雾中矣。”[35] 这已经完全违背了他先前所谓："低级文化民族的歌谣里所表现的技巧，有许多和文明人最高作品中所用的一样"的判断，而流入了文化上自惭形秽的泥潭。如此等等，不一而足。但这些并不足以阻止或妨害我们去纪念这位在历史上曾经风云一时，在现世却被忘却的"伟大"与"问题"相间的人物。特别当我们面对一个国家流传最久、并深具历史影响的国歌的曲作者，一个推行全方位国民音乐教育的教育家，一个在国难当头，敢于冲锋陷阵，并以音乐的笔，谱写出平易而壮丽的抗战乐章的音乐家程懋筠时，精确地历数他的功过，是吾辈近现代音乐历史学者无以推卸的责任！现在、此刻，我们堂堂正正地纪念被两岸均已忘却已久的程懋筠，正其时！

---

①汪毓和在《中国近现代音乐史》第二次修订版第七章第四节中，说到"20世纪30年代以来还有一些学院音乐家的作品曾在社会上有不同的影响"时，提到程懋筠的《中国国民党党歌》[5]，该版将程懋筠的介绍文字取消；在《中国近现代音乐史》2005年版中，程懋筠的介绍文字恢复，但南京政府时期的"国歌"却只字未提；在《中国近现代音乐史》2006年版中，程懋筠仅作为"江西省推行音乐教育委员会"、《音乐教育》杂志的创办人，加以介绍，而生平简介及"国歌"，再次只字不提。

②汪毓和先生在此，对该歌1929年1月，由"党歌"到国民党第二届中常委第190次会议议定为"代国歌"这一事实有所忽略，但他下文提及的1937年被正式定为国歌，是国民党第5届中常委第45次会议的决议"以现行党歌，作为国歌"[8]颁布之后，才实行的。前此即1929年1月至1937年6月，"代国歌"担当着"国歌"的角色。这是在大陆近现代音乐史学界不应被遗忘却在实际被遗忘了的"史实"！

③近卫秀麿（1898—1973）曾与萧友梅同学，为20世纪30年代末至40年代初期日本首相近卫文麿之弟，为作曲家、指挥家。他1915—16年与山田耕筰学作曲，1923年去欧洲留学在巴黎、柏林学习指挥、作曲。1924年回国，1925年4月指挥歌舞歌舞伎。1926年定期演奏。二战后，任东宝乐团指挥。主要作品：《大礼交响曲》《雅乐》的编曲，《越天乐》的编曲。写过《音乐游记》，为管弦乐的普通听众，写过类似于音乐欣赏类的普及性读物。[9]

④汪毓和称："尽管在这个刊物的初期，刊登了部分宣扬反共思想的音乐作品、文章，以及关于反共音乐活动的报导……"[17]我们同时也看到，在"第二次修订版"中，"反共"字眼被删掉的同时，将1994年版中关于程懋筠生平事迹的注释，也一笔勾销了[18]。这令人百思不得其解，这是历史进步同时的退步呢？还是停步抑或原地踏步？

⑤如：1934年3月"上海中华口琴会来赣举行'慰劳剿匪将士音乐大会'"[19]；1935年7月21日，湖滨音乐堂召开省会中学暑期补习班学生会唱党歌、救国歌、复兴歌、新生活运动歌、汗血歌、青年服务团歌、抗敌军歌等七歌，出席的学生约千余人。由省政府军乐队伴奏，慷慨激昂，声闻云霄。休息时由本会乐队，演奏管弦乐、四重奏、四重唱等，历时约两小时，市民参观者约四千人，颇具一时之盛。[20]按：其中与"反共"有关的歌曲为《青年服务团歌》，由于版面所限，在此仅举两例为证。

⑥他曾先后在江西省立一中、二中、女中及多所大学和专科学校如浙江省立湘湖师范学校、杭州英士大学等任教乐理、和声、作曲、唱歌等课。[26]

参考文献

[1] [2] 赵广晖《现代中国音乐史纲》（初版）台北，乐韵出版社 1986 年版第 376—377、210 页。

[3] [4] 转罗艺峰《程懋筠生平简介及其创作研究》《交响——西安音乐学院学报》1988 年第 3 期第 17、17－27 页。

[5] [18] 汪毓和《中国近现代音乐史》北京，人民音乐出版社、华乐出版社 2002 年第 3 版第 213、176 页。

[6] [7] 汪毓和《中国近现代音乐史》北京，人民音乐出版社 1994 年 10 月第 2 版第 135、117 页。

[8] 赵广晖《现代中国音乐史纲》（初版）台北，乐韵出版社 1986 年版第 379 页。

[9] 日本平凡社编《音乐大事典》东京，1984 年 3 版 2 册 933 页，郭翔口译。

[10] 近卫秀蘑《上海游记》（陆以循译）《益世报》（天津）1936 年 5 月 24 日第 2 版。

[11] 转李岩《朔风起时弄乐潮——李岩音乐学术论文集》上海音乐学院出版社 2004 年版第 132 页。

[12] 孙帅 2006 年 8 月《中国历代国旗国歌国徽国花》（一）www. sunchateau. com

[13] 李振宗、许亟鎔 2006 年 8 月 21 日《北平日本投降仪式亲历》www. oldbeijing. htm

[14] 转无名氏《纪念北京和平墙揭幕》《福建日报》2006 年 10 月 5 日。

[15] 程懋筠《新中国颂》《上海音乐》1951 年 3 月创刊号。

[16] [24] [25] 熊志成、熊小明 2005 年 8 月 15 日《程懋筠与"江西推行音乐教育委员会"》。

[19] 无名氏《本会工作报告》《音乐教育》1934 年第 2 卷 4 期第 69—70 页。

[20] 无名氏《本会要闻：七月二十一日音乐会节目》《音乐教育》1935 年 3 卷 7 期第 91 页。

[21] 缪天瑞《纪念程懋筠先生》《中央音乐学院学报》2006 年第 3 期第 47 页。

[22] 鲁迅《题三义塔》《鲁迅全集》（第 7 集）北京，人民文学出版社 1982 年版第 151 页。

[23] 程懋筠《序曲——代发刊词》《音乐教育战时续刊》创刊号 1941 年 2 月 21 日（油印本）。

[26] [28] [30] 转罗艺峰《一位被历史遗忘的音乐家》向延生编《中国近现代音乐家传》(1) 沈阳，春风文艺出版社 1994 年版第 398、404、405 页。

[27] 缪天瑞《纪念程懋筠先生》《中央音乐学院学报》2006 年第 3 期第 45—46 页。

[29] 陈独秀《谈政治》《新青年》1920 年 9 月 1 日第 8 卷 1 号。

[31] [32] 参程懋筠《低级文化民族的歌谣》《音乐教育》1933 年第 1 卷 6、7 期合刊第 26、26－53 页。

[33] 程懋筠《第三届教师寒假修养会音乐教育组工作记录》《音乐教育》1936 年第 4 卷 2 期第 111 页。

[34] [35] 程懋筠《改良吾国音乐刍议》《音乐教育》1933 年第 1 卷 1 期第 25、29－30 页。

（本文作者为中国艺术研究院音乐研究所副研究员）

一位被历史遗忘的音乐家

——作曲家程懋筠

罗艺峰

从旧中国过来的人，恐怕很少有人不知道“三民主义，吾党所宗……”这支歌。然而，关于它的作者，不要说一般人不了解，就是音乐圈内亦大致如是，今天的青年更是毫无所闻。许多与他有过交游或在他主持、主编的刊物上发表过作品、言论的人，也似乎有意无意地缄口不谈其人其事，以致史书不载、辞典不录，或者张冠李戴，事实乖谬……。

在中国人民半个多世纪的伟大革命斗争中，他的作品有许多客观上是起过不良作用，与国民党当年的政治背景有着深刻的关联，但海峡那边却至今对他也保持着沉默。

历史遗忘了他，他却在历史上留下了痕迹，因为他是《中国国民党党歌》与《中华民国国歌》的作曲者。中国共产党人是信奉历史唯物主义的，胸怀宽宏眼光远大，旧中国“国歌”的作者由新中国来宣传，这个事实就是证明。让我们透过历史的重云迷雾，来了解这位60年前的风云人物。

一、生平述略

程懋筠，字与松，又名誉松、雨松、默云，1900年9月24日生于江西新建县大塘乡。赣江边的新建县，距离豫章故地，南昌市不足一小时汽车路程，是一个素有人文传统的地方，历史上出过数名文、武状元、榜眼、探花，有清代进士、举人六七百人。程氏家族对当地政治、经济、文化发生过相当重要的影响，产生了不少近、现代史上值得一提的人物。程懋筠的家庭无疑是属官僚地主阶级。虽然其父程时耀仅是江西第一女师的普通国文教员，母亲米氏是位有文化的家庭妇女。但其祖上、叔伯辈则多为官于朝或经商于市、或收租于乡里。家族的政治、文化背景，当然的对这位音乐家后来在家乡以及外地的社会音乐活动有长远而深刻的影响。

程懋筠自幼谙熟国学而理工稍疏，尤喜京剧等音乐艺术科目。由江西省第一师范毕业后，由其兄携至日本留学，就读于东京音乐学校，随留学意大利的著名声乐教授彩田秀子主修声乐，2 年后兼修作曲。有意思的是，旧中国“国歌”的作者——程懋筠学成于日本，新中国“国歌”的作者——聂耳逝世亦在日本，近代中国音乐史与日本的关系，不可谓不深。1926 年程氏学成归国，先后在江西省立一中、二中、女中任教；1928 年后，曾在多所大学和专科学校从事音乐教育，历任浙江省立湘湖师范学校音乐科主任兼乐理、和声、作曲、唱歌等课教师，杭州英士大学音乐教师。

程懋筠一生事业的鼎盛时期，自然是 1929 年成为《中国国民党党歌》，也即《中华民国国歌》的作者，担任南京中央大学教育学院艺术科主任兼声乐副教授；1933 年回江西省主持“推行音乐教育委员会”，与著名音乐理论家缪天瑞等创办《音乐教育》月刊的这十几年。在此期间，他除主持江西“音教会”和《音乐教育》月刊的工作事务，组演众多的音乐会，指挥乃至登台演唱外，还创作了大量歌曲，撰写了许多音乐论文，兼任南昌国立中正大学音乐教授。抗日战争中南昌失陷后，程懋筠率领“音教会”抗敌歌咏团辗转深山小县，在极恶劣条件下坚持出版音乐刊物，宣传抗战，从事教育，并且写出了“你我的血，快要爆裂，你我的歌喉，也变成怒吼”的诗句和一些抗战歌曲。音乐家的艺术之梦已经被严酷的现实击碎，终于从“缪斯奏着里拉，在天上遨游”①的幻想中，回到了血淋淋的地上，而发出了一个爱国的中国人的心声。

1945 年抗战胜利后，程懋筠任上海暨南大学、复旦大学及国立幼稚师范学校教授，在音乐活动、音乐创作上趋于低谷期。程懋筠没有加入国民党，一直是无党派人士，1949 年也没有随国民党前去台湾，曾带病冒雨上街欢迎解放军进入上海。他最后发表的作品，是音协上海分会编印的《上海音乐》创刊号上的合唱曲《新中国颂》（程懋筠作词作曲，作于 1950 年），这是音乐家的“天鹅绝唱”：

> 看啊，我们的祖国真是伟大雄壮。/山有珠穆郎玛，/水有黄河长江，/物多地大历史久长，/人民勤朴又坚强。/联合阵线，民主专政，/中华民族团结得像铁和钢。/斧头和镰刀建立了自由平等，/政治文化增进了幸福安康。/前进啊前进！/新民主主义的旗帜在飘扬，/努力啊努力！新的中国伟大坚强。

1951 年任上海美专声乐教授的程懋筠，应原兰州师范学院艺术系主任吕斯百之聘，携家小欲往西北工作，途经西安时中风病倒于客旅而未就。1953 年南归，卧病于南京，1957 年 7 月 31 日因脑溢血逝世于南京，其时惟发妻侍守在侧，悄然结束了他的一生。

二、创作简评

程氏既是声乐家，又是作曲家，创作过各种类型、体裁的歌曲近百首。其作品大多刊载于《音教抗战曲集》（1940 年 10 月）和《音乐教育》月刊。还有一些零星发表于当时的其他杂志。其音乐作品，大致可分为政治歌曲、抗战歌曲以及艺术歌曲。

程懋筠作为音乐家在旧中国的影响，是与他创作的一些政治歌曲分不开的，其中最重要的是《中国国民党党歌》。

1929 年，国民党中央以孙中山先生“黄浦训词”为歌词，在全国征选“党歌”。当时归国不久的程懋筠数易其作应征，投稿被编为 81 号。经由中外音乐家组成的小组密封式评选，在百余份来稿中，程懋筠的曲作竞选获中，得奖金 2000 元，一时名噪朝野。国民党中常会 1936 年 6 月 3 日又决议此歌为中华民国代“国歌”。1943 年宣布它为正式国歌。此歌之词，原非孙中山亲撰，是由广东人易大安（1874——1941 年）所写，以孙中山名义发表，是为“黄浦军校训词”。其主旨是孙中山先生“以建民国，以进大同”的政治理想。而其曲调，既不似《卿云歌》那般古奥，缺乏时代精神；也不像袁世凯政府的所谓“国歌”那样破碎、短命[②]；当然更不能与后来聂耳所作新中国国歌《义勇军进行曲》相比。程懋筠所作《中华民国国歌》，完全是另一种政治信仰、社会制度与时代精神的产物，它的方整、沉抑的风格或许正与此有关。曲调为三段式结构，A 段庄严和平；B 段短促有力；C 段开阔自信，音域稍宽，不甚难唱。但与新中国成立以前的多首国歌相比较，它存在的时间最长，影响最大，因此在近代政治史上、音乐史上，均应有其相当的地位。

程懋筠的政治歌曲还有与时政紧密相关的《新生活运动歌》《庆祝总裁寿诞》《国民精神总动员歌》及一些校歌等。

程懋筠在抗日战争期间创作的抗战歌曲，是他的创作中兼有社会价值与艺术价值的较好部分，尤能体现作者艺术观的进化。

首先，这类作品很少是应景之作，多为有感而发。一个中国人应有的爱国意识和从黑暗现实得来的教训，使他宣布要“用艺术的力量，来表现民族的精神，宣传抗战的胜利”，并从一个狂热而固执的在 30 年代文化非常落后的旧中国，要求强制全面推行五线谱的艺术家，变为一个不耻于运用民间劳动歌曲作为素材，不耻于用简谱这种更贴近民众的形式来进行创作的作曲家。这期间他创作的《再牺牲再前进》的感情之深沉真切、《全靠俺自己》的节奏之短小有力、《劳动歌》和《打游击去》对民间音调素材的灵活运用，……不同程度地体现了作者在思想感情上的微妙、然而却是明显的变化。

其次，这类作品又多是作者自创词、曲，故尔表现出一定的艺术水准和意念心灵上的自由，不少歌词以及后文所叙在社会音乐活动方面的进步倾向和爱国热情，使我们对这位民国“国歌”作者的“概念化”印象，有了某些改变。

当国民党政府的不抵抗政策已经造成恶果，时局危如垒卵之际，作者在《全靠俺自己》中写道：

> 同胞们，快起来！/大家一条心，/打倒日本鬼，/捉拿汉奸们！/有钱出钱，有力出力，/抗战须要到底/保卫祖国，收复失地，/全靠俺自己！

当国土大片沦丧，人民痛苦呻吟，亡国惨祸迫在眉睫之时，作者在《再牺牲再前进》中写道：

……再牺牲，再前进，/如今不打更不行！/请看看，可怜的，/东北同胞们，/七家人，保一口，/个个被迫去当兵，/到今日，反不免，/要打自己人……

显而易见，从艺术形式上看，他的词、曲创作也日渐从欧式洋化的“学生腔调”，改变为民谣、民歌风，生动短小，十分口语化。下面这支《劳动歌》或许可以看作是作者在这期间自定下的“深入浅出四字，就是我们技巧上的最高原则”思想的实践之作：

蜜蜂不会酿蜜，/蚂蚁不会做窠，/日吃三餐不做事，/驮一个人头做什么！/救国必定要多出汗，/报仇必定要先合作，/四万万同胞齐动手，/小小的日本怕什么！

比照着程懋筠的另一些洋腔洋调，词曲多有不谐和的其他作品或填词歌曲，这不能不说是一种进步，对于一个出洋留过学，且又出身于官僚地主家庭的人，也是难能可贵的。

当然，作为一个非常钦慕西方音乐文化、又有着相当艺术追求的音乐家，程懋筠是不会不追求他的艺术境界、玩赏他的艺术趣味的，所以，他还写了一些既非应景、又非感时的艺术歌曲。不过其形式虽精致，却颇觉内涵不丰，且不少为儿歌、填词或译词歌曲，如《萤火虫》（作词作曲），歌词富于儿童特点，曲词结合谐美，伴奏则是典型的欧化和声及音型。又如译词歌曲《唱个摇篮歌》，译词诗句韵脚调谐，也注意到了与原曲调的契合。另外，舒伯特作曲的《给蝴蝶》的译词也有这些特点，这与他的外文修养和较好的中文根基大约不无联系。也正是由此，他才能给一些世界名曲即兴填词且恰到好处，令当时人颇为惊讶。

简括说来，程懋筠的音乐创作有以下几个特点：

1. 歌曲为主。
2. 少与词家合作而多为自己作词作曲。
3. 音乐写作上有一个逐渐贴近现实的过程，后期尚有民间劳动歌曲音调的运用。
4. 尚未有和声民族化的探索。
5. 能注意到词曲的结合谐美。
6. 较强的即兴创作能力等。

三、音乐思想

程懋筠的音乐思想，受着他的家族的文化背景以及当时社会所提供的文化氛围的双重影响。

程懋筠的传统文化功底极好，幼能吟诵诗文，长而兼擅作曲填词。虽然出洋留学，受过西方文化熏陶，言论中每每流露出对西方音乐文化的欣慕，但却仍在骨子里崇尚儒家“乐教”，自孔子以来的崇“雅”斥“郑”的音乐思想占据主导地位。

程懋筠以为“雄毅舒朗之声，可以起顽立懦；中正平和之乐，可以止暴祛邪”。并说：“今闾巷充斥郑声，乡井争看俚剧，为之者颜厚不惭，司此者熟视我睹”，痛心于“民德颓废，风俗弛败”。从他所实际宣传、演出的曲目看，所谓雄毅舒朗，中正平和的音乐，恐怕主要是指西欧、日本的严肃音乐以及国内一些人包括他自己创作的某些作品；而所谓闾巷郑声、乡井俚剧，却正是他先前所鄙视而后来多少有些拮取运用为创作素材的民间音乐和戏曲。

他的竭力推行音乐教育、力禁淫邪旧剧，反对黎锦晖一流香艳肉感，品格低下的剧曲、歌曲（编者按：“缪天瑞指出程懋筠在江西禁止演唱黎锦晖的一切作品，也是矫枉过正了”），也都与这种音乐思想和观念缕缕相关。

另一方面，程懋筠又确曾受过在世纪初全球泛滥的“艺术至上”和“为艺术而艺术”思潮的拍打，做着不少空想和幻想的“纯艺术”之梦。说“文化、学术，为人类公共之物，无国界可言”，这就带来了程懋筠音乐思想的另一个重要方面，即“艺术至上”的音乐观。（编者按：李元庆、缪天瑞等人正是利用他的这一思想，演出、出版了一些进步音乐作品；推却了为蒋介石祝寿、劳军等政治活动。）

在程懋筠看来，音乐是至高无上、重要之极的东西，“中国文化的基本工具度、量、衡，即起源于“黄钟律”。我们的祖先并知道利用十二律，以测气候，名为‘葭灰候气’”。[③]“古今中外的大思想家、政治家，除一二人外，没有不推崇音乐的。”他自己则梦想着以音乐教育改造社会，造成当时简直不可能出现的“纯正之音乐环境”；同时又希冀超脱党派主义之争，以为“歌好就行”，所以才发生了一些看上去颇觉矛盾的行为和言论，如在国民党地方政治官办的音乐机构和团体演出进步歌曲；在刊物上发行“苏联音乐专号”；作为有影响的国民党阵营里的音乐家和“党歌”、“国歌”的作者，却在中学里教唱《国际歌》，在音乐会上演唱、指挥进步作品……。这一现象。我们既要看到其中含蕴的有价值的一面，即程氏思想感情上的缓慢转变，又不要忽视“艺术至上”音乐观的影响（编者按：从人道主义思想出发，他曾经对担任江西省教育厅长的叔叔说反对屠杀红军官兵）。

再次，是程懋筠的破坏与建设并重的思想。他在为“江西省推行音乐教育委员会”制定的任务中首列“除害”，二为“革故”，三是“创新”，已见这“并重”思想之端绪，抗战中更力言“抗战”与“建国”并重，始终支持中小学音乐教育，发行音乐刊物，也与这一思想有联系。他主持江西“音教会”时，曾凭借政府力量禁查淫邪旧戏和不良音乐，乃至于几年内焚毁这类唱本一万余件。同时又发起和参与改良国乐的讨论，力图“旧物亦可致用”，以科学方法，“创造适合吾国国情之新声”，以达到“与

西乐共进而至于世界音乐为目标”。认识到“今日这世界，非闭关所可守，今日之文化，岂故辙所宜循”。但是，他对我国固有旧乐即今所谓传统音乐的认识，仍是肤浅的。例如主张走日本的道路，与山田耕筰所激烈主张的“废除日本音阶”相似，而力陈“放弃中国音阶之中心地位”，据说，中国音阶不科学，不合西洋和声学之物理原则；又主张改良中国音乐节奏，因其单调，“闻之令人思睡”；而旋律则有“令其复杂高深之必要”。所以要用“西乐之作曲法”，有“尽量采用和声之必要”。其他如制谱、歌词、发声、乐器等，无一不是不如西洋。这种认识，自不必以现代“民族音乐学”观点来衡量，只需指出，这是当时具有普遍性的认识，毕竟，程懋筠并不能超离他的时代，也有着立场、感情和文化意识上的局限。所以，其“革故”、“创新”之举，不免有着先天的欠缺而流于表面，因此，对音乐艺术本身的贡献也就不能不受到影响。他的破坏与建设并重的思想，突出地表现在他就音乐教育所写的许多实用性论文以及社会活动中。

程氏音乐论文，笔者所见有如下数种：《五线谱实际教学问题研究》《发声与指挥》《音乐教学实际问题研究》《改良我国音乐刍议》《改造与改良》《女性与音乐》《黎锦晖一流剧曲何以必须取缔》《关于小学唱歌竞赛会的感想》《江西省推行音乐教育委员会之使命及计划》等，分别发表于《音乐教育》《江西教育》《音乐与戏剧》等杂志刊物上。

四、社会活动

程懋筠的社会音乐活动，集中在他主持江西“音教会”和担任该会在《音乐教育》月刊“代表人”时期。

江西“音教会”系江西教育厅（厅长为程懋筠的亲叔叔）下属的由政府资助的官办机构，1933 年成立于南昌。创办时每月经费一千元。设立乐队、剧团后，1936 年增为二千二百元。抗战中曾驻遂川、吉安、泰和、赣州，1946 年撤销“音教会”取委员制，程懋筠任主任委员及管弦乐队与合唱队指挥、话剧团团长。该组织下设数个音乐、戏剧及研究团体，并编辑发行《音乐教育》月刊，开设中小学、幼稚园音乐教师补习班，编写、审定音乐教材，督察民众音乐状况，指导社会音乐活动，修改旧唱本剧本，取缔恶劣之音乐戏剧，创作新歌曲、戏剧，举办音乐会，其所有社会音乐活动，都有程氏参与其中。

程懋筠担任指挥的管弦乐队，创办于1934 年10 月，汇集了张贞黻、盛雪等著名的音乐家，管乐由省政府、公安局军乐队的优秀队员兼任。演出了水准不低的许多欧洲名曲，莫扎特、罗西尼、瓦格纳、奥芬巴哈、苏菲等均有曲目入选。并专门在南昌湖滨公园（今八一公园）修建了一座音乐堂作为演出场所（后毁于日军战火）。抗战后乐队移交给武汉励志社，部分人员后合并于重庆中华交响乐团。

程懋筠担任指挥的合唱队，初约40人，1938年初更名为“抗敌歌咏团”，曾演唱过不少进步歌曲和艺术歌曲，如《义勇军进行曲》《黄河大合唱》《扬子江风暴》《旗正飘飘》《抗日军歌》《长恨歌》《海韵》《满江红》《月下独酌》以及一些外国作品等。

而作为被日本音乐学者田边尚雄称为“特生”的男高音声乐家的程懋筠，不仅演唱自己创作的作品，还在音乐会上演唱过一些世界名曲如《马赛曲》、威尔第歌剧《弄臣》选段、普契尼歌剧的选段等以及中国艺术歌曲如赵元任的《也是微云》、黄自的《天伦歌》等，也体现了不低的水准。

由程懋筠任团长的“音教会”话剧团，演出活动也很频繁，抗战中曾演出了一些进步的或抗日救亡的剧目，产生了一定影响，如曹禺的《日出》《雷雨》，又如《烙痕》《电线杆子》《血洒晴空》等。

音教会在南昌，以至江西组演的音乐活动中，除了形式多样、曲目广泛这些特点外，江西作为国共两党当时最主要的战场，南昌作为蒋介石指挥“围剿”的总司令部的所在地，也无须讳言，许多活动少不了带有政治色彩。有些内容还相当反动，产生过不良影响，并与中国共产党领导的革命音乐相对而立，本质有别，这是程氏不能辞其责咎的。

程懋筠任代表人，萧而化、缪天瑞先生主编的《音乐教育》月刊，是当时惟一由政府出资主办的音乐刊物。1933年4月至1937年底共出版57期，30年代在音乐界影响很大。其撰稿人包括数十位知名音乐家以及中小学音乐教师、作家、科学家。其栏目众多，内容广泛，还有“小学音乐教育专号”（2卷1期）、“中国音乐问题专号”（2卷8期）、“乐曲创作专号”（3卷1期）。特别是1935年后该刊的进步立场，如发表抗日救亡作品、论文，报道各地的救亡歌咏活动，出版“全国音乐界总动员特大号”（4卷1期）、《救亡歌曲特辑》（4卷11期）、“苏联音乐专号”（5卷7期）等，与程懋筠所起的作用大约不无关系（编者按：缪天端证实《音乐教育》发表以上内容，均得到程懋筠的首肯，当然他是从“纯艺术”的角度并出于抗日的热忱。在当时那样的环境里与职位上，他能做到如此地步，有这样的表现，并从未要求《音乐教育》刊登内容反动的歌曲，当应属于开明之士）。

尤其是南昌失陷于倭寇，诸君星散，程懋筠独立支撑月刊，在战争环境中油印出版《战时续刊》这一事实，对于我们认识程懋筠是有帮助的，也是值得重视的。

结　语

程懋筠是位独特的人物。他其独特之处，就在于他是旧中国“党歌”、“国歌”的作者，这一历史事实应在近代音乐史上有所反映。我们理当在历史唯物主义指导下，

对其一生的活动和创作做出历史的、政治的、艺术的评价。

程懋筠又是一位复杂的人物，其杂色的根源，既在人性中，更在社会存在中，程懋筠复杂性正是他的时代的复杂性决定的。我们既要看到此人思想、感情上的进化之迹，又要承认其人其作在主观上、客观上起过的某些不良作用。

程懋筠还是一位作曲、表演、指挥兼擅、又颇具凝聚力的音乐社会活动家——一位通才式人物。他写过一些较好作品，演出过一些水准不低的曲目，他对音乐艺术的贡献，亦是后人愿意承认的。

[《中国近现代音乐家传》编者按：本文由作者根据其《程懋筠生平简介及其创作研究》（刊《交响》1988 年第 3 期）修订改写。本书的编者有增删。]

---

①《音乐教育战时续刊》创刊号代发刊词。“缪斯”是希腊神话中的文艺女神；“里拉”是一种古代弦乐器。

②袁世凯政府 1915 年定国歌名《中国雄立宇宙间》，用昆曲调子作成，时人讥为有“帝制臭味”。袁政府垮台，此歌即消亡。

③“葭灰候气”，又称“候气”，是古代一种将律学与历法相结合的学说，其方法是，在封闭的缇室里，按方位放置律管，管内放下苇膜灰，据说，灰可因季节变化而飞出，从而十二律与天文历法，与十二月发生了关系。此说科学与否，尚待证实。

（本文作者现为西安音乐学院教授）

程懋筠的抒情歌曲

钟立民

作曲家程懋筠先生在“九一八”事变后、抗战爆发以前这段期间，就写过《抗敌军歌》这样昂扬的战歌。抗战爆发以后，他写了大量的抗战歌曲，如《去当兵》《再牺牲再前进》《锄奸谣》《打游击去》《劳动歌》《打铁歌》……，这些都是当时流传的通俗易唱的歌曲，其中不少还是程懋筠先生自己写词的。

本文介绍的是程先生作曲的抒情歌曲《怀旧》《归来曲》《春宵别》这些程先生歌曲创作的另一领域。

由于种种原因，程先生不少较好的歌曲作品竟不为当今音乐界的人们所知。这无疑是一个遗憾。希望经过大家努力，能改变这种状况。

一

程先生的《怀旧》（见本书第269页）［宋］范仲淹词，发表于1933年5月出版的《音乐教育》第一卷第二期，这是一首当年很受欢迎的抒情曲。音乐理论家、教育家，武汉音乐学院孟文涛教授评价它为：民族风格浓郁，结构严谨，感情深厚的一首佳作。

旋律以五声音阶为主，和中国古词牌“苏幕遮”密切结合，主导音型 i̇ i̇6 5 – |（碧云天）出现以后，继之以向下移位四度的 5 53 2 – |（黄叶地）然后结合歌词音韵和感情，自然而又流畅地发展下去：i̇ 6i̇ 5 5 | 31 25 3 – |（秋色连波，波上寒烟翠，）（我见台湾女作家琼瑶的一本小说书名为《寒烟翠》，我想，很可能就源于这首范仲淹的词。）

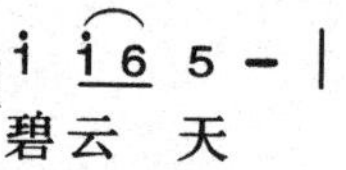

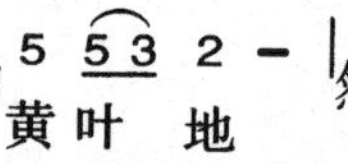

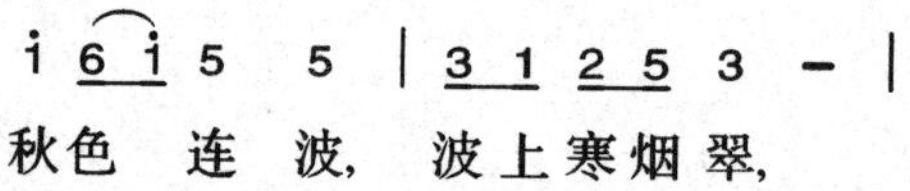

以四小节为一长乐句，以上是第一乐句，而第二乐句有新的因素两个三连音。根据词意，旋律由较高音区，往低音区下行，结束于主音终止。

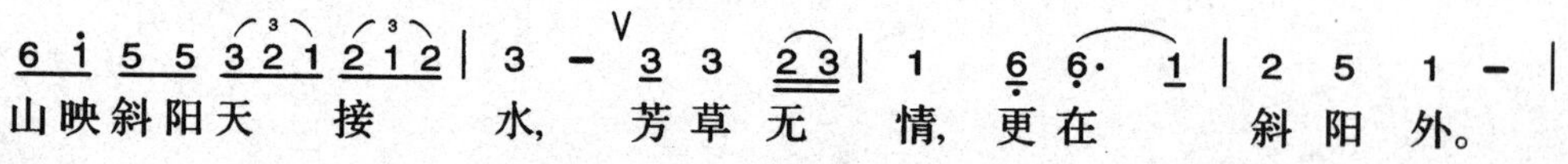

6 i̇ 5 5 321 212 | 3 – V 3 3 23 | 1 6̣ 6· 1 | 2 5 1 – |
山映斜阳天接水，芳草无情，更在斜阳外。

第三乐句在保持全曲连贯的基础上，出现了七声音阶的因素而仍保持民族风格，又出现了#4，进入西洋作曲法中的属调终止，增添了新鲜感。

那就是：

1̇· 6 1̇ — | 5· 3 5 — | 6 3̇ 2̇ 7 | 5 3 6 #4 5 — |
黯 乡 魂， 追 旅 思， 夜 夜 除 非 好梦留人睡，

词、曲进入了深一层的意境。

而最后一长乐句和第二乐句差不多完全相同，只变化了第一音符。

1̇ 1̇ 5 5 3 2 1 2 1 2 | 3 — 3 3 2 3 | 1· 6 6· 1 | 2 5 1 — ‖
明月楼高休 独 倚， 酒 入 愁 肠， 化 作 相思 泪。

全曲结构是：

A 乐段 第一乐句
　　　 第二乐句
B 乐段 第三乐句（有新的变化发展）
　　　 第四乐句（是第二乐句略变化的再现）

是很完善的二段体曲式。

这首歌动听、易记，难怪许多学会唱过此歌的人牢记不忘。琢磨之余，我感到它和脍炙人口的中文歌曲《送别》（美 J. P. 奥德维曲，李叔同填词）相比较，颇有受到后者曲趣影响的关联。

李叔同填词的《送别》，诞生于 1906 年，直至今日，历经百年而不衰，在二十世纪三十年代，《送别》已流传了长时期，程创作的这首曲受到其影响是可以想象的。我并推想，饱读古诗词的李叔同先生对范仲淹的《怀旧》非常熟悉。李叔同的《送别》也有《怀旧》的影响，其基本情况，以景带情的表现手法，都是深情地描绘。

这两首歌词都可以分为前、后二段：

《怀旧》的前段是“碧云天……………………斜阳外”，
　　　　后段是“黯乡魂……………………相思泪”。
《送别》的前段是“长亭外……………………山外山”，
　　　　后段是“天之涯……………………别梦寒”。

请注意，两首词的共同之点，前段是以景带情，主人公尚未出现。两首词同样，到了后段主人公才出现。《怀旧》的主人公是怀乡的游子—“黯乡魂”，《送别》的主人公为送友人的“知交”。

相似之处同用表现意境的“芳草”，“斜阳”和“夕阳”，“一瓢浊酒尽余欢”和“酒入愁肠化作相思泪”。

我想，是《怀旧》的词影响了《送别》的词创作。两首曲相比较，《怀旧》和

《送别》在结构严谨一点上是相同的。在曲式方面，前者是“A＋B”的二段体，后者是第一段再现的“A＋B＋A”的三段体。

两首歌所用的调，一首是1＝D，一首是1＝♭E，非常靠近，音域分别为6̣－3̇和7̣－1̇也相近，前者略宽一些，而最活跃的音区同是1－1̇，音域大致相近。

《送别》的调性为西洋七声音阶，首句1—4小节未见第4音和第7音，类似五声音阶。《怀旧》是以五声音阶为主，偶尔离调出现七声音阶。《送别》的曲又给了《怀旧》的后世谱曲产生了影响。

孟文涛同志称《怀旧》为“历半世纪仍未忘怀的古词抒情曲”。我很赞同，它是一首传世佳作。

送　别

1＝♭E 4/4

李叔同 词
〔美〕J.P.奥德维 曲

中速

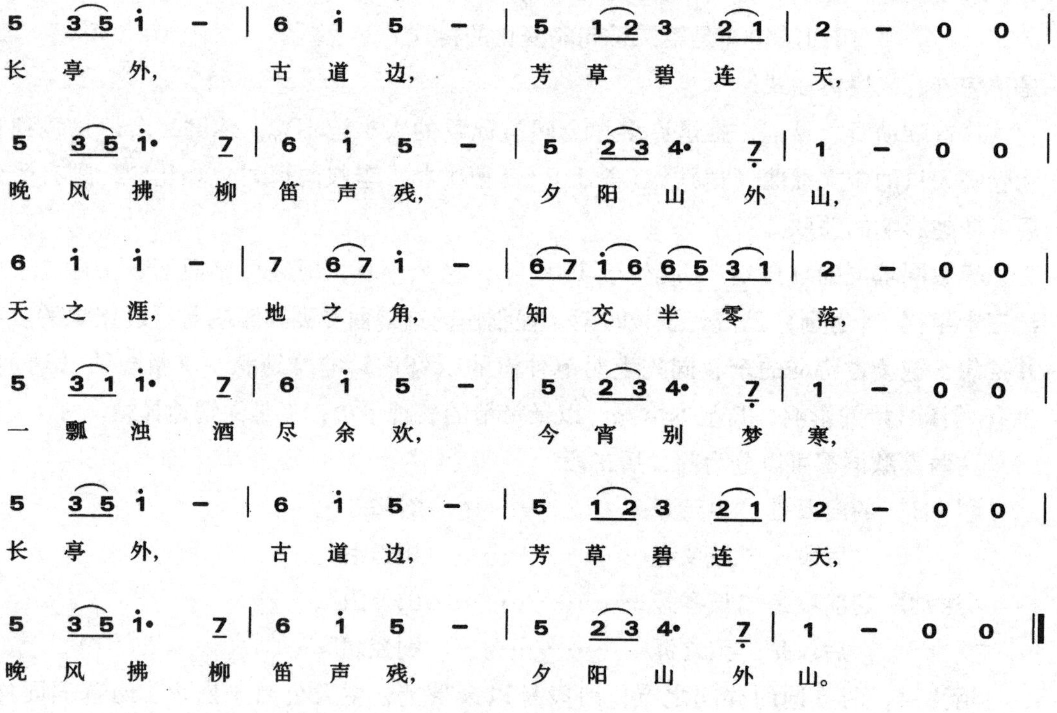

5 35 1̇ － | 6 1̇ 5 － | 5 123 21 | 2 － 0 0 |
长 亭 外，古 道 边，芳 草 碧 连 天，

5 35 1̇· 7 | 6 1̇ 5 － | 5 23 4· 7̣ | 1 － 0 0 |
晚 风 拂 柳 笛 声 残，夕 阳 山 外 山，

6 1̇ 1̇ － | 7 67 1̇ － | 67 1̇6 65 31 | 2 － 0 0 |
天 之 涯，地 之 角，知 交 半 零 落，

5 31 1̇· 7 | 6 1̇ 5 － | 5 23 4· 7̣ | 1 － 0 0 |
一 瓢 浊 酒 尽 余 欢，今 宵 别 梦 寒，

5 35 1̇ － | 6 1̇ 5 － | 5 123 21 | 2 － 0 0 |
长 亭 外，古 道 边，芳 草 碧 连 天，

5 35 1̇· 7 | 6 1̇ 5 － | 5 23 4· 7̣ | 1 － 0 0 ‖
晚 风 拂 柳 笛 声 残，夕 阳 山 外 山。

（二）

抗日战争后期的1943年产生过一出话剧《戏剧春秋》，它是夏衍、于伶、宋之的三位剧作家合力创作的剧本。当时在桂林、重庆等地演出，很受欢迎。剧中有两首插

曲，第一首《归来曲》（乐曲见本书351页）流传颇广，同一词有多种谱曲，我知道的有盛家伦、程懋筠、童哲等人的曲。

这是一首小音阶构成的旋律，以四小节为一长乐句，前二句是感情自然的流露、发展，第三乐句第三小节是一个小高潮，0 3 #5 | i 7 6 3·3 | 2 – | 2 0（你 流浪的 人儿 啊，）然后以叹息的语气低沉下去，表现了绵绵的回忆、思念之情，第五乐句又更激动，进入全曲的高潮，0 2 | 3 – | 7（归来 吧）继之以低回舒缓、回味无穷而结束。

（三）

青年学生时代我曾在中正大学农学院念过一个学期的书，地点为江西赣州龙岑，时间是1942年底到1943年初。程懋筠先生当年是中正大学的音乐教授，曾给我们授课，指挥同学们唱歌，教我们唱新歌，也讲一些有关的音乐知识。我记得他曾教我们唱了《校歌》，英语歌曲〔美〕斯蒂芬·福斯特的《Old Black Joe》（中译："老黑奴"或"老黑乔"）等歌。他还教过一首他自己的作品，二重唱《春宵别》，这也是一首很有特色的抒情曲。这首歌深深地保留在我的记忆中，但未保存歌谱。1995年上半年，我在查阅旧歌本时，无意中发现了这首《春宵别》（乐曲见本书349页），令我非常欣喜！

注：1. 此歌歌谱根据旧歌本复印，未加工整理。2. S为女高音，T为男高音。此曲前段为女声和男声对唱，后段为女声和男声二重唱。3. 第三行曲谱第二十节第二声部 #i 4 二音疑有笔误，孟文涛同志和本文作者共同意见，正确谱可能无此两个#号——本文作者

《春宵别》由八个乐句构成，第一乐句5 | i· 7 6 65 3 6 | 5其特定节奏音型贯穿于全曲，因此全曲非常连贯统一协调。4/4和3/4节拍交替是其另一特色。

前四句由女高音和男高音轮番唱，力度是由弱到强再由弱到强，然后速度放慢结束了前段。

第五句起是后段，从旋律开始似乎是转入下属调，实际上是转入ᵇb小调 #4 #5 6 7 | 6 0但只是瞬间即逝的离调，而接下去的ᵇ6 ᵇ7 6 0和♮6 ♮7 6 0给了"缠绵""此情悠悠"的艺术表现力。

"遣此凄凉梦"一句，又一次渐慢，感情深厚。（紧接，应有一个未写出来的"复原速"记号。）

最后二句，是由强至弱结束。两个声部都出现最高音，是全曲的高潮，到最后结

束是分解属和弦下行小六度 5 - 7̣，进至主音，和整曲的“恨别”“惜别”情绪非常吻合。

这确是一首与众不同的抒情歌曲。

这三首抒情歌曲风格不相同，表现力各有千秋，但它刚好说明了程先生抒情歌曲的艺术水平，给了我们永恒的美的享受。

心系祖国安危的爱国音乐家

——浅谈程懋筠的合唱音乐创作

祁斌斌

程懋筠是我国20世纪上半叶一位曾经十分活跃的音乐家。他在日本东京音乐学校留学回国后，在江西、浙江、江苏等地始终从事音乐教育和创作活动。30年代，他主持“江西省推行音乐教育委员会”的工作，成立了管弦乐团并担任指挥，又创办《音乐教育》月刊，主抓全省的社会音乐教育和学校音乐教育。他不仅是一位作曲家，还是一位音乐教育家和音乐活动家。

在程懋筠的音乐创作中，合唱曲占有着相当重要的分量。30年代正是我国抗日歌咏救亡运动高涨的时期，以武汉、桂林为中心的抗日歌咏运动将全国的合唱音乐创作推向了一个浪潮。正是在这样的社会环境下，程懋筠在江西同样创作了一些以抗日为主题的合唱曲，响应着全国的歌咏浪潮。

程懋筠的合唱曲，目前收集到的共有10首，其中有6首为多声部合唱曲，4首为齐唱曲。在6首多声部合唱曲中，有男女二部合唱的《虎岗谣》、《打游击去》、《打铁歌》，有四部合唱《再牺牲！再前进!》、《九一八》、《新中国颂》。这些作品风格多样，主题鲜明，具有着浓郁的时代特色。其中还有四首作品全部由程懋筠自己作词作曲，使得作品从思想上到艺术上都鲜明地印刻着“程氏”的风格。

《打铁歌》（乐曲见本书304页）在程懋筠的合唱曲中是一首十分独特的二部合唱曲。作品形象地引入了“叮当 叮当 叮”的声音模仿打铁的动作，又在低声部伴以一字一拍的“打铁”二字，生动地刻画出打铁工人齐心协力、共同锤打的劳作情景。

巧妙的是，歌曲将敌人比喻成顽铁，将打敌人比喻成“打铁”，一语双关，令作品寓意深刻。然而，这样的声部搭配营造出的却是一种轻松愉悦的锤打场面，全然没有辛苦劳累之感。反倒是在“叮当叮”的伴随下，穿插着的歌词令大家干劲十足：“大家一心来打铁，打铁必须要趁热，重锤猛打不要歇”。

更有特点的是，作曲家还将话剧说白引用到了歌曲中来。在乐曲中部，突然出现了两句说白：“［说］敌人 虽然是 顽铁，我们 全国人手中［唱］有的是四万万五千万铁锤”；“［说］铁锤 举起 好像 刀枪 剑戟，［唱］铁锤响处平地一声雷”。

这种半说半唱的处理方式在当时的合唱音乐中很是新颖。虽然它们在衔接上并不是十分的完美，但是那抑扬顿挫的话语在旋律中间却显得格外的坚定有力，志在必得。整体看来，《打铁歌》是一首构思相当巧妙、新颖而突出的合唱作品。

程懋筠填词的四部合唱曲《九一八》（乐曲见本书313页）是10首合唱曲中最为抒情的一首歌曲。这首歌曲完全采用德沃夏克的《第九交响曲》（“新世界”）第二乐章的主题作为旋律，却以亲切动人的曲调表达出悲叹、痛诉继而转向奋起反抗的丰富的内心情怀。“九一八，九一八，此日不可忘。东四省，东四省，无端作战场。”全曲仅长15小节，寥寥数语，但在四个声部的编配下，在具有强烈民族情感的歌词的衬托下，这首选曲填词的歌曲却散发出一种悲壮而坚韧的民族之情。

《再牺牲！再前进!》（乐曲见本书316页）是一首完全由程懋筠创作词、曲的四声部合唱曲。整首歌曲都以小附点、大附点两种节奏交替贯穿，形成一个充满动力的进行曲风格的合唱曲，具有英勇的气魄。

歌词中写道：“再牺牲，再前进，如今不打更不行”；“到如今，反不免，要打自己人!”短短的几句话表现出作者不怕牺牲、顽强抗敌的斗志，以及对国家内乱的不满。歌词在最后写道：“去呵最后胜利已经不远，我们拼命现在就要拼！人生自古谁能免了一死？要令千秋万岁仰威名!”多么热情澎湃的词句，多么英勇坚强的精神，这可以说是一位抗日将士的战歌!

与6首多声部合唱曲相比，程懋筠创作的4首齐唱曲（《赶快还给我》、《国民精神总动员歌》、《全民抗战歌》、《救国是我们大家的事》）都非常短小。它们的旋律都只有十几个小节，再以分节歌的形式演唱3、4段歌词。简单易记是它们的特点，昂扬乐观是它们的基调。这些作品中有3首是由程懋筠作曲，另一首《赶快还给我》是由程懋筠填词的歌曲，曲调具有西方儿歌的风格。虽然它们的篇幅有限，但它们仍然充满着“勇壮”的精神，在鼓舞着民众，激励着青年。

程懋筠创作的这些合唱曲大部分发表在1939年的《抗战吼声》和1940年的《音教抗战曲集》里，大都创作于1934－1940年间。从这些作品中我们可以深刻地感受到，程懋筠是一位具有着强烈民族责任感的爱国音乐家。他每每看到国家、民族正处于危难之中，总是鼓励人们走上前线，保家卫国。他主张全国人民共同抗日、抵御外侵，反对国家内乱，“打自己人”。他在《国民精神总动员歌》中写道：“没有我们的国家，哪有我们的家庭？没有我们的民族，个人从哪里安身？国家至上！民族至上!”他以音乐作为武器，通过这些合唱曲，号召民众团结一致，抗战救国。他几次在歌词中写道：“要出钱要出力，夺回俺故乡”。（《九一八》）、“有钱的人要出钱，有力的人要处理，除了国家打胜仗，谈不上其他利益。”（《国民精神总动员歌》）程懋筠的合唱曲，具有着深层的思想内涵与教育意义。

程懋筠在创作这些合唱曲时，并没有形成固定的模式。它们的风格多变，构思新

颖，大部分都具有着较高的艺术价值。不论是具有民谣风格的《打游击去》，还是具有进行曲风格的《再牺牲！再前进!》；不论是轻松欢愉的《打铁歌》，还是充满朝气的《虎岗谣》，作曲家都将音乐形象刻画得非常鲜明，旋律也上口易记，十分利于在民众中的传播。不难想象，这些富有战斗气息的中小型作品，在火热的三四十年代，曾经起到了怎样应有的作用。

我国的合唱音乐创作起始于20世纪20年代，由萧友梅创作的《别校辞》是中国最早的合唱音乐之一。[①]30年代，以黄自的《旗正飘飘》、《抗敌歌》，贺绿汀的《游击队歌》、《垦春泥》，冼星海的《到敌人后方去》、《在太行山上》等作品为代表的合唱音乐，在全国盛行一时，直至今日仍带有鲜明的时代特色。程懋筠的合唱音乐创作，以及其他的抗日音乐创作，同样充满着鲜明的时代特色，洋溢着浓郁的民族情感。今天我们重新聆听他的这些作品，重温这段曾经尘封的历史，我们分明看到了一位心系祖国安危的爱国音乐家。

---

①《别校辞》创作于1924年，采用康塔塔体裁，为北京女子高等师范学校音乐系首届毕业生而作。详见笔者硕士论文《中国音乐教育史上的一颗晨星——北京女子高等师范学校音乐系研究》。

（本文作者为中央音乐学院音乐学系2007届硕士毕业生）

不应遗忘的爱国作曲家

——程懋筠几首抗战歌曲及时代意义浅析

宋　歌

程懋筠，一位创作了一百余首但如今仅收集到40多首歌曲（其中大部分是抗日救亡歌曲）的作曲家；一位在20世纪30年代中江西省“音教会”积极主持推行音乐教育，并主编出版了57期当时历时最久、影响最大的《音乐教育》月刊的音乐教育家；一位成立了当时唯一由中国人自己主办与组成的管弦乐队，还组建改良评剧团、话剧团、合唱团，组织演出了几十场音乐会与歌舞剧、话剧等的音乐社会活动家，因为一首被作为国民党党歌的《三民主义歌》，长期以来，海峡两岸的宣传机构对程懋筠这样一位“政治”敏感人物，讳莫如深，其人其事极少见诸于媒体报道。甚至于即使在音乐学术界，其多方面的音乐才能和卓越成就也得不到客观公正的评价，导致在民国时期乐坛上曾经叱咤风云的程懋筠，在历史的成河中被长久地遗忘了。

但历史是客观存在，是不应忽略和忘却的；而只要是真实的，有意义、有价值的历史人物，人们是不会忘记的。即将举行的程懋筠逝世50周年学术性纪念活动就是一个生动的实例。

在纪念活动前夕，我有机会读到程懋筠先生的一些音乐作品。虽然，程先生的创作并没有超越其在音乐教育推行上所取得的成就，但时至今日，触摸到程先生几十年前所做的那些歌曲，我仍然被其中所蕴含的爱国之情和他在创作上的探索精神所深深感染。

在程懋筠所作的40时多首歌曲作品中，绝大多数都是爱国歌曲，其作品在创作上多采用西洋作曲技术，多为短小方正的歌曲，比较突出地体现了他一贯主张的“雄毅舒朗之声”、“鼓舞发扬之乐”的创作风格。从20世纪30年代相关材料所记载的音乐活动情况来看，程懋筠的抗日救亡歌曲在当时是广泛传唱并较有影响力的。

在程懋筠公开发表的一些作品中，有一些是附有钢琴伴奏的，这些歌曲大多是作者的经典之作，富有较高的艺术价值和社会价值，如《抗日军歌》、《复兴歌》、《汗血歌》、《救国义勇军军歌》等。而这些作品，也大多带有一种号角式的嘹亮感，创作手法上多运用西洋大调式，偶带临时离调。这些是程懋筠在留学期间所学到的作曲创作

技法，都在其抗日救亡的的歌曲创作中得到了很好的体现。这之中我比较喜欢《救国歌》，这首带有悲壮感的乐曲，以一种“天下兴亡，匹夫有责”的民族使命感，唱出了作者希望全国人民面对日本帝国主义野蛮侵略，应以时刻准备牺牲、誓死捍卫祖国的顽强精神战斗的内心呼喊。旋律铿锵果敢，节奏顿挫有力，在抗日战争刚刚打响的时候，很好地鼓舞了民众。

而程懋筠的其他爱国歌曲也都以不同形式反映了作者时刻心系国家命运的精神。《公勇歌》运用了2/4节奏，是典型的宣传抗战歌曲。整首歌曲中比较鲜明的特点就是运用了切分和附点节奏型，并以三连音来与之对比。这种充满张力感的节奏，能够使旋律更为抑扬顿挫，勇武有力，与歌词中体现出的“以求社会进化，以求国家复兴”的爱国思想结合得自然而又紧密。

《砰嘣调》也运用了2/4节奏，但与《公勇歌》不同的是，这是一首充满民谣风格的歌曲。作者通过运用中国五声音阶徵调式与江西的方言相结合的曲调，以男女对唱的形式表达了广大人民希望赶走“日本强盗”，使国家重新恢复太平的强烈愿望和决心。与《砰嘣调》创作手法相近的还有《劝我的郎》，这首歌曲以中国五声音阶羽调式所形成的略带委婉的曲调，表达了妻子劝丈夫舍小家顾大家，扛枪骑马去打日寇的爱国之情。

我认为，《劳动歌》是程懋筠的歌曲中很具代表性一首以号召劳动和团结救国的作品，作者在创作中不仅运用了类似号子“一领众和”的演唱形式，同时还采用了富有特色的民间音乐素材（南昌打椿歌）。并以这种果敢有力的旋律和节奏将一种坚决抗日的决心蕴含其中，“救国必定要多出汗，报仇必定要先合作”就是极好的体现。

程懋筠对国家和民族的使命感、责任感是处处体现的，所以，即使是在《文化战士》、《正气中学校歌》之类宣扬文化学习的歌曲，作者也不忘在其中宣传“以笔为戎”的思想，号召学生们学习民族文化精髓，以思想为武器，在精神上树立坚定民族信念，并以信念战胜日本侵略的思想。

诸如此类的例子还有很多，从中可以看出程懋筠的爱国歌曲是其创作中颇有社会价值和艺术价值的部分，这些作品多有感而发，自创歌词，自谱曲调，，所以比较能够表现出作者的创作天赋和高尚人格。而通过这些歌曲创作风格的变化，我们也不难看出作者艺术观的进步过程。

可以说，是抗战逐渐改变和形程了程懋筠的艺术观。九一八事变后，民族危亡使国人不仅需要拿起武器奋起反抗，同时还需要鼓舞士气、令人闻之奋起作战的歌曲。面对日寇的侵略，强烈的爱国意识促使他决定要“用艺术的力量来表现民族的精神，宣传抗战的胜利”。他逐渐从一个站在“象牙塔”里“为艺术而艺术”的音乐家变为深入群众、民间，用劳动歌曲为素材创作更贴近人民的作品的作曲家。这些变化体现在其歌词创作的民歌风和生动短小的口语化等方面。如《当兵曲》，比起此前他根据欧洲曲调填词创作的《赶快还给我》，无论是歌词上，还是旋律中体现出的慷慨情绪上，都有了很明显的转变。此类歌曲还有《好铁要打钉》、《抗敌救国》、《世上哪种人最下贱》等，每首作品都向人们呈示了其“心系民族安危，时刻不忘祖国”的赤诚爱国心。

所以，对于“程懋筠”这个爱国的志士以及他充满勇气和决心的众多音乐作品，我们是不应该忽略和遗忘的。但现今对于程懋筠这个名字，即使当年曾经唱过“三民主义，吾党所宗”这首歌的人，也未必了解它的作者，更别说青年人了。许多至今尚在，而当年与之共事过在他主持、主编的刊物上发表过作品、言论的人，也几乎都不约而同地不谈其人其事。而学术界也亦是如此。很多教科书、工具书对程懋筠此人都没有提及，即使提及，也是简单地一带而过。

而现今，我们再次拾起被遗忘的记忆，对其作品进行初步的研究分析，无疑是一种历史的进步。是我们意识到历史是客观存在的，是不会被时间所冲淡的。因此，程懋筠的作品作为音乐历史长河中一朵曾经深有影响的水花，也是不应被埋没的。也只有清晰、准确地认识、研究其人其事，准确地给予其公正客观的评价，才能给历史一个完整的面貌。同时，这对当今的现代音乐史研究，是具有现实意义的。

（本文作者为中央音乐学院音乐学系2006级硕士研究生）

气势磅礴 振奋人心

——排演《新中国颂》的体会

贺晓乐

《新中国颂》是由音乐前辈程懋筠先生自写歌词创作的合唱曲，是程先生公开发表的最后一部作品，也是先生为数不多的四部合唱之一；大约创作于1950年冬。1949年新中国成立后，程先生在上海从事音乐教育工作，《新中国颂》发表在1951年3月上海音乐家协会会刊《上海音乐》创刊号上。这首乐曲，真切表达了作曲家热爱新中国的情怀，由衷歌颂祖国的伟大雄壮和尽情赞美中华民族的团结与进步。

这首作品，开篇气势磅礴，“看啊，我们的祖国真是伟大雄壮”。第一句中“看啊”的和声是拉长的T功能到$S\text{II}_5^6$，用主和弦的三音作为旋律的开始，使音响明亮而富有朝气。然后是西方和声体系中非常典型的完全进行“T—S—D_7—T”，最后旋律音结束在主音上。首句的和声加以大气的旋律、朗诵式的节奏，与富有诗情的歌词搭配到了极致。之后是四声部的轮唱，依次是“女高、男低、女低、男高声部”，尽情歌颂了祖国的壮美山河、悠久历史以及勤劳的人民。旋律动机是由第四小节的节奏发展而来的。

从作品的结构和声部安排上，可看出作曲家是做了精心构思的。全曲大致由五段流畅乐句组成，这里我把它分为三个部分：从小节划分来看分别是“（6）+（8+8+8）+（6+6）”。开始和最后的一个部分都是由四个声部的和声，唱出新中国的伟大雄壮，唱出对新中国美好未来的期待。从第二个部分开始有意思的是每8小节的声部安排都是层层递增的——开始的8小节是四个声部的轮唱，实际只是一个声部的演唱效果，接下来的8小节递增到两个声部，是由女生两个声部和男生两个声部的分别演唱4小节。下面的8小节递增到了三个声部，最后达到全曲的高潮。

这首作品，不论是词还是曲，给人留下最深印象也是最鼓舞人心的部分，是最后两句——“前进啊前进，新民主主义的旗帜在飘扬；努力啊努力，新的中国伟大坚强”。“前进”和“努力”由持续主和弦的五音开始，节奏鲜明、动力十足，前面的五个音都加了重音记号，更加铿锵有力、振奋人心。此处也是全曲音域的最高点，最后由D_7—T，结束在主音上。

通过对这首作品的排练，我认为有几个地方在演唱的时需要注意的：开始的时候"看啊"第二个音，跨小节持续了两拍，之后呼吸的位置一定要恰当，第3小节第二个八分音符既要收得干净统一，又要有共鸣，不能太急促；第7小节开始了四个声部的轮唱，各声部一定要要相互衔接，后面接唱的声部，也一定要做好呼吸准备，以免进晚或是感觉不统一（排练时最好先让所有声部把这几句连着先唱一遍；）第15小节—22小节，开始是两个声部，之后的两个男声部要注意音量与前面女声部统一和平衡；第23—30小节以歌词"啦啦啦"依次加入了男低音和女低音的伴奏声部；此处一定注意保持声部的平衡，伴奏声部在保证音准的同时，一定要注意听旋律声部，切勿过强；最后两句的演唱，要把握高声部的重音，做好呼吸准备；第32和38小节的四分符点音符，要唱得尽量饱满。最后结束句要比前面一句稍强一些，尽量不做渐慢处理，平稳结束即可。

在新中国成立不久，程先生之所以会提笔创作出这样的大合唱，其用意，无疑是为了激励中国人民，为建设新中国而努力奋斗，同时，也鲜明而充分地体现了先生满腔的爱国热情。令人遗憾的是，由于历史的原因，乐曲虽然公开发表了，但目前还未见有资料表明曾有机会演出过，更谈不上传唱，而是仅仅停留在谱面，尘封在图书馆的刊物里达半个多世纪。据我有限的音乐知识，这首合唱作品，恐怕也是1949年后最早创作的歌颂伟大新中国的较有水平的合唱曲之一吧。

在这次纪念程先生逝世50周年的日子里，作为后辈的我们，才知道有这样一首歌颂祖国美好河山、祝愿"新的中国伟大坚强"的爱国歌曲。而我也荣幸地能担任这次纪念音乐会合唱的指挥，在新中国成立58周年前夕，由我们21世纪的中央音乐学院音乐教育系合唱团来首唱这首20世纪50年代初前辈音乐家的合唱作品，既感到高兴，也发人深省，耐人寻味。

（作者为中央音乐学院音乐教育系二年级硕士研究生）

从《五线谱实际教学问题研究》看程懋筠的国民音乐教育思想

汪　洋

程懋筠先生是民国时期乐坛上叱咤风云式的一位历史人物。今天的大多数年青人都毫无所闻，其人其事极少见诸于书报期刊。由于各种原因，这位在当时音乐学术界有着多方面音乐才能和取得相当成就的音乐家，从上世纪50年代开始逐渐消失，以至于完全被后人遗忘，连台湾的音乐界对他也知之甚少。作为作曲家、音乐教育家、声乐艺术表演家的程懋筠，我们应该给他在中国现代音乐史上以一定的地位，特别在抗日歌曲的创作和音乐教育这两个领域，他有着不可磨灭的历史贡献。本文仅就其音乐教育方面的一篇著述进行分析，从一个侧面看他对国民音乐教育的贡献。

《五线谱实际教学问题研究》的基本内容与价值

程懋筠一生最辉煌的两件事是创作中国国民党“党歌”和在江西主持“推行音乐教育委员会”并与萧而化、缪天瑞等人主办《音乐教育》月刊。江西省“推行音乐教育委员会”和以面向普通音乐教育[①]为宗旨的《音乐教育》杂志在当时影响极为广泛，为江西省的国民音乐教育创造了良好的氛围，同时也影响了当时全国各地的音乐教育。虽然不能算其一人的功绩，但作为“推行音乐教育委员会”主任委员和《音乐教育》的“代表人”、也是主要撰稿人，其作用不可磨灭。

程先生在《音乐教育》杂志上发表过数十篇文章，他的代表作《五线谱实际教学问题研究》，对当时实际教学提出了指导性意见。笔者就以此文为线索，探讨蕴含之中的国民音乐教育思想。

1932年，国民政府教育部颁布新中小学音乐课程标准，明确提出“必须完全用五线谱、绝对不许用简谱”[②]，对此，当时就有不同意见，至今也有争论。程懋筠当时作为南昌市官方音乐机构的代表人，必须执行教育部的要求。《五线谱实际教学问题研究》就是他根据1933年12月在“南昌市小学音乐教师寒假补习班”上课的讲稿整理而成，文章分为（甲、普通问题）和（乙、教学问题）两类，提出和解答了当时南昌市各小学在五线谱实际教学中遇到的20个问题。

在10个普通问题中，涉及音乐教室的选择、五线黑板的购置、歌谱的购买油印、风琴的放置硬件4个，涉及五线谱抄写、教学时间安排2个，如何引起学生上课兴趣和维持上课秩序2个，低年级听唱法教学、器乐教学和课外音乐活动如何开展各1个。笔者选取了其中最有代表性也最为重要的三个方面进行分析。

首先，我们了解到采用五线谱教学作为当时新课程标准的要求，各个学校都在认真执行，但由于歌谱的缺乏和对五线谱认识的生疏，很多学校都流行音乐课上抄五线谱。通过这种方法可以让学生加深对五线谱的印象，从而提高学生对五线谱的熟练程度。但由于抄写困难等一系列问题，使老师们常感困惑，为此程懋筠提出自己的四个方案。他认为唱歌科的目的更多在于音乐、节拍、发声、音调和表情，五线谱的抄写只是辅助手段及形式。它一方面可以使学习者熟悉五线谱及音符的相关知识，另一方面也解决了当时歌谱的缺乏，因此抄写并不要求十分苛求。由于印刷的实际现状，歌谱的解决相当有困难，程懋筠先生在第2问“油印歌谱，常有困难，应如何解决”[③]中提出了三个解决方案：唱歌科的中心是唱歌，不是抄谱；演唱固然是中心，但不要盲目地追求次数，盲目多唱，而是要求演唱的质量，最终目的在于表情。再者，抄谱，程懋筠认为应从小学生的实际情况出发，不必追求形式上的绝对美观，只要求音符以及线间位置正确即可；同时利用各种方法来解决学生的抄写困难，要因人而异，因材施教，照顾不同的教学对象，真正去帮助写的不好的同学，让他们也找回自信，实现主动性，来完成音乐的审美情趣。

当时音乐教学非常重视器乐教学和课外音乐活动，都把这两项内容当作是音乐教育不可缺少的重要组成部分。为此程懋筠提出了自己的八个方案。首先他明确指出在小学生器乐教学中宜练习哪些乐器，如打击乐、弹拨乐、口琴、等各类乐器，不宜练习那些乐器，如铜号。同时他的方案遵循器乐学习“先易后难”的原则，对各种乐器学习的难易度进行了排序。其次，在课外音乐活动的方案中，程先生谈到了多练习轮唱、轮奏，多举行级际比赛和音乐会，多注意唱歌的发声法。轮唱、轮奏的练习不仅可以使学生体验到多声部音乐的丰富表现力，还可以培养学生的群体意识和协调合作能力；级际比赛和音乐会的举办可以让学生直接或间接地参与到音乐中，激发学生的创造力，从而表达自己的审美体验；唱歌的发声法是“演唱”教学特别重要的问题，“歌声的美恶，全靠发声的训练，此为唱歌科所不可忽视的一点”[④]，这是对学生嗓子的保护，也是指导学生建立起科学的歌唱发声方法，纠正不良的歌唱习惯。

在回答（甲、普通问题）第7问“怎样引起学生的兴趣（积极方面）?”[⑤]）的七个方案中，程懋筠阐述了歌曲选择与教学方法的多样化及课外音乐活动的多加开展。一方面他认为在歌曲的选择上要全面，给学生多方位的情感培养。另一方面要对教学方法进行多样化的选择。让学生一面唱一面用简单的打击乐器附和，这种教学方法不但

可以引起学生的兴趣，更为重要的是让学生将不同领域的教学活动结合起来，更好地感受和表现音乐。

在10个教学问题中，笔者也就其中最有代表性的两个问题进行分析。

针对于（乙、教学问题）第5问“怎样使儿童注意强弱?”[⑥]程懋筠提出了四种解决方案。他不主张直接用语言告诉学生音乐的强弱，而是让学生亲自欣赏或参与不同类型、体裁的音乐作品来获得音乐的强弱关系，这完全符合音乐教学的基本原则：从感性入手。例如在方案中他主张老师在教授进行曲、舞曲等不同体裁的音乐作品时，应根据不同类作品特有节拍的律动来突出它们的强弱关系，学生通过欣赏，“投入音乐”中，从而领会音乐的强弱。简单的打击乐器的训练，不仅可以使学生产生兴趣，而且可以感知不同打击乐的音色和音响效果，更为重要的是训练学生的节奏。总之，这种通过学生亲自聆听和参与音乐活动来获得对音乐强弱概念理解的方法，是完全符合音乐教学的理念，并优于教师的说教。先实践后理论，他提出教师还要对学生讲授一些必要的关于拍子的理论知识。这样的教学方法，确保了学生在音乐教学中的主体地位。

关于固定唱名法和首调唱名法这一问题，长期在音乐教育界存在争议。程先生当时在“关于讨论〔固定唱名法〕及〔首调唱名法〕的一封公开信”中就对这个问题有精辟见解：“明卓高见，俾国家社会，有所取舍”。[⑦]

当然普通中小学音乐课程的目的是传授音乐常识，不是专门研究，学生毕业后仅仅知道首调唱名法，能正确地唱出几首歌曲，便达到了目的。所以，程懋筠虽然希望在将来我国中小学以及音乐界都用固定唱名法，一方面是他作为官方的代表必须要在大方向上服从当时教育部的课程标准，另一方面也是以科学方法实现改良国乐的具体体现。总体上说，程先生主张固定唱名法，但不惟固定唱名法至上，因而在（乙、教学问题）第1问的解答方案中，认为现在过渡时期最好不要使用，等教师自己学好后，再教学生，否则仍以首调唱名法教学为佳。

程懋筠国民音乐教育思想之述评

《五线谱实际教学问题研究》并非学术性文章，而是有关解答教学问题的一篇小文，但在当时而言其意义却不可小视。在程懋筠对二十个问题有针对性的解答中，不仅对当时实际音乐教学直接帮助，而且也从他的回答中看到了符合现今音乐教育理念的种种设计。

一、强调音乐教育“涵养美感”的审美价值

在音乐教育实践中，“涵养美感”之审美价值直接体现在他从事音乐教育的各个方面。他在回答中指出“唱歌科目的在于注重节拍、音调、发声、表情，不在多唱。”[⑧]这

里的表情已清楚表明唱歌不在于“机械的训练”，而在于“以情带声、声情并茂”，激发学生富有感情地歌唱。“感情是艺术的原动力。作品中的感情越丰富，感动人的力量就越大。艺术的价值也就越高。”[9]他还提出“表现是艺术的生命，也是音乐教育上一个最重要的目的，无此便成机械的唱法了”[10]，另在《关于学校唱歌科的对话》一文中，明确表明唱歌的最终目的不是要学生学会演唱的各种技术，而是要从唱歌中得到欢乐，从而表现自我，这是音乐课为什么开设的主要目的之一——审美教育。他在回答（甲、普通问题）第10问的第5个方案中，提倡“轮唱，二三部合唱，两三种乐器合奏，都可以在课外多多地练习，以备开小音乐会之用。（级际比赛音乐会可以多多举行。）”[11]轮唱、轮奏的练习可以让学生感受、体验多声部音乐的丰富表现力；级际比赛和音乐会的举办，可以让学生直接或间接地参与到音乐实践去中，激发学生的创造力，从而表达自己的审美体验。在回答第7问“怎样引起学生的兴趣（积极方面）?”的第1方案中，他认为多采用不同风格的歌曲，可给学生以多方位的情感培养，在第6方案中，认为通过欣赏的角度，激发学生的学习兴趣，从而扩大视野，发展音乐的感受力和鉴赏力。在第2方案中，他认为要注重学生的参与，让学生一面唱歌一面敲击简单器乐器和之，充分体验音乐；同样，在回答“怎样使儿童注意强弱?”中，他也要求学生自己亲自感受、亲自参与音乐中，通过强烈的感官刺激来理解音乐强弱的概念。他音乐教育“涵养美感”的审美价值不仅仅是停留在叙述上，而是自然地渗透在音乐教育每一个小的细节中。

二、突出音乐教育“陶冶国民品性，向上国家文化，促进社会健全”的社会价值

这一点是强调音乐审美性的最后落脚点。目的在于以美育养成高尚之风，以完成国民之道德。程懋筠在日本一开始学习声乐，后兼修作曲，在日本的八年他真切地感受到“欧美风靡，亚东景从”的时势，面对西方音乐科学的发声方法、繁复叠置的多声体系、精致灵巧的键盘和管弦乐器，程懋筠由此痛感时调小曲、说唱戏曲的国乐令人精神颓废，民族传统音乐中的“落后”和“不科学”，于是这为其今后引进和仿效西方音乐教育体制、参与改良国乐的讨论铺下了伏笔。正是由于程懋筠对音乐教育的认识不仅仅停留于纯粹是审美教育这样一个前提，他才把音乐教育提到一定的高度，突出音乐教育对国民品性、国家文化的促进作用，从而形成对社会的改造和教育。这也是他意识深处里不可避免地留有传统文化浸淫的体现，这是他对“移风易俗，莫善于乐”等传统儒家音乐思想的认同。他认为需要体现时代精神的音乐，才能开启民智，激发国民精神，乃至促进国家和社会的进步。也正是在这一理念的推动下促使程懋筠接受了江西省政府的邀请，投入到主持和创办“江西省推行音乐教育会”等一系列音乐教育方面的工作中。

作为“音教会”代表人，程懋筠亲自参与查禁淫秽旧戏和不良音乐，乃至于几年内焚毁这类唱本和刻版万余件！其次他又发起并参与对国乐“科学化”的讨论和改造，

他认为应以科学方法“创造适合我国国情之新声”⑫，以达到“与西乐共进，而至于世界音乐为目标”⑬。他认为中国音阶不科学，中国音乐节奏单调，要“尽量采用和声之必要”、“西乐之作曲法”⑭等等，我们暂且不去评论他对旧国乐认识上的偏差，而他认为西方音乐教育模式可以达到社会改造和教育的功能，大刀阔斧地推行学校音乐教育和改良民众音乐，将西方的音乐理论、科学发声方法、乐器教学、五线谱教学等等借鉴、实施于音乐课堂教学中，这是应该肯定。同时鉴于师资、适用教材和教学设备的严重缺乏，在他的极力支持下，“音教会”又开办多种形式培训班、音乐补习班；同时又在《音乐教育》每一期上提供适合中小学唱歌教学的歌曲，（这些歌曲几乎都是由当时著名音乐人士谱写）；另外又利用《音乐教育》的来稿、通讯和一些教学研究小文，教老师们利用各种方法来弥补设备的不足。除此之外，还有许许多多有关研讨学校音乐教学方面的文章，甚至还出过“小学音乐教育专号”和“音乐教育情况”专号。最为可贵的是，在程懋筠和缪天瑞先生的设计下，《音乐教育》还及时翻译和刊登了当时国内外最新的音乐教育讯息和理论，由此，《音乐教育》成为中国近代影响最大的一份以音乐教育为中心的音乐期刊，对当时江西省乃至全国的学校音乐教育起到了积极的推动作用。在推行民众音乐教育方面，“音教会”一边除害，一边修改，同时组织音乐会、话剧会，提高普通民众的艺术审美力，“造一纯正之音乐环境，使人民日受其熏陶，于不知不觉中增进人格”⑮。程懋筠音乐实践都是为“陶冶国民品性，向上国家文化，促进社会健全”的音乐教育思想，这一音乐教育思想与当时社会要求是吻合的。

结　语

国民音乐教育是整个音乐教育事业的基础，是音乐教育事业金字塔的塔基。只有全民音乐素质的普及，才会有整个民族音乐素养的提高；整个民族音乐素养提高了，反过来又促使音乐的普及，“普及与提高”是相互辩证统一的。程懋筠正是站在优化和提高民族整体素质的高度上来认识音乐教育的审美价值和社会价值，并以此为出发点，来关注普通音乐教育，全身心地投入到音乐教育事业中。笔者希望有更多的音乐家，专业音乐家，能像程懋筠先生那样关心、重视并积极参与到普通音乐教育中来，尽自己的一份力量，这样我国的音乐教育就会取得更大的进步。

---

①关于《音乐教育》月刊的办刊宗旨，笔者曾亲自与缪天瑞先生探讨过。（2005 年 1 月 31 日上午 10 点，北京朝阳区广泉小区缪先生寓所）

②音乐课程标准研制组编：《音乐教育是一种什么性质的教育》，转引自《全日制义务教育音乐课程标准解读》，北京师范大学出版社，2002，第 184 页。

③程懋筠：《改良中国音乐刍议》，萧而化主编：《音乐教育》第1卷第1期，1933，第104页。

④程懋筠：《关于省会中等学校唱歌竞赛会的感想》，萧而化主编：《音乐教育》第1卷第3期，1933，第17页。

⑤程懋筠：《五线谱实际教学问题研究》，萧而化主编：《音乐教育》第2卷第1期，1934，第107、108页。

⑥程懋筠：《五线谱实际教学问题研究》，萧而化主编：《音乐教育》第2卷第1期，1934，第108页。

⑦程懋筠：《关于讨论固定唱名法及首调唱名法的一封公开信》，缪天瑞主编：《音乐教育》第3卷第7期，1935，第58页。

⑧程懋筠：《五线谱实际教学问题研究》，萧而化主编：《音乐教育》第2卷第1期，1934，第104页。

⑨程懋筠：《女性与音乐》，萧而化主编：《音乐教育》第2卷第5期，1934，第22页。

⑩程懋筠：《关于省会小学校唱歌竞赛会的感想》，萧而化主编：《音乐教育》第1卷第8.9期，1933，第18页。

⑪程懋筠：《五线谱实际教学问题研究》，萧而化主编：《音乐教育》第2卷第1期，1934，第109页。

⑫程懋筠：《改良中国音乐刍议》，萧而化主编：《音乐教育》第1卷第1期，1933，第20、21页。

⑬程懋筠：《改良中国音乐刍议》，萧而化主编：《音乐教育》第1卷第1期，1933，第20页。

⑭程懋筠：《改良中国音乐刍议》，萧而化主编：《音乐教育》第1卷第1期，1933，第21页。

⑮程懋筠：《黎锦晖一流剧曲何以必须取缔》，萧而化主编：《音乐教育》第2卷第1期，1934，第72页。

（本文作者为浙江省湖州师范学院艺术学院讲师）

浅评程懋筠在国民音乐教育中的贡献

张阿翔

程懋筠（1900 — 1957）号与松，江西省新建县大塘乡人。出生于一个知识分子家庭，其父程时耀为江西省第一女师语文教员，其母朱氏为家庭妇女，也有文化。

程青年时期曾在江西第一师范读书，1918 年东渡日本留学，就读于日本东洋音乐学院，主修声乐兼修作曲。1926 年回国，任江西第一中学音乐教员，1928 年任南京中央大学艺术系主任，后曾在济南大学、上海复旦大学及上海幼稚师范专科学校担任过教授职务。1928 年 10 月，在中央大学任教期间，适逢国民党政府征集党歌歌谱，程懋筠所作歌曲中选。1930 年 3 月 24 日，“中华民国行政院”明令全国，以这首党歌代国歌。1943 年，国民党中常会正式宣布此歌为“中华民国国歌”。

1934 年，江西省政府为发展江西省音乐教育事业，邀程懋筠回到江西，主持创办了“江西省推行音乐教育委员会”（以下简称“音教会”）任主任委员。该会的工作及宗旨正如程懋筠在《本会的任务和工作》一文中所述：“江西省推行音乐教育委员会的任务即是推行该省的音乐教育，主要工作以除害、革故、创新为目标，会经常审查旧剧，把淫猥迷信的音乐删除或禁演，改良民众歌曲，辅导学校音乐教学，供给教材，组织管弦乐队，并不时公开演奏，籍以提高民众的音乐素质。”

“音教会”下设有话剧团、改良评剧班、还从全国召集音乐家，如缪天瑞、赵年魁等成立了管弦乐队，该乐队为我国最早由中国人创办并演奏的管弦乐队之一，程懋筠任指挥，同时担任“音教会”合唱团（后改为抗战歌咏团）指挥。为普及音乐教育，提高江西省的民众音乐素质，“音教会”在程懋筠的主持领导下，由萧而化、缪天瑞担任主编，并汇聚全国精英，创办了《音乐教育》月刊，先后有萧友梅、王光祈、青主、赵元任、廖辅叔、萧而化、江定仙、刘雪庵、贺绿汀、陈田鹤、李焕之等为撰稿人。

1938 年，南昌陷落，程率领“音教会”及其抗战歌咏团辗转江西吉安、遂川、泰和、赣州等偏僻农村开展宣传抗日运动。并于 1941 年 3 月在抗战极为艰苦的条件下又主编了《音乐教育战时增刊》。程懋筠与许多音乐界人士，在抗战期间艰苦维持达五年之久，《音乐教育》月刊最终于 1943 年被迫停刊。

程懋筠曾发表《推行音乐教育实施方案》《改良我国音乐教育建议》《女性与音

乐》等数十篇学术论文和一些普及性的文章，并创作以政治歌曲、抗战歌曲、艺术歌曲及儿童歌曲为题材的歌曲百余首，如《国民精神总动员》《再牺牲再前进》《怀旧》《虎岗谣》等于《音乐教育》《南昌史话》等刊物中，并多次由“音教会”成员演出，激发了群众的爱国热忱，坚定了抗战必胜的信念。这些歌曲脍炙人口，在群众中广为流传，产生了巨大的反响。

解放后，程懋筠又创作了《新中国颂》等歌颂祖国巨大变化的歌曲，并仍致力于音乐教育事业。后被吸收为“九三学社”社员。1952 年应聘去兰州音乐学院任教，途经西安突患脑溢血，后返南京疗养。于 1957 年 7 月病故，终年 57 岁。

程懋筠作为我国近现代的一位作曲家、音乐教育家、指挥及声乐艺术表演家，曾在多个领域中对当时的音乐界及社会产生过较大反响，他在作曲和音乐教育这两个领域中投入了大半生的时间和精力，所产生的社会影响也是最大的。在他逝世后的半个世纪，一些学者陆续发表过关于他的创作方面的文章，对他的创作手法、风格及创作思想等方面进行了较详细地分析和研究。而对他在音乐教育领域的贡献，目前还没有人进行过专门的研究。笔者想通过对程懋筠在这一领域所作的工作及对他所发表的文章进行专门的介绍及论述，以期对他在国民音乐教育领域的贡献来做一个初步的总结。

程懋筠主持创办的《音乐教育》月刊，从 1933 年 4 月创刊至 1937 年底停刊，共出版 57 期。该刊为当时国内唯一由政府出资创办的音乐教育期刊，其时间和数量都在当时的同类刊物中算比较长久和庞大的。

从内容来看，每期分为乐谱和文字两大部分。乐谱部分多为创作歌曲，题材为救国、抗战等内容的歌曲，也有不少儿童歌曲及民歌；体裁包括独唱、二声部、三声部及四声部合唱。另外，一些中外器乐独奏与合奏乐谱也常见其中。文字部分包括各类介绍性及学术性的文章，涉及到音乐教育理论、音乐美学、音乐史及学术研究等方面。其中关于学校音乐教育方面的文章有《器乐浅说》（连载）、《小学音乐教学法》等等，还有给儿童看的有关伟大作曲家生涯和图画等方面的内容，此外还出版过《小学音乐教育专号》。该刊以普及音乐教育为目的，在当时的江西省乃至全国的音乐界都产生了重大的影响。

另一方面，程懋筠本人对学校音乐教育这一领域进行过探索和研究，对学校音乐教育中所涉及到的各种问题提出了自己的见解，并通过该刊，以文章的形式发布于众。下面，笔者想以他在月刊中发表的《本会过去现在及将来之设施》及《五线谱实际教学问题研究》两篇文章为主要线索，来展开对他在国民音乐教育这一领域的贡献及其意义的论述。

作为“音教会”的主任委员和月刊的代表人物，在程懋筠的主持领导下，经多方共同探讨，提出了若干项关于学校音乐教育方面的改革措施，后他在《本会过去现在及将来之设施》一文中，就师资、教学、教材等方面提出了指导意见。

一、提出"设立幼稚园及中小学音乐师资补习班"

利用暑假期间，"音教会"组织幼稚园及中小学音乐教师进修，进修课程分主科和选科两种。主科为和声学、作曲入门、唱歌及唱歌教授法四种；选科为风琴、钢琴、民间歌谣及民众音乐四种。其讲师来自全国音乐界知名人士和"音教会"职员。每次开办的补习班人数均在60人以上。

另外，"音教会"还经常派人进入学校调查各校音乐教师的履历、教学状况及对音乐教育的意见，并不时与教师通信，以便更好地推动师资的进修工作。据资料记载，在江西省内经过"音教会"调查了解的中学教师共有47人，小学音乐教师共有161人。

幼儿园阶段是对儿童进行音乐教育的启蒙和打基础的阶段，也是最关键的时期，在这一时期，人是否受到良好的音乐教育和打下良好的基础，直接关系到今后对音乐艺术的喜好和厌恶，及学习音乐成效的高低等。犹如地基与高层建筑的关系，是一个因果关系。而很多人认为中小学，尤其中学时期是代表学校音乐教育的高级阶段，是体现成果的阶段，从而忽视了幼儿园阶段的教育。所以，提出进修的对象，包括幼儿园及小学音乐教师即认识到必须提高初级音乐教育的水平，这无疑是科学而必要的。

关于课程的安排，这可以看出在我国早期学校音乐教育阶段，程懋筠就已认识到这些课程对于音乐教师的重要性。音乐教育首先离不开一支高水平的师资队伍，只有这样才有可能提高师资的整体音乐素质及教学质量，从而提高学生的音乐水平。

当然，这在今天我们可以学习到国外先进音乐教育体系。但就当时来看，这些课程的制定已是对培养音乐教师自身的音乐技能、音乐素质的提高起着重要的作用。另外，通过视察教师的教学实践，与教师保持相互沟通，以及对学校音乐教学状况进行实地考察、了解等方面的工作，可见师资补习班除对教师培训音乐教育理论等方面的课程外，还在教学实践中给予直接的指导，使补习班对教师的培训工作在课后得到延续。这种理论与实践相结合的形式对教师今后的教学无疑是很有益的。另一方面，通过深入教学实践，考察和总结师资培训的成果，也能不断提高补习班今后的教学水平。这可以看出以程懋筠为首的"音教会"对教师高度负责的态度和对师资力量的高度重视。补习班的开设应该说对当时江西省音乐师资力量的提高和壮大起到了极大的推动作用。

二、"改良课程及教学法"

"音教会"对此专门召开过"省会初等级中等音乐教育讨论会"，决意要案有："各校废止简谱，使用五线谱教学"、"禁止演唱黎锦晖一流剧曲"及"各校要组织课外音乐研讨会"等。

我们知道，五线谱优于简谱之处，一方面在于其教学中，人们可以在视觉上感知音符的高低，并以此来辅助发音的准确性；另一方面，多声部作品中复杂的和声与声部的进行，均能通过五线谱形象、立体地呈现出来。不能熟练地掌握五线谱，无形中限制了学生对音乐作品深入了解的可能。在音乐教育水平高度发达的匈牙利等国家，学生在学习识字前即开始学习五线谱。通常他们先用一线谱教习学生二至三个音的儿歌，之后，随着教学的深入而逐渐过渡和增加到对五线谱的学习。

五线谱早已是世界通用的记谱方式，透过“废止简谱使用五线谱”这一议案，可以看出当时的中国对于五线谱的教学和使用还远没普及，且掌握五线谱知识的人多为专业音乐人才，这确为中国学校音乐教育落后的典型例证之一。所以，推广五线谱的教学是必不可少的。另一方面，中国的音乐教育要缩小与世界音乐教育发达国家的差距、要与世界音乐教育接轨，首要而基本的一个方面就是普及五线谱，那么，学校须从现在就开始推广五线谱的教学。这也能看出决策者富于远见的指导方针和思想。

三、关于教材方面，文中提到“供给教材”和“审查教材”两点

“供给教材”即通过编辑《音乐教育》月刊，向学校提供歌谱，歌曲题材包括“复兴、救国、新生活运动、汗血及力行”等。

“审查教材”即各校的音乐歌谱除由《音乐教育》提供外，其它歌谱均须送到“音教会”审查，其中不适合者，该会将复函各校勿得采用。

《音乐教育》月刊向学校提供的歌曲题材和内容很多与当时的社会、政治生活相关，目的是通过唱歌来对学生进行爱国主义教育，树立人劳动、拼搏及奋斗等精神。虽然音乐是一门艺术性很强的学科，音乐教育应强调从音乐艺术本体出发，而不一定与社会、政治等方面的教育过多地联系在一起，但该刊提供这类题材歌曲的原因是因为当时的国情。当时中国正直抗日战争时期，整个社会最需要以此类题材的歌曲唤起人民的爱国热情和抗战必胜的信念。所以，向学校提供这样的歌曲是必不可少的。

此外，文中还提出应开展课外音乐活动，并提出了具体的工作要求，如：“视导音乐教学并襄助学校派演喜剧”、“举行唱歌竞赛”以及“督促各小学添置音乐设备”等等。在此不一一细述。

纵观以上几个方面，可以看出，在《本会过去现在及将来之设施》一文中包含了学校音乐教育领域中最重要的几个环节，对其中各环节又分别提出了指导意见，这对学校音乐教育事业的建设和发展起到了直接的帮助。

关于学校音乐教育中的教学实际问题，程懋筠本人提出了自己的指导意见。《音乐教育》月刊曾刊登出他的一篇文章《五线谱实际教学问题研究》。[①]该文分为<甲、普通问题>和<乙、教学问题>两部分，其中每部分各罗列出十条关于在五线谱教学活动中所涉及到的

问题及相应的解决办法。该文的主要内容，都是根据南昌市各小学音乐教学中所遇到的实际问题进行的解答。文章共提到20个方面，由于本文篇幅有限，在此很难针对每一个方面进行充分的论证，笔者摘选其中最重要、最具代表意义的几个方面来展开讨论。

在<甲、普通问题>部分中的第三点，文中提到“高年级学生抄写五线谱，常感困难，应如何解决?”这一问题。

透过这一问题，首先可以探知在当时的音乐课教学中，让学生抄写五线谱是一个较普遍的现象。抄写五线谱，主要是指教师把学生所学唱的歌曲写于黑板上让学生抄写。这么做或许可以达到使学生加深对歌曲的印象以及提高学生对五线谱的熟悉程度的目的。所以，当时可能有为数不少的教师用此方法。而程对此提出了四个方案：

“a. 唱歌科目的在注重节拍、音调、发声、表情，不在多唱（每星期一曲或三星期两曲）则抄写可少。所教歌曲亦不必完全靠学生抄写。同时，即便是抄谱也不必苛求书面的美观。”

这可以看出，程懋筠对抄写五线谱并不十分在意，而是更多地主张教学应从歌曲本身出发。因为通过对学生节拍、音准、发声等方面的训练，同样能加深学生对歌曲的印象，而效果会比抄谱好很多。另一方面，他认为首先应唱好歌曲，而非唱歌的数量。如果单纯地追求唱歌的数量，则很难保证每首歌曲的演唱质量，长此以往很肯能会损害学生的听力，同时学生也可能由于听不到正常、优美的音响从而歪曲了对音乐作品的理解以及对音乐失去兴趣。所以，以程懋筠的观点来看，既然唱歌数量减少，抄谱的机会便随之减少，从而认为抄谱实际上并不是一个能让学生很好地熟悉五线谱的教学方法。

“b. 先在黑板上分组训练，以养成学生实力及注意力。（其余没有在写的学生，可以令他们继续地唱歌）……”

让学生分组在黑板上练习，可以使教师在课堂上检验学生对记谱的掌握程度及程度高低的比例，从而有利于教师对该教学内容和进度进行相关调整。

另外，学生对上台在黑板上进行书写，也是感兴趣的。首先，这有利于活跃课堂的气氛；其次，写得好的学生可以得到大家的肯定，而对于稍差的学生，由于能够听见台下学生继续地唱，也能起到帮助书写的作用，同时还相当于进行了听力的练习。

其后的c. d. 两点也是对学生记谱的其它方面提出的建议，在此不做过多讨论，仅摘录如下：

“c. 使写得好的学生教写得坏的，或代其修改抄本，最后才由教师改正，一如改正书法。”

“d. 制成各种音符记号的范本，使学生临写，写高音部记号（高音谱号）为小学生难题之一，可以用虚点写成许多模本，印发学生填写……”

在文章<乙、教学问题>这部分中，程懋筠针对音乐教学中所遇到的具体问题，提出了自己的指导方法，为教师的实际教学工作提供了参考。

如“1. ［固定唱名法］是否可用?”程做了两点回答：

“a. 此法便利而难正确，现在最好勿用。”

“b. 有志的教师，亦须自己训练成功后再行教人。”

在《音乐教育》月刊1935年第三卷第7期中，一篇题为《关于讨论［固定唱名法］及［首调音唱法］的一封公开信》（程懋筠）的文章，使我们更详细地了解到程懋筠对这一问题的看法。

文章首先刊登出陈子鸣先生和王问奇先生寄给程懋筠的来函，来函内容就“教育部”颁布的“音乐课程标准”中规定中小学音乐教学须以“固定唱名法”为主这一提案，指出这一提案已引发很大争议。“课程标准”中述及二者均可用，而来函人认为两种方法在理论与实际上绝无同时存在的可能，二者的理论和根据亦各是其是。另外，又认为“［固定唱名法］在转调听音与视谱方面似较便利，然歌唱不易准确，［首调法］则反是。”针对这些问题，来函者希望征求程的意见和主张。

在复函中，程懋筠从5个方面解释了他对“固定唱名法”和“首调音唱法”的看法：

“（1）固定唱名法（Fixed－do System）使学生对于音本身能有固定认识，便利甚多，其所以不易唱准者，根本因为学了首调音唱法（Movable－do System 即 Tonic Solfa）之故，倘开始即将十二半音音阶认为唯一之音阶，将各半音一一练习如练习七声音阶。则困难自少，……”

“（2）研究器乐及管弦乐，读谱时固以固定唱名法为便，……”

“（3）其实唱调子时，根本无do、re、mi等分别也未尝不行，...... 声乐家或指挥家练习时用“la”或“n”等来哼调子，也未可知……”

“（4）……固定唱名法固然是一种把音乐根底打好的更进一步的方法，首调音唱法也不是完全阻碍音乐学习的恶魔，……如强令熟悉首调音唱法之教师忽然用固定唱名法教学，结果为求进步，反不如原来唱法之正确，……”

“（5）总之，在将来，中小学校及音乐界，希望都用固定唱名法；……但现在过渡时期之音乐教师能努力自修，将固定唱名法学好，再教学生，固然很好，（但事实上很难）否则仍以用首调音唱名法教学为佳。”

对“固定唱名法”和“首调唱名法”的争议，实际上一直没有停止过，从世界范围看，大多数国家以“固定唱名法”为主，也有少数国家以“首调唱名法”为主。但并没有足够证据证明谁更优于谁，无论以“固定唱名法”为主还是以“首调唱名法为主”的国家，都既有音乐大国及高度的国民音乐水平和素质，也有音乐发展状况相对落后，国民音乐素质较低的国家。看一个国家的音乐教育水平是否发达和先进，须从诸多方面进行考察，如师资状况、教学体系等，最终还要看国民音乐的实际水平。对“固定唱名法”和“首调唱名法”的选择，并非问题

的关键。另外，也没有必要刻意改变已经形成的习惯，正如程所认为："这很难，做不好还不如用原来的唱名法。"

虽然程懋筠希望我国中小学都用"固定唱名法"，属于"固定唱名法"一派，但从复函中这五个方面看，他还是较实际而灵活地看待此问题，他主张教师在这方面的教学中也应灵活地把握。

<乙、教学问题>第 2 条："学生未习英文 C、D、E 等［音名］，do、re、mi 等［阶名］（唱名），是否可用？怎样能使学生明了［音名］及［阶名］的意义？"对这个问题，程懋筠的回答包含了四个方面：

"a. 可以用。此不过是一种符号，一如算数的要学亚剌伯数字。"

"b. 先手指五线谱上之音符，同时弹琴键，把音阶一直弹一两遍，使学生明了各音在五线上位置不同而音高亦随之而异。"

"c. 次说明五线谱上或键盘上某一音，如果不取一名字，则说的人不能叫出是哪一音，……"

"d. 教阶名可以这样地说：阶名好比是个不同阶段的楼梯（此时须在黑板上作楼梯图）第一阶段到第二阶段，第二阶段到第三阶段，第四阶段到第五阶段，第五阶段到第六阶段，第六阶段到第七阶段，都相隔如一尺，唯第三阶段到第四阶段，第七阶段到第八阶段，是相隔如半尺。在音乐上把第一阶段叫 do，第二阶段叫 re，第三阶段叫 mi，……"

首先，从提问中可以看出音名和唱名在当时的学校音乐课中都是教学的内容，而当今，学校几乎只教唱名，而忽视对音名的学习。实际上这个问题是上一问题的延续，音名是一个音的固定名称，无论该音出于何调，都只有一个固定的字母名称，属于"固定唱名法"的范畴；而唱名则根据调性，各调的主音均唱为"do"，各调的音阶均唱为"do、re、mi、fa、so、la、ti"故一个音在不同调内有不同的唱名，属于"首调范畴"。当今的学校音乐课通常以"固定唱名法"教识五线谱，但却以唱名作为各音的唯一名称，这本身就值得商榷。因为对于"首调唱名法"概念的人，习惯将任何调的注音唱为"do"，例如 G 大调，对于其主音，他们固然唱"do"，但现在却让他们唱"so"，这就产生了矛盾。

由此看来，既教音名又教唱名是应该提倡的。程懋筠就此问题作了 a. b. c. d. 四个方面的回答，其中 b. 和 c. 两方面就是针对音名的教学，他主张先不把各音建立在某一调中来认识，而是让学生单独地认识某一音或某些音在五线谱中的位置，所以理当用"固定唱名法"进行教识。

对于"d."这一方面，他主张以画阶梯为参照物将 do、re、mi、fa、so、la、ti 各唱名按序排列出来，形成音阶，各相邻两音间形成固定的音程关系，这就对首调视谱法的教学打下了基础。

另外需要指出的是，将音阶的七个音同时教授给学生，这虽然能够通过画阶梯的形式使学生直观地认识到七个音，但由于数量多，加上学生初学视谱和认知各音，在听觉上学生很难把握各音程之间的音高，从而在演唱时可能出现音准欠佳的现象，若以由少到多、逐渐递增的方式进行教音，则效果会好很多。

对于<乙、教学问题>中第五问“怎样使学生注意强弱?”，程懋筠的回答是：

“a. 时常弹奏进行曲，使儿童按照强弱拍节或蹈节，既能使儿童欣赏器乐，又能使儿童领会强弱。”

“b. 使儿童用打击乐器练习拍子及强弱，教师弹琴和之。”

“c. 舞曲,运动比赛曲,野外行军曲等,再开时教授时,即须将拍子的强弱充分唱出。”

“d. 各种拍子的强弱，各有特性，务须使儿童知道分别。……”

通过前面 a. b. c. 三个方面，可以看出对于音乐中的强弱，程懋筠不主张教师直接地将其告诉学生，而是让学生通过欣赏不同性格的音乐来自觉、主动地分辨和感知音乐的强弱。论其用意，可归结为这样做能使学生对音乐的强弱产生感性认识。通过听音乐，使学生能够领会进行曲、舞曲等不同音乐体裁的强弱、节拍和韵律，并且能够很快地对这些感知形成固定的意识，使学生在今后唱歌时不是单纯地唱音符。通过让学生多听，通过这样的亲身实践，其效果往往优于教师的说教。

另一种方式是让学生使用打击乐器练习。简单的打击乐器易学，又易使学生产生兴趣，如果能够在音乐课中充分地运用打击乐器，既能让学生感知不同乐器的音色和音响效果，同时也训练了他们的节奏感。在《音乐教育》刊登的为学校提供的歌曲教材中，有数首歌曲被编配了打击乐器，如《吹袋箫者》的伴奏乐器有三角铁、手鼓、鼓、钹及钢琴，各乐器声部为简单的固定音型。

这些教学内容和方式同样不需要教师过多地说教，只需让学生通过聆听和亲身使用打击乐器而产生的强烈感官刺激来达到理解音乐强弱的概念。

经过实践后，教师再对学生教授必要的理论知识，如“d.”这一点所述。这种先听、先实践，而后教授的教学顺序，能够使学生更清楚教师的意图，减少了由于教师的过多说教而使学生机械地唱歌或机械地做出强弱的现象。

《五线谱实际教学问题研究》并不是一篇学术性的论文，但全文通过对总共二十个教学问题的回答，在很大程度上影响了学校音乐教育的教学状况。一方面，这些问题均来自学校音乐课教学的实际情形，程通过有针对性的回答，则直接对教学带来帮助；另一方面，文章中包含了一些教学上较为重要的方面，除上所述，还有如：“五线谱是否应在授课时间中规定时间来教学?”、“低年级用听唱法教学，应如何施教?”、“怎样教儿童打拍子”、“怎样实施音程练习”以及“怎样教调号?”等等。之所以认为它们重要，是因为透过这些问题，首先，可以了解到当时学校音乐课的一些教学状况、教学内容以及教学的侧重点；其次，这些问题在当前的音乐课教学中也常涉及并且某些

问题至今仍未得到很好的解决。

对于程懋筠的回答，由于多方面的原因，还难以面面俱到。但像这样的文章，以及程懋筠所教授的这门课在当时的江西省可以说是极为少有的，从中我们也可以得知许多教学的基本问题对于教师还没有明确的教学方案，而这篇文章，对广大教师的教学工作给予了很大帮助。

程懋筠对国民音乐教育的贡献源自于他对这一工作的理解，这可以从他的文章《三民主义与音乐》一文中得到考证。文章就什么是音乐，音乐的功用以及音乐与当时的政治思想——“三民主义”的关系做了深刻的揭示。他从历史的角度出发，指出音乐对革命、战争、对社会是一种精神的力量，不同的音乐能引起人不同的思想情感。文中还引用哲学家伯拉图的名言来论证音乐的重要性，即“各种教育中，音乐教育效力最大”和“音乐是大众教育的最好方式。”并由此提出音乐要与“三民主义”思想相结合，如音乐要体现博爱、互助、自由平等的精神来发扬民权；认为我们的音乐必须体现民族精神，创立真正的民族音乐，即体现“民族”思想；音乐还可以增进“民生”的建设，认为音乐可以调节人的工作状态，例如通过训练人们歌唱，使人对工作和人生抱乐观态度，因为娱乐中最经济有效的莫过于歌唱。

由此可以看出，程懋筠把音乐提到了一个很高的高度，他认为音乐不仅可用于欣赏，更可以对整个国家、民族产生莫大影响。针对当时的国情，我们尤其需要能够体现时代精神的音乐，这对国民的精神素养乃至国家的前途起到巨大的促进作用。也正是在这一理念的推动下，促使程懋筠接受了江西省政府的邀请，投入到主持和创办“音教会”等一系列音乐教育方面的工作中。

我们查阅《音乐教育》月刊，还能看到更多关于研讨学校音乐教学方面的文章，除程懋筠本人发表的《本会过去现在及将来之设施》一文对学校音乐教育提出了总体框架和指导性意见，以及《五线谱实际教学问题研究》一文对音乐教师的教学工作给予直接辅导外，还刊登出其他学者的专题论文，如《小学音乐教学法》（岐丁斯）、《部颁初中音乐课程标准检讨》（陈洪）及《怎样去做教歌工作》（赵定保）等等，数量十分庞大。这对当时的江西省乃至全国的音乐教育事业的发展起到了巨大的作用。另外，再加上“音教会”频繁地召开学校音乐教育研讨会及大量向学校和民众举办各种形式的音乐会，使20世纪30年代各级学校音乐设施简陋、音乐人才奇缺、教材陈旧、国民音乐教育水平落后的江西省成为一个音乐教育的大省。应该说这都是跟程懋筠主持“音教会”以及该会所做的一系列工作是分不开的。

由此使人联想到我国当前的国民音乐教育状况。经过几十年的发展，当前的音乐教育在许多方面得到了一定的提高，各地师范院校的数量和师资的规模比过去有了很大扩展；教学方法也在不断得到改进，且有机会引进国外先进、科学的教学体系，这都是当前国民音乐教育的可喜之处。但同时仍存在许多不够完善的地方，甚至有些方面似乎出现倒退的现象，如官方及社会对国民音乐教育不够重视，在今天很少再看到像当时由政府提议并出资，由程懋筠主持创办的“音教会”及其《音乐教育》月刊那样对一个省的音乐教育事业起到如此巨大作用的组织或机构。虽然当前的师资培训机构和师资数量呈不断增长之势，但师资状况较之过去究竟有多少提高，答案似乎并不令人满意；当前的教学方法及教学思路大多仍沿用过去的模式，使很多在当时即已存在的问题一直延续到今天。这就值得我们反思为何当前我国的国民音乐教育水平和国民音乐素质在经过几十年的发展后，严格地讲仍没有取得实质性的提高？为何过去许多有识之士提出的关于音乐教育的功用、音乐对人的美育和教化的巨大作用等诸多理想在今天仍难以实现等等。这是一个复杂而深层的问题，在此，笔者希望通过对本文的论述，一方面使人们对程懋筠在国民音乐教育领域的贡献有一个初步的认识，而另一方面更希望籍此能对当今国民音乐教育事业的建设和发展带来一定的启示。

---

①音教会”于1934年冬举办了一期“小学音乐教师寒假补习会”，其课程即包括“五线谱实际教学问题研究”一项，由程担任该课主讲。

附　录

1. 舒文辉：《程懋筠生平简介》，1984年8月16日撰写。

2. 程懋筠：《本会的任务和工作》，《音乐教育》月刊，第一卷第1期刊载，“江西省推行音乐教育委员会”民国22年（1933年）发行。

3. 程懋筠：《五线谱实际教学问题研究》，《音乐教育》月刊第二卷第2期刊载，“江西省推行音乐教育委员会”民国23年（1934年）发行。

4. 程懋筠：《关于讨论［固定唱名法］及［首调音唱法］的一封公开信》，《音乐教育》月刊第三卷第7期刊载，“江西省推行音乐教育委员会”民国24年（1935年）发行。

5. 程懋筠：《本会过去现在及将来之设施》，《音乐教育》月刊第四卷第16期刊载，“江西省推行音乐教育委员会”民国25年（1936年）发行。

6. 程懋筠、缪天瑞：《写在终刊号之后》，《音乐教育》月刊第五卷刊载，“江西省推行音乐教育委员会”民国26年（1937年）发行。

7. 熊志成：《音乐教育在南昌的起步》，《南昌史话》月刊第三期刊载，1989年

8. 罗艺峰：《程懋筠生平简介及其创作研究》，《交响》季刊第三期刊载，西安音乐学院学报1988年出版。

9. 廖乃雄 述，张萌 撰稿：《廖乃雄 中国“奥尔夫”第一人》，《音乐周报》2004年第16期刊载，北京报刊发行局2004年发行。

（本文本者为中央音乐学院音乐教育系2007届硕士生）

还前辈音乐家以本来面目

——程懋筠研究

夏　凡

编者按：本文为中国艺术研究院研究生院2007届硕士生夏凡的毕业论文。原文4万多字，收入本书时作了删节。该文是迄今为止第一篇全面研究程懋筠的学位论文。中央音乐学院郑祖襄学院称夏凡的“程懋筠研究”，对当代中国近现代音乐史学科来说，是具有开拓意义的。

序

程懋筠在中国20世纪30年代是一位较为活跃的音乐家，他创作了40多首歌曲（其中大部分是抗战爱国歌曲）、一部儿童歌舞剧，发表了数十篇音乐论文。1933年至1937年，程懋筠在江西省“音教会”主持推行音乐教育工作期间主编出版了57期当时历时最久、影响最大的音乐教育月刊，1933年成立了当时唯一由中国人自己主办与组成的管弦乐队①，还组建了改良评剧团、话剧团、合唱团，组织演出了几十场音乐会与歌舞剧、话剧等，倡议修建了江西唯一最大的新式湖滨音乐堂，听众达到上千人②。但是这样一个现代音乐史上在一定时期内做出多方面贡献的爱国音乐家，为什么在他去世后很少有人再提及他呢？作为一个非国民党党员，他创作了《三民主义歌》，1928年被征选为党歌，1930年定为代国歌，1937年正式宣布为国歌，并一直在台湾延用至今[1]，又是国民党20世纪30年代重要的教育机构、国民党推行音乐教育委员会的主任（江西省推行音乐教育委员会），由于这样的关联，大陆音乐界一直对这位音乐家保持缄默或宣传力度不够。但从程懋筠所做的实际工作来看，他切实推行以“爱国救国”思想为宗旨的音乐教育，可以称之为“爱国”的音乐家、作曲家。1949年，他毅然选择了共产党领导的新中国作为归宿，并自写歌词创作了《新中国颂》[2]的合唱歌，表现了他对新中国的热爱与无限憧憬。

从历史唯物主义的角度出发，我们应对程懋筠这位音乐家做出相对客观的陈述和评价，不能因为他是国民党党歌的作者，而否定他在音乐方面的贡献或者避而不谈。

另一方面，就20世纪30年代的中国音乐家这个群体而言，研究程懋筠能促使我们对那个时代的音乐家有更完整全面地了解；当我们将他放在他所处的社会群体来再次理解时，我们可以看到发生在他身上，与同时代音乐家相同或相异的矛盾与冲突以及所折射出的社会历史缩影。20世纪上半叶是一个特殊与复杂的时代，仅仅用一种观念与视野去理解那一时期的音乐家、去解读那段音乐史，会有失偏颇。本文力图以更广阔的视野，结合社会、政治、历史环境等因素，对程懋筠做出相对完整客观的陈述与评价，以至达到对中国近现代史产生新认识的目的。

1. 程懋筠的音乐思想

1.1 程懋筠音乐思想中早期音乐人类学观点的闪现

在程懋筠的音乐论文中，《低级文化民族的歌谣》[3]闪现了早期音乐人类学的思想，在20世纪30年代的音乐论文中是比较罕见的。

他的这篇论文，受到当时民俗学的影响，引用了不同地域“低级文化民族”③的歌谣，有田边尚雄的《第一音乐纪行》、我国民俗学之父钟敬文等编的一些不同民族的歌谣集、日本茂野幽考的《奄美大岛民族志》、法国鸠尔·康伯留的《音乐，其原则与发展》、法国卫禄俞氏的《中央弗利加瑟勒各尔地方的音乐》、中国民间文艺研究会编的《民间文艺》[4]；涉及的民族与地域比较广泛，包括台湾卜吉番人、石印化番人、莱社番人、竹堑社、淡水社，日本的八重山岛人、奄美大岛人，我国苗族的狼人、马来人和广东的蛋户，广西中部的猺民，还有黑人的歌谣。从程懋筠所用歌谣的分类小标题来看，如“工作时的歌谣”、“杀人时的歌谣”、“医病时的歌谣”等等，显然是带有当时中国民俗学歌谣活动④的特点，引用的歌谣大部分都有五线谱和简谱的记录，并对歌谣作了简单的分析。在谈到“表示爱情的歌谣”时，程懋筠引用了我国苗族狼人的“扇歌”，他这样评价歌词：“这首歌的句子，组织上虽太幼稚，它的内容，却和‘文明人’的互相贻赠的情歌一样地委婉热烈”[5]。像这样的评价和比较在这篇文章里还有很多处。又例如，在谈到“歌咏事物的歌谣”时，程懋筠引用了日本八重山岛的“次良若井”歌谣，他这样评价：“词调都很美丽，组织也有相当的复杂，文明人的艺术歌谣（art－song），也不过如此”[6]。可见，通过与“文明人”——即与“高级文化民族”⑤的音乐作品进行比较，程懋筠对“低级文化民族的歌谣”给予了相当的肯定：低级文化民族的歌谣中所表现的技巧，与许多文明人作品中所用的一样，他们的行为绝不如我们所想象的那样野蛮，其动机是合乎他们的道德的，并且歌谣在低级文化民族的生活中是必要的工具，他们情感纯真朴实，随时都在创作，个个都是艺术家。由此，他在文章的一开始就提出了“平等”的观点：

幸而这些可怜的人种，在物质的享受上，建设上，虽不如我们，但在心灵的

感应上，表现上，论其实质，却和我们不相上下。他们也有眼睛，一样的能欣赏自然，他们也有耳官，一样的能倾听音乐，他们也常为爱恋而歌，他们也常感悲哀而哭，他们也又同情心，他们也有创造性，他们的歌谣，是唯一的铁证！[7]

他在文章的最后得出这样的结论：这些低级文化民族的音乐是不亚于我们这些高级民族的，它们同样都具有艺术价值，虽然物质文化存在高低差异，但它们的“歌谣”是“平等”的。这带有人类学文化价值相对论的意味，——即站在全世界民族音乐文化平等的立场全面考查研究各民族（包括本民族）的音乐文化。

20 世纪 20 年代，“人类学刚传入中国，这一时期真正属于人类学范畴的音乐研究，则是在音乐学之外，且长期被音乐界所忽略，即由刘复 1918 年在北大所发起的‘民歌运动’。这是本世纪初人类学传入的结果。自 1922 年起也收集曲调并创办《歌谣》周刊，是为中国民俗学之开端。后来刘复之弟刘天华也加入实地采录，加强了该运动的音乐方面的内容。1927 年，运动移至广州中山大学——当时中国人类学、民俗学中心——并一直持续到 1934 年，这 7 年是民间音乐研究的黄金时代，采录范围从农村到城市。”[8]我们可以在这之后的北大歌谣研究会《歌谣》周刊的周年纪念号上（第三卷一期，民国二十六年），胡适的“全国歌谣调查的建议”中看到，这一场“民歌运动”涉及的地域非常广泛，对歌谣的调查也做得很详尽，他指出：

不仅是零星的收集，乃是像地质调查、生物调查、土壤调查、方音调查那样有计划有系统的调查。全国调查的目的是要知道全国的各省各县流行的是些什么样子的歌谣。我们更要知道全国共总有多少种类的歌谣；我们更要知道全国这多少种类的歌谣分部在各县各省的情形。[9]

“这一运动的性质如同本世纪初美国人类学家的音乐采录与研究，但在我国却由于后来的战乱和音乐界长期固守的音乐本体论而未能同音乐学合流、产生美国民族音乐学和音乐人类学那样的交叉学科。”[10]我们可以把他 1933 年发表的这篇“低级文化民族的歌谣”界定为与人类学、民俗学⑥有关的音乐研究，但是还算不上真正音乐人类学或称民族音乐学的研究，因为此学科在中国正式建立的标志是“1980 年全国民族音乐学学术谈论会的召开。”[11]在 20 世纪 30 年代的中国还没有此学科的定义，90 年代以后，文化人类学的进一步渗透，才有了关于“文化人类学的分支学科民俗学出发的音乐民俗学，”[12]所以我们只能称之为闪现了早期音乐人类学的思想。程懋筠能早几十年就有了与民俗学、人类学相关的音乐研究，我们可以说他的音乐思想具有前瞻性与启蒙性。

程懋筠在文中引用最多的还是田边尚雄《第一音乐纪行》[13]中的田野资料，可以看出他在日本留学 8 年深受其影响，田边尚雄是在台湾从事音乐田野工作的第一个日本人，《第一音乐纪行》是他 1922 年在台湾调查旅行的日志，在进行调查时还做了录音的工作。田边尚雄从事的音乐研究领域比较广泛，而他更多涉及的是历史音乐学和比较音乐学的研究。程懋筠能在田边尚雄的多本著作中，关注到这本关于台湾民间音乐的田野调查，并同时还引用了黑人的歌谣和我国几个少数民族歌谣的田野调查。作为一个完全受到正统西洋音乐教育、以演唱和作曲为主的音乐家，能具有一些人类学、民俗学的视野，在当时崇拜西方音乐的“海归派”音乐家中可谓是第一人。“当时音乐领域，大都是在介绍西方音乐、中西音乐比较与如何改进国乐等方面，而全面系统介绍西方音乐学的王光祈，引入的主要是德国里曼体系的乐学（音乐学），也有一些比较音乐学，至于人类学的方法只有零星的介绍。当时的比较潮流主要还是集中在中西比较，为了寻找同西方的差距、以便迎头赶上，而非比较音乐学性质的广泛的比较。”[14]而程懋筠的这篇音乐论文，对一些物质相对落后，不同地域、民族的歌谣有所归类比较，可以说已经初具比较音乐学性质，但其比较是很简单直接的，不能完全等同于之后比较音乐学的广泛比较。

1930 年，程懋筠为钟敬文的《民俗学运动歌》谱曲，同时他在 1933 年音教会举办“暑期学校音乐组”的时候，还聘请钟敬文先生在音乐组开设民间歌谣课程，演讲了“关于谣俗学”，还编订民间歌谣讲义⑦，可以看出他不仅对这一民俗学活动非常支持，而且非常看重民俗学歌谣活动的音乐部分，并切实的推行到学校音乐教育当中。1930 年左右，“北大的歌谣学工作早已停顿，中大的民俗学活动也因人事的变动暂时趋于冷落，”[15]钟敬文所写的歌词正是描述的这种情形：“但现在啊，园丁不到，赏花人更是寂寥。”[16]作为一位音乐家，程懋筠能在民俗学活动刚开始不久并处于低潮的时候，独自对这一学科、更重要的是与这一学科关联的音乐部分有所研究，花去不少的篇幅论述自己对于这些“歌谣”的观点，这是很值得称道的。不管是中国近现代音乐史方面，还是民族音乐学或音乐人类学发展历史方面，都不应该忽略程懋筠的这篇“低级文化民族的歌谣”。

但是，程懋筠并没有把与人类学、民俗学相关的音乐研究进行下去，只是将“低级文化民族”歌谣的第二手田野资料，做简要的归类与比较分析，对于所谓的“低级文化民族”更多是一种怜悯的态度：

> 造物生人，同时给与他们的生存权利。除了利用那偶获的优越势力，文明人还有什么特权把那些文化较低的同类任意的摧残呢？[17]

这样的观点也与当时的战争环境相关——国家乃至世界都处于接连不断的战火之中，特别是弱小国家饱受强大国家势力的侵略、践踏和摧残。程懋筠的这篇“低级文化民族的歌谣”，尽管重点是在论述歌谣，但到文章的末尾，却在表现他反战、反侵略的情感与思想。由此，我们可以看到他的音乐思想具有与时俱进的特点。

尽管程懋筠持有“低级文化民族”与“高级文化民族”音乐“平等”的思想，但

他最终并没有走到以全世界民族音乐文化平等的立场，去全面考查研究各民族（包括本民族）的音乐文化的地步。在“改良吾国音乐刍议”[18]这篇文章里面，他就彻底放弃这种音乐“平等”的观念，认为落后的中国音乐肯定是要向先进、科学的西方音乐进化的，其改良的方式则是西方音乐的科学原理。这一观点也是当时音乐界的一种趋势。20世纪初的中国处于贫穷、落后、挨打的局面，为国家兴亡担忧的知识分子、有识之士都强烈渴望着通过“借鉴泰西”，进行各种改良、改造以复兴中华民族，不管是在科学技术还是文化艺术方面都是如此，而这样的改良就像将落后进化到先进一样，是一种必然，否则中国就没有立足于世界民族之林的道理。于是，中国音乐也是同样的命运，“中国音乐落后论”、“西方音乐进化论”、“音乐进化论”、“音乐进化史观”[19]，是当时音乐思想的主导，例如蔡元培、丰子恺、王光祈、青主、张洪岛等人，也都是在这种思想的前提下来发表自己的音乐言论的，而欧洲古典、浪漫派时期的音乐正是进化的标准。当然，程懋筠也不能脱离这种趋势的影响，他本人也是非常推崇西洋音乐的。程懋筠毕竟不能走出那个时代的影响，于是没有、也不可能将这与人类学、民俗学相关的音乐研究进行下去，在面对本国音乐的时候，他“矛盾”地站在了“先进”音乐的一边。由此可见，程懋筠音乐思想包含复杂与矛盾两种特性，这也是由当时特殊的时代所决定。“20世纪初的思想界，交织着十分复杂的感情，随着清王朝的覆灭，普遍王权的消失、普遍道德的崩溃，必然在政治生活层面、权力制度层面、思想文化层面等等方面发生巨大的变化。传统的符号世界解体了，儒学失去了它作为一种无所不包的参考框架的权威，西方逐渐被视为权威的一种代替性资源，而一种复杂的参考系统也逐渐被重新建立起来。”[20]因此不难理解，在20世纪初的中国音乐思想界，也同时并存着许多看似复杂与矛盾的思想。在20世纪上半叶音乐思想以进化史观、进化论为主流的状况下，程懋筠的这篇《低级文化民族音乐》是很值得关注的一个视角，从其中我们可以看到20世纪上半叶音乐思想交织着的复杂、矛盾、冲突之局面。

1.2 中国音乐改良思想

20世纪初，“效法西乐”是当时音乐界的一种趋势，其动机除了由于民族救亡意识而产生的“音乐救国”思想以外，崇尚西方音乐的中国音乐家们，以西方音乐作为标准不断与中国音乐进行比较，认为中国音乐在整体上，在音乐教育、意识、趣味等方面都落后于西方，产生了“中国音乐落后论”，再回望中国音乐在历史上曾繁荣辉煌的文献记载，与今日古乐沦亡新声不作的令人痛心的萎靡现状，产生了“中国音乐退化论”。中国音乐需要进化，就像当时民国社会落后需要进化一样成为了必然。中国音乐落后、需要改良，是以1903年匪石发表的《中国音乐改良说》[21]为伊始的，匪石直言不讳地断言：“古乐今乐⑧二者，皆无所取焉。”[22]这是对中国音乐的彻底否定，“匪石倡导要引进西乐，改革中乐，走中西结合的道路，之后，持这一思想的人渐多，并成为当时音乐思想的主流。"[23]而这中西结合的方式与标准，则是进化的西方音乐。当时大部分音乐家都是在进化史观的视野下发表自己的音乐言论的，王光祈在谈到从事中国音乐史研究的原因时说："吾国音乐进化，除律吕议一事外，难与西洋音乐进化同日而语。"[24]青主也提出，"音乐是进化的"[25]，而"西方的音乐自是一种最高的文化成绩。……要中国进步到那个境地，自然是要经过很久的时候，……但是中国会达到那个境地，这是毫无疑义的"[26]。

程懋筠也主张改良中国音乐，这种思想集中体现于《改良吾国音乐刍议》，在他与缪天瑞共同主持创办的《音乐教育》月刊里还办有"中国音乐问题专号"，其中有《新国乐的建设》[27]、《中西歌咏术的比较》[28]、《最近一千年来西乐发展之显著事实与吾国旧乐不振之原因》[29]、《中国戏曲退步说》[30]、《中国音律之今昔述要》[31]等文章，集中探讨了中国音乐改良的问题，他还组织了国乐改进组、西乐研究组。他不仅主张"改良"，还指出了改良的具体办法并将其实施，这也集中体现在他完全采用西洋作曲技术的音乐作品中。

总体来讲，程懋筠认为中国音乐是不科学的，而"美与科学自相一致。"因此，"国乐之音阶、乐谱、乐器、及乐曲之组织，改良复改良，进而与西乐同科学原理也，"但是，其"组织虽求改良而所表现之精神风味，则须与西洋异也"[32]，程懋筠提出的"改良"是国乐形式的改良，使其符合所谓科学的原理，而内容与精神又不能等同于西洋音乐。他认为，"文化、学术为的人类公共之物，无国界之可言，西洋文化及学术尽集各国之所长而成，非一国所能专有，苟其内容尽善尽美，虽非吾人所发明，安可舍而不效?"[33]这样的所谓音乐无国界的观点，在当时的音乐思想界是比较流行的，青主就认为："世界上只有一种尽真、尽善、尽美的音乐艺术，并没有国乐与西乐的分别。……唯一的归结点，就是美与不美的问题。"[34]这种音乐没有国界的思想，在当时是比较有影响力的，成为改良或改造中国音乐最有说服力的美学依据。

程懋筠的中国音乐改良主张是比较全面详细的，从音乐原理、记谱、乐器制作、乐器实际演奏、声乐发声原理的方面加以论述。与当时其他人的音乐改良论文相比，程文既具备理论与指导意义，同时也具有实际操作性。在《改良吾国音乐刍议》中，他将西洋音乐的四大要素——音阶、节奏、旋律、和声，视为"音乐之原理，"以此为标准来改造中国音乐，其目的在于运用西洋音乐的科学原理创造具有中国内容与精神、振奋鼓舞国民的新的中国音乐。这种思想与紧接之后陈洪提出的"新国乐"[35]思想比较相似，与其前后其他音乐家的音乐论文对照，程懋筠的中国音乐改良思想比较准确地把握了当时中国音乐的状况，也较早地预见了中国音乐的发展趋势，非常合乎当时的与之后的中国音乐发展动向。程懋筠将中国音乐的改造，分为八个方面，笔者现整理如下：

第一，音阶。"吾国音阶，有放弃其中心地位之必要"，应学习日本音乐家废除日

本音阶、而采用西洋音阶及方法，其原因是“中国音阶，较西洋音阶，其第四音约高半音之故，遂生和声学上种种阻碍，故不得不从事更改。”[36]并且，国乐的“其第三第六第七诸音，亦较西乐为高，有此差异，遂根本不能严格应用和声法与国乐。故主张于作和声时，放弃中心地位，并非谓在旋律中不用。”[37]

第二，节奏。“中乐之节奏，有增加其种类及变化之必要。”[38]中乐节奏多二、四拍子，无“三拍之奇数拍子。”[39]

第三，旋律。“中乐之旋律，有令其复杂高深之必要，其在声歌之旋律，又有令其词意相符之必要”，西洋歌剧“词旨相合”，而“吾国音乐即高深如昆曲，亦不能符合词意。昆曲性质，大同小异，安能尽喜怒哀乐之情！又其于重要之音字，常施无味之迂回曲折。”[40]“中乐普通歌曲旋律之进行，多为二度、三度，四度及五度之音程，六度以上之音程，亦不多观。而昆腔之旋律虽小有变化，并非显著之差异，也不足以表现不同之情感。”[41]

第四，和声。“吾国音乐，有尽量采用和声之必要也。”[42]程懋筠很推崇西乐的和声法，用它作为一种“科学”来衡量国乐：“由于吾国从前作曲家并不知和声方法，故所作大套合奏乐曲，亦不免单调也。”[43]

第五，记谱法。“吾国至今尚用字谱，不求精、不求详，不能完全表示精密之时长，”“中国古乐之失传，故由乐谱之不完全。”[44]

第六，歌词。“当用近代之形式，采用新体之名诗，”不受古诗古词之桎梏。”[45]

第七，歌唱的发声法。“中国音乐亦当采用西洋发声法，吐字发音，则需以国语为标准耳，”西洋的发声法根据生理学和美学，“极足发挥人声之美”，而“吾国京戏，常以男优而为花旦青衣，于是喉音、鼻音、叫声、假声，骚然并作。”[46]

第八，乐器。“今乐之无进步，则由乐器之太简单。”[47]“八音中除丝、竹可以吹奏较复杂之旋律外，匏、土为极原始之乐器，其声呜呜，听之不雅，国乐中亦不多用之。至金、石、革、木，实为发一二音之打击乐器，不能演奏旋律。且木中柷，敔，虽负有起乐、止乐之任务，然其为声也，一则以木止（即丁字形木槌）敲击方斗，发为‘笃笃’之音；一则以竹刷（或棒）栎木虎之鉏鋙，（即虎背之木刺）发为‘沙沙’之音。实噪音耳，不图于‘纯正之雅乐’中见之！”因此，他认为乐器本身应改良，进而“扫除器简、域狭、和声少之弱点。”另外，程懋筠针对管乐的律制，指出其不能相旋为宫的缺点，因为十二律不能平均，“中乐器不过仅能翻为七调，而西乐器更能翻成八十四调，”因此他主张：“倘仿西法，改造乐器之形制，增加半音之孔位，并装活栓，以济手指之穷。”[48]他还列举了琴瑟、箫笛、琵琶、笙、三弦、胡琴这几种乐器，加以简略评述并指出如何改造，比如说，以西洋音阶为标准，增加个别乐器的半音装置，扩大其音量和音域，等等。[49]

程懋筠有关中国音乐改良的八个方面，也是当时主张音乐改良的音乐家们重点讨论的。首先，是关于音阶的改良，中国音乐音阶的缺点，在程懋筠之前也有人提出，胡彦久认为：

> 尽管我国音律及音阶的理论研究得很精密，比如三分损益律、十二平均律，然实际应用的音阶，其各音的比例，并不合乎上述两种理论，至于十二平均律更没有应用到乐曲上，仅有此理论而已。因此，实际应用的音阶不能合乎这两种标准，各音的比例杂乱，是一种奇怪的音阶。[50]

这种“奇怪”、“不正确”的音阶，也是程懋筠所指出的三、六、七音较西洋音为高，第四音更是约高半音，假若运用和声学会遂生种种障碍的音阶，这无疑是提倡音乐改良的音乐家认为阻碍中国音乐进步的第一障碍，因为十二律不平均，连转调都不能实现，更不能运用西洋科学先进的和声学，因此“仿用十二平均律（键盘乐器如钢琴，即为平均律音阶，其余各乐器，常依而演奏，）实为改良音乐之第一着。”[51]

音阶与记谱法紧密相连，在20世纪30年代中国音乐改良说当中，音阶与记谱法几乎都是首要改良的因素，因为中国记谱法的落后会导致：“不能精确系统的记录音乐以至于中国古乐无从考证，更无根据，演奏者没有准确的乐谱可依，以至于演奏方法各异，乐曲情感常被改变，合奏上也难收一致的效果。”[52]所以“整理国乐须从改良曲谱着手，”“或照简谱记法，或用中西并列，逐渐亦可专用五线。自此以往，国乐之作曲法、与和声法，亦不难由此渐渐发明。”[53]

其次是关于和声方面，学习与采用西洋音乐的和声，是当时要求音乐改良的音乐家们的共识。他们认为中国音乐没有西洋音乐那样丰富的和声，只有“较为简单的八度与笙运用的五度六度三度和声，没有乐器合奏中各用不同曲调，互为宾主的运用和声”，没有和声的音乐是“不进步”的、有“缺憾”的：“一个旋律所不够表现的情感，在运用和声上往往能得美满的结果。”[54]

而旋律与节奏方面，大多数音乐家都认为与西洋音乐相比，缺乏表现力、缺乏变化、比较单调，“难使人有松弛之情，缺少抑扬顿挫、轻重缓急。”[55]

至于中国的发声法，青主也认为：“中国旧日的歌唱方法，是误尽了中国人的歌声”，“中国的字音是不适宜歌唱的，要改善字音，”[56]这与程懋筠的观点是完全相同的。

乐器改良，在程懋筠“中国音乐改良刍议”中花去了不少的篇幅进行论述，这也是20世纪初音乐家们重点谈论的。十二律不平均，不能旋相为宫，音域狭窄，过于简陋，缺乏低音，甚至有些乐器发出不纯的声音等等，旧日的中国乐器面临着从制作到演奏的彻底改革，这也是之后中国乐器改良遵循的道路。

以我们今天的眼光来审视，这些改良主张带有某些片面性，对旧日的中国音乐缺乏全面的调查研究，对西洋音乐也是只看到了其中的一部分。比如，中国音乐并不是完全没有将十二平均律用于实践，“在民间，长期以来，琵琶、阮、月琴等弹拨器已经

形成了十二平均律"[57]；中国音乐并不是完全没有和声与复调，在中国少数民族音乐当中，云南纳西族的"哦热"、贵州的侗族大歌、蒙古族的"潮尔"都具有和声或复调的特点；而西洋音乐也不是完全运用十二平均律的，"在德国，18世纪后期，管风琴一直沿用中庸全音律这种律制"[58]；另外，中国音乐的节奏也不是像他所描述的那样简单、呆板，明代创于江苏民间的十番锣鼓，节奏相当复杂；中国的发声法也并非所说的"误尽了中国人的歌声"，是如何的不科学，中国古乐乃"高音之乐"、"曲高和寡"，与其审美选择、听觉习惯息息相关，"中国歌剧乃人高音之乐。因高音歌剧习惯，歌伶莫不竭力促追发为变态之音，图与乐声齐侔，女子肺活量狭小，不能久逼高嗓，于是男女反串，音远天籁，形成中国剧乐之特殊现象。"[59]

程懋筠论述的改良中国音乐的八个方面都是以西衡中的，而他们认识到的西方音乐是从巴洛克到浪漫时期的欧洲音乐，程懋筠所认为的西洋音乐的科学原理，也主要就是欧洲的古典音乐原理。而从世界不同地域与民族的音乐了解与比较中，我们得知，没有什么放之四海皆准的音乐科学原理，不同的地域民族对于音乐的审美习惯，由于其历史、社会、环境因素不同，会有很大的差异。因此，以物质相对发达、科技相对领先民族的音乐，并且只是某一个时期的音乐，作为所谓的音乐科学标准，是值得怀疑的。程懋筠在《低级文化民族的歌谣》一文中持有早期文化价值相对论的观点，但他毕竟不能跨越时代的局限，在面对他自己国家音乐的时候，完全放弃了这种"价值相对"观，将中国乐器的简单与西洋乐钢琴的复杂作比较，将西洋的美声唱法与完全不同价值与内涵的中国戏曲、昆曲作比较，产生了较为片面的中国音乐落后观。当然，改良也是中国音乐的必然之路。在清王朝长期的闭关自守后，宫廷音乐衰落，尽管有一些优秀的民间音乐，也难被士大夫知识分子的层次认识到，在当时那些崇尚西方音乐的音乐家们眼里，中国古代流传的音乐逐渐萎缩到只剩下文献的部分，再加上外国的侵略，鸦片战争后带给中国民众精神与身体的萎靡不振，一些麻痹人的城市流行的庸俗小调填充了人们的音乐生活，所以，面对这样的音乐状况，中国音乐改良是历史的必然选择。

程懋筠对当时在城市流行的音乐，其态度基本是否定的，这也是要求中国音乐改良的重要原因，他说：

> 吾国晚近，旧乐沦亡，新声不作，民间鼓吹所用乐器，尽属羌胡之物，所奏曲调，莫非靡靡之音，故民气郁而不扬，人心乱而难治。[60]

持"音乐救国"主张的音乐家们几乎都是反对上述音乐的，并且所持论调，基本相同："今日社会音乐，大半淫靡，"[61]"学校社会军队家庭所听到音乐大半皆为反作用的危险物。"[62]当时的流行小曲俗调，"虽间有佳者，然多属描写商贩娼妓间调情之作，"[63]特别是对黎锦晖的歌舞戏剧，程懋筠采取坚决取缔的态度，他认为这类"意乖情荡，音乖词秽"的歌曲，令人闻之"心志堕落"，"仅限于地极享乐，毫无精神上之反省，殊非兴国之音。”而“惟吾人际此国家及地方多难之秋，正谋以中正平和之音，一洗暴万姿睢；以鼓舞发扬之乐，振作颓废萎靡之心，果欲收此潜移默化，移风易俗之效，必须造一纯正之音乐环境，使人民日受其熏陶，于不知不觉中增进人格。”[64]这些持“音乐救国”主张的音乐家们都非常看重音乐在人的精神层面所起到的作用，“凡所谓爱国心、爱群心、尚舞之精神，无不以乐歌陶冶之。则欲改良今日中国之人心风俗，舍乐歌末由。”[65]当时的历史环境，全国正值奋起抗战，民族危难的时期，这时候最需要鼓舞士气、令人闻之愤起作战的歌曲，而不是让人精神更加低靡的音乐。“在这个紧急时期，弱小民族救亡的呼声，不但要尽力嘶喊，并且要拼命的怒吼，怎么可以消减这救命的怒吼，而障碍求生的出路呢？”[66]因此，黎锦晖之类的音乐，尽管“有佳者”，也是被具有“音乐救国”志气的音乐家们坚决反对的。这类尽情享乐让人心醉神迷的音乐，“在强盛的国土，尤无大碍，惟我衰弱的国家，卧薪尝胆不暇，那得去享乐迷乱呢，次所以担心世道人心者，引为大患了。”[67]中国当时流行的音乐不能符合战火硝烟时代的要求，这是当时音乐家们反对与要求改良的重要原因。另外，对于当时音乐家们来讲“早已沦亡”的中国传统古乐，其讲求“和”的观念，也无法适应当时的战斗精神。因此，不管是传统的中国古代音乐思想还是当时流行于市井小巷的音乐，都不符合正值奋起抵抗侵略民族的音乐要求，这也是当时中国音乐需要改良的重要原因。

2. 程懋筠的音乐作品

程懋筠的抗战歌曲，现能收集到的共有四十多首⑨，集中体现了他提倡“中正平和之音”、“雄毅舒朗之声”、“鼓舞发扬之乐”[68]的音乐观。他的作品完全采用西洋作曲技术，多为短小方正的歌曲，尚且没有开始西洋和声“中国化”的探索。从20世纪30年代《音乐教育》记载的音乐活动来看，程懋筠的抗日救亡歌曲在当时被广泛传唱并且较有影响力，其中较受欢迎的七首抗日救亡歌曲，在当时的湖滨公园露天演出，有千余名学生参加会唱，观看的市民有四千余人，在江西南昌市盛况空前。

程懋筠在日本接受了正统的西洋音乐教育，他不仅具备很深的歌唱技巧，在作曲方面也有一定的造诣，特别是他在抗日救亡歌曲方面的贡献，“兼具艺术价值与社会价值”[69]。在“国家及地方多难之秋”，程懋筠雄毅舒朗、鼓舞（发扬）激昂的音乐，激励着学生与民众的抗战斗志，给当时令大众精神颓废淫荡的靡靡之音一个有力的冲击，塑造了充满抗战爱国激情的音乐环境：“前线已开火，你还等什么？搏顽敌，莫蹉跎，敌我不两立，有敌没有我。把他抛将海里去，为国扫群魔。国家存亡，就在这一刹那，勇猛打去，必须把敌头打破。听呀！听呀！杀敌的喊声撼山岳，我们的战士何其多。再进一步，便可把凶焰挫。瞄准抢头，杀敌致果。此身拼将马革裹，战胜高唱凯旋歌。

边疆洒热血，洗净我山河。”[70]抗战的歌声是大众无形的武器，程懋筠运用这把利剑，挥舞着他的爱国激情。尽管现在看来这些歌曲逐渐淹没在时间的海洋里，当日的千人合唱抗日歌声只剩下只言片语的记载，但是，在重温那一段音乐历史时，抗日救亡歌曲是当时“最直接有力的国防艺术”，在“争取民族解放的日子到来了的时候，我们需要歌唱，用歌唱来激励我们的前方将士，唤醒后方民众，和教我们去怎样斗争!”[71]另一方面，就其抗日歌咏本身的有利因素而言，它具备“直接煽动性”、“即时报道性”、“战术性”[72]等等，因此，抗日救亡歌曲是当时最需要的一种艺术形式。程懋筠的爱国救国歌曲或称抗日救亡歌曲正是顺应这样的时代环境的杰作。

除此之外，程懋筠还创作了一部儿童歌舞剧《猴儿酒》[73]，这也是他比较重要的音乐作品之一。在主持江西省推行音乐教育委员会工作时期，他主要负责学校音乐教育部分，并特别关注儿童音乐教育或称初等音乐教育。他的《关于小学唱歌课的对话》[74]、《关于五线谱实际教学问题研究》[75]等文，都是专为小学音乐教育而写。另外，音教会还组织了多次小学或初等学校歌咏活动与比赛，但是最有说服力的还是这部儿童歌舞剧，程懋筠从写作到正式的公演都付诸了很多心血，当然同时也是针对当时的一些所谓志趣低迷庸俗的恶劣歌舞剧而写，舞台场景设计、舞剧内容、音乐部分都是以儿童的特点与兴趣出发，其目的是培养儿童优良的音乐志趣，脱离当时一些恶劣歌舞剧对儿童身心的不良影响。除此之外，程懋筠还创作了两首儿童歌曲，翻译了几首英美儿歌，短小有趣又朗朗上口，也是当时比较具有代表性的。

2.1　抗日救亡歌曲

九一八事变后，全国正值奋起抗战，民族危难的时期，这时候最需要鼓舞士气、令人闻之奋起作战的歌曲，而不是让人精神更加低靡颓废的市井音乐。具有强烈音乐救国思想的程懋筠，创作了二十多首抗战歌曲，以唤起民众的抗战意识。特别是在1937年卢沟桥事变之后，北京、上海、南京等各大城市，先后被日军占领，江西省会南昌也在向吉安、泰和等后方疏散，程懋筠领导的音教会与抗战歌咏话剧团迁往了江西吉安，这样的战争岁月里，他经常用空袭警报躲在吉安乡师地洞的时间，谱写抗战歌曲，“难民垦殖歌”、二部轮唱“打铁歌”等诸多抗战歌曲都是脱稿于吉安乡师地洞。[77]

抗战歌曲和救国爱国歌曲，是程懋筠创作中最重要的部分，尤能体现作者的音乐思想：“国难省难时期，振作民族精神，涵养爱国爱乡思想，音乐效力，尤为伟大。”[78]他的这些音乐作品大量发表于《音教抗战曲集》[79]、《音乐教育》、《抗战吼声》[80]、《音乐与戏剧》[81]。根据程懋筠发表作品的时间，可见其音乐风格逐渐贴近民众，他已从起初要求强制全国推行五线谱的音乐家，变成一个善用民间劳动歌曲为素材，善用简谱这种形式的音乐家。

1. 程懋筠发表在《音乐教育》中的歌曲都附有钢琴伴奏，如果说他发表在《音教抗战歌集》上的歌曲更“便于民众学习”的话，在《音乐教育》上的抗日救亡歌曲更兼具社会价值与艺术价值，是他音乐创作的经典部分。

1）《抗日军歌》

程懋筠在后注中写道：

> 此歌曲为本会征集抗日歌曲当选之作品，经本会略加删改。兹将作者原著录后："我在前线等你"是孙殿英将军的话，"成功复后人，牺牲自我始"亦是宋哲元将军说话的大意。我们民众唱这歌，便会联想到二位血战沙场的民族英雄！"歌曲后的注解将作者的意图阐述得很清楚，也就是激发民众的抗战热情，也是表达对两位血战沙场的民族英雄的敬意。

此歌曲情绪颇为悲壮、激烈，词曲有力的结合在一起让歌曲达到振奋人心的效果，点燃民众的抗战激情。钢琴的前奏，是连续有力的八度和低声部的和弦进行，烘托出战争激烈而悲壮的气氛。动机（第5小节）刚毅果断，似乎潜藏着一种巨大的力量，然后旋律连续两次作三度和四度的攀升（第6小节），犹如战争前吹响的嘹亮号角，第7小节动机稍有发展，组成第一句的前半句（5至9小节）。后半句（10至14小节）与前半句大致相同，在半终止处（13至14小节），和弦进行为DD—D。第二句（15至29小节）旋律有所发展，其材料源于第一句的动机（第5小节），和声进行更丰富一些，15至19小节和弦进行为：D/TsvI—TsvI—SII—T，而第一句的和声进行为：T—SII—D—T。第二句26至29小节回到了歌曲开始的旋律，结束了全曲。其结构比较规整、紧凑，似乎没有任何喘息懈怠的余地，表现了战争激烈紧张的气氛。

2）《复兴歌》

题解为"为江西省全教育界同人作"，此歌曲是程懋筠救国与爱国思想的体现，当逢国难之秋，程懋筠有着强烈的复兴吾民族的责任感和忧国忧民的情怀。在之后的注解中他写道：

> 曲旨——警惕及勉励青年之作。适用于高初中程度，小学高年级唱也不妨。

可以看出，程懋筠作这首歌曲的意旨在通过这首歌曲激发青年一代爱国、救国的使命感与责任感。歌曲的伴奏织体采用柱式和弦，以烘托庄严的气氛，其发展核心是第一小节（动机）。结构为三句组成的一段式，比较规整。

3）《救国歌》

程懋筠在注解中写道：

> 曲旨——警惕及勉励青年之作。适用于高初中程度，小学高年级唱也不妨。

此歌曲与《复兴歌》的写作意图相同，意在激发青年救国爱国的情感，与《复兴歌》有所不同的是，此歌曲情绪更为悲壮而沉重。全曲的核心节奏是第一小节的第一拍，以3个小节为一个乐节，正好呼应其三拍子的节奏。19至24小节有所变化，将以

3 个小节为一个乐节拉长至 6 个小节，增添了音乐的力度与气度并总括了全曲，这样的变化以 18 小节的渐慢为预示。

4）《汗血歌》

此曲意在表达救国和复兴国家不畏任何艰难险阻的决心，情绪慷慨激昂，有一种奋勇向前、不顾一切的气势。全曲由一个核心节奏型发展而来：第 6 小节第 3 拍和第 7 小节第 1、2 拍。尽管每次发展都有所不同，但终究保持了其内在节奏型的关联。织体是柱式和弦，低声部是连续的八度，烘托出慷慨激昂的情绪，伴奏的音域较程懋筠的其他歌曲要宽广，表现了不可阻挡的气势。

5）《救国义勇军军歌》

此曲是程懋筠音乐作品中最为勇壮、充满必胜信心的一首。歌曲一开始就是 ff，这在程懋筠的作品中是比较少有的，持续强有力的和弦伴奏着力渲染“奋勇”情绪，全曲一气呵成、没有任何间隙的余地，多为有力正三和弦。其动机节奏型与义勇军进行曲相似，随着旋律线的逐渐攀升，将势不可挡的战斗力量一直推向胜利。

2. 程懋筠的抗日救亡歌曲，有一些是非常口语化、生活化的，目的是为了“以便民众学习，”[82]没有像发表在《音乐教育》上的歌曲那样写有钢琴伴奏，都以简谱的形式集中发表在《音教抗战曲集》上，很具有号召力与煽动性，充分体现出“最直接有力的国防艺术”[83]的特点。程懋筠对这本《音教抗战曲集》的出版投入了很大的激情，他在前言里面写道：“在重重的难产中，这曲集居然问世了，不能不叫人愉快！”

《去当兵》、《精神总动员歌》、《救国是我们大家的事》、《公勇歌》、《全靠俺自己》、《当兵曲》、《全民抗战歌》、《劝我的郎》，都是有力的 2/4 拍，结构短小，曲调简易上口，很具有鼓动性，都属于比较典型的宣传抗战的歌曲。

《文化战士》较前面几首旋律节奏稍宽广雄壮，似乎有一种不可阻止的力量一定要达到胜利。

《出征歌》是最为悲壮的一首，结束句“我们战死，还有后起的人”非常有力量。

《锄奸谣》是其中最有特点的一首，“带唾骂嘲笑风味，”[84]非常口语化，带有说唱的风格，程懋筠写了齐唱与混声合唱两种形式。歌词很有特点，接近于说话，表达了仇恨的情绪。

《打铁歌》、《劳动歌》、是最接近劳动人民真实生活的两首歌曲，唱词中有模仿打铁与工厂里工人们劳作时候的声音，非常形象。《劳动歌》是男女声的齐唱，《打铁歌》是男女二部合唱。《打游击》、《砰嘣调》是两首带民谣风的歌曲，也带有劳动的节奏，具有鼓舞士气，增强爱国热情的作用。《打游击》是男女声合唱的形式，但和声较为简单。一开始用了轮唱的形式，以烘托号召人民抗战的热情：“大家去呀！”全曲一气呵成，相当紧密，有说白的地方，比较有力度。

《九一八》与《游击乐》都是程懋筠填词，借用西洋曲调进行创作的歌曲，这是继学堂乐歌以来许多中国音乐家比较广泛采用的用西洋曲调填新词的形式。

《新中国颂》是程懋筠所作的最后一首歌曲，是在新中国成立以后写下的，是作曲家的爱国情感的充分体现，也是程懋筠较少的四部合唱之一。

《御侮》的乐谱已散佚，由翁祖善先生回忆而来。其词作者蕲春黄侃与程懋筠，三十年代后期，同在南京中央大学任教，他们有很深的友谊。九一八事件突发，蕲春黄侃激于爱国义愤，立即创作了一首抗日救国歌词《御海》，程懋筠接到歌词以后，吟诵再三，深为感动，便谱成新曲，在学生中试唱。因歌曲旋律优美、雄壮，深受学生喜爱，不久就传到杭恒其他大中学校去了。1933 年，程懋筠回南昌主持该省新设的音乐教育推行委员会工作，这首歌曲自然也就带到了江西，在宣传抗日救国的文艺活动中起到了很好的作用。蕲春黄侃的歌词使用古汉语撰写，经程懋筠谱曲后，古奥的气味大为减弱，因此在学生中教唱时，无不深受感动，翁祖善也是其中之一。现在虽已经事隔数十年，当年的乐谱也早已不存在，但他还能“默诵不误，偶有闲暇，每一吟唱，还深为两位先生的爱国激情所感动。”[85]

2.2　**儿童类作品**

程懋筠非常重视儿童的音乐教育，在他的音乐论文中，有专门论述关于小学音乐课的：《关于小学唱歌科的对话》[86]、《关于省会小学校唱歌竞赛会的感想》[87]，并且在每次“音乐教育讨论会”上，程懋筠都担任主席，从审查学校音乐教育到学校音乐课标准的制定，他都担当着决定性的角色。其儿童作品的创作是与其音乐教育主张、所从事的音乐教育工作紧密相关的，笔者将其儿童音乐作品分析如下：

1. 儿童歌舞剧《猴儿酒》

这部儿童歌舞剧适用于小学六年级及初中一年级，其写作目的是针对“现行之恶劣歌舞剧而作”[88]，“恶劣歌舞剧”指的是黎锦晖式的“意淫情荡，音乖词秽”的歌舞剧，这类音乐“初胜于学校，继传播与民间；近来唱片及电影中充满此类歌曲，闻者心醉神摇，仅陷于低级之享乐，毫无精神上之反省，殊非与国之音。”[89]并且，他指出这样的戏曲妨碍了儿童的身心健康。程懋筠为取缔这类歌舞剧做了很多工作，1933 年7月，音教会向教育内政电影检查委员会致以公函，要求禁演黎锦晖一流歌舞剧；程懋筠还以本人的名义，拟请民众教育机关及中小学校，严禁演唱黎锦晖一流之歌舞及谣曲⑩。除了要求禁演以外，程懋筠写了这部“猴儿酒”替代现行之恶劣歌舞剧。1934年9月，音教会戏剧组话剧团组织的第三次公演，省立第一女子中学初一年级同学演出了“猴儿酒”，程懋筠担任剧场主任。

这部儿童歌舞剧，“其作法完全根据西洋乐理及舞蹈原则，”[90]同时又考虑到儿童的能力与精力，以对话为主，歌舞为辅，歌曲与舞蹈也力求简易。为减少教师平日练习上的困难，伴奏力求简单。歌曲都较为短小精悍，讲究词与曲情调相符，避免当时

的一般卑俗谣曲的风味。词与曲亦考虑到儿童的特点，较为简短，朗朗上口，非常生活化，天真质朴。

剧情比较简单，描述了伙计、卖扇人与聪明的猴子之间的有趣故事，具有童话色彩。短小的歌曲与对白、舞蹈穿插着进行，各歌曲分析如下：

1）《猴儿酒赞歌》

此曲情绪活泼、开朗、天真，很适合儿童的性格，旋律较为简短。速度略快，动机节奏型明朗活泼，易于儿童掌握，接近于说话的节奏。G 大调为开始，1 至 4 小节为第一个乐节，5 至 12 小节将 1 至 4 小节的旋律完全移到 D 大调，并有 4 个小节的展开，目的是为了区分大猴和小猴的对唱，增强了色彩的对比，显得幽默有趣。

2）《月亮姑娘》

歌曲情绪较为安静，尽量展现月亮姑娘优美而轻盈的形象，织体中多用琶音和三连音，以衬托孩童在夜晚天真幻想的意境。前奏以轻柔的分解和弦烘托夜晚的宁静氛围，只用了主和弦，比较简略，之后以第三小节为动机稍有发展，在第 8 小节用到了重属和弦，终止式是非常规整的：S－D7－T，然后有三个小节的补充终止，在低声部分解和弦如旋律般低吟中结束。

3）《摇篮歌》

此歌曲也是基于明朗的大调，比较安静的三拍子，旋律亦没有太大的起伏，注意到了词曲的结合，很适合儿童的口吻，表现了孩童入睡时的天真宁静的气氛。

4）《卖灯笼》

此歌曲俏皮而有趣，表现了儿童天真无邪的性格，颇有些叙事的性质，旋律的走向接近于儿童的说话。结构一气呵成，属于一句式的乐段。开始于 G 大调，结束于 e 小调，节奏富于变化，所用的变和弦比前几首歌要多，还运用了三十二分音符快速的音阶上行，表现了儿童顽皮的性格。

5）《粘雀儿的》

此歌曲带有讽刺的意味，非常诙谐，很适合儿童调皮精灵的性格，旋律的进行遵循了儿童口语的风格。可以分为两句，中间以加延长记号的全休止符为分句，全曲全由八分音符组成，非常风趣。

6）《一报还一报》

此歌曲加入了合唱，与前面的歌曲不同，但结构比较简洁，有叙事的风格，情绪较为舒缓。

2. 儿童歌曲

1）《萤火虫》

“描写生物的小歌曲。小学中年级适用，曲趣轻快。”歌词富有儿童的特点，比较朗朗上口，简洁明快，与旋律结合谐美。

2）《合作》

程懋筠在注解中写道：

> 曲旨是养成合作的习惯，曲趣是带有朴质的民谣风味的童谣，歌词源于江浙省各县流行的儿歌。

程懋筠采用了民间的儿童歌谣，并用西方的作曲技术填上旋律。词曲结合得很谐美，接近于儿童的口语。其结构为一句式的乐段，织体为柱式和弦，前奏还加入了装饰音，以衬托儿童可爱活泼的性格。高声部担任了伴奏的角色，而低声部吟唱旋律，比较新颖有趣。

3）《月中人》、《年龄与嗜好》、《唱个摇篮歌》、《给蝴蝶》、《赶快还给我》这五首歌曲都是程懋筠译词，后三首发表于“小学音乐教育专号”，其旋律是采用的英美儿歌与舒伯特的歌曲，结构都简洁短小，程懋筠的译词注意到了与曲的完美结合，押韵上口，又比较朴实自然、便于儿童理解。

2.3　艺术歌曲及其他

《怀旧》这首旧词填新曲的歌曲是简短的二句一段式，其旋律较为舒展，烘托出诗人怀旧、思乡的情感，织体为分解和弦。“情绪幽婉，稍具清愁”。全曲结构方整，由第一小节（动机）发展而来（见谱例10），第二句有一些发展，将动机的节奏舒展开来，以表达相思的哀愁。程懋筠所用的歌词很少采用古体诗，在当时他是主张新文学形式的，他认为：

> 欲表现近代精神及避免旧式韵律之桎梏，仍以采取近代形式，或新体名诗为便；因今人之情感、思想、事、物，古诗古词之用语及形式，实不足以表现无遗也。一时代有一时代之制作，未必“乖於包含万象之气度。”至于既成作品，偶有合吾意者，为之制谱，亦无不可，鄙人故已将陈子昂之“登幽州台”诗，及范仲淹之“苏幕遮”词（歌曲“怀旧”），另作新谱矣。[91]

旧词填新曲，在能收集到的程懋筠歌曲中是唯一的一首。这首抒情歌曲是程懋筠大量抗战歌曲以外的另一个领域，钟立民⑪在《程懋筠的抒情歌曲》⑫一文中对《怀旧》这首歌曲详细分析的时候提到：

> 音乐理论家、教育家武汉音乐学院孟文涛教授评价它为：民族风格浓郁，结构严谨，感情深厚的一首佳作。

《春宵别》是程懋筠音乐作品中最为凄婉的一首，是程懋筠献给爱妻的歌曲，曲谱根据熊志成的回忆而来，这“仿小夜曲体二重唱”形式将缠绵忧伤的旋律淋漓尽致的展现。此曲的节奏与调式变化比较丰富，在这短小的歌曲中有4处运用了装饰音，是程懋筠音乐作品中唯一多处运用装饰音的歌曲。另一首《归来曲》也是程懋筠较为典

型的艺术歌曲，三连音的连续进行与 a 和声小调导音的运用表现了歌曲抒情哀婉的情绪。从这三首艺术歌曲，特别是后两首，我们可以看到程懋筠音乐风格的另一面。

《归航》与《白雪嫁太阳》是根据丁立鸣的回忆记谱而成，尽管没有找到当时两首歌曲的出处，但根据《张航声韵歌辑》（1999）当中的记载，这两首歌曲在当时是广为传唱的，特别是《归航》“曾与李叔同的《送别》风行一时”。[92]

《饮酒歌》、《生命诚可贵》，分别为话剧《血洒晴空》、《心防》的插曲。程懋筠于1934 年 3 月在音教会成立戏剧组，担任剧场主任并负责话剧的音乐部分，这两首抒情歌曲，都是来自这一时期的作品。

《民俗学运动歌》作于 1930 年，钢琴伴奏部分持续的三连音伴随着略微自由的歌唱旋律，带有几分抒情与感慨。音乐进行与歌词含义密切交融，可看作是起承转合的结构。音乐层层递进，情感逐步聚积在最后一句展现出期望：“她定会惊人地热闹!”其织体为分解和弦，第一句和声进行 T－D－T 肯定在 G 大调上之后，第二句转到了关系小调 e 和声小调上，其旋律主音与导音两次经过性的进行烘托了歌词凄凉的情绪，特别是句末延长记号的运用，尤能寄托作者的哀思，同时也转回 G 大调。第三句扫去了第二句的哀伤，转到了新的期望上，织体也变为柱式和弦，和声进行为：T－D，第四句综合了前三句的因素，在期待中总结全曲。

2.4　政治歌曲

1.《中华民国国歌》（或称《三民主义歌》）

中华民国共经历了五首国歌，第一首国歌是向西方学来的，出于外交上的需要。但因六天后武昌起义的爆发，这首宣统帝下谕典礼院所制的清国歌，实际上成为了清室覆灭的挽歌。之后的“卿云歌”、“国民革命歌”，随着时局的动荡不定，也都非常的短暂。（齐牧 1988：11～12）相对来讲，程懋筠作曲的这首中华民国国歌是时间较长，影响最大的。在程懋筠写这首国歌之前，王光祈在 1926 年最早论述了“中国国歌”，他认为：

> “国歌”是国家主意或“民族意识”发达以后的产物，凡是国家或民族间的生存竞争愈厉害的，则其需要“国歌”的程度越高。近欧风东渐以来，中国人的“国家观念”与“民族意识”亦渐渐浮起，具有爱国思想，可以振奋民族精神的爱国歌曲在军人和学生中逐渐传唱。而一首“国歌”，必须能表现出“民族特性”与“共同理想”，文字必须浅显，调子合乎国民口味向上发扬。[93]

1928 年 10 月 3 日，在南京召开的国民党中央执行委员会常务委员会第 173 次会议上，通过了中央委员戴传贤《以总理黄埔军校训词为党歌》的提议[94]。作者系南社社友，时任孙中山秘书的粤人易大厂。同年 11 月 28 日，国民党第 181 次中常会推定蒋介石、蔡元培、谭延闿、胡汉民、吴敬恒、张人杰、孙科、戴传贤、叶楚伧等九人及教育部长蒋梦麟，组成“党歌曲谱审查委员会”，并在报刊上公正征求党歌曲谱。评选结果，程懋筠作曲的党歌获第一名。1930 年 3 月 13 日，国民党中央议决；“在国歌为制订以前，可以党歌代用。”3 月 24 日，国民党政府以第 165 号训令全国各级政府遵照执行。1937 年 6 月 3 日，国民党中常会决定：“以现行党歌为国歌。”[95]

至于以党歌代替国歌，当时还是有一些质疑的观点：党歌与国歌究竟性质不同，也未便通用……听到许多人唱“吾党所宗”一句时，总觉得有些刺耳，尤其在学生，大部分的他们，要不是不求甚解的胡乱唱唱，便会想到自己冒充党员的可笑。[96]尽管这首三民主义歌遭到以党歌代国歌的质疑，但从当时学生与民众的音乐生活记录来看，这首三民主义歌的影响还是非常大的。特别是在国际上，这首三民主义歌是中华民国的代表，其意义与影响不言而喻，在 1936 年夏季奥林匹克运动会，这首歌还被评选为世界最佳国歌；1945 年 10 月 10 日，北平日本军方向中国递交投降书的仪式中，在故宫博物院内太和殿前，文华殿和武英殿中间那一大片朝拜广场上，当中方代表：国民党第十一战区司令长官孙连仲，日方代表：日本驻华北战区司令根本博进入会场并于 10 点奏完“国歌”后，特别是缴枪仪式开始时，日本军人排好队，双手托枪按顺序排好，按指定地点，分几个缴枪点，把枪慢慢地放下，并向中国人民鞠躬……[97]。

程懋筠还专门写有《中国国民党党歌歌谱之解释》[98]一文，将歌谱所用的风格、结构、词曲的结合等做了严谨详细的解释。

2.《新生活运动歌》、《庆祝总裁寿诞歌》、《虎岗谣》、《双十节歌》、《中美之歌》都是应当时的社会政治环境而作。

1934 年 2 月 19 日，蒋介石在南昌行营扩大纪念周上讲演《新生活运动之要义》，发起新生活运动，新运虽然标榜“新”生活，内容却是“旧”的儒家伦理思想。新运最后因国府 1949 迁台无疾而终，总体成效不大。[98]这首新生活运动歌就是宣扬新生活运动而作的。

2.5 程懋筠的音乐作品在 20 世纪 30 年代的演出情况⑬

程懋筠的音乐作品尽管在现今很少能听见，但在当时他的歌曲，特别是抗日救亡歌曲在民众间还是引起了很大反响和共鸣，笔者将《音乐教育》中有关程懋筠音乐作品活动与演出的记录整理如下：

时间、地点	程懋筠的音乐作品与演出人员	音乐会名称
1934 元旦，在江西省立南昌女子中学校礼堂。	二甲姜惠英独唱程懋筠“抗日军歌”。	音教会第三次音乐会。
1934 年 1 月 29 日	姜惠英独唱“抗日军歌”。	音教会欢迎教师寒假修养会会员诸君音乐会。
1934 年 3 月 19 日晚八时，南昌女子中学。	南昌女子中学 女生齐唱“复兴歌”；豫章中学 男生齐唱“救国歌”、“汗血歌”。	欢迎十省民教厅长各专员及华北将士音乐会。

续表

时间、地点	程懋筠的音乐作品与演出人员	音乐会名称
1934 年 3 月	口琴合奏“党歌”。	上海中华口琴会来赣举行慰劳剿匪将士义音乐大会。
1934 年 6 月	音教会管弦乐合奏“党歌”。	军事委员会长南昌行营政治训练处音乐股管弦乐队演奏会。
1934 年 6 月	江西省推行音乐教育委员会合唱团“汗血歌”、“救国歌”、“青年服务团团歌”。	音教会音乐会：“欢迎本会省第二期地方教育行政人员讲习会会员及教导大队全体队员”。
1934 年 9 月	省立第一女子中学初一年同学演出“猴儿酒”。剧场主任：程懋筠。	音教会戏剧组话剧团第三次公演。
1935 年 7 月 25 日，湖滨音乐堂。	省会中学暑期补习班学生会唱党歌、救国歌、复兴歌、新生活运动歌、汗血歌、青年服务团歌、抗敌军歌等七歌，出席的学生约千余人。由省政府军乐队伴奏，慷慨激昂，声闻云霄。休息时由本会乐队，演奏管弦乐、四重奏、四重唱等，历时约两小时，市民参观者约四千人，颇具一时之盛。	省会中学暑期补习班学生会唱。

从程懋筠音乐作品在当时的演出记录可以看出，三民主义歌是当时最为广泛传唱的，当然其中也包括其政治的因素。他最具影响力的作品还是集中于抗日救亡歌曲，达到了学生民众千人会唱的场面，可见他的歌曲在当时的号召力与鼓舞性，与奋起抗战的时代要求相契合。

2.6　**结语**

从以上对程懋筠音乐作品的逐个细致分析，我们可以对程懋筠的音乐作品有一个初步认识：

1. 程懋筠的音乐作品全是结构比较方正，篇幅短小的歌曲，大都是一至两小节为一个动机，作两至四小节的发展，组成 8（4+4）小节的一个完整句子。为了“便于民众学习”，他将抗战歌曲作为有力的宣传武器，朗朗上口，便于传唱和理解。

2. 程懋筠采用的都是欧洲古典音乐的作曲技术，有部分歌曲还写了钢琴谱，四部和声比较简单规整，正三和弦用得较多，而附三和弦和其它变和弦用得较少。他没有更多进行中国艺术歌曲的探索，也没有作和声“民族化”的探索。

3. 程懋筠比较重视儿童音乐的写作，“猴儿酒”是最好的代表，对普及当时的儿童音乐教育具有指导意义，翻译的五首英美儿歌也显示了他一定的翻译水平。

4. 程懋筠的大部分集中于抗日救亡歌曲，多为应时而作，表达了他的爱国热情与抗战决心。这也是当时他最有影响力的作品，尤其是组织学生与民众千人会唱抗战爱国歌曲的场面，点燃了人民的抗战热情，与战火硝烟时代的音乐要求相适应，达到了他认为的音乐在人精神层面所起到的作用——也就是他的“音乐救国”的思想，这也是他的音乐作品最大意义所在。

5. 程懋筠也写过几首受当时社会政治环境影响的政治歌曲，例如“新生活运动歌”、“庆祝总裁寿诞歌”，这表明他虽然有爱国热情，但却无法脱离时代的局限。

3. 推行音乐教育的主张及其具体措施

程懋筠推行音乐教育的主张与措施集中体现在他在江西省音乐教育委员会担任主任委员的时期，这段时间也是他事业的高峰时期。1933 年 2 月，程懋筠应江西省熊式辉邀请⑭，担任江西省推行教育委员会主任委员，“音教会”系江西省教育厅下属，由政府资助的官办机构⑮。其委员会目的是以“音乐移风易俗潜移默化之功……振发民族精神，涵养爱国爱乡思想。”⑯其主旨是：一为除害，使郑声不能乱雅；二为革故，使旧乐日趋改进；三为创新，使新声准乎国情与世界乐理。委员会于 1933 年 3 月 7 日宣告成立⑰。由于是省府与教育厅出资支持创办时经费每月经费一千二百元⑱，隶属教育厅，又有民政厅、省党务整理委员会、市党部、公安局等的参与，委员会在学校与社会的音乐教育普查与推行方面，都带有政府命令和法案法规性质。编印的《音乐教育》月刊，从 1933 年 4 月起至 1937 年底停刊，共出版 57 期，是 20 世纪 30 年代历时最长影响最大的音乐类刊物。该刊从其供稿人来看，几乎集中了近现代音乐史上所有的精英人物，阵容极为可观，例如：萧友梅、王光祈、青主、赵元任、缪天瑞、萧而化、贺绿汀、老志诚、丰子恺、吕骥等等，其栏目丰富、内容广泛。担任主任委员的程懋筠，主持的最主要的工作是编辑《音乐教育》，之外还发表了数十篇音乐论文，并具体指导学校的音乐教育与民众的音乐生活。音教会的每次委员会议，特别是关于学校音乐教育方面的会议，程懋筠都担任主席，倡导了许多有建设性与开创性的举措。1937 年抗日战争全面爆发，《音乐教育》由于稿源困难，在当年十一、十二期合刊号出版后休刊，程懋筠在《写在终刊号之后》写道：

> 我们丝毫没有伤感的心情，当我们提笔来写这篇结束文字的时候。在这个时期，像《音乐教育》似的这样颇有些学院风的刊物，是没有存在的可能的……我们初晴各位读者原谅之外，只有咬紧牙关恨我们的敌人![99]

该刊在努力推行音乐教育的同时，始终是在抗日战争中持进步立场，这一点尤

为可贵。《音乐教育》停刊后的1941年，是抗日战争最艰苦的岁月，程懋筠在泰和主持出版了油印本《音乐教育战时续刊》[100]创刊号，他的《序曲——代发刊词》[101]将音乐教育的主张与抗日救亡融为一体。并且，在1940年，音教会经费困难时期，程懋筠呼吁奔走，得到了国民党当局开明人士支持，出版了《音教抗战曲集》，在同年10月由江西音教会向全国大后方发行，歌集汇集了当时进步音乐家如冼星海、黄自、吕骥、贺绿汀等人的作品，给广大民众与当时的抗日歌咏团提供了演唱材料与精神粮食。⑲

程懋筠的音乐教育主张与江西省音乐教育委员会的主旨是一致的，“国难省难之期，音乐能够振作民族精神，培养爱国的思想感情”，推行音乐教育“一为除害。使柔昧淫秽之音绝迹；二为革故。使组织之简陋之乐改良；三为创新，创造适合吾国之新声，使其合乎世界潮流，共进为大同艺术。”[102]

3.1 程懋筠的音乐教育主张及其在学校的推行

3. 1. 1 关于西洋唱法在学校唱歌课的介绍与推行

程懋筠主持江西省推行音乐教育委员会期间，在南昌市所举办各种形式的音乐会中演唱了自己的歌曲与部分同时代音乐家的作品，如：他自己创作的“汗血歌”⑳，还有一些世界名曲：如《马赛曲》、《我的太阳》㉑、普契尼歌剧的选段等等㉒，是演出较为活跃的歌唱家。从程懋筠的求学经历和音乐活动可以看出，他是推崇西洋唱法的，在《发声与指挥》[103]等几篇文章中，他简略分析了西洋发声法的科学性，将其与中国戏曲的唱法进行比较。他提出：

> 西洋唱法具有生理学、物理学、发声学的科学根据，并且音幅很宽，声音浑厚，声音在演唱的时候，如有颤动，就很有表现力和音的运动变化之美。而在中国戏曲中普遍不是用的口腔共鸣，而是西洋唱法中第一严禁的有筋肉阻碍而成的声音，尤其是男子唱女子的声音，把好比长一倍的声带硬人功的将其言缩短一倍，是非常不自然的声音。戏曲中的鼻音、喉音、嘎声、啥、假声，都不是用身体的共鸣，不管音量的大小，都是不讲究音色的美恶及纯否的声音。[104]

这样的比较对于西洋唱法逐渐在学校传播是非常有利的，当然，他对戏曲唱法的批判也有些过激，这与他之前的“中国音乐落论”是紧密相连的（见“中国音乐改良思想”一节）。但这里我们重点讨论的是他在学校唱歌课教育中所做的贡献。程懋筠本人就具备较深的歌唱技巧，在学校唱歌课中较为简略地介绍了西洋唱法，可以说是演唱与教学同时并进。他在这两篇文章中，指出了唱歌课教学中学生出现或可能出现的问题，提出建议与如何解决的方法，比如对于节拍、音符、强弱要忠实的表现，要重视发声训练，歌唱时避免喊叫，这在当时对学校唱歌课建立一个基本的教学标准与方法是很有意义的。

3.1.2 指导五线谱教学

在程懋筠的音乐论文中，有一篇专门讨论五线谱教学：《五线谱实际教学研究》[105]，是应江西省推行音乐教育会在假期举办的小学教师补习会而写的，这篇文章针对南昌市各小学校唱歌课五线谱教学的实际情形，进行了较为全面实用的阐述，对小学唱歌课五线谱实际教学很有意义。程懋筠作为一个留洋回来的崇尚西方高雅音乐的音乐家，对小学的唱歌课如此关注，在当时的音乐家中并不多见。

程懋筠在小学音乐教师寒假补习会课程上，帮助教员在教学中克服各种可能遇到的问题，比如，"各校多无音乐特别教室，因经济关系，购置五线黑板，常感困难，应如何解决?"他将小学音乐教育所遇到的问题分为普通问题与教学问题两类，普通问题包括油印歌谱如何解决、高年级学生抄谱问题、音乐教室的选择、风琴如何放置、如何维持教室的秩序、怎样引起学生的兴趣、五线谱是否应在授课时间中规定时间来教学、低年级用听唱法来教学应如何施教、器乐教学与课外音乐应如何注意，可以看出他非常细致地分析了小学音乐教育的状况，将一些看来琐碎但是非常实际的教学问题作了一一建议，给小学教员具有实际意义的指导。其中的一些教学建议，至今看来都是具有实际意义，譬如，关于音乐教室的摆放，他画了一个简略的图，现在小学音乐课教室也是同样的布局。在实际教学问题上，程懋筠特别对五线谱基本乐理知识的教授做了详细全面的指导，包括"音名"与"阶名"、音符的时值、拍子、强弱、音程、调号等。根据儿童接受能力的特点，比如，在教儿童领会音符时值这一方面，他建议："在黑板上，依照各种音符的时长比例，画种种不同的长方形，使儿童有具体的感觉。"[106]程懋筠具体指导施教者如何在课堂上教学，这解决了小学音乐教师在课堂上遇到的具体教学问题，特别是如何教调号、如何打拍子等知识点加以重点讲解，补充了教员经验与知识上的不足。

程懋筠本人提倡固定唱名[107]，但考虑到小学音乐课学生的具体能力，他认为："此法便利而难正确，现在最好忽轻用。有志的教师，亦须自己训练成功在行教人。"程懋筠这样的观点是比较中肯的，尽管他希望"在将来，中小学校及音乐界，希望都能用固定唱名法，但现在过渡时期音乐教师努力自修，将固定唱名法学好，再教学生。"而"普通中小学校音乐课程目的是灌输学生音乐常识，不是专门研究，学生毕业后，就是仅仅知道首调唱名法，能正确地唱出几首歌，便是达到了大部分目的。"[108]可以看出，程懋筠还是顺应当时的国情，而没有一味、固执地主张非推行"五线谱"和"固定唱名法"，其推行方式亦有一个从理想到现实的过程。对"关于修改高级中学音乐课程标准草案之意见"[109]，程懋筠又做了进一步解释："固定唱名法及首调唱名法，在事实上，仍以用后者教学为绝对多数"，"都市学校，五线谱必须规定使学生完全熟悉，而在乡村学校，即用简谱教学使学生完全熟悉后，已足够齐唱与合唱歌曲，足为普遍推行音乐教育之助。"

3. 1. 3 学校音乐师资力量的调查与培养

1. 调查师资情况

音教会在小学推行音乐教育，首先就是调查教师的履历与教学情况。音教会制定了各中小学、包括幼稚园音乐教师的调查表，函寄到学校的，有省市及外县公私立中学共计五十九个学校、各省立中学附小共十所学校、市内的其他各小学共五十二校、省立中学幼稚园共八校，经过填写登记整理的音乐教师调查表共计二十四校，市内中学共二十一校、外县共十校㉓。从这些工作报告表可以看出对于各校幼稚园的音乐教师进行调查还是有一定的力度，实地了解到了各学校特别是省立的学校教师情况。

2. 培训师资

音教会在调查师资情况的同时，所做的更多工作是培养教师队伍，设立了各种补习班、音乐组，程懋筠主要担任了这方面的工作。他在日本接受了正规的专业西洋音乐教育，但他对儿童的音乐教育非常的重视。学校音乐师资培养的缺乏，是“阻碍音乐教育推行”的原因之一[110]，程懋筠在《本会过去现在及将来之设施》一文“学校音乐教育方面”一栏中，第一点就提到“设立幼稚园及中小学音乐教师补习班。”[111]

补习班与音乐组都开设在寒暑假，课程与聘请教师每次都有所不同，从人数到形式上具有一定的规模：“每次参加听讲之中小学音乐教师均在六十人以上”（同上）。寒假补习会与音乐组从1933年到1937年共举办了四次左右。

1934年1月：“葆灵女中校址举办小学音乐教师寒假补习会”，“共计九十一人”，“课程中有五线谱实际教学问题研究一项”，由程懋筠担任。

1934年1月26日至2月8日：“小学音乐教师寒假补习会”，教习唱歌、风琴、五线谱实际教学研究。㉔教习的歌曲有：“外婆桥”、“桂花姐姐”、“九一八”、“新雪”、“活像朵玫瑰”、“别情”。并编订了风琴讲义。

1935年1月25日：“第二届教师寒假修养会附设音乐组”，会员计53人，西国教师4人，临时旁听30人。程懋筠提出关于音乐教学实际问题20条以供改组中心讨论，并每隔一日组织合唱，练习“月下独酌“等两曲，出席了1月30日由该会举办的音乐会，音乐会听众达到1000人以上。㉕

1936年2月：“第三届教师寒假修养会音乐教育组”，㉖程懋筠担任音乐教育组主任。音乐组内容：充分练习固定唱名法；练习“新运总会礼俗改良讨论会”及“推行音乐教育委员会”合作之应用歌曲，包括婚礼歌、欢迎、送别歌；举行讨论会，“学校音乐与民众音乐应如何沟通问题”，建议各区多采用白话，学校多举行公开演奏，多采用应用歌曲；收集流行的民众歌曲妥加修改，取缔黎锦晖等不良音乐。

在暑期补习会与音乐组当中，1933年举办的“暑期学校音乐组”规模是最大的，聘请了国立音乐专科学校校长萧友梅，中央大学音乐系主任唐学咏，前中山大学、浙江大学国文学民俗学家钟敬文等先生，音乐组开课一个月，参加的音乐教师共计六十余名，唱歌课由程懋筠担任㉗，钢琴、风琴、作曲入门及和声学初步等由中央大学艺术科主任音乐教授唐学咏，民间歌谣有民俗学专家钟敬文先生担任。暑期音乐组编印了暑期学校音乐组学科一览、功课表，钢琴、唱歌教授法、民间歌谣等讲义，还进行作曲入门测验、钢琴、唱歌课程测验，集体组织学唱“别后”、“我愿筑起一座空中楼阁”、“惜春”、“怀旧”、“救国义勇军军歌”、“最后的玫瑰”、“归燕”等歌曲。另外，还举行了公开演讲，有唐学咏演讲的“音乐的社会功用”，与钟敬文演讲的“关于谣俗学”。㉘教授的歌曲还有部分程懋筠的作品：党歌、救国歌、复兴歌、新生活运动歌、血汗歌、青年劳动服务团团歌、抗敌军歌。㉙

可见，程懋筠在学校推行音乐教育，从纲领到实际工作可谓是切实有效，身体力行，特别是在培养教师队伍方面，功不可抹。当时的学校音乐教师水平参差不齐，学校音乐课根本没有一个统一的教师队伍与教学标准，程懋筠推行音乐教育先从教师着手，无疑是切入音乐教育问题的实质。

值得关注的是，由于战乱，音教会在四十年代迁到遂州、泰和、赣州等地后，程懋筠依然坚持推广普及音乐教育，曾举办了两期江西中、小学音乐教师训练班，在抗战艰苦环境中办得较有质量，㉚在那样的战争环境中其百折不挠的精神令后人敬佩不已。

3.1.4 学校音乐课的改良

1. 审查音乐教材与视察学校的音乐教学

据音教会工作报告，南昌各书店音乐教科书与学校音乐教材音教会都进行了审查，同时视察了南昌多所小学的音乐教学，并通过报告表反应其教学情况，有：百花洲小学、省会幼稚园、北檀小学、省会试验小学、高桥小学、永建所小学等等。㉛

2. 关于部颁中小学音乐课程标准

作为江西省推行音乐教育委员会主任的程懋筠，在推行中小学校音乐教育工作当中最有突出意义的一项就是参加制定了小学、初中、高中的音乐课程标准，建立了统一的基本音乐教学标准。

针对小学音乐课的具体情况，音教会制定了较为详细的标准，包括目标、教学内容的基本类别，并根据不同的年级制定了教学内容的详细表格，对不同年龄的儿童的特征制定了循序渐进的标准，比如说，第一、二年级只有四分之二拍与四分之四拍的练习，三、四年级增加四分之三拍，到第五、六年级再增加八分之六拍的练习；而至于视唱与音的听辨，第三、四年级开始C、G两个调的单音曲视唱，到五、六年级增加F大调；三至六年级加入了中外普通乐器的欣赏、儿童歌剧扮演，在五、六年级增加了中外名曲及民间歌曲的欣赏。课程标准都用固定唱名法，注重“富于动作和儿童文学性质的语体歌词的听唱和表演”，并将教学要点做了全面的叙述。

当时的小学唱歌课大都是“口传的跟唱”[112]，在教授小学生唱歌方面有许多弊端：“那先生的歌喉做他的标准，更用不着拿乐谱做他的标准。堕落一般小学生们学习与普

的兴趣，这是口传跟唱的第一个毛病"，另外口传跟唱存在"时间上的不经济"等等。而这个音乐课程标准能在一定程度上解决当时小学音乐课出现的各种问题，比如说五线谱与固定唱名法教学、严格的按照乐谱唱歌等等，能规范小学生准确的歌唱，给小学老师一个相对的教学指导。这个标准都是按照西洋音乐教育的体系，改变了当时小学音乐课堂老师口传心授的形式，从儿童开始普及五线谱的教学。

这个标准颁布后也有不少的争议，程懋筠本人也有不同意的地方，诚如他自己所说："标准中亦有许多难令筠同意者。"[113]小学音乐课程标准，其中的几项陈光毅曾提出了讨论。首先，他认为中国的昆曲评剧不适合儿童欣赏，音乐发声法根本就是错误的，不利于儿童学习正确的发声，另外，昆曲的词句艰深难解，是儿童理解能力所不及的，评剧之词句根本则不是文学的东西，因此这并不符合欣赏有关"儿童文学"的标准[114]。程懋筠本人也是不主张教练评剧、昆曲，因为"害多益少"，"即使万不得已要教时，也只能使学生表现曲调中东方神味，切忽令学生的喉音也专仿伶人一样的喊叫。"第二，我国各种普通乐器的选习及独奏合奏的欣赏是否适合儿童也是值得讨论的，因为我国的月琴、洞箫等都没有严密的根据"音响学"，所发的音不正确亦不美丽，儿童选习、欣赏不但得不到好处反而弄坏了耳朵。第三，在小学生演习作业内应增列"作曲练习"一项，作曲所经验的内容非常的丰富，与歌唱、欣赏、乐谱、演奏等各种音乐生活密切联系，儿童做一个旋律，在五线谱上表示出来，就可以得到很多的知识，当然让儿童作曲的目的在于在这个过程中得到各种的音乐体验，而不是要求儿童一定创作出优良的作品来。最后，关于欣赏的教学法应更具体知道一些，"譬如低年级应注重在感觉的欣赏，中年级应注重在表象的及形态的欣赏，高年级应注重载感情的及批判的欣赏。"这样，施教者会更有头绪，教学实效也会更大。还有一点就是关于固定唱名法，教育部应编印一部关于固定唱名法的专著，加以详细的说明，让小学教师明白其意义。[115]

从以上对这个小学音乐课程标准的讨论，我们可见西洋音乐教育在我国逐渐普及与建立的过程，至于其中提出的中国的昆曲评剧与乐器不适应小学音乐课，也是当时的"中国音乐改良"思想使然。

而初高中音乐课程标准相对小学音乐课程标准更为简略，其目的为培养才能与兴趣、培养美德情感和奋发进取精神，并制定了详细的学年安排、教材大纲、实施方法。[32]

初中音乐课程的标准颁布后，在教育会提案检查委员会的音乐组进行检查的时候也遇到了一些问题，还进行了的讨论，首先是教学的大纲中内容有些太多，学生无法在短时间掌握；再次，课程的课时安排上也有些过于紧凑。"提高初中音乐程度，是极应该的事情，但是程度极力提高，时间极力减少，结果是置音乐教育至于绝境。如音乐科设备之没有改善，音乐师资之没有培养，这都足以阻碍音乐教育之推行。"[116]

可见，这两个课程标准亦有一个从理想到现实的过程，需要在实践当中不断地改变与完善。尽管这个标准有诸多不完善的地方，但这是音教会在学校推行贯彻音乐教育重要的一步，对于在学校逐渐建立统一规范的音乐教育、促进音乐教育的普及是很有意义的。

3. 召开“音乐教育讨论会”

为了改良课程与教学法，统一学校音乐课的教学，提高音乐课的程度，音教会召开了年度“音乐教育讨论会”，在每次会议上，程懋筠都担任主席。讨论会共举行了至少三次。

1933 年 4 月 16 日：音教会组织召开了“初等音乐教育讨论会”，出席的有省会各小学校幼稚园音乐教师七十八人，列席的有程厅长（程时煃）等人。讨论会给教师分发了《小学音乐课程标准》，以后依照此标准教学，另外，审查各书店发行的音乐教科书，统一音乐课课本，这样有效统一了小学音乐教师的教学内容。为帮助音乐教师的教学，讨论组发行了《音乐教育》的月刊，在月刊上供给教材、通讯问难，设立音乐图书馆、暑假补习班等。在具体教学内容方面，废除简谱教学，使用五线谱，取缔演唱黎明晖式歌舞剧及谣曲，关于《国乐科的教学案》由音教会拟订标准后各校试用。[33] 10 月，签呈厅长为讨论会决议本学期自三年级起，一律废止简谱，用五线谱教学，并转令各小学切实遵照执行。

1934 年 6 月：“第一次中学学校音乐教育讨论会”。[34]其目的：统一教学；提高程度；共策进行。音教会为谋个小音乐教师之便利，有以下设施：出版《音乐教育》，每月一册；供给教材；月刊中设通讯栏；力图解决教学上的各种困难问题；筹备音乐图书馆；设立假期补习班；设立合唱、口琴、提琴、钢琴班；设立中西乐器陈列室。部颁音乐课程标准，应如何执行案：关于五线谱教学，请呈教育厅通令各学校，切实执行；关于学校的乐器，推行音乐教育委员会派员定期去学校视察；请教育厅通令各校，音乐科每周上课次数必须遵照部定标准。国乐科如何改进：一，关于拨弦乐器改用假指甲；二，平剧昆曲之发声法，有违发声原理，阻碍发声器官之正常发育；三，学校虽有时间可用国乐为欣赏教材，但须注意择选高尚优美之作品。各校音乐教师应如何与推行音乐教育委员会联络案：一，共同组织音乐研究会；二，推行音乐教育委员会举行音乐会时，请各教师出席及参加演奏；三，请各教师常在音乐教育月刊上投稿。

1935 年 7 月：召开“第二次中学学校音乐教育讨论会”[35]，地点在湖滨音乐堂。推行音乐教育的工作：供给教材；视察学校；巡回至各校演奏，已有五校；赴各校演讲，已有三校；设各种乐器班和合唱队，优待老师与学生；每次音乐及戏剧公演，均已赠送给各校音乐教师入场券。如何提高学生音乐兴趣及技能技巧：对未达到部颁标准设备的学校，呈请教育厅再令各校切实执行，增加改进其设备；每校均须组织学生课外音乐研究会，由教师切实指导；选拔高材生入会开设各种学习班学习，学费减半优待。

（同年10月，音教会提出奖励各学校音乐高材生入会研究办法，设立的班别有：口琴班、合唱队、南胡班、钢琴班、提琴班、唱歌及识谱班、简易和声及作曲班。[36]）

音乐教育讨论会不仅与所颁布的“音乐课程标准”相呼应，其内容还渗透了学校音乐教育的每一个角落，从教师、教材、音乐课设施到学生与教师的音乐活动等，是比较周全细致的，音教会“推行音乐教育”的宗旨在学校得到了非常有效的具体实施，而程懋筠的音乐教育主张在其中占有统领与决定性的作用，可以说程懋筠在学校推行音乐教育所做的贡献，在中国近现代音乐史民国20—30年代，是永不可磨灭的。

3. 2 **音乐教育思想在民众的推行**

程懋筠重点在学校推行音乐教育的同时，在民众音乐方面也做了不少的工作，出席了每次“江西省民众娱乐指导委员会会议”，并组织了多次民众音乐与戏剧的活动。音教会设立了专门的视察小组，其小组成员由音教会委员会会议决议，省政委会、公安局、教育厅第三科及本委会各推一人，负责调查、审核、计划之责。[37]视察员担任一切视察及调查任务，每日或每夜佩带证章及视察记载表，按时去往戏院、游艺场、电影院以及一切音乐团体视察，详细填表。可见，民众音乐的推行方面，音教会是具有一定督察力度的。

3. 2. 1 审查各戏院剧院等娱乐场所

音教会的首要宗旨就是：“为除害，使郑声不能乱雅”，“除害”指的是对民众精神生活产生不利影响的音乐作品，因此，音教会关于民众音乐工作做得最多的也是这个方面。音教会对各戏院剧院等娱乐场进行调查管理，并通过“民众娱乐指导委员会会议”的方式对某些戏剧戏曲进行删改或个别段落禁演，还针对黎锦晖式的音乐提出禁演与取缔的措施。由于有相关市政公安局的参与，音教会的“除害”工作相当的有力度。程懋筠不仅在他的音乐论文中对“靡靡之音”、“乡井俚剧”、“恶劣歌舞剧”予以痛斥，采取坚决取缔的态度，而且书面拟请有关检查委员会对这类音乐戏曲戏剧取缔禁演，切实体现了其“为除害，使柔昧淫秽之音绝迹”的主张。

1. 音教会审查各戏剧剧院娱乐场所的措施[38]

据音教会工作报告，音教会印制各娱乐场所戏剧戏曲与歌曲的调查表、报告表、记载表，并且呈请厅长通令各县教育局照表填表；拟定印制各戏院、游艺场、说书场、电影院、营歌曲及口技业者登记规程；制各县评剧、茶戏、清音曲业者等分布调查表，对他们进行考核并填发证书。

音教会特别针对南昌最重要的几个戏院电影院，逐个调查其演出内容，笔者将其调查工作报告简要整理如下。[39]

明星电影院：“狂流”、“百劫鸳鸯”、“黄海盗”、“女性的呐喊”、“现代一女性”、一剧。

新新剧场：“梁山伯”、“排环记”、“眼前报”、“辜家记”、“磨难记”、“南瓜记”

等戏，并填视察报告表。

光明大戏院：“剑底鸳鸯”、“女海盗”、“光明”、“飞将军”、“如此英雄”、“血残”、“义勇军”、“铁蹄下”等，并填视察报告表。审查光明大戏院女子艺术歌舞团。

豫章大戏院：“情天四侠”、“鸡鸭夫妻”等戏。

德胜舞台：鸳鸯楼、逍遥津、百花亭、双珠凤、跑皇城、仕林祭塔等。

昌新舞台：戏园并填视察报告表，视察“昭君出世”等戏。

新与舞台：“清官传”、“南京第一报”等剧。

国术研究会游艺会：，“送友会友”等剧。

梅花歌舞团节目：查“孔娘曲”及“恋爱学堂”二曲，系黎锦晖一流歌曲，当通知教育厅转请公安局令该团不得演唱。

此外还有：国货展览会游艺会、视察晟平乐园、民乐茶社、公民训练民众游艺会、三村五里祠、群贤乐园、江西舞台。

2. 取缔禁演黎锦晖式的歌舞剧

1933年7月，音教会“致教育内政电影检查委员会公函”，特申请禁演黎锦晖式歌舞剧：“查自黎锦晖一流歌曲通行，俗词滥调，随处可闻，一般年轻人欣赏音乐程度，日渐低落，殊足为音乐教育之阻碍，且其音调靡靡，亦非兴国之音，前会由教育部及江苏省教育厅，通令取缔，本省近亦禁止演唱在案，惟现在南昌市各电影院演映之有声影片，仍有黎锦晖之作品及类似歌曲之音乐，尚予以禁演。”[40]

程懋筠还以本人的名义书面陈述了其更详细的理由，增加取缔力度：

> 查自黎锦晖一流之歌舞及谣曲，通行以来，一般青年，欣赏音乐之程度，日渐低落。俚曲俗调，随处可闻。虽曾经教育部及江苏省教育厅前后通令禁止。各省民教机关及学校仍复阳奉阴违，营业者亦印行如故，殊足为音乐教育前途之阻碍，应请吾省各地民教机关及中小学，以后严禁演唱，以符部令，而挽颓风。”[41]

在1934年程懋筠在《音乐教育》上发表论文“黎锦晖一流戏曲何以必须取缔”中，可以看出程懋筠坚决取缔这类音乐的主张是源于其“音乐救国”的思想，程懋筠非常重视音乐对人的精神产生的影响，特别是“际此国家及地方多难之秋，”更需要借助音乐的功用，挽救“民德颓废、风俗弛败”（1933f：10）的民众精神状况。因此，对于“有害之音乐，”势必“务绝其根。”这也是程懋筠认为贯彻音乐教育首先应当实施的内容。

3. 2. 2　创作与推行民族新声[42]

音教会宗旨之三“为创新，使新声准乎国情与世界乐理，”也是程懋筠“创造适合吾国之新声，使其合乎世界潮流，共进为大同艺术”[117]的音乐主张。程懋筠所说的“新声”是要求“准乎国情”的，而当时的国情就是抗日救亡，因此大都推行这方面

的歌曲；"新声"的另一个要求是"准乎世界乐理"，所指的"世界乐理"则是西洋音乐原理，也就是用西洋作曲技术创造符合中国时代要求的"新声"。程懋筠在音教会的《音乐教育》上发表的音乐作品正体现了他这一音乐主张，其推行"新声"的工作还有以下三个方面：

1. 发行、印制歌谱。计发行有民众音乐"四季叹洋烟"、"嫖客十欢"、"赌博十二害"单行本，印制有"救国歌"、"复兴歌"（均为程懋筠作曲）、"运动歌"。

2. 征集歌曲。登报征集歌曲的歌词，音教会工作报告纪录收到征稿二十四件，其中陶陶君之"我在前线等你"一歌当选，之后由程懋筠谱曲。

3. 到具体音乐场所推行"新声"。据工作报告记载，程懋筠率领的音教会曾五次前往青莲阁茶社推行新曲，还前往民众教育馆演讲推行新曲，并且，针对创制的中乐"春宵曲"、"四季叹烟"等此类通俗作品，设补习班以训练歌唱者使广为传播，同时训练清音曲业者（由清音曲业工会选派10人来会学习）唱奏音教会所编新曲（每周三次），并函请公安局再令本市营歌曲及清唱业者前来暑校报名听讲。[43]

3. 2. 3 戏剧电影的改良[44]

音教会的宗旨之二是："为革故，使旧乐日趋改进"，这也是程懋筠"使组织之简陋之乐改良"的音乐主张。对中国戏剧的改良，在程懋筠"改良吾国音乐刍议"与学校音乐课改良当中都有提及到，他本人对戏剧戏曲也有浓厚兴趣，这根植于他深厚的文学修养，他这方面所做的工作整理如下：

1. 1934年3月，音教会添设戏剧组，每月800元。为提高民众欣赏戏剧之程度，促进社会文化，期达到艺术教育之目的。[45]程懋筠任戏剧组组长，并担任戏剧组音乐部分[46]与剧场主席，还为改良评剧班第三次公演批评会发表报告。戏剧组分为话剧团及改良评剧班，话剧团研究及公演近代剧与歌剧；改良评剧班研究及公演改良新旧评剧。改良评剧班主任及评剧研究社长由裘德煌担任。演员20名，研究社员20名，话剧团二十四名。评剧改良标准[47]：剧本多用自编，有时亦采用旧剧，但均需合乎教育与艺术原则。男不饰女，女不饰男。

1934年9月31日，10月1、2日晚间，音教会话剧团在教育厅大礼堂举行成立纪念公演，音乐由程懋筠等担任，合计约来宾两千人。戏剧组前后举行了十几次公演，观众达一千人左右，"浣纱记"、"湖上的悲剧"、"苏州夜话"、"名优之死"、"爱情的结晶"等剧。

根据当时在音教会学习与参加演出的中学生裘宗恕回忆，程懋筠虽是学西洋音乐的，但非常支持京剧改良，在物力与财力上都给予很大的支援，1933年至1937年前后排演了揭露日本侵略者与歌颂中国人民英勇抗战的《胡阿毛》、《模范军人》、《飞来的祸》、《焦土抗战》等剧，深受人民群众的欢迎，其中《胡阿毛》一剧，在很多地区上演极受各界好评，并受到当时政府颁发的奖金。这一期间音教会的评剧组对南昌市流行于民间的地方采茶剧进行过改编，剔除了其中一些封建迷信、有害群众的糟粕，加进移风易俗、寓教于乐的健康内容，还将一些爱国小调供给走街串巷的盲艺人传唱。1937年抗战开始，因经费关系，管弦乐队移交了，改良评剧组也撤销，程懋筠在这时重整旗鼓，继续充实合唱团、扩编话剧团，用“两套班子一套人马的办法”继续推行音乐教育，进一步宣传抗日救亡活动，改编后的“抗日剧团”排演过《放下你的鞭子》、《电线杆子》、《扬子江暴风雨》等剧，是在音教会继抗战之前上演《雷雨》、《日出》、《月之初生》等名剧光辉历程之后的再次辉煌。[48]

2. 发行剧曲电影双周刊。音教会为取缔及改良民众音乐，特派剧曲电影视察员二名，以检查及指导各种民众音乐团体，其填有的报告多种，除在音乐教育杂志上发表外，又在民国日报上另开剧曲电影周刊一种，在1933年5月12日发行。出版共50期。

3.2.4 民众音乐生活与社会音乐活动

1. 民众娱乐指导委员会的设立[49]

1933年3月，音教会专门设立了民众娱乐指导委员会，组织民众音乐生活，程懋筠出席了每次委员会会议。音教会联合省党务整理委员会，市党部，民政厅，公安局，教育厅第三科民众教育馆，组织成立了省会民众娱乐指导委员会，音教会所派的委员为主任委员，各委员兼视察员。委员会具有法规法案的力度，其内容有：召集戏园、电影院、游艺场经理开会；召集营业表演者开会。确立本会名称案、组织大纲、视察办法规定案等、确立禁演戏曲与歌曲案，取缔本市流行歌曲案。

民众娱乐指导委员会工作重点在于剧团的管理，其设定了严格的规章制度（音教会称为“如何训练案”）：一，定期召集各剧团后台经理及演员开谈话会；二，召集各剧团办男女伶人实施短期训练；三，将本会自编制新剧本，及修正之旧剧本，指定剧团试演，本会派员指导。各剧团排演新剧，须将详细脚本，连同提纲，函送本会审查，在未得本会许可之前，不准自由排演，尤不得擅自表演。此外，在第九次民众娱乐指导委员会上，熊主席（熊式辉）特别面谕程主任（程懋筠）注意各剧团：一，凡本市各剧团男女伶，均须受推行音乐教育委员会及省会民众娱乐指导委员会之训练。（讲演及排演新编戏剧）；二，本是各剧团之伶人受训练之后，各剧团有推行新编戏剧之义务；凡已禁演及须删改之戏剧，虽外来伶人，亦不得自有演唱。

2. 增添民众音乐设施

1934年，江西省当时唯一最大的湖滨音乐堂落成，这是当时南昌音乐戏剧活动的中心。建设音乐堂是程懋筠提议的，为了促使湖滨音乐堂的早日落成，在音教会书面呈请教育厅后，程懋筠还以个人的名义再次书面陈述建音乐堂的理由：“按音乐可以移风易俗。在教育上实居重要。际此国难省难时期，振奋民族精神，涵养爱国爱乡思想，尤以提倡音乐教育为急务。查公园为民众局和之场，设立音乐演奏堂，与普及民众音乐教育，收效速且巨，文明国家，均有此设施。南昌为首善之区，自应率先提倡，一

位各县之矜式。湖滨公园。规模宏大，地点适中，市民业余，前往消遣者，日以千计，自有设立音乐堂之必要。其办法拟请呈省政府筹国币约二千元，于湖滨公园是一地点建设新式音乐堂一所，不时由本会公开举行音乐会，以供市民欣赏，籍收潜移默化之功。”㊿音乐堂是一幢样式特殊的建筑物，横长方形的米黄色外壳，两边有浮雕大花，里面是凹进去的天蓝色演奏厅，幕线以外还延伸出宽阔的露天舞台；晚上，开了顶光脚灯，辉映得这个音乐厅非常的漂亮，如在星月交辉之夜，似有人间天上同为一体之感。演奏厅是很理想的演奏场所，露天舞台还可以演戏，观众席与周围的空草地，能容乃上万人。程懋筠率领音教会在音乐堂组织的音乐会真正做到了音乐艺术大众化，没有卖高价票把广大观众拒之门外，而是卖一毛钱两毛钱一张的门票，让广大群众都能欣赏音乐。音乐堂建成后，每周六晚，都举行一次音乐会[118]。这湖滨是当时爱好音乐戏剧者与青少年最喜爱的地方。音乐堂于1938年10月毁于战火。㉛

此外，音教会还开办租借钢琴业务以补救民众经济之不足，并购置乐器，共计留声机一件，中国乐器十九件。

3. 组织民众的音乐培训㉜

举办暑期民众音乐训练班。材料由音教会编订：抗日救国、四季叹烟、嫖客十叹等，三种，“此种小调系利用民众音乐于原有形式，谱用西洋做法而采我国之五声音阶制成，实欲于简单之中提高其乐趣耳。”㉝

举办钢琴与提琴班。缪天瑞先生指导钢琴，钱会宝先生教提琴，每周一次。根据每次的委员会记录，授课达到一百次以上。此外还有，南胡班，授课有20多次。1936年4月，音教会口琴队成立，演奏会每月一次，练习每周两次与湖滨音乐堂，共计有会员30多人，编订了讲义，授课与练习有一百多次。指导教育厅全体成员唱歌，练习歌曲有：“救国歌”、“复兴歌”、“天下为公歌”、“归燕歌”、“怀旧歌”、“伏尔加船夫曲”、“全国运动歌”、“一六纪念”、“阳关三叠”。在教厅职员中举办音乐会并说明其内容。除在教育厅开展音乐活动以外，1935年4、6月，帮助省会公民教育委员会训练公民唱歌，每周一次；1935年6月，指导妇女生活改进会唱歌；1935年7月，派员赴农村合作委员会教练唱歌。

4. 成立音乐组织：

1934年3月，音教会成立小管弦乐队，程懋筠担任指挥。在三十年代的中国，管弦乐队是十分稀有的，仅上海有个管弦乐队，而且还是由外国人办的，在程懋筠的努力下，终于创办一个由中国演奏的管弦乐队，在全国来说，这支管弦乐队是首创㉞。乐师除一部分由本会职员兼任，另请赵年魁、周咸安等，缪天瑞担任钢琴声部，至管乐则就由省政府及公安局军乐队队员选拨成绩优秀者充任。管弦乐队每周除了排练还进行全体谈话会。涉及的练习曲目相当广泛，主要是一些欧洲的世界名曲：舒伯特“即兴曲”、莫扎特“魔笛”、施特劳斯“圆舞曲”，勃拉姆斯“匈牙利舞曲”、费尔巴哈

"船歌"、还练习钢琴四重奏，大提琴、小提琴协奏曲，门德尔松三重奏，莫扎特钢琴三重奏、奥芬巴哈、比才、圣桑、格里格、威尔第、贝多芬、韦伯、舒曼、海顿，当然还包括当时一些中国音乐家的作品。在1934年至1936年之间，举行了一场场大小型音乐会将近百次之多，还到外县巡回演出，内容有独唱、独奏、重唱、室内乐等，形式多样，活跃和丰富了民众的音乐生活[55]。约在1937年前后，乐队移交给武汉励志社，因抗日战争暂受失利影响，该乐队部分人员，又再合并到重庆中华交响乐团[56]。

1933年10月29日音教会在教育厅成立合唱队，出席队员96人，首先由程懋筠报告，并分发各队员简略乐理，分四声部，练习合唱，歌声铿锵雄壮。指导合唱团练习的歌曲有："月下独酌"（李白词）、"凯歌"、"箫"歌、"大好河山"。合唱队的练习次数达一百多次。[57]

1937年，抗日战争爆发，中国人民面临生死存亡的严峻关头，音教会全面投入了抗日救亡的时代浪潮当中。程懋筠于1938年初，在江西南昌创办了"抗敌歌咏话剧团"，在条件艰苦的情况下，争取了多方面的支持，吸引了一批爱国的热血青年，这支抗日救亡的文艺队伍，与当时在南昌的新四军战地服务团、抗战后院会宣传大队、青年服务团宣传大队、赣保政训处宣传大队等一道，冒着低级疯狂的轰炸，开展抗日宣传工作[58]。

5. 音乐演出活动与音乐会

音教会组织的音乐活动整理如下：[59]

时间、地点	音乐活动名称	演出内容及相关情况
1934年	参加中华职业教育社第十四届年会开幕典礼。	合唱"救国"，"新生活运动歌"，"汗血歌"，"青年服务团"等歌。
1934年	赴青年训练总团队表演音乐节目。	
1934年	举行十五次音乐演奏（欢迎中国科学社社员）。	
1934年	参加公民教育委员会举行音乐演奏。	
1935年1月	赴葆灵女中及青年会举行音乐演奏。参加欧美同学会年会演奏音乐。	
1935年1月19日，教育厅礼堂。	音教会欢迎国际新闻记者赣省参观音乐会。	国际新闻团员计20人，美国记者代表致谢。
1935年3月	参加中华口琴会南昌分会周年纪念音乐会演奏音乐。	
1935年6月	赴益群社演奏音乐。参加省会卫生扩大运动会演奏音乐。	

续表

时间、地点	音乐活动名称	演出内容及相关情况
1935年7月	举行第21次音乐会。	赠卷招待市民听众达二千人。
1935年7月	22次音乐会。	招待省会中学校暑期补习班全体同学举行会唱。
1935年7月，每隔一周，在湖滨音乐堂公开演奏		市民自由欣赏，每次听众达数千人。
1936年5月	赴西山中学生集中训练总队及省立农业院演奏音乐。	
1935～1936年	赴广播电台播音演奏。	
1936年6月	南昌女子中学、省立工业专科学校演奏音乐。	
1936年8月至1937年1月	为民众举行8次，小学生举行15次。	
1936年共举行8次儿童音乐会。		出席儿童共八百三十多人。
1934～1935年	帮助协剿会举行募捐音乐会。帮助协会举行募捐音乐会，视察协助募捐音乐会。	

程懋筠在音教会组织、参加音乐会演出的内容：[60]

时间、地点	音乐会名称	程懋筠演出的节目
1933年4月6日，教育厅大礼堂。	协助会募捐音乐大会。	程懋筠男声独唱。
1933年10月10日晚，在教育厅大礼堂。	纪念国庆音乐演奏。	程懋筠男生独唱，曲名“浮士德”（古纳作曲）。
1934年1月2日，教育厅大礼堂。	音教会庆祝元旦音乐会。	程懋筠独唱 Th Leurance 的作品。
1934年6月，教育厅大礼堂。	“欢迎本会省第二期地方教育行政人员讲习会会员及教导大队全体队员”。	程懋筠独唱“马赛曲”。
1934年7月15日晚	欢迎中华职业教育社社员诸君音乐会。	程懋筠男声独唱：歌剧“Rigoletto”中之一段（Verdi 作曲）。
程懋筠指挥音教会管弦乐 队演奏交响乐。		
1934年8月31日	欢迎中国科学社社员。	程懋筠独唱：“马赛曲”。
程懋筠指挥音教会管弦乐队柴可夫斯基的作品。		

续表

时间、地点	音乐会名称	程懋筠演出的节目
1934 年 11 月 12、13 日下午 8 时。	总理诞辰纪念音乐会。	程懋筠指挥音教会合唱队男女声合唱“党歌”“凯旋歌”（凡哥塞尔作曲）。程懋筠指挥音教会管弦乐队演奏歌剧“魔笛”序曲、瓦格纳“婚礼进行曲”、“白歌舞”（伊拉底尔作曲）。
1935 元旦	第十九次音乐会节目	程懋筠独唱。程懋筠指挥管弦乐队演奏“党歌”、“轻骑兵”序曲。
1935 年 5 月湖滨音乐堂。	音教会第 20 次音乐会。	程指挥管弦乐，并男声独唱，缪天瑞钢琴伴奏。
1935 年 6 月 15 日，益群社。	益群社音乐会。	程懋筠指挥“抗敌军歌”（其本人作曲）。
1935 年 7 月 21 日，益志社南昌分社。	益志社音乐会。	程懋筠指挥管弦乐。并演唱威尔第的歌剧咏叹调，缪天瑞伴奏。
1935 年 10 月，湖滨音乐堂。	双十节音乐会。	程懋筠指挥管弦乐，并演唱四重唱次中声部。
1935 年 12 月 12 日与 1936 年 1 月，南昌广播电台。	南昌广播电台波音节目。	程懋筠指挥管弦乐，演唱“抗敌军歌”四重唱次中声部（黄自曲）。
1936 年 2 月 1 日晚 7 时，临川中学。	音乐演奏会。	指挥管弦乐队演奏“党歌”。程独唱“怀旧”（自度曲）、“马赛曲”。
1936 年 7 月	音教会音乐会。	独唱“女人心”、“小夜曲”。
1936 年 6 月，女中礼堂。	南昌女中联合音乐会。	程指挥管弦乐。

3. 3　结语

从以上对程懋筠音乐推行教育工作与音乐活动的整理，我们可以看出程懋筠的音乐教育思想与其所做的工作是紧密相连的。他并没有将音乐教育思想进行专门的论述，除了比较概括地在他的论文中阐述音乐教育的作用以外，其主张都体现在推行音乐教育工作当中，由此可见程懋筠特别注重推行音乐教育的实践，并且推行的工作也相当全面，从对学校教师进行逐个细致的统计审查、对师资的培训，到新的教学大纲课程标准的确立、对各校推行音乐教育效果的再审查，他的音乐教育主张从确立到实施是比较完整有效的，加上得到政府部门强有力执行的支持，对当时的国民音乐教育的具体实施可谓起到奠基性的作用。

在组织民众音乐生活方面，程懋筠同样切实可行地推行了其音乐教育的主张。当时的中国社会正处于内忧外患的国难时期，清政府的封建腐败统治与外国的侵略，人

民的身心处于极度萎靡甚至病态当中，充斥人民音乐生活的不是引导人积极向上、追求自由独立、反对侵略压迫的音乐作品，而是更加麻醉人精神痛苦的“靡靡之音”一类的暧昧庸俗的城市小调。当然音乐作品本身并没有对与错，但可以将其内容做“积极”与“消极”的划分。那些具有民族救亡意识的音乐家在这样的时期是肯定会奋起反对这样“消极”的音乐作品的，尽管有时候会显得过于偏激，比如，程懋筠对黎锦晖式的一流歌舞剧的坚决反对与取缔。

由于时代的特殊要求，程懋筠渴望树立一个所谓“纯正”的音乐环境，将“有害”音乐绝其根，以引导民众、振奋民众的精神。他对禁演这类音乐做了很多工作，审查每一个娱乐场所与演员，并且到这些场所推行新的爱国主义音乐作品，这都来源于他的爱国与抗战热情，在我们今天看来，当时与黎锦晖式歌舞音乐类似的音乐作品，包括当时娱乐场所的一些戏曲、电影，尽管并没有那么“恶劣”，但结合当时的时代背景与环境，这样的音乐作品的确对处于精神“摇摇欲坠”的人群起到“恶劣”的作用。因此，程懋筠推行民众音乐教育，极力审查、禁演在民众当中起到消极麻痹作用的音乐、电影、戏剧，将一些令民众积极向上的、并具有爱国抗战的音乐、电影、戏剧传播给民众，是非常契合时代要求的，也正是他“音乐救国”思想的鲜明体现。

另外，程懋筠对西洋音乐的在中国的传播起到了很好的作用，他不仅在学校与民众音乐会上演唱、指挥西洋音乐作品，在学校音乐课推行五线谱教学，还培养老师学习钢琴、小提琴等西洋乐器，翻译英美儿歌等等，可以说他的音乐教育内容是非常“西化”的。当然，从另一方面来讲，这不利于学生对民族音乐的学习，过于排斥学生接受中国乐器及中国的戏曲音乐，这也是值得我们反思的，当然这也是那一个时期留洋归来的音乐家们共有的看法与主张，是他们的“中国音乐落后论”所致，而现在看来这样的音乐教育，对自己本民族音乐的学习，是有缺失的。过于偏向学习西方的经典音乐，而放弃对本民族音乐传统的热爱与学习，这也是我们国民音乐教育发展历史当中值得深刻反思的“既往作法”。

（本文为作者的硕士论文，收入本集时，做了压缩，在文字上也作了一定的润色）

---

①根据《音乐教育》第二卷“本会要闻”和程懋筠夫人舒文辉的书面回忆，还有丁立鸣的书面回忆《湖滨音乐堂》一文。丁立鸣《湖滨音乐堂》一文提到：“三十年代的中国，管弦乐队是十分稀有的，仅上海有个管弦乐队，而且还是由外国人办的。”

②根据《音乐教育》一卷一期至四卷十二期“会议记录”、“本会要闻”、“本会工作报告”。

③“低级文化民族”一词在文章中是指物质文明相对落后的民族，不含褒贬的意义。

④1927—1928年间，钟敬文先生在广州中山大学与杭州先后创立了“民俗学会”，继续进行北京大学歌谣研究会开创的这种学术活动，并且编辑《民俗》周刊。我们将这一期间称之为民俗学活动。参见钟敬文：1998［2005］1月9日《不矜罗马眷东方》http：//www. cctv. com/folklore/special

⑤“高级文化民族”与“低级文化民族”一词相对，指物质文明发达的民族，不含褒贬意义。

⑥人类学、民俗学在中国20世纪初由西方传人，两个学科之间存在交叉与分别，与西方相反的是，人类在中国并没有一开始成为显学，尽管它在西方发生较早、传入中国较民俗学也要早，但是中国民俗学运动的早期，大多数聚集在《歌谣》周围的文学青年却都还不知道什么是人类学。而在西方，人类学是显学，而民俗学则是它的分支学科。之后逐渐由于人类学拥有成熟的西学基础、规范的学术方式，因而在精英阶层中形成了一股强劲的学术势力，在中国人类学才逐步侵入“民俗学”的领域，并且民俗学开始逐渐向人类学转型、从属于人类学。（参见2006：《向人类学转型》http：//www. pkucn. com）

⑦根据1933年6月《音乐教育》一卷四期“江西省推行音乐教育委员会七月份工作报告表”（105～112页）；与1933年5月《音乐教育》一卷三期“举办暑期学校音乐组”（90页），1933年6月《音乐教育》一卷4期“本委员会要问”（88页）。

⑧匪石所指的“古乐”，是已经失传了的诗经、汉唐乐府、宋词元曲的音乐部分，所指的“今乐”是当时市井流行的音乐。

⑨根据丁立鸣的笔头回忆“抗战时期的江西音教会”一文，程懋筠写了100多首抗战歌曲。

⑩根据1933年7月《音乐教育》一卷五期“本会工作报告”。

⑪钟立民是程懋筠在江西赣州中正大学教书时的学生。

⑫此文是钟立民对程懋筠的回忆，未发表。

⑬根据《音乐教育》一卷一期至四卷十二期“本会工作报告”。

⑭⑮根据1933年3月《音乐教育》一卷一期“江西省推行音乐教育委员会组织大纲”（81～82页）。

⑯程时煃：《音乐教育》卷首语，1933年4月。

⑰根据《音乐教育》一卷一期至四卷十二期“本会工作报告”。

⑱根据1933年3月《音乐教育》一卷一期“第一次会议记录”（73页）。

⑲见熊志诚“三十年代江西省音教会史况”。

⑳根据1934年6月《音乐教育》杂志的本会要闻所记录的音乐会节目单。

㉑见熊志成“三十年代江西省音教会史况”，106页。

㉒见熊志成“三十年代江西省音教会史况”，179页。

㉓根据1933年6月《音乐教育》一卷四期“本委员会要问”（88页）。

㉔① 根据1934年1月《音乐教育》二卷一期“举办小学音乐教师寒假补习会”。（139～140页）

㉕根据1935年1月《音乐教育》三卷二期“本会要闻”。（74页）

㉖根据1936年2月《音乐教育》四卷二期“第三届教师寒假修养会音乐教育组工作记录”。（109～111页）

㉗ 根据1933年5月《音乐教育》一卷三期“举办暑期学校音乐组”（90页），1933年6月《音乐教育》一卷4期“本委员会要问”（88页）。

㉘根据1933年6月《音乐教育》一卷四期“江西省推行音乐教育委员会七月份工作报告表”。（105～112页）

㉙根据1935年6月《音乐教育》三卷六期“暑期补习班音乐教学大纲”。（113～114页）

㉚见熊志成“三十年代江西省音教会史况”一文。

㉛根据1933年6月《音乐教育》一卷四期“本委员会要问”。

㉜根据1933年5月《音乐教育》一卷三期“第四次委员会议记录”（85～89页）。

㉝根据1933年4月《音乐教育》一卷二期“初等音乐教育讨论会会读录”。（66～68页）

㉞根据1934年6月《音乐教育》二卷六期“第一次中学学校音乐教育讨论会读录”。

㉟根据1935年7月《音乐教育》三卷七期“第二次中学学校音乐教育讨论会读录”。

㊱根据1933年4月《音乐教育》一卷二期“江西省推行音乐教育委员会四月份工作报告表”。（76页）

㊲根据1933年3月《音乐教育》一卷一期“江西省推行音乐教育委员会视察员服务办法”。

㊳㊴㊷㊸㊹㊾㊿根据《音乐教育》一卷一期至四卷十二期“本会工作报告”。

㊵根据1935年《音乐教育》三卷7期“本会工作要闻”。

㊶根据1933年7月《音乐教育》一卷五期“致教育内政电影检查委员会公函”。（131页）

㊺根据《音乐教育》二卷五期“本会要闻 本会添设戏剧组”。（74～79页）

㊻此剧均为裘德煌亲自编导，裘德煌为音教会改良评（京）剧的组长，是裘宗恕的父亲。根据丁立鸣的笔头回忆“抗战时的改良评剧《胡阿毛》”一文，裘德煌是江西新建县人，早年毕业于南京两江师范，非常热爱戏剧，编写过许多改良评剧，如《宫井埋香》、《飞来的祸》、《模范军人》等剧，《胡阿毛》是他的代表作。裘德煌与当代戏剧家田汉、石凌鹤等名人，交往甚密，他写的剧本，故事内容十分动人。

㊼根据裘宗恕的笔头回忆“飞向时代的暴风雨”，节选自其回忆录《生活在音教会》，写于2000年。

㊽根据裘宗恕的笔头回忆“飞向时代的暴风雨”，节选自其回忆录《生活在音教会》，写于2000年。

㊾根据《音乐教育》一卷三期“民众娱乐指导委员会纪录”。

㊿ 根据1933年3月《音乐教育》一卷一期“音教会三月份工作报告表”。

51根据丁立鸣笔头回忆“回忆当年响彻在南昌的抗战歌声”一文。

54 56根据丁立鸣的笔头回忆“湖滨音乐堂”一文。

55根据熊志成“三十年代江西省音教会史况”一文。

57根据1933年7月《音乐教育》一卷五期“本会工作报告“。（134页）

58见熊志成“三十年代江西省音教会史况”一文。

59 60根据《音乐教育》一卷一期至四卷十二期“本会工作报告”。

参考文献：

［1］［69］罗艺峰《一位被历史遗忘的音乐家——作曲家程懋筠》，向延生主编《中国近现代音乐家传》（第一册）沈阳，春风文艺出版社，1994年。

［2］程懋筠《新中国颂》，夏白主编《上海音乐》1951年创刊号，中华全国音乐工作者协会上海分会，华东人民出版社。

［3］［4］［5］［6］［7］［17］程懋筠《低级文化民族的歌谣》，程懋筠、缪天瑞主编《音乐教

育》一卷六、七期合刊，江西南昌，1933 年 11 月。

[8] [10] [11] [12] 汤亚汀《文化人类学与中国音乐研究》，《民族艺术》1988 年第 2 期，广西南宁。

[9] 胡适《全国歌谣调查的建议》，北大歌谣研究会主编《歌谣》周刊，1937 年周年纪念号第三卷第一期。

[13] 田边尚雄《第一音乐纪行》，东京文化生活研究会出版，1923 年。

[14]《西方民族音乐学思想对中国的影响：历史与现状的评估》，《音乐艺术》1988 年 2 期，上海音乐学院学报。

[15] [16] 钟敬文《不矜罗马眷东方》http：//www. cctv. com/folklore/special2005 年 1 月。

[18] [33] [36] [38] [40] [42] [44] [45] [46] [47] 程懋筠《改良吾国音乐刍议》，程懋筠、缪天瑞主编《音乐教育》1933 年 4 月一卷一期。

[19] [20] 罗艺峰《思想视野中的 20 世纪上半叶中国音乐美学》，《星海音乐学院学报》2001 年第 4 期。

[21] [22] 匪石《中国音乐改良说》（1903 年），张静蔚编选、校点《中国近现代音乐史料汇编》，人民音乐出版社，北京，1998 年。

[23] 张静蔚《中国近现代音乐史的珍贵文献——纪念“中国音乐改良说”发表 100 周年》，《音乐研究》2003 年第三期，人民音乐出版社，北京。

[24] 王光祈《自序》(1933 年)，《中国音乐史》音乐出版社，北京 1957。

[25] 青主《音乐通论》商务印书馆，上海，1933 年 12 月。

[26] 青主《论中国的音乐》，青主主编《乐艺》1935 年 4 月一卷五期，商务印书馆，上海。

[27] 柯政和《新国乐的建设》，程懋筠、缪天瑞主编《音乐教育》1934 年 8 月二卷八期，江西南昌。

[28] 李任公《中西歌咏术的比较》，程懋筠、缪天瑞主编《音乐教育》1934 年 8 月二卷八期，江西南昌。

[29] 萧有梅《最近一千年来西乐发展之显著事实与吾国旧乐不振之原因》，缪天瑞主编《音乐教育》1934 年 8 月二卷八期，江西南昌。

[30] 李镜徵《中国戏曲退步说》，程懋筠、缪天瑞主编《音乐教育》1934 年 8 月二卷八期，江西南昌。

[31] 王绍先《中国音律之今昔述要》，程懋筠、缪天瑞主编《音乐教育》1934 年 8 月二卷八期，江西南昌。

[32] [37] [39] [41] [43] [48] [49] [91] 程懋筠《通讯：答蔡震离君来函》，缪天瑞主编《音乐教育》1933 年 12 月一卷八、九期合刊，江西南昌。

[34] 青主《我亦来谈谈所谓国乐的问题》，程懋筠、缪天瑞主编《音乐教育》1934 年 8 月二卷八期，江西南昌。

[35] 陈洪《国乐的定义》，程懋筠、缪天瑞主编《音乐教育》1934 年 12 月二卷十二期，江西南昌。

[50] [52] [54] 胡彦久《我国音乐之缺点及其补救》，上海大公报，1926 年 7 月。

[51]［55］［62］［67］华文宪《中国新兴音乐谈》，《东方杂志》1934年1月第31卷1号。

［53］朱英《整理国乐须从改良曲谱着手》，青主主编《乐艺》1930年7月一卷二期，商务印书馆，上海。

［56］青主《论中国的音乐》，青主主编《乐艺》1935年4月一卷五期，商务印书馆，上海。

［57］［58］缪天瑞著《律学》（1996年版），人民音乐出版社，北京，2002年。

［59］沈士骏《律吕透视》商务印书馆，重庆，1944年11月。

［60］［68］［78］［117］程懋筠《江西省推行音乐教育委员会之使命及计划》，程懋筠、缪天瑞主编《音乐教育》1933年4月一卷一期，江西南昌。

［61］曾志忞《音乐教育论》（1904年），王宁一、杨和平主编《二十世纪中国音乐美学文献卷》（文献卷1900－－1949），北京，现代出版社，1996年。

［63］［64］［89］程懋筠《黎锦晖一流戏剧何以必须取缔》，程懋筠、缪天瑞主编《音乐教育》1934年1月二卷一期，江西南昌。

［65］竹庄《论音乐之关系》（1904年），王宁一、杨和平主编《二十世纪中国音乐美学文献卷》（文献卷1900－－1949），北京，现代出版社，1996年。

［66］仲子通《抗战与教育的歌曲》，中国文化建设协会主编《抗战与歌曲》，商务印书馆，1938年2月。

［70］唐学咏《抗战歌卷首语》（1937年），仲子通著《抗战与歌曲》，中国文化建设协会编，商务印书馆发行，1937年。

［71］［72］周钢鸣《战时后方歌咏》，黎明书局出版，汉口，1937年12月。

［73］［88］［90］程懋筠《猴儿酒》，程懋筠、缪天瑞主编《音乐教育》1935年1月第三卷第一期，江西南昌。

［74］［86］程懋筠《关于学校唱歌科的对话》（其一）、（其二），程懋筠、缪天瑞主编《音乐教育》1933d年5月一卷二期，江西南昌。

［75］程懋筠《五线谱实际教学问题研究》，程懋筠、缪天瑞主编《音乐教育》1934年1月第二卷一期，江西南昌。

［76］丁立鸣《程懋筠及其抗战歌曲》，《台湾管弦乐》1995年7月第43期。

［79］［82］［84］程懋筠《音教抗战曲集》；江西省推行音乐教育委员会编辑发行，江西吉安出版，1940年（民国29年8月4日）。

［80］刘德润编《抗战吼声》（1934年4月），西安英华书店，1934年4月再版。

［81］程懋筠《音乐与戏剧》，江西遂川，1940年。

［83］周钢鸣《战时后方歌咏》，黎明书局出版，汉口，1937年12月。

［85］翁祖善《记一首失传的抗日救国歌曲御侮》，《贵阳文史》2005年第二期。

［87］程懋筠《关于省会小学校唱歌竞赛会的感想》，程懋筠、缪天瑞主编《音乐教育》1933年12月第一卷第八九期合刊，江西南昌。

［92］张航《张航声韵歌辑》，大海洋文艺杂志社，台湾，1999年。

［93］王光祈《各国国歌评述》，中华书局1926年11月。

［94］［95］刘作忠《中国国民党党歌－－曲作者程懋筠》，《文史博览》2005年21期。

[96] 并力《谈国歌旁及党歌》，程懋筠、缪天瑞主编《音乐教育》1936 年 1 月四卷一期，江西南昌。

[97] 李岩《纪念程懋筠的理由及问题批判》，《天籁——天津音乐学院学报》2007 年第一期。

[98] 程懋筠《中国国民党党歌歌谱之解释》，《中华教育界》1930 年 9 月第十九卷五期。

[98] 李继锋《蒋介石与新生活运动》，《文史博览》1994 年第一期。

[99] 程懋筠、缪天瑞《写在终刊之后》，程懋筠、缪天瑞主编《音乐教育》1937 年 12 月五卷十一、十二期合刊，江西南昌。

[100] 程懋筠主编《音乐教会战时续刊》，江西泰和，1941 年。

[101] 程懋筠《序曲——代发刊词》，程懋筠主编《音乐教会战时续刊》，江西泰和，1941 年。

[102] 程懋筠《江西省推行音乐教育委员会之使命及计划》，程懋筠、缪天瑞主编《音乐教育》1933 年 4 月一卷一期，江西南昌。

[103] 程懋筠《发声与指挥》，程懋筠主编《音乐教会战时续刊》，江西泰和，1941 年。

[104] 程懋筠《关于学校唱歌科的对话》（其一）、（其二），程懋筠、缪天瑞主编《音乐教育》1933 年 5 月一卷二期，江西南昌。

[105] [106] 程懋筠《五线谱实际教学问题研究》，程懋筠、缪天瑞主编《音乐教育》1934 年 1 月第二卷一期，江西南昌。

[107] [108] [113] 程懋筠《关于讨论“固定唱名法”及“首调唱名法”的一封公开信》，程懋筠、缪天瑞主编《音乐教育》1935 年 7 月三卷七期，江西南昌。

[109] 程懋筠《关于“修改高级中学音乐课程标准草案”之意见》，《教育部拟定中等音乐、美术、体育、劳作、童子军课程标准（草案）》，中国第二历史档案馆，宗号五，宗卷号 7025，1947 年 11 月。

[110] 程懋筠《部定初中音乐课程标准检讨》，程懋筠、缪天瑞主编《音乐教育》1936 年 1 月四卷一期，江西南昌。

[111] 程懋筠《本会过去现在及现在之设施》，程懋筠、缪天瑞主编《音乐教育》1936 年 12 月四卷十二期，江西南昌。

[112] 青主《小学唱歌问题》，程懋筠、缪天瑞主编《音乐教育》1935 年 2 月第三卷二期，江西南昌。

[114] [115] 陈光毅《颁布小学课程标准内几个值得讨论的问题》，程懋筠、缪天瑞主编《音乐教育》1936 年 6 月四卷六期，江西南昌。

[116] 陈洪《部定初中音乐课程标准检讨》，程懋筠、缪天瑞主编《音乐教育》1936 年 1 月四卷一期，江西南昌。

[118] 吴识沧《程懋筠与他创建的音教会》，《南昌文史资料第九辑》政协江西省南昌市委员会文史资料研究委员会编，南昌，1993。

文论·作品篇

文论篇

中国国民党党歌歌谱之解释

（案此稿曾投寄东方杂志社，乃事隔半年有余，该社忽以稿件太多，不能即时登载为辞，将稿寄还，似此只登批评之文而将作谱者之辨解抹煞，殊难测其用意。倘谓此稿无发表价值，则文责自由作者负之，该社又何必多所顾虑？——作者附志　五月七日）

中国国民党党歌颁行后，王瑞娴女士曾在《东方杂志》中发表批评意见。当时因：（一）王女士所据之党歌印刷品，间有错误，王女士既就错论错，自无斤斤辩论必要。（二）该谱如真不合用，竟引起多数人之反对时，其责自有党歌审查委员诸公负之，不需筠自行辩护。（三）课忙笔懒，无暇及此。有此三种原因，所以竟泰然处之。又前阅中央日报“大道”副刊中又有邱中广君之批评。亦以上述理由，置之不问。近闻又有人提议修改党歌歌谱之举，（经前教育部长蒋梦麟先生正式来函否认，始知系一种无稽之谈。）倘再缄默不言，诚恐是非得失，太难分晓。区区拙作，竟成唾骂材料。安能无言。请先将王女士所评之点，解释如下：

（一）曲体

王女士说：党歌体裁不合“两段体歌谣形式”自“咨尔”起。至“是从”止，应为开句。“从”字乐调应作3（mi）而非1（do）。其节奏不应继续不断。

案作曲固应顾及形式，但西洋之乐式论，未必能包括世界一切音乐之形式。即近代西乐形式，常与古典音乐之形式不同。日本国歌，其制曲法及伴奏均依西乐之规则，然其音阶则用“律旋法”，其乐节只有十一小节（单数），与普通西洋严格的歌谣形式，竟不相合。所以鄙意以为乐曲之形式只须顾及“前后呼应”之原理，不必尽合西洋乐式。至于党歌，并非不合西洋乐式。其形式乃一种“小三部式”Littlo Ternary form。将“两段体”之体裁，来相评论，当然不合。查“小三部式”种类甚多，不外如下式：

前部	+	中部	+	后部
（第一及第二两主题）		（或 Trio 部。对比的插段。）		（前部之反覆或变形的反覆。）

党歌体裁，即此形式，兹分析如次：

“三民”至“所宗”之乐调＝第一主题。
“以建”至“大同”之乐调＝第二主题。 } 前部。

“咨尔”至“是从”之乐调＝对比的插段——中部。

“矢勤”至“必忠”之乐调＝第一主题之变形。
“一心”至“始终”之乐调＝第二主题之变形。 } 后部。

（注）“咨尔”至“是从”之乐调是插段的性质。（好像是一桥梁，可以连续不断的搭上后面乐句。）相当于 Rossini's“Guillaumo Tell”中合唱曲的中部；及 Beethoven 的 G 调 menuet 中之 Trio 部分。两曲中部的节奏均系继续不断的；均以 do 终结，并未以 mi 终结。又 Last roso of Summer 一曲各乐句均以 do 字结尾。——虽然中部可认为转调——决不能谓其无一开句。又 Brahms 的“打铁歌”全曲均连续不断，直至曲终之前一小节总有一长音。以普通形式论之，将又何说？

又“矢勤”至“始终”之乐调，其旋律表面上虽不似“三民”至“大同”之乐调，然其强声部所用之音尽是“三民”至“大同”乐调中所用和弦内之音。且其节奏亦大致相同。（即谓为将前部节奏完全反复亦可）故可谓为“三民”至“大同”乐调之变形的反覆。此种办法，在作曲上常用之。

（二）曲调

王女士关于党歌曲调之批评，总括如左：

a.“咨尔”至“是从”及“矢勤”至“始终”的乐调，用了两种同类的音符，未免单调。

b.“咨尔”至“前锋”的字意，非如幼稚园歌中的拍，拍，拍，跑，跑，跑之类，不宜用休止符做成一种舞踏式的节奏。

c.“夙夜”两字之间，绝对不能休止。（即两字之间，不能用读。）

d. 回环式的节奏（55655；ii655，）与党歌所表的意思冲突。

e. 以赞美诗始，以游戏小曲终。

案以上王女士所指摘之处，不料竟为筠业已留意之处，兹逐项解释如下：

a. 党歌系有普遍性的歌曲，不宜太复杂，亦不宜难唱。用同类的音符，即着眼于此。英国国歌，及赞美歌等，同类音符，决不为少。且“咨尔”至“是从”的同类音符与“矢勤”至“始终”的同类音符，完全不同，亦可免却单调之感。（短短的党歌，无庸过事变化其节奏。）

b. 音之表现意义，并非固定不移。同为顿音（Staceato），Verdi 用之于歌剧，可以表现华饰光辉之美。Brahms 用之于 Liebeshen 曲，竟能表真诚哽咽之情。幼稚园歌用之，可以表现拍，拍，拍，跑，跑，跑。进行曲，军歌用之，可以表示进，进，进，走，走，走。党歌用之，其理由有二：

（甲）党歌歌辞，全篇四字一句，如曲调不在此处变换快速之拍节，势必与“三民”至“大同”及“矢勤”至“始终”的纡缓节奏无大分别。因此为插段部分，在作曲上，宜与前后两部曲调呈一种大相反之作用也。

（乙）“咨尔多士，为民前锋”系总理命令党员做民众前锋的口吻。其曲调用一种军歌及进行曲中口令式之顿音，即表示进，进，进，进，走，走，走之意。自是理所当然。

c. “夙夜”两字之乐调均为四分音符，王女士竟谓“夙”字，是八分音符及八分休止符，当是印刷品之错误。但即如王女士所说，亦无妨碍。“夙夜”两字，当作“早晚”解，（如夙与夜寐）显系两个名词，岂有不能间断之理？王女士谓其绝对不能休止者，想是将“夙”字看做一个形容词，如“深夜”“良夜”等了。

再相连之字，在乐谱方面，即用顿音，亦非绝对不可之事。西洋文字，其单语多两缀以上之音。Verdi 歌剧中常拆散之以为顿音。（如 Rigoletto 又 aida 等。）吾国文字，一语一音，一音一义，岂反不能拆开？

d. “矢勤矢勇，必信必忠。”是总理三番两次的吩咐口吻，正须用回环式的乐调，表示反覆叮咛之意。岂能谓其与歌词意义冲突？

e. “三民主义，吾党所宗。”是歌词中最郑重之句，故用庄严之音调以表现之。何必定是“以赞美诗始？”中段表示动作进行之命令口气，何以谓之“跳宕轻浮？”岂军队中之口令，竟无雄壮庄严之气概，而反含“跳宕轻浮？”之感情耶？未段描写反覆叮咛之声调，故用回环模仿之乐句。又表示决心贯彻之精神，故音调渐趋高亢。（又“夙夜匪懈”之“夜”字“懈”字其音调均用两 6（La）字，似觉和谐。“主义是从”，其音调由高至低，系表示服从之意。）倘将此谱，用庄严沈毅之感情缓缓歌唱，宁有丝毫游戏性质夹杂其间？

（三）和声

案党歌歌谱中之和声，系备钢琴伴奏之用，观其余三部旋律，并未注重声调之美，可知其并非合唱之曲。用严格的四部合唱之和声规则评之，自有不可通融之处。况王女士所评之处，除印刷之错误外，（可参照中央党部执委会秘书处印行之谱）尚有近代钢琴伴奏上容许之点。（如：“在强声及低音上不转位的重覆前面和弦”及“四六和弦在非终止时不宜用于转拍头上”“平行五度，八度”等等）总之筠制谱时专注意于歌词之旋律，对于和声，实不过略备雏形。故于和声之调节及充实上，无暇顾及。此与旋律之优劣无关。不似旋律；既经世人唱熟，不可变动一音也。

总之王女士专以“两段体”之形式及“赞美歌”之眼光以评党歌，故有此种误会。至其所拟之谱，筠亦有不甚满足之点，略举一二，以资讨论。

（一）太似赞美诗，不能表示吾国国民情调。（颇类英国国歌性质。）

（二）因迁就乐式“三民”至“大同”四句竟作不必要之大段反覆。（当然西洋音乐中，也有大段反覆的，但须用得自然。）

（三）字音与谱音太拗口。如“主义”及“同”字等。

（四）乐句终止处，差不多均有延长记号，在音乐程度颇低之吾国民众，无指挥时歌唱不易整齐。（筠作之谱，虽有 Rit 及一个延长记号，但系为充分表现曲趣）而设，即去之亦可照拍歌唱，而王女士之作则绝对不能去其延长记号。现在再研究邱仲广君之批评。邱君意见，已有之溟君的驳论，（也登在“大道”副刊中。）案歌词非筠所作。自不必置辩。兹只就歌谱方面，解答一番：

邱君对于歌谱的批评，只有三点：（实只两点）

（一）字音因歌谱乱了平仄。

案制谱自应分清歌词之平仄，不过如邱君的过事吹求，则绝无一曲可成理想之谱。（世无明晰如说话之谱。）即吾国最讲平仄之词曲，亦须为邱君所骂倒。昆曲“思凡”中“奴把袈裟扯破”一句，如照邱君所说，当唱成“露霸驾舍贼婆”了。岂非笑话？然而竟不闹笑话，人人听之竟能了解者，咬字，吐音及联想之作用有以助之也。吾国文字之音，每字均可分为头，腹，尾三部，唱时头部须留意四呼。（即开，齐，撮，合）腹部须留意声母。尾部须留意韵母，防其出韵。如能照此唱法，加以听者之联想，何愁令人不懂？普通所谓平仄不调之音，系指即用此种唱法尚不能明瞭之字音而言。党歌所用的音，当然是“国语”并非“方言”。上海中国晚报馆所发行之党歌留声片，吐字发音，完全听得清楚。即王瑞娴女士亦谓“乐音高低与歌字平仄，颇为适当。”除了外国人及不解文字者，听了不懂，否则此谱的平仄是无问题的。又邱君所说，尚有矛盾及附会之处，揭之如下： 167

（1）邱君谓：“贯彻始终”是很熟的成语，中间可以有任何一字不顾平仄。

难道“三民主义”不是“很熟的成语？”“禅民”是一种什么民族？（是和尚抑是道士？）为什么有意义之“三民主义”会听成“禅民注意？”此其矛盾，不攻自破。

（2）“终”字邱君拆为“竹翁”两音，以为笑谑。殊不知吾国字文何字无“反切，”快读之自成一音，缓读之则成两音“终”字在谱上只有一个音符，何劳邱君分析其“反切”而缓缓唱之？此其附会，不言可喻。

（二）邱君谓：50 | 40 60 50 的 4（Fa）字，应下行至 3（mi）字，不应上行到 6（La）字；不应始终不用 3 字解决。

案 4（Fa）字用 3（mi）字解决，在乐句的末了，诚可用为半静止（Half Cadence）但在乐句中途，就不一定。如 Blue Bells of Scoti I and 一曲，6 7 i | 3342 | 1—·的 4（Fa）字始终未用 3（mi）字解决。又 Brahms 的 Lallaby 中24 | 76 57 | i 0 及 Schumann 的 Happy Farmer 的中1 | 46 i6 5·都是由 4（Fa）字上行的最好引例，其中 4（Fa）字也始终未用 3（mi）字解决。三曲唱时并无“悬空不安”之感。

（三）邱君谓：后面的 i 0 | 70 2̇ 0 i 0 是回应50 | 40 60 50 的乐句，照音程比例，

后句的4（Fa）字当升高半音为#4（#F）案互相回应之乐句其音程之比有下列两种：（一如和声学之反覆进行（Sequenes）其音程亦有精密与不精密两种。）

甲、绝对的比例。如：my old sunny home 中之5·653 | i·2 i6 | 是也。

乙、非绝对的比例。如：Beethoven 的G调 menuet 中5#45 | 642 | 323 | 427 5#45 | 642 323 | 427 是也。

互相回应之旋律其音程之比，既有两种，自可任依一种以作曲。如果邱君所说，则 Beethoven 之 menuet 竟须改为5#45 | 642 3#23 | #427 545 | 642 3#23 | #427 矣。至于党歌中50 | 40 60 50 之4（Fa）字何以不用#4（#F）字，及何以不用3（mi）字解决，自有如下理由：

（1）因"以进大同"之乐句是瞬间的转入G调，可以唱为6 | 2—·17 | 1—· | 又"咨尔多士"之乐句是返于原C调。G调与C调之不同，就在（F）音的升高半音与否上分别。所以要在旋律上表明由转调回原调时，只有在旋律中强拍上之（F）音上，降回原位。

（2）如依邱君之说，将50 | 40 60 50 改为50 | 40 30 50 则下句 i0 | 70 20 i0必须改为 i0 | 70 60 i0但歌词之"多"字"前"字，其性质宜用上行音。如改唱为3（mi），6（La）两字，既与歌词性质相反，且"多"字唱成"惰"字，"前"字唱成"健"字之音矣。在短促之乐调上，此种字音，即用前述之咬字吐音法，亦无能为力也。

总之批评党歌之文字，目下只有王女士及邱君的两篇。两人所评之点，据谓均系依照学理而言，故筠亦不得不根据学理，从事解答。错误之处，在所不免。尚希海内明达，进而教之。

十九年九月三十日稿。

（本文由中央音乐学院俞玉姿教授提供）

（原载1930年9月《中华教育界》十九卷五期）

江西省推行音乐教育委员会之使命及计划

音乐可以歌舞升平，亦可以激发民气，际此国难省难时期，振作民族精神，涵养爱国爱乡思想，音乐效力，尤为伟大。本委员会之设立，殊为切要之图。至其使命及计划，曾于省府通过之推行全省音乐教育实施方案，及本委员会工作纲要中，详细述及。兹特缮录于后：

推行全省音乐教育实施方案

昔姬旦以礼乐治天下，季札观乐而知兴废，孔子有兴于诗，立于礼，成于乐之言，柏拉图亦谓诸教育中，音乐教育，效力最大。良以音乐有潜移默化之功，所谓移风易俗，莫善于乐者是已。丹麦将亡，有志之士，创立民众高等学校，每日必歌唱奋发有为之歌曲，以振作民气，国赖以存。欧战后，各国小学，均增加音乐时间，以化民成俗，亦以雄毅舒朗之声，可以起顽立懦；中正和平之乐，可以止暴祛邪也。吾国晚近，旧乐沦亡，新声不作，民间鼓吹所用乐器，尽属羌胡之物，所奏曲调，莫非靡靡之音，故民气郁而不扬，人心乱而难治。若弗正本清源，无以挽狂澜于既倒。本省典章文物，自古斐然，允宜光大发扬，为人矜式。今乃闾巷充斥郑声，乡井争看俚剧，为之者颜厚不惭，司此者熟视无睹。甚或缺乏高尚娱乐，驯至堕入下流，赌博冶游，聊以遣日。民德颓废，风俗弛败，思之痛心，言之疾首。揆厥原因，实由于音乐教育未获切实施行耳。故非由省教育厅特设一推行音乐教育委员会，不足以专责成而收显效。其组织及预算，另有组织大纲及经费分配预算表，附录于后，至于推行全省音乐教育，其道有三：

一为除害。使柔昧淫秽之音绝迹，则郑声无以乱雅。二为革故。使组织简陋之乐改良，则旧物亦可致用。犹未有尽，必也应用科学方法，创制适合吾国国情之新声，在国人固可提高欣赏，陶冶性情，发扬志气，团结精神，在国际亦能合乎世界潮流，共进为大同艺术，故创新为三。兹就民众音乐及学校音乐两途，依管见所及，分述其实际办法如次：

民众音乐方面

（一）修订固有戏曲之内容

办法：对于现行之平剧，採茶戏，坐堂，清音小曲，南词，道情，说书，河南戏，游街曲，莲花落，大鼓书等一切流行戏曲，先收买其唱本，修订其内容，词句。再令出版书店，将木刻板呈缴，善者存之，不善者削去，然后发还，务使依照修正，重印发行。其经口授而无唱本者，则特雇一二营业者，前来演唱，一一为其纪录，加以修订。再择其中稍识之无而较聪颖者授之，使其传授同行。同时将其表演法就可能范围加以改革，务使无油腔滑调及淫秽动作。

（二）利用固有戏曲之形式

办法：模仿上述戏曲之体裁，另作新词，以鼓励民众。例如：发扬三民主义，鼓吹协助剿匪，提倡公共道德，灌输公民知识等内容，均可编入。务令营业者唱熟，广为传播，则事半而功倍。

（三）取缔恶劣之戏剧音乐

办法：

甲、拟具登记手续及表格，令各剧场，游艺场，说书场，影戏院及一切音乐团体，或个人营业，前来登记，其未经登记者，不准营业，并令于事前将排演节目内容，预先报告，然后派员携带证章及特定调查表格，至各处巡视，将演时情形及内容，依照规定之方法填写，以便对照是否与报告内容相符，其有违禁令监时加入有害风化之歌曲及动作者，酌量情形，科以罚金。再犯时，即停止营业。

乙、派员至省市公共场所：如茶馆公园等处巡查。见有高唱有害风化之歌曲者，即会同警士，拘至公安局，处以罚金。日本东京警视厅曾规定此种办法。

丙、其在私人住宅营业而有违禁令者，一经发觉，即科以相当处罚。

丁、各书店印行有害之唱词脚本，亦须酌量处罚，使其蒙经济上之损失。

戊、派员至各县市乡镇，视察民间演戏及歌舞情形，并采集民歌童谣，以观风尚，以备改良，其有违禁令者，酌量处罚。惟须会同县长或公安局长执行之。

（四）创作新谱，编演歌剧，以代替恶劣音乐。

办法：

甲、发行刊物，登载作品，或翻译名著，并登载关于音乐教育论文及音乐常识讲话，或发行民众歌曲之单行本。

乙、编制各种婚丧典礼之应用乐曲，借免鄙俗之乐，到处滥用。

丙、征集奋发有为及鼓励爱国爱乡之优秀作品，并奖励之。

丁、组织歌剧社，编演歌剧。及介绍中外名著，向各地巡回公演。

（五）设立音乐传习所，使民众有补习机会。

办法：

甲、开唱歌班，使民众及机关人员，对于国歌，党歌，宣传歌等公共歌曲，能人人熟练，歌唱整齐。

乙、开器乐班，特别提倡箫，笛，口琴等价廉易学之乐器。

丙、传习所购置价值较昂之乐器，以最廉之租费出租，每日规定时间，使民众前来练习，以补其经济上之缺憾。

丁、传习所常举行斗歌会及竞赛会，优良者奖励之，以资提倡。并使学习者兴趣浓厚。

（六）设立公共剧场，音乐堂，公园音乐亭，以便公开演奏。

办法：

请省市及县市市政当局，尽先筹划，使其早日实现，在未实现以前，不妨暂时租借公家建筑及私设剧场，不时公演优良之戏剧音乐，并常开唱片音乐会，同时说明其音乐内容。

（七）督促电影院施行音乐设备。

办法：

在电影院登记时，即督促其设备小规模之乐队或有声电影之装置，其音乐须与所演影片中喜，怒，哀，乐之情绪相符，以提高观众之音乐兴趣及欣赏能力，（日本电影院均有此设备，故人民多能理解音乐。）其正在营业之电影院，应促其在短期内添设，其尚未开办者，必须具有此项设施，否则即认为设备不周，拒绝登记。

（八）广播音乐及常识讲话。

办法：

聘请音乐专家，分期担任，事前并将广播节目，登载新闻。

此须俟本省设立播音局后，方能着手进行。

以上为推行民众音乐教育之设施，文明国家之都市，似应有此，本省政费支出，自须先就其简易可行者行之。

学校音乐方面

（一）养成幼稚园及小学音乐师资。

办法：

音乐之训练，在童年时期行之，最为有效，故幼稚园及小学音乐师资，至关重要，设立短期音乐师资养成所，即所以培养此类人材，对于乐典及作曲知识，弹奏方法，发声练习，教授法等，均须受正确训练。

（二）改良课程及教授法。

办法：

召集中小学音乐教师会议，研究课程之内容，教授法之得失，求其改革之道，尤以国乐一科，其内容及训练方法，亟宜明白编订。

（三）供给教材。

办法：

编著及翻译各种有艺术价值及有教育意义之歌曲不时分发各校，以补教材之不足。

（四）审查教材。

办法：

将现有教材，加以审核，对于黎锦晖一流之歌剧谣曲，严加取缔，即教师自行编选之补充教材，亦应由学校随时呈送教厅，以备审查。

（五）视察教学。

办法：

派员至各校视察教学情形，对于音乐之设备，教师之教法，学生之兴趣，均宜详细作成报告，以便改革。

（六）改良国乐，使与西乐并授，训练上不致发生窒碍。

办法：

改良国乐，手续浩繁，当为文专论，然其办法不外数端：

甲、依照长短两音阶制造乐器，则中西合奏，八音克谐。又易丝弦为金属或羊肠之类，则奏时不致中途松断。

乙、应用和声法以制曲，则乐调复杂高深。

丙、工尺谱记载殊不完备，须用五线谱，记钩，踢，轮，散等手法于其上。

丁、国乐均为偶数拍子，倘加入三拍，五拍，七拍，九拍等奇数拍子，则其节奏活泼而有变化。

戊、风琴，钢琴，弹时须剪去手爪，而琵琶则须留指甲，若改用假爪，自无窒碍。

以上所述，不过举其荦荦大端，刍荛之言，幸垂纳焉。

江西省推行音乐教育委员会工作纲要

本委员会工作约分六项：

（一）编辑　编订各种歌曲，经委员会议审定后刊行，以广流传。

编辑种类：

①小曲，②弹词，③采茶脚本，④平剧脚本，⑤南词，⑥北词，⑦道情，⑧河南戏，⑨游街曲，⑩说书，⑪莲花落，⑫大鼓书，⑬儿歌，⑭民谣，⑮学校唱歌，⑯歌

剧，⑰应用歌曲，⑱其他。

（二）审核　搜集民间唱本及学校教材，详加审核，恶劣者禁止之，未善者修改之，并审核剧场之剧目内容。

审核标准：

甲、应提倡者：

①发皇民族意识者，

②提倡民权者，

③裨益民生者，

④合于忠、孝、仁、爱、信、义、和平之旨趣者，

⑤侠义可风者，

⑥合群互助者，

⑦具勇敢有为之精神者，

⑧提倡勤俭廉洁者，

⑨令人发生反省者，

⑩涵养美的情操者。

乙、应取缔者：

①提倡迷信者，

②提倡君权者，

③有封建思想者，

④穷奢极慾者，

⑤诲淫诲盗者，

⑥表现残酷者，

⑦提倡极端个人主义者，

⑧提倡畸形道德者，

⑨萎靡怯懦者，

⑩不合时代潮流者。

丙、应修正者：

①文字欠通者，

②主旨颇佳而枝节有瑕疵者。

（三）宣传　本委员会对于音乐教育之主张及优良之音乐，或自编之歌曲，用语言，文字，图书，演奏等方法宣传之。

宣传方法：

①语言宣传，

随时派员举行室内或露天讲演，宣传音乐教育之理论及音乐之常识，或用无线电

广播之。

②文字宣传，

本委员会对于音乐教育之主张及编订之作品，用刊物发表之。

③演奏宣传，

编订之歌曲，常公开演奏，以便普及，对于原有之优良歌曲，则开音乐会及唱片音乐会以提倡之，并训练营歌曲业者及伶人，使能代为宣传。

④广告宣传，

对于音乐教育之重要及今后改革之主张，或编订之歌曲常利用种种广告，以资宣传。

（四）指导　本委员会对于学校音乐及民众音乐，有积极指导之责。

指导目标：

①指导营歌曲业者及伶人如何选择唱本及改良表演法，

②指导学校音乐教师选择教材及改良教法，

③改良现行之旧乐，以补救学校国乐科之缺点。

（五）调查　详细调查一切学校教材，民间歌谣及剧场音乐，以备改良，调查种类：

除大致与编辑种类相同外，其余应调查者如左：

①各剧场之表演方式，

②歌曲流传之状况，

③学校音乐教师之履历，人数，待遇及服务情形，

④营歌曲业者及伶人之种类，人数，住址，营业方式，收入等。

⑤各种乐器，乐谱，及音乐书籍，

⑥其他关于音乐之事物。

（六）采集　不论材料之优劣，均采集之，以备审核，并藉观民俗，采集种类：

大致与编辑种类相同，其余应采集者如左：

①关于音乐，歌曲，戏剧之书籍，杂志。

②各种乐器。

③各种乐谱。

以上六项工作，均须酌量财力，以定其缓急先后，次第进行。上述之实施方案及工作大纲，读者阅之，当知本委员会所负使命，实为重大；而所拟计划，亦已顾虑事实，在在可行，（现在即已实现其一部分）其亦能免“纸上空谈”之诮否耶？

（原载 1933 年 4 月《音乐教育》一卷一期）

改良吾国音乐刍议

凡一事一物，求其改革，必根据学理原则，庶言之有据，而非纸上空谈。欲改良音乐，亦须先明瞭音乐之原理。

音乐有四大要素：一，音阶 Scale；二，节奏 Rhythm；三、旋律 Melody；四、和声 Harmony。

何谓音阶？即高度一定之音列是也。吾国周以前之五音，（宫商角徵羽）周以后之七音，（五音加变宫变徵两音）现代之工尺；以及西洋古代希腊之四音制，Tetrachord（有四弦 Lyra）五音制，Pentatonic scale 六音制；Hexachord 及现行之七音制，Tonic sol－fa（或 Scale）半音制，Chromatic scale（又译为色彩音阶）均为音阶。即吾国之十二律，（黄钟，大吕，太簇，夹钟，姑洗，仲吕，蕤宾，林钟，夷则，南吕，无射，应钟）及西洋之十二调，（C. G. D. A. E. B. #F. F. ♭B. ♭E. ♭A. ♭D.）均由音阶旋转变化而成。

何以音阶为音乐不可缺之要素？因吾人听官所能感知之音，最低者每秒钟十六振动，最高者每秒钟三万余振动。其间距离，如此之大，若不规定其音度，（即使音与音之间有一定高低之关系）则此茫茫音乐世界，吾人奏，唱，制调，果依何为标准。更何以纪录之而传授他人？譬之织锦，有为星辰山泽之形者，有为鸟兽草木之态者，然察其所用材料固五色之丝也。虽其色彩有深浅浓厚之分，光怪陆离之异，考其色素之由来，皆由日光白色中分化而成正色及间色，使无分化作用，岂能产生异色，而成文彩？音乐中之音阶，犹之白色分化后之正色，其和音之变化，犹之由正色而变化之间色，所以用以组成乐曲，亦能呈错综铿锵之妙。吾人既取听觉范围以内诸音之一部分，次第列为音阶，由是能知其余之音，皆为此音阶中各音之倍高或倍低音，犹之吾人分化白色为青赤……等正色，而知深蓝深红之为青赤之倍色也，于此可知音阶之必要矣。

何谓节奏？即以同一之速度而作数回反复之运动也。大之宇宙之有春夏秋冬，人体之有血液循环，小之机械之轮轴运转，钟表之振子迴旋，皆为节奏。形之于音乐，则成吾国之板眼，西洋之拍子，（Tempo 或 Time）以表时间之长短，音节之强弱（如钟摆之往还及吾人之行步、皆为二拍子，细分之可为四拍子火车之行驶及圆舞 Waltz 之动作皆为三拍子重叠之可为六拍子）。

音乐何以必需节奏？据音乐美学谓音乐拍节快缓之感觉，基于吾人血液循环之速度，与吾人脉搏速度相等者，为中庸拍子，较迟者为慢拍子，较速者为快拍子，若拍子变化无一定之秩序，即与脉搏平衡速度相反，心理上即呈不快之感。又吾人心理状态，凡经两次同样之音响刺激，即生强弱之感觉，虽所受影响，其强度实际相等，总觉第一次刺激较第二次为强。尽心平气和之时，突受刺激，故觉特别强烈，既受刺激以后，则对于后来同样之刺激，已成习惯，心理上即稍呈麻醉状态，故觉其较为轻弱。由是以知速度平均之音响，既有长短均衡之美，复呈强弱变化之观，故节奏为音乐上不可缺少之物。（例如鼓祇一音，然击之可以动听者，其长短强弱之变化，能施节奏之效也）。但音乐拍子，半基于脉搏运动。半由于人为而成，初非完全自然之节奏也。

何谓旋律？旋律者，以高低不同之音乐，适当排列而成之歌曲是也。吾国及西洋音乐之曲调，皆为旋律。节奏以音之长短为主，旋律则合音之长短及高低为一炉，以成歌曲。旋律有显而易见者，如寻常之歌谣；有线索难寻者，如琵琶钢琴 Piano 之曲调；要以不背和声学之法则，及不失吾人之美感者，为可贵也。

音乐无旋律，即无音之高低变化，安能成曲调？犹之彩色中无青黄赤白之分，自不能成文彩，其为切要，不言可喻？

何谓和声？聚两音以上之乐音，同时并奏即成和音，（Chord 或译为和弦）用以组成乐曲，吾人听之，兼有奇妙和谐之感者，是谓和声。吾国笙及琴瑟之曲调，往往有四度，（Fourth degree 如 do 与 Fa）五度，（Fifth degree 如 do 与 sol）八度，（Eigth degree 如 do 与高音 do）之和声。西洋音乐除此之外，尚有长音程，Major interval 短音程，Minor interval 增音程，Augmented interval 减音程，Diminished interval 诸和声。且西洋音乐，除此之外，尚有长音程，Major interval 短音程，Minor interval 增音程，Augmented interval 减音程，Diminished interval 诸和声。且西洋音乐，又有所谓单音乐，Monophonic music 及复音乐 Polyphonic msuic 者，皆为和声音乐。

请再以色彩为譬，以证明和声为音乐之要素。吾人作画。仅用三种正色，势不能描写山水草木鸟兽之一切色相，必用间色以补不足，如将青色与黄色相配，即成绿色，得此绿色，则凡天下之绿色品物，无不可以绘描，按此绿色，即由青黄相间而成之新色，其状既非完全之青与黄，复有类于青黄之一部，亦犹和声之以甲乙两音同奏而生新音，既不全似甲乙两音之响，又微具甲乙两音之姿，得此新音，即可济七音及十二半音之穷，用以描写事物，音乐中又多一材料矣。且吾人所欲表现之事物，较为复杂者，决非令一音一音次第出现之所能就，如描写战争，其中枪炮交攻，刀兵相接，凯歌高奏，喊呐频闻，皆一时众声并响万籁齐鸣，若不用数重音乐，分别描写而同时奏

之，焉能收维妙维肖之效哉？以上既就音乐原理，述其大端，兹当继言个人对于改良吾国音乐之方法及目标，即：

以参考及采用西乐之组织为方法。

以一方面刱造新国民音乐，一方面与西乐共进，而至于世界音乐为目标。

或问："吾国音乐，固有其特殊之组织，虽有不合科学方法之点，亦自能发挥其特殊之美，安取乎西乐之组织?"其实科学即研究原理原则之学，合其法则，则真理存之，师其方法，则大疵可免，音乐为美术之一，虽美术无绝对价值之可言，然有程度高下之比较。有科学方法之音乐，其疵瑕自少，内容自丰，与非科学的音乐较，其价值自有天渊之别。西洋音乐之组织，常依据科学之原理原则，（即具有上述之四种要素，而能发挥之；并与物理学，心理学，美学等科学原理，不相剌谬。）较之吾国音乐为优。吾从而参考之，采用之，即所以师科学之方法，其庶足正已然之失，而收未来之誉乎？

或又以为："中乐为吾国国粹，深合吾国之国民性，自应保存，若一旦支解之而参以西乐，是使变为不中不西之乐矣，安可谓为国民音乐？安能真慰吾人之魂灵？且一方既欲新国民音乐成立，一方又欲其进而为世界音乐，结局只有世界音乐之存在，而抹杀吾国民音乐矣！得不谓为矛盾耶?"鄙意怀此种意见者，其根本错误之点有二：（一）由国家观念太深而成为盲目的爱国心所致；（二）由对于中西音乐之合并，本为化学作用，而误认为物理作用所致也。文化，学术，为人类公共之物，无国界之可言，西洋文化及学术盖集各国之所长而成，非一国所能专有，苟其内容尽善尽美，虽非吾人所发明，安可舍之而不效；苟其内容，既伪且虚，虽为吾邦之国粹，尚何恋恋而不忘？盲目之爱国，即所以害国也，西洋音乐可谓已渐具世界音乐之形，因欧美各国音乐之组织在音乐原理上，大致相同，虽有德，法，俄，意各国国民音乐之分，要因国民性质不同，故其音乐，有阴郁轻快之别，至其组织并无大差异也。夫采用西乐于国音之中，日久即如化学原素之相遇，混然化而为一，无丝毫痕迹可寻，吾国现代之胡琴琵琶，本为胡人及西域之乐，今日视之，已认为国乐而不疑，岂再参用西乐而反虑其不能溶化耶？且国民音乐者，各国音乐之性质上，各具其国民特性之谓也。世界音乐者，各国音乐之组织上，于学理有共同之点，且能相携而不忤也。德，法，俄，意之音乐，所用皆同一音阶，及长短两调，作曲上亦同以和声学，Harmony 对位法 Counter-point 为根据。即管弦乐 Orchcstra 中所用乐器，亦大致相同，所异者，音乐性质之不同而已，故能于小异之中而见其大同。

今日之世界，非闭关所可守，今日之文化，岂故辙所宜循，吾犹知舍人力而利用天然，舍手工而利用机械，此皆师泰西之学说，而欲与之共进于文明之域者，何独于音乐而有中西之分哉。吾惟恐将来各国音乐达于大同之时，吾国音乐尚瞠乎其后，可悲可悯，莫此为甚，故主张于不失民族特性之中而毅然与西乐携手也。

以上既述中乐有参用西乐之必要，兹当根据音乐原理，将中乐与西乐比较，而求其改革之点：

1. 吾国音阶，有放弃其音乐上中心地位之必要也

日本音乐家山田耕作氏，曾有废除日本音阶，而用西洋音阶之主张，山田氏谓东西音乐特性之不同，固因其音阶半音之不同，然此非唯一之原因也，明治维新以前，日人卖“纳豆”者。其呼卖之声，常为短三度音程；（do 至低半音之 mi）维新以后，则为长三度之音程。（如 do 至 mi）盖维新后，民气发扬影响及于心声，故卖豆者之呼声，亦由低半音升而为高半音。可见既成之音阶，亦为心声之一，固非牢不可破者也。且日本音乐，其旧乐固由我国传入，现在又采用西洋音阶及方法，编制乐曲，亦渐能树其民族之新声。融贯东西音乐，取法日本自为捷径。山田氏主张废除日本音阶，鄙意衹主张放弃中国音阶之中心地位，似更可说，此改革之理由一。

中国音阶，较西洋音阶，因其第四音约高半音之故，（精密言之，中国音阶之第三，六，七，音均较西洋略高）遂生和声学上之种种阻碍，故不得不从事更改，此其理由二。

西洋音乐，理论上有七种音阶，故生八十四调，吾国之音阶，亦在其内，后经学者种种研究，将其不合和声学之理论及性质之颓废惰弱者，大加摈斥，淘汰之余，只剩今日之长短两种音阶，是则吾国音阶之改革，谁曰不宜，此其理由三。

中西乐器，皆根据中西音阶而造者，音阶不同，乐器自不能各音皆叶，合奏时必生不协和音，（Dissonant interval）若令其不相谋而各自为政，是无异欲胡越一家而又老死不相往来也，此改革之理由四。

总上四点，吾国音阶不能为中心之理由，彰彰明甚，故主张以西洋音阶代其地位，虽歌曲中不妨于可能范围内，偶一采用，一如西乐之有临时半音者，然中国音阶，固从此为从属之物矣。

2. 中乐之节奏。有增加其种类及变化之必要也

音乐之节奏，即为拍子，前已言之矣，吾国音乐，大抵皆为二拍或四拍，三拍及六拍之乐歌，已如凤毛麟角，如“梅花三弄”一曲，除将首尾数拍稍令延长，及尾声一段稍有变化外，其中间大段，自始至终，皆为四拍，闻之令人思睡。西洋音乐之长曲，固不具论，即其三四十小节之短曲，每有不同之拍子出现，近代音乐复有五拍子七拍子之乐曲，（如 Tchaikowsky 等之作用）灿然呈其异彩，此吾国音乐亟宜采用者也。西洋音乐，因有各种拍子及快慢标题。（Andant Allegro 等等）故能尽时间长短之变化，复因有表情及强弱之术语，（如 Con－amore，Crescendo 等等）故又能尽音节强弱之变化，吾人更宜尽量容纳之也。（案装饰音，Grace notes 系分割原有拍子之时间者，可归入拍子一类，吾国固有之装饰音，深能表现特性，赵元任博士，主张保留而发挥之，鄙意深表赞同，但不宜滥用耳。）

3. 中乐之旋律，有令其复杂高深之必要，其在声歌之旋律，又有令其词意相符之必要也

中乐普通歌曲旋律之进行，多为二度，三度，四度及五度之音程，（以二度三度连络而成之旋律为最多，故肤浅无味。）六度七度八度之音程即不多见，遑论九度以上之音！至于增减音程，则工尺字谱中，并无婴变之音名，更可必其缺乏，以至狭之音程，表精微之乐想，焉能望其高深复杂哉？

西洋音乐，其声乐旋律既具上述之音程，至其器乐旋律之音程，则更为辽阔，故能备渊博之大观！又西洋之艺术歌。Art Song 及歌剧，Opera 皆因词制谱故其音节与调性，常与词旨相合。吾国音乐即高深如昆曲，亦每不能符合词意。（昆曲性质，大同小异，安能尽喜怒哀乐之情！又其于重要之字音，常施无味之纡迴曲折。）遑论平调及普通歌谣。（吾常笑谓平剧辕门斩子中，躬身下拜之“拜”字，其腔调过于纡迴曲折，大类曰人久别重逢时，互道寒喧，鞠躬不已也。）

旋律为音乐特性之所寄，欲求新国民音乐之树立，不能不锐意改良而努力刱造，其道维何？即用西乐之作曲法是也。

4. 吾国音乐，有尽量采用和声之必要也

和声为音乐要素，前已述其由理，吾国笙及琴瑟之曲，虽间有四度，五度八度之和声乐，然为歌曲中偶一出现之物，且无三音以上之和音，是不过用之点缀而已，并未尽和声之长也。西乐之于和声，在声乐则有合唱；Chorus 在器乐则有室乐，Chamber music 军乐队，Band 管弦乐，Orchestra 在声器合并之乐，则有歌剧。Opera 吾人固宜采用，并宜改良旧乐器，或创造新乐器，加入其中，更从而为之编制新谱，务期足以表示民族之特殊性格，人类之共同精神而已。至于编制乐谱，西乐之和声学，对位法，轮唱，Canon 追覆乐，Fugue 及一切音乐形式，Musical forms 固宜以为根据，而参用之也。

以上既就音乐四大要素，将中乐与西乐比较而述其改良之点，然此不过乐曲组织上之改革而已。乐谱，歌词，发声法，及乐器之改良，亦有叙述之必要也。兹分论之如次：

甲，乐谱

乐谱为纪录音乐之要具，西洋之乐谱，希腊时代，系用字谱书音名（ABT△EZH Ⓗ）于歌词上，以表字音之高低，后渐知用线谱，移歌词于线间之上，复由 Neuma（由希腊字 Pneuma 而来，译为气息之意。）进化而为现代之谱符，Notes 以之记于五线上，遂成今日之乐谱矣，吾国至今尚用字谱，不能完全表示精密之时长（如吾国三音为一拍之工尺，不论其音之孰长孰短，皆为一样之记法，令人以意为之，殊觉暧昧难明，倘用西乐乐谱记之，则极清晰矣。）古调之不存。固由于士大夫之不提倡，及良乐师之守秘密，乐谱不良，实为最大原因，如此能不采用西乐之记谱法。Notation 其可得乎！至于琴瑟中之勾踢，琵琶中之轮散等手法，专恃西乐之符号，不能完全记录，自可于乐谱中另行刱造也。

乙，歌词

西洋音乐大抵皆先有歌词，后有歌谱，因词制曲，故词曲相符。（西洋普通歌谣，亦有以名曲之调，再别谱词者，但此系例外，不得谓为艺术歌曲。）吾国近人，因古来词曲之调，大半失传，只得依词曲之文。填制新词，虽字数与平仄，皆如原词，至于原调之如何唱奏，莫得而知；即有依未失传之古调，而填词者。因须推敲平仄，遂不暇顾新词字句，与旧曲之性质，是否相符，因是普通均以为歌调在先，歌词在后。如此过重词章，轻视曲调，真属本末倒置之音乐，安足谓为理想之艺术，鄙意以为表现近代之思想，尚不能专恃古文之字句，表现近代之情操，岂能独用词曲之形式，今后作词，当用近代之形式，今后作曲，当采新体之名诗，如此则古诗古词之长短平仄，不能为吾人之桎梏矣。

丙，发声法

西洋之发声法。完全根据生理学及美学，其声区凡分三种：即头声 Head voice，中声 Middle voice，胸声 Chest voice 三种声音，接合须无痕迹，极足发挥人声之美，其由筋肉阻碍而成之声。（如喉音，鼻音等。）视为严禁，故其音辐阔厚，而音量丰润也。吾国京戏，常以男优而为花旦青衣之役，于是喉音，鼻音，叫声，假声，骚然并作，杂以锣鼓之喧嚣，听众之喝彩，遂使吾人如堕五里雾中矣。日本近来唱歌，均用西法，吾初疑其不能表现东方人之情绪，及听其著名声乐家之独唱，所歌之曲，虽为日本所作，而发声方法，固西洋之法，伴奏乐器，亦为西洋钢琴，聆之但觉有日本色彩，并无西洋风味。故将来中国音乐亦当采用西洋发声法也，至于吐字发音，则须以国语为标准耳。

丁，乐器

中国古乐之失传，固由乐谱之不完全，今乐之无进步，则由乐器之太简单。西洋乐器之钢琴，翼琴，Harp 其构造固较吾国之琴瑟为复杂，即提琴 Violin 及 Mandolin 之构造，亦较吾国之胡琴，琵琶，为精巧，其乐器之音域，又较吾国乐器为广。至于管弦乐所用之音域，竟在八均以上，诚为巨观，吾国古今乐器，约有百三十余件，现今常用者，亦不下一二十种，倘一一述其改良方法，固非浅学之所能，亦为篇幅所不许，兹就其重要者述之。

（1）琴瑟　现在所存之琴瑟，不妨保留其旧制，以供演奏古调之用，但一方面须造新式琴瑟，其器形宜加扩大，其弦之调律，及徽之位置，宜以西洋音阶为标准，以便演奏新曲，（此种改革，虽属擅改先王之制，但先王之制，只适于古不适于今，自无神圣视之必要。）如在公众前演奏时，不妨装置扩音器，以扩大其声音也。

（2）箫、笛　现在之箫，笛，如欲其能演奏新曲，必须令其音孔之位置，依西洋

音阶而更改，且须如西洋之 Piccolo 及 Flute 付有音栓，以为吹奏半音之用。

（3）琵琶（月琴等属之）　其四相十品，（即区音之间格）固宜变更位置，以适合西洋音阶，且宜将其琴身扩大及变形，琴弦用蚕丝制，不如羊肠之属，划分“相”“品”之木板，亦不如用金属品。

（4）笙及觱篥　笙之原理，与西洋之口琴 Harmonice 同觱篥即喇叭，其形状类于西洋之锁喇，Clarinet 其构造均较逊之，自宜依照改进，将其簧舌音孔之长短及位置变更，并加半音之装置。

（5）三弦胡琴　三弦宜改为四弦，乐器形体亦宜扩大，以达到比较完全乐器之域，胡琴之为乐器，论其音色。既不高尚，考其构造又不完全，（因其琴弦，只有两条，音域自为狭窄，歌声高时常反低八度，歌声低时常反高八度以伴奏，大呈贫弱之现象）。至其乐器之形，更不精美，付松胶于乐器之上，状如赘疣，大不如提琴，付松胶于弓上之便利且雅观也。平剧以之为中心乐器，鄙意则认之为野蛮之具矣，如必欲其改良，惟有仿西洋 Cello 之构造，将其琴线易为羊肠之线及钢丝，并扩大其乐器，增加其弦数（增为四弦）而已。

其余之击乐器等等，改造比较易于着手，要以令其发音高度，合于音节而已，兹不具论，至乐器之有便于独奏及合奏者，亦不妨从事改良，使入于大雅之列也。

以上所述改良方法，皆为实际改革之计划，至于将来能否实现，固当以经济及人力为转移，然经济一层，国家及地方政府似宜尽负担之责，因兹事体大，非个人经济能力之所堪也，至于人力一层，自为研究音乐者之义务，然亦非集各方人才，及多数同志不为功也。抑尤有进者，吾国音乐之组织虽幼稚，其理论实有可观者，如汉京房之六十律，宋蔡元定之十八律，钱乐之之三百六十律，明朱载堉之平均律，皆有精彩之议论，独到之见解，虽未及应用于实际，吾人固当于旧说之中，发现新知也。又西洋音乐，据多数学者谓其已达极点，此后非改良音阶之组织，及乐器之构造，难再望其进步，是则西洋现在之音阶及乐器，或非永久之物，而令吾国音乐效之者何也，曰改革自有阶梯，欲启世界音乐之门，舍西乐固无神钥也，又大变动未形之先，不宜袖手不前而无小改革也，西乐方面，近虽有多数学者，努力于刱造新音阶之乐器，（如日本田中正平，主张分一均为二十四律，并制有此种键盘之风琴）。要皆不切于实用，此种大变革，尚未知实现于何时，吾人固不能中止其进步，以俟其已然，而再行仿效，故有参用西乐之必要也。

上述计划，皆为个人管见所及，究为切实之方，抑为河汉之言，尚希阅者裁之。

（原载 1933 年 4 月《音乐教育》一卷一期）

关于学校唱歌科的对话

问　有许多的教师，用唱赞美歌的唱法来教唱歌，对的吗？

答　西洋人唱赞美歌和唱别的歌曲一样，都是用有科学根据的发声法，不过赞美歌另有一种慈悲庄严的味道罢了。我们多半在教会里听到外国的歌曲，不幸所听到的多是赞美歌，所以一听到别的西洋歌曲，因其发声法相同，也误以为是唱赞美歌了，其实它的味道是不同的。学校教师所用的就是有科学根据的西洋发声法，所以你也说他是用赞美歌的唱法了！

问　西洋的发声法有怎样的科学根据？

答　西洋的发声法注意呼吸，如果呼吸运用得好，不但歌声美丽，并使肺部发达，这是有生理学的根据，又西洋的发声法把歌者的全身看做乐器的风箱一样，唱时除四肢无显著的共鸣外，全身各处都有相当的共鸣，唱高部音时，头部共鸣，故名头声（Head Voice），唱中部音时，口腔及喉部共鸣，故名中声（Middle Voice），唱低部音时，胸部共鸣，故名胸声（Chest Voice），这是有物理学的音响学的根据，其他，歌词的发音是根据发音学，声音的明，暗，强，弱的表现是根据美学，等等。

问　用西洋的发声法，可以表现我们东方的情调吗？

答　可以的，三弦的曲可以用琵琶弹，笛子也可以吹胡琴的调儿，听起来情调总是一样，其实三弦，琵琶，笛子，胡琴的发声状态和共鸣机关是各不相同的哩，所以表现音乐的特性和情调，曲谱本身有极大关系，乐器和发声法，并不能左右它的！

问　我们唱戏曲的唱法有什么坏处？

答　西洋发声法第一严禁的是由筋肉阻碍而成的声音，我们普通唱戏曲的唱法不是专用口腔共鸣的念，叫，便是发鼻部喉部筋肉阻碍的鼻音，喉音，尤其是男子唱女人的声音，常常令人听了不快，因为男子的声带普通比女人长一倍，所以发出来的声音，也比女人低一倍，如果硬叫男子唱女人的声音，势必把长一倍的声带，用人功把它压缩成短一倍，于是成了喉部筋肉阻碍的喉音，及毫无含蓄的叫声，嗄声，假声等非常不自然的声音。西洋的歌剧，男角一定用男子扮唱，女角一定用女子扮唱，所以没有这种毛病。

问 念，叫，鼻音，嗄声，假声，是怎样的性质？为什么不好听？

答 念，就是和念书似的唱法，连口腔的共鸣都没有几多，声音非常单薄。叫就是和乞丐叫街似的唱法，不管高部，中部或低部的声音，都用口腔共鸣，并且散漫而无含蓄，声音非常刺耳，毫无圆熟的味道。

鼻音，是鼻部筋肉压窄成的声音，听了好像伤风似的，平剧却以此为贵，真是可笑！喉音，是喉部筋肉压窄成的声音，尖利噍杀，很不自然，尤其是男子唱女人的喉音时，简直像猫叫。嗄声是声带尚未发出想发的那个音以前，空气即先逸出一部分，故在发音之先或同时即带着一种微细的杂音，听起来好像破了的竹子发出的声音，假声是没有身体各部共鸣的一种气音，大声唱便成叫声，以上都是不顾身体的共鸣，不管音量的大小，不讲音色的美恶及纯否的声音，所以我们的听戏曲，至多可以说是听了一点曲的味，并没有十分注意到声的美。

问 我以为中国的唱法，也很艰难，也很考究，并非随便可以学会，也有它自身的价值，你以为如何呢？

答 凡是一种技术，没有价值等于零的，也没有达到极点的，中国的唱法，自有相当的价值，可惜比起西洋的唱法，价值实在太低了，因为它已走到非科学的一途，纵然有许多的考究，也是空费气力！至于艰难的，非随便可以学会的东西，并不一定有价值，譬如一个人可以同时翻上几百个筋斗，难当然是难的，也当然非随便可以学会的，但是在艺术上能有多少价值呢？

问 西洋唱法，音幅很宽，听起来觉得声音非常粗大，为什么原故呢？

答 为了两种原因：（一）声音粗大，可以表示力量，就是唱悲哀的曲调，也不是绝无精力，不像中国唱歌曲的，以柔弱纤小为贵，毫无一点力量，（二）声音太细，强弱的变化便不能充分表现；声音粗大，便可以表现由弱逐渐变强（Crescendo）；或由强逐渐变弱（Decrescendo），用图来表示就是；

甲

（注）上图是表示纤细的声音，自始至终都是一样大小，因为全体都是弱，所以没有逐渐变强的可能。

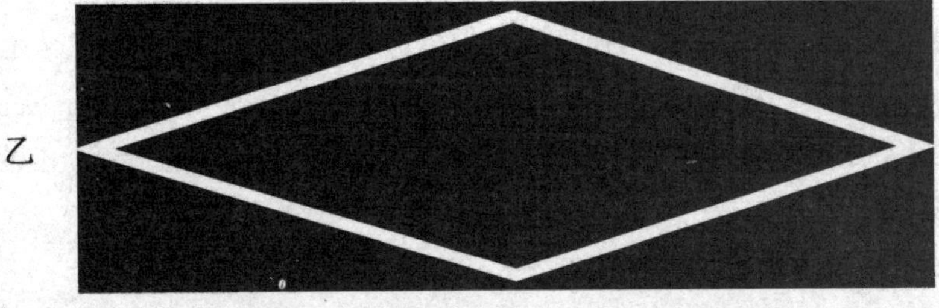

（注）上图黑的是表示粗大的声音，白线是表示由弱逐渐变强及由强逐渐变弱。

把两图比较一下，便知道粗大的声音的好处是可以充分表现强弱，换一句话说，就可以表现人类紧张与弛缓的感情！

问 西洋唱法，声音总是颤动的，为什么原故呢？

答 为了两种原因：（一）声音延长的时候，如有颤动（Tremolo 或 Vibration），可以增加动的感觉，所以西乐中遇有描写静肃，幽秘等情调的乐曲，多用没有颤动音的奏唱，以表现单纯沈静的感觉。（二）声音的颤动数如能平均地一丝不乱，固然难能可贵而且悦耳，尤其是由强到弱，复由弱而次第消灭时的颤动音的变化状态更令人听了愉快，所以有颤动的声音，除了欣赏音的本质之美外，还可以欣赏到音的运动变化之美，但这是专门训练的唱法，一般的学校唱歌科，自然不能希望人人都能如此。

以上的对话，是为真能应用西洋发声法教学的教师辩护的，那些毫无发声法知识，而自出心裁，随便乱唱乱教的人们恕不能为他们声辩！

问 关于发声法，在上次对话里已经谈过；此外关于学校唱歌，还有什么应该注意的地方？

答 应该注意的很多，例如：表现法，强弱，拍子，音程，音域，乐谱，姿式等，都应该切实留意。

问 什么叫做“表现法”？怎样地注意？

答 表现法就是歌声的表情，英文叫做 Expression，普通学生唱歌，总是全篇乱叫，唱雄壮的歌句也是叫，唱幽静的歌句也是叫，或者就毫无气力地全篇哼念，完全没有顾到表情！

譬如朗诵“独在异乡为异客，每逢佳节倍思亲；遥知兄弟登高处，遍插茱萸少一人。”的那首唐诗，第一句情感尚未激动，所以要和平静气地念，第二句情感稍稍紧张，当然要加强表情，第三句憧憬远方兄弟，念时须带点回忆似的表情，第四句是悲叹自身在客，不能参与家中团聚，念时当然要表现悲哀和兴奋的情感；唱歌也应当如此。

有些人看见声乐家把声音忽大忽小地唱着，常笑他是“在做戏”，其实唱歌何尝不应该和做戏一样地表情呢，不过不能表演得太过火罢了！

问 关于强弱，应当怎样注意？

答 注意歌曲强弱，即是表现法的一部分。

普通学生唱歌，开始总是用强声唱，但歌曲中也有起句的表情记号是 P（弱）的，怎样可以一律用有 f（强）表情记号的唱法来唱呢？况且在 P 的时候，就拼命大叫，在 f 的时候，岂不是把喉管叫破也不能发出再大的声音？岂不是这个有 f 记号的歌句，完全不能表现吗？

问 关于拍子方面，怎样地注意？

答 普通学生对于附点音符，有时唱成没有附点似的，或者对于没有附点的，有时又任意唱成附点，殊不知歌曲的表现，虽一附点之微，初学者也不能随便乱改，因为改得不好时，很足以破坏那一句的情调，例如：1 1 1 $\underset{\cdot}{7}$ | 1 — · ∘ | 一句，唱来好像赞美

歌的味道，如把它改为1· 11· 7| 1—·。|，便成了运动会歌的派头了，又遇一音五拍的时候，总是唱成两拍半或三拍，有时也足以破坏歌曲的神味。

问 关于音程方面，怎样地注意？

答 中国音阶的第四音比西洋音阶的第四音要高半音以上，普通学生因为听惯了中国音阶，所以唱4（Fa）字总是唱得高一点，又遇到一字配四音一拍的歌词，每音总是含糊不清，不能历历可数地唱得分明，装饰音也是这样。又遇有升（婴）降（变）记号的音，总是唱不准确，或唱成和没有升降记号的一样，这都是非注意不可的。

问 什么叫做“音域”？怎样地注意？

答 音域就是歌声由最低音递次唱到最高音的区域。英文叫做（Compass）。各人不同，有的低一方面的音能多唱几个而高一方面的音少唱几个；有的高一方面的音能多唱几个而低一方面的音少唱几个，所以西乐女声有Soprano（高音），Mezzo－Soprano（次高音），alto（中音）；男声有Tenor（次中音），Baritone（上低音），Bass（低音）之分。选择教材，须留意学生的音域，如遇过低或过高的调子，须把它移调，以求适合学生的声音，不过一级的学生人数甚多，合唱时自不能一一为其移调，大约普通的音域，最低的长音可由高音部五线谱下加一线的C音起，最高的长音可至高音部五线谱第四间上的E音或五线谱第五线上的F音止，如是短音，最低的音可由高音部五线谱下三间的G音起，（此是指中学生的音域而言，小学生须高一二音，）最高的音可至高音部五线谱上一间的G音止。

如果不顾学生的音域，不知移调教学，学生方面便受害不浅，因为唱过高的音时，他们尚可皱着眉头，压着喉管，拼命地叫得出两三声后，声音便随之而嘎；至于唱过低的音时，他们必须把肺用力来榨出声音，结果不但枉费气力，不能成声，肺脏也因之受伤，所以学生唱完了后，常常咳嗽。这无异是慢性的死刑，说起来令人酸鼻！

问 关于乐谱，应当怎样注意？

答 第一对于乐谱务要忠实，没有的音不要随便加花，有的音不要随便减少，因为那都足以改变及破坏歌曲的情调的。例如党歌歌谱是和平庄严的，如果把它加起花来唱成这样：1 | 12171• 2 3 | 34323 —，便成跳舞曲了！又进行曲 1 1• 11 5 | 3 3• 33 1 |，如把它唱成1 1 1 5 | 3 3 3 1 |，便把那活泼的味道减少而成了呆板的东西了！所以把人家的歌曲随便地增减唱奏，直是一种大胆厚颜的举动，也是对于作曲者一种侮辱！

第二对于截句务要留心，截句如不佳，不但使词句分裂，意义不通，并且使呼吸不匀，势必在不能断句处因气息不继而中途停截。又普通歌曲的截句，多半随歌词及谱的句读而定，但也不尽然，有的歌词未断，因气息关系，也可以在可能范围内把它截断，例如七言诗的前四字，常可以和后三字间断来歌唱，“桃李春风一杯酒”“问君何事棲碧山”，唱时把它截成“桃李春风，一酒杯”，“问君何事，棲碧山？”也没有大碍；有的歌谱未断，因歌词表现关系，也不妨把它唱断，例如：

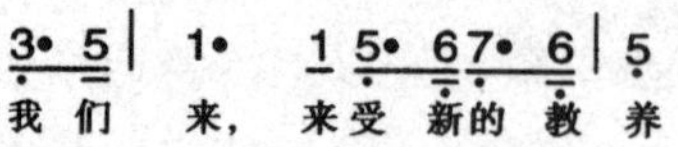

3• 5 | 1• 1 5• 6 7• 6 | 5 — 0
我 们 来， 来受 新的 教 养

，不妨把它唱成这样：

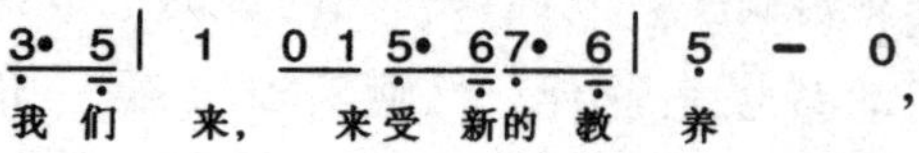

3• 5 | 1 0 1 5• 6 7• 6 | 5 — 0
我 们 来， 来受 新的 教 养

，如果不留心地把它唱成下面的样子：

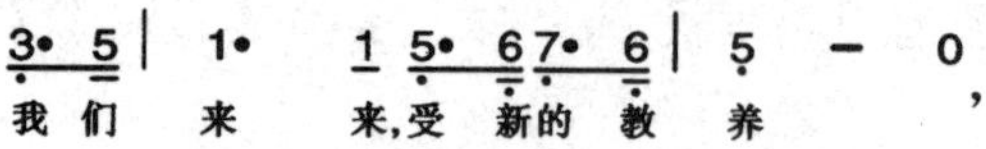

3• 5 | 1• 1 5• 6 7• 6 | 5 — 0
我 们 来 来，受 新的 教 养

，在歌谱方面，上面的截句法虽是常见，不过在歌词方面，便过于牵强不自然了。

问 唱歌时的姿式，要怎样才好？

答 头要平向，不要朝天，也不要看地，身躯端正，手下垂，肩莫耸，脚取体操的“立正”或“少息”的姿式。以上是普通学生唱歌的姿式，但是遇有激昂慷慨的表情，头和身手也不妨作自然的运动，至于声乐家的歌唱姿式，完全由于内心的律动，各人不同，不能拿呆板的姿式束缚他，总之微笑和激昂的表情，在乐坛是常常看到，愁眉和哭脸的姿式，自为听众所不欢迎。关于学校唱歌的对话，就至止而止，注意到这些的教师，“可以无大过矣”！

（原载1933年5月《音乐教育》一卷二期，江西南昌）

低级文化民族的歌谣

有许多的民族，因为没有得到优越的环境和没有六十几“昂士”的脑子，直到现在，直接或间接地被压迫到深山丛谷里。他们的异样皮色，生毛的胸脯，猪嘴式的厚唇，刻花纹的裸体，自称“文明人”的我们见了，简直认为形同鬼蜮，不把他们当做人类。也忘记了他们和我们是同一祖先。他们狩猎之外，有的常常杀人。战斗是他们的家常茶饭。他们语言习惯和一切的生活方式，“文明人”总是把自己的尺度去测量，一切都算作野蛮，不道德。总之他们是被认为应当做人牛马的，应当用人工淘汰的民族。

幸而这些可怜的人种，在物质的享受上，建设上，虽不如我们，但在心灵的感应上，表现上，论其实质，却和我们不相上下。他们也有眼珠，一样地能欣赏自然，他们也有耳官，一样地能倾听音乐，他们也常为爱恋而歌，他们也常感悲哀而哭，他们也有同情心，他们也有创造性，他们的歌谣，是惟一的铁证！

他们的歌谣，的确很多。他们无时无地不用到歌喉。他们的唱歌和吃饭一样地重要。日本八重山人民的男女到了成年，须比赛他们的“温大”和“寄喇叭”歌。落第的人，必被大众将身躯高高举起，用力向岩石上投去，跌个半死。可见他们对于唱歌是如何地重视。现在把那些“低级文化的民族”应用歌谣的场合，写在下面。并将那些引例的歌谣及歌谱录出，其余因所知材料缺乏，只好从略。

A. 工作时的歌谣

台湾卜吉番耕田时，常常唱着“耕作歌”[①]歌词是：（用罗马字拼音，母音 a，e，i，o，u，均读如注音字母之ㄚ，ㄝ，ㄧ，ㄛ，ㄨ。后效此。）

Sunapolato Sunapolan，（两遍）

Iwankinsolozumomo，

Iwankinsolaheke，（大意是努力把木犁耕田，心里很快乐。）

大有我们的先民“日出而作，日入而息，凿井而饮，耕田而食，帝力于我何有哉!”的气概。

法国卫禄俞氏（M. Verneuil）在他的《中央亚弗利加瑟勒各尔 Senegal 地方的音乐》一书内，曾提到黑人藉着唱歌的节奏，把砂洲上船只推动的话:[②]

“想像着罢，那将近五百的黑人，围着横在砂洲上的船只，一面游泳，一面唱着这歌的事！他们在唱第八小节的时候，一齐跳进水里。全身潜在水中，心里仍继续默念着这歌。在第十二小节的时候，他们一气把船推动。在第十六小节的时候，大家齐浮在水面。他们这样地工作着，所以不空费一点劳力。”

这不和我们打稻时，掘土时，挑担时，唱着歌儿有一样的作用吗？可惜我不知道那歌的词句！

B. 杀人时的歌谣

台湾卜吉番人将去猎取异族人的头时，必唱“出草歌”[③]以召集同族。“出草”就是“出阵”的意思。其歌词如下：(歌谱揭后)

Ko ko ka Bin To Tan le Sah Sho le，(两遍)

Lon Te ka no Te ka no pa he ke，

He ya ma ka nu ma ka nu，Sah ni ya e mo le，

He ya i ya ，

Hi ya man so se na she He na he，

“把恶人们，一个不留地杀掉哟!”

呵，是何等肃杀的声音！唐人的“出塞曲”，怕无此凄壮哩。又他们取了人头回家，女人和小孩们必唱着“凯旋歌”[④]欢迎，正如我们有凯歌一样。

卜吉番人的凯旋歌(歌谱揭后)

Sa su pa le o，Sa su pa le o，

Ho ma kai ya ，Ho ma kai sha，

wun sha wun，

Ka Ta pai ya，ka Ta pai ya，

ma len bin，

“许多的人头！一大堆的，满了一车。出去迎接哟，出去迎接哟!”

出草歌

1= C $\frac{4}{4}$

（勇敢地）　　　　（卜吉番人的）

Ko ko ka Bin To Tan le Sah Sho le Ko ko ka Bin To Tan le Sah Sho le

Lon Te ka no Te ka no pa he ke He ya ma ka nu ma ka nu，Sah ni ya e mo

Le He ya i ya, Hi ya man So He na she He ha he

凯旋歌

1= C $\frac{3}{4}$

（愉快地）　　　　（卜吉番人的）

Sa su pa le o—— Sa su pa le o—— Ho ma kai ya Ho ma kai sha

wun sha win Ka Ta pai ya，Ka Ta pai ya，ma len bin.

C. 医病时的歌谣

日本奄美大岛人患病时，常请巫女用清水一杯，唱种种咒歌，然后给病人服用，据说常常可以医病，歌名“Kazao”，词长不录。⑤他们尚有“血止”歌⑥和“鱼骨之口”歌，⑦现在把它的音和大意，翻译如下：

Haha To ko To no chi ya,	母和子的血呀，
chi ya Hitozu,	都是一样的血。
Sanka uo Hito Wa,	山家的人哟，
monomi mo Suruna,	不要东张，
Kotomi mo Suruna,	不要西望。
Kichiyaru chi ya,	气血的血呀，
Harachiyaru chi ya,	肚血的血呀，
Hatahto tomare,	断然停止罢。
ara, Onkensama,	呵，御显菩萨！

上面是止血的歌，正如我们治头破血流，治眼翳，治蜂螫的咒语一样。又他们的“鱼骨之口”歌，是鱼刺入喉时唱的歌，也和江西现在流行的“九龙下海”咒一样。（江西人鱼刺入喉时，用食箸一枚，截成了九段，请人念“九龙下海”咒，旁置清水一杯，口中一面念咒，一面将断的食箸投进杯中，诸事完毕后，便将清水饮下，据说鱼刺自然会化为乌有）。

ningi no kuchi（即鱼骨之口）
Wunme no Sukama, mazuri no Sukama,
asaso Igite, Wunme Igite,
Fukanme Igite
kichikibari Iriyano
nubuini kakaru, akini kakaru,
Fukasaraba yororanore,
asasaraba Fukunore,

“大海原之朝，祭日之朝，一早就去，到海原，到深海，猛然地，在渔夫的喉管上挂住了，颚上挂住了，深的话，——坐船！（?）浅的话，——坐车！（?）”

D. 游船饮酒的歌谣

台湾石印化番人和文明人一样地，游船时唱着“欢迎歌，”⑧饮酒时唱着“亲睦歌”。⑨

欢迎歌（歌谱揭后）
I la ku wa shi pa pa ro la,（两遍）
kai nai nai na wa ni, o ki i sa ma li ta pa to,
ku sa ni to a a na ni,
“呵！大家摇着船，玩一会儿罢。”

欢迎歌

1= C $\frac{4}{4}$

（徐徐地） （石印化番人的）

1 － 2 3· 3 3 | 2 1 6 6 － | 1 － 2· 3 3 3 | 2 1 6 6 － |

I la ku wa shi pa ro la I la ka wa shi pa no la

3 5 3 2 3 5 1 | 1 5 3 2 5 3 | 2 5 5 1 6 2 3· 3 | 2 1 6 2 6 6 － ‖

kai nai na i na wa ni o ki i sa ma li ta pa to - ku sa ni to a - a na ni

亲睦歌

1= G $\frac{4}{4}$

（柔和地） （石印化番人的）

3· 5 6· 5 6 6 | 5 6 3 5 3 － | 3· 5 6· 5 6 6 |

ka u ka Bin to shi yo la ma shan， ka u ka Bin to

5 6 3 5 3 － | 3· 7 6· 5 6 6 | 1 1 3 2 1 7 1 | 6 － |

shi yo la ma shan a i ya nan to san na shi ho fan

5 6 3 5 | 3 － 3 3 5 | 6· 5 6 6 1 1 3 | 2 1 7 1 6 － ‖

a i ya no lin na san na to shi yo to re ko lian.

亲睦歌（歌谱揭前）

ka u ka Bin to shi yo la ma shan，（两遍）

a i ya non to san na shi Ho fan，

a i ya no，

lin na san na to shi yo to a ko lian，

“我们都是有力有勇的英雄，大家一块儿，亲热地，喝杯酒罢。”

E. 表示爱情的哥谣

吾国的苗民，传说在季春时候，男女齐集一处，竟唱着恋歌，以择配偶，如果两人同心而父母不许可时，他们便终日唱着凄切的恋歌，终至互相抱着，由山巅投崖而死。情歌在各个“低级文化的民族”里都有。如狼　马来生番等民族，都有很好的恋歌。为节省篇幅起见，只介绍几首在后面：

1. 狼人的扇歌六首录二[10]

“皮送柄坡扇，许旧面坡林，
也不内不兄，许名今匹召。
往批晚批瑶，也厘除方便，
艮便放苟等，江陷放苟云。”

刘钟译文

“我送你这柄扇子，风来时，你便会想到旧日的情意。这柄扇子大小适宜，正堪作你一生的伴侣。你带到村里或是闹市，那多方便呵，又多美丽。日间你拿在手里，夜来也放在你的床头。”

第六首

“各自度，文可慕生疏。
往不念当初，皮齐可勺割。
比山伯英台，台批齐寻墓。
不厘同恩爱，在笃乃迓我。”

第六首译文

“我们各自生活着，从前走过的道路已生草莱。妹，你总不想下旧情，弄得我心呀，如受刀宰。我们好比山伯，英台，死了，在坟墓中也要相寻。我们若不得好好恩爱，天呀，你空生了我们俩人。”

这首歌的句子，组织上虽太幼稚，它的内容，却和“文明人”的互相贻赠时的情歌一样地委婉热烈。

2. 　人的情歌[11]

“子挂勒违远，燕挂下游游。
巴摆没生水，巴不里口淋。
有摆寻布慕，有不佐疼都。
谁何秋依有。”

刘钟译文

“云儿远远的扬去，燕子翩翩的飞下。鱼儿找到了活水，便不到浊水里去了，我也可以寻到别的郎呵，你若不肯像从前的爱我。爱我不爱，凭你自作主意吧！”

这歌前段用比兴起，后面直赋其事，谁说他们的歌谣里，不会用《诗经》里兴，赋，比的方法？后段几句，很像《诗经》里“褰裳”一首的口吻，现在也把它写出来对照。

“子惠思我，褰裳涉溱，子不我思，岂无他人，狂童之狂也且。

子惠思我，褰裳涉洧，子不我思，岂无他士，狂童之狂也且。”

3. 马来人的情歌[12]（译文）

“桌上围起美丽的花边，我们的恩爱永是绵绵；

不但生时你和我相爱，死时也带到另一个人间。”

其二

“我的袋儿绣上美丽的花边，每朵花边刺上情哥的生年；

我们这样地互相爱怜，都望死时同葬在一穴墓田”。

假托最细小的物件来比喻或描写爱情，（如用金钗，戒指，手帕，如意等物。）“文明人”常有此细腻思想，不料马来人，也有此手段。是否受着黄种人或白种人的影响呢？又“生同衾死同穴”，和“死后在另一世界里相守着”的欲望，读了此歌，方晓得不仅是“文明人”才有。

4. 台湾莱衣番人的“ginaloan”歌[13]

ginaloan，nanayao，unana，

Linomudan，Baligibichi，

Bukido，dalumdomdom，

“我好像枯草在雨后复活的样子，我的恋呀，因为你的国情，使它有了生气。”

5. 广东蛋户的情歌[14]

“日想冥梦枉费工，囉，斩树掠鸟是戆人，囉。

热火难烧海中草，囉，利刀难杀镜中人，囉。”

“日想冥梦久亦着，囉，斩树掠鸟薄有卵，囉。

热火专烧浮苗草，囉，利刀专杀同心人，囉。”

右两篇情歌，取譬都很精巧。前首颇有“野火烧不尽，春风吹又生”的口吻。后首“海中草”，“镜中人”的字句，有点像“双手推出窗前月，一拳击破水中天”的技巧。歌中接尾的“囉”字，当然相当于楚词的“兮”，“些”。

F. 歌咏自然的歌谣

德国格罗瑟氏（E. Grosse）在他的《艺术的起源》第九章里说：“原始的人种，是自然的奴隶，为着生活艰难，常做劳苦的工作，无暇称赞自然的美和伟大。”所以他除了林克（Rink）所发现的爱斯屹摩人——Eskimo——的“雪山上白云赞歌”外，找不着原始人种歌咏自然的痕迹。但是“低级文化的民族”歌咏自然的歌谣则指不胜屈。现在把吾国猺民的一首，录在后面：

"春到了"歌[15]

"春到了，那岸棠李花又开，那岸棠李花又白，齐齐发叶看新春"

把草木人格化，在他们的歌谣里居然也看得到！

G. 歌咏事物的歌谣

日本八重山岛民有歌咏在那岛里最初发掘的"次良若井"的歌谣，是一种上述的叙事咏物的"寄喇叭"歌。现在把它翻译出来：

一，次良若的，淙淙地流出的井之诞生呀：[16]

二，在宫岛神山的近旁，

三，水的取出，井的发掘。

四，昼间，人把它掘取，

五，夜里，神把它完功，

六，潮样的水涌出了。

七，八重山岛掘井的先声！（每句的截断处，都有 Hihai 或 Sayuiyaasa 等挂声）。田边尚雄氏把它的第一节歌谱出，很像西乐的男女二重唱。特为录出：[17]

次良若井的"寄喇叭"（第一节歌的原文）歌谱揭后

（男子唱）Gi la Ba nga nu，

（女子唱）……………Hi Ha i（挂声）

（男子唱）I so so ma ka nu

（女子唱）……………………Sa yu i ya sa（挂声）

（男子唱）………………………………wu ma li ya，yo ho na（挂声）

男声将完，女声又起；女声将完，男声又起，两声开合，自成一个很好的"二重唱"（two - part song），很像吾国筑墙工人工作时喊的声音，有时也很自成复音。右边这首歌，词调都很美丽，组织也有相当的复杂，文明人的艺术歌谣（art - song），也不过如此。

次良若井

1= C $\frac{2}{4}$

（寄喇叭）［八重山人的］

Sa yui ya sa
ka nu wu ma li ya yo ho na

H. 歌咏“死”的歌谣

“原始人种”和“低级文化的民族”对于“死”的解释，不是认为“旅行”或“休息”，便认为“去到别的乐土”或“去和死了的亲人一道。”对于死的恐惧，似乎没有文明人那样厉害，或者全无那种恐惧。看黑人的歌谣，便可以证明:[18]（歌谱揭后）

When I'm Dead

(1)

When I'm dead don't you grievo after me,
By and by don't you grieve after me.
Pale horse and rider have taken my mother away,
Pale horse and rider have taken my mother away,
By and by don't you grieve after me.

(2)

When I'm dead don't you grieve after me,
By and by don't you grieve after me.
Pale horse and rider stop at every door,
Pale horse and rider stop at every door,
By and by don't you grieve after me.

(3)

When I'm dead don't you grieve after me,
By and by don't you grieve after me,
Cold ioy hand took my father away,
Cold ioy hand took my father away,
By and by don't you grieve after me.

当我死了时

"当我死了时，你不要悲哀，
当我死了时，你不要悲哀。
青马和骑者，把我的母亲带去了。
青马和骑者，把我的母亲带去了。
我死后，你不要悲哀。"

其二

“当我死了时，你不要悲哀，
当我死了时，你不要悲哀。
青马和骑者，站在每个门前。
青马和骑者，站在每个门前。
我死后，你不要悲哀。”

其三

“当我死了时，你不要悲哀，
当我死了时，你不要悲哀。
冰冷的手，带去了我的爸爸。
冰冷的手，带去了我的爸爸。
我死后，你不要悲哀。”

这首阴惨惨的歌，不但“视死如归”，并充分显露着“亲，子之爱”。和民谣作家和斯特氏（S. C. Foster.）所作“老黑约翰”（Old black Joe）的情调相同，不过一个只限于“亲，子之爱”，一个并写到“友情”罢了。那歌的原文和曲调，在美国出版的唱歌书上，普通都载着，不用把它抄出。现在只把那歌词翻译，以便对照：

老黑约翰

“当我的心很活泼愉快的日子是过去了；
我的朋友从棉田那边去了；
从这地上到我所晓得的乐土去了，
我听见他们的和蔼的声音正叫着：‘老黑约翰！’
我马上就到，我马上就到，
因为我的头正渐渐地垂下来了。（注：人老，头渐低垂）
我听见那些和蔼的声音正叫着：‘老黑约翰！’”

第三首

“曾经快乐过自由过的心情现在那里？
曾经抱在膝上的爱儿现在那里？
他到我所憧憬的地方去了。
我听见他们的和蔼的声音正叫着：‘老黑约翰！’
我马上就到，我马上就到，
因为我的头正渐渐地垂下来了。
我听见那些和蔼的声音正叫着：‘老黑约翰！’”

I. 歌咏“动物的爱”的歌谣

文明人歌咏“寡鹄”，歌咏“孤雁”，歌咏“反哺的鸦”，歌咏“舐犊的牛”，都是赞美和描写动物的爱的，这一类的歌谣，“低级文化的民族”也有。现在把它译出来写在下面：

日本的奄美大岛人民的“鹑”歌[19]

“望东方，野火在烧，
望西方，野火在烧，
快点逃罢，鹑姐！”

“你要逃，请逃去，
我和孩儿们一道。
五岁的儿子可怜呀，
三岁的儿子可怜呀。
右边，五岁的在啼，
左边，三岁的在哭，
怎样忍得舍开他们？
你要逃，你逃去，
我和孩儿们死在一道。”

雄鹑飞过了“七之峰”和“七之森”，
他一面飞一面回顾，
野原正被大火烧着，
火息后回家一看，
妻和儿统统烧死了！

“悲惨呀，我的妻儿，
这曲着尾巴伸着脚的样子！
被火烧死真是可怜，
我把美丽的花和清水供你，
就是梦，也好给我一个！”

“我死后的三日中间，
下着雨也刮着风。

你没有留心吗？
你这样想罢：
雨就是我的眼泪，
风就是我的哭声！”

这里写着鹁鸟的“母子之爱”，兼写着“夫妇之爱”，措词及结构，竟完全和文明人一样！

J. 鼓吹“享乐现在”的歌谣

蛋民的“芹菜开花满园青”歌[20]

“芹菜开花满园青，噿，
妹当生好兼后生，噿。
顺水人情何唔做？噿，
唔彼春草年年生，噿。”

这歌固可比拟“劝君莫惜金缕衣，劝君惜取少年时，有花堪折直须折，莫待无花空折枝”的《金缕曲》，更比安徽的濡须（无为县）农歌；[21]

“十七十八花正开，
——人情不做你好呆！
有朝有日五阎王请到你，
细皮白肉捺棺材，
好朵鲜花土中埋。”

要美丽得多，委婉得多哩！

K. 慰劳和祭祀的歌谣

台湾竹堑社土官欢番歌[22]

“旺奇冉乞别焉毛答耶呼。（社长请尔等来饮酒。）
打阿保留猫辘戈奇老久马鲁。（我祖公最善捕鹿作田。）
戈探耶林尤耶林吗吧搭蓝，（尔少年子孙当听我教训，）
由摆乞打休猫辘戈传阿禄允。（当学我祖勤谨耕捕。）
打阿猫武呼别焉，（土官就爱惜尔，）
其耶林林毛答耶呼。”（还邀来饮酒。）

台湾淡水各社祭祀歌[23]

“迟晚目居留什，（虔请祖公，）

迟晚眉。（虔请祖母。）

街乃密乃浓，（尔来，请尔酒，）

街乃密乃司买单闷。（尔来，请尔饭共菜。）

打梢打梢朴迦萨鲁塞嗼，（庇祐年年好禾稼，）

朴迦萨鲁朱马嗜嚼嗜，（自东自西好收成，）

麻查以斯麻老麻萨拉。”（捕鹿亦速擒获。）

右两篇的内容，合并起来可以当《诗经》里的“七月”一篇。

L. 送葬和婚礼的歌谣

日本奄美大岛人把死看做旅行，以为每逢夏天跳“八月踊”的时候，或开“盂兰盆会”的时候，亡魂必定从旅路上回家一次，所以人死的时候他们唱着这样的“送葬歌”：[24]

Yamatotabisureba zukiyode machiyuri,

Goshotahisureba naniyode machiyuri?

（大和的旅行呀，算着岁月候你归，“来世”的旅行呀，算着什么等待你？）（注：大和指江户京都等地而言。）

又他们认为结婚是“人世的起源”（ye no hagimari），所以非常的严重举行仪式。他们的婚礼歌谣很多：

1. 迎亲人在女家唱的歌[25]

Kiono yokarohini moshirareshiyaorau,

yono nakano tawara morarochitabore.

（今天是个好日子，我来接受世间的宝。）

2. 新妇的父母所唱的歌[26]

yono nakano tawaramorarenga omochiyaraba,

Kiono yokarohini okuriteangeshiro.

（你要世间的宝，在今天的好日子里送上。）

3. 送嫁人对男家唱的歌[27]

monoshiranumewarabe hikizurotekoyaotamu,

monoiiyosete zukautetabere.

（把这个还不懂人情世故的少女带了去，请不要琐碎地讲她，尽管使唤着罢！）

上述歌谣之外，还有种植的祝歌，支配动物的咒歌，引小孩入睡的歌，讽刺或相骂的歌，女人晚间回家，一路上为表示没有和别的男子情话而不断地大声唱着有贞操意味的歌等等，可惜没有搜集到材料可为引例，只好省略不谈。

把上面的歌谣仔细地吟味一下，不能不发生几种感想：

（一）低级文化的民族所感，所想，所表现的范围和根本精神，文明人至今并不见超越了几多。或许有些地方竟彼此完全一样。因为：

1. 低级文化民族的社会里，不外乎人与自然，人与人，人与畜类的关系，文明人现在虽能利用机器，也仍旧少不了那人与自然，人与人，人与畜类的关系。不过范围比较扩大罢了。人类的诗歌，多半是歌咏在他们周围的东西，周围的东西既大致相同；诗歌所表现的范围，自然也是相差不远了。至于歌咏巨大的机械，歌咏精致的用具，在文明人的诗集里，固然不甚多，即有这一类的题材，也总是把它人格化的，那就和歌咏人的自身，本质上是没有多大的不同。况且低级文化的民族，也有歌咏器具的歌谣呢。

2. 现在科学尚未十分进步，文明人和低级文化的民族一样地脱离不了幻想，错觉和迷信，所以对于死的解释，彼此竟有时完全相同，大多数的文明人，至今一样地迷信，一样地求神捣鬼。所以这一类的诗歌里所表现的根本精神，可以说是彼此相差有限。

把上述的工作时歌谣，送葬，婚礼的歌谣及歌咏爱或死的歌谣等等一看，便可以证明所说并非无稽。

（二）低级文化民族的歌谣里所表现的技巧，有许多和文明人最高作品中所用的一样。

美学上的均衡，统一，变化等原则，均由于人类的生理的心理作用而成立。吾人一看自身的肢体，即觉四肢相称，颇能表现均衡的美，而四肢又都以身躯为主干，以表现统一的美，同时四肢中手与足形状又不相同，复表现着变化的美。即人体内部血管及神经分布的状况，也大致像外面的身干与四肢。所以人类用这种自身的美的原则，以观察外界的事物，故对于不均衡的畸形，不统一的散漫，不变化的呆板，都觉不美。一切诗歌的形式，押韵，长短，抑扬，及兴，赋，比的技巧，都可用美学的原则来说明，也可以说是都由人类生理的心理作用而成立。低级文化民族的生理上组织，除了脑子比较轻些，他们内部的血管及神经分布的状况，外部的身干与四肢的位置，比文明人并没有显著的不同。他们的观察和表现，当然不能离开他们自身的生理的心理作用。文明人生理的组织，既大部分没有脱低级文化民族的原形，心理的作用，当然也不能完全和他们迥异。所以彼此的诗歌中，有时合乎同一的原则，用着同样的技巧，是无足怪异的。上述的许多歌谣，除了措辞的率直简单以外，内容和技巧上，还有什么不如文明人的地方呢？

（三）低级文化的民族。决不如吾人所想像的野蛮，他们行为的动机是合乎道德的。

台湾生番的杀人，吾人常认为是最残酷，最野蛮，最不道德的行动。但仔细地推察他们的动机，才知道不是毫无原由的妄杀。他们杀人的原因，约有三种：

1. 因为常受异族的压迫，以致生活极度的困苦，故对于任何异族，均认为是于自己不利的恶人，所以为自卫而必须杀人。生番从前受中国人的压迫，以后又受日本人的屠杀，故由内地去的中日人，常被他们杀死。看他们的“出草歌”中唱着：“把恶人们，一个不留地杀掉哟!”足见他们所杀的都是他们所认为恶人的。

2. 因为自卫，故生番的男女必须勇敢，表示勇敢，当以能够多杀异族人为证据，所以生番结婚的礼物，以人头的多少为好坏的标准。这样，杀人却成为一种习惯的举动了。

3. 他们认为魂灵与躯壳可以分离而并存。有时为不忍离别而把所爱人的头留下。日本田边尚雄氏在他的著作里，曾经原原本本地记载着此类事实。[28]这样看来，杀人反成为一种表示友情的动作了。

所以生番的杀人，正和爱斯屹摩人因为同情或迷信的原故，把衰老不堪的父母杀掉，是同样见解的错误而非居心的残酷。回看自号文明人的帝国主义者，他们国内的空地尚多，他们的人口并没有过剩得毫无生路，他们至少在现在可以说毫无必要地刻刻向着弱小民族进攻。他们明知不必要的杀人是不道德，但他们常常用飞机掷下炸弹，向着那些殖民地的低级文化民族，施行大规模的人工淘汰!

在上述的欢迎歌，亲睦歌和爱情的歌谣里，可以知道低级文化民族的友谊和爱情。事实他们的情感，比文明人还要纯洁真实得多。又在他们自己的集团里，那些“道不拾遗”“夜不闭户”的美德，是行之有素，在文明人的都市中，却难得看到。

（四）歌谣在低级文化民族的生活上是必要的工具，在一般文明人的生活里是种装饰，消遣。

低级文化民族的社会，范围很小，而且只知用人力不知利用机械，所以稍重的工作，都是集合全村落的人力而成。他们利用歌谣以召集同族，例如生番要猎取人头，他们便跑到山顶，高唱“出草歌”，使同族人闻声准备。他们利用歌谣以调节劳力，例如黑人藉着唱歌的节奏以推动船只。他们除此便不能把自己组织起来，也不能兴奋和安慰一切，所以他们决不能缺少歌唱。他们随时创作，充分表达，他们个个人都是艺术家。

文明人的社会一天扩大一天，人的歌喉自不能传达到数里以外，更不必说相隔数十百里或数千万里。所以书信是代替了歌喉的效用。即同在一极小集团里面，也用不着以歌喉来召集人群，例如学校的生活：作，息，都是用摇铃或打钟为信号。这是以器具来代替歌喉，比较低级文化的民族，自然是进步得多。然而一般的文明人，除少数诗人外，从此逐渐地和歌谣离开得很远。只不过在一切仪式中，把它作为装饰，或娱乐别人，或自己消遣罢了。那种随时创作，和充分表达的艺术精神，完全被文明生活所摧毁。所以真纯朴质的情感，反不如低级文化民族的丰富！（那种不由内心所发且

不能歌唱的诗歌，不在论述以内。）

造物生人，同时给予他们的生存权利。除了利用那偶获的优越势力，文明人还有什么特权把那些文化较低的同类任意摧残呢？

二十二，一，三，的深夜完稿，时正微雪。

---

①见日本田边尚雄的《第一音乐纪行》。

②见法国鸠尔，康伯留的《音乐，其原则与发展》。（英译：music，its laws and evolutions）

③同注一。

④同注一。

⑤见日本茂野幽考的《奄美大岛民族志》。

⑥同注五。

⑦同注五。

⑧同注一。

⑨同注一。

⑩见刘乾初，钟敬文合译《狼　情歌》。

⑪同注十。

⑫见钟敬文编《马来情歌》。

⑬同注一。

⑭见钟敬文编《蛋歌》。

⑮见广州中山大学语言历史学研究所出版的《猺山调查专号》中石声汉的“猺歌”。

⑯同注一。

⑰同注一。

⑱见美国 F. J. work 出版的 *Folk songs for the Amcrican negro*》。

⑲同注五。

⑳同注十四。

㉑见《民间文艺》第十二期胡铸侬，倪懋芬的《濡须农歌》。

㉒见《民间文艺》第十二期容肇祖的《台湾番歌四首》。

㉓同注廿二。

㉔同注五。

㉕同注五。

㉖同注五。

㉗同注五。

㉘同注一。

㉙本文由浙江省立民众教育实验学校民众教育季刊民间文学专号中转载。

（原载 1933 年 11 月《音乐教育》一卷六、七期合刊）

关于省会小学校唱歌竞赛会的感想

省会小学校唱歌竞赛会在十一月十九日下午一时隆重地开幕了。在省会的小学和幼稚园共有五十四校，除了南昌乡村师范的附属小学因路远没有通知它，和几个省立中学的附属小学，幼稚园及少数私立的小学没有加入外，其余都已参加，共四十七校。到会的人数也有一千余人。总算是空前的盛会了！

此次各校团体所唱的《党歌》，除极少数外，大致都还不差。个人自由选曲的独唱，也各有长处。尤以葆灵附小学生熊明华独唱《咕咕》，在一个有时不奏旋律（melody）而仅把和弦（chord）延长的伴奏上，竟能将旋律唱得很正确；最后一句的 ritardando（渐缓）也唱得非常自然；发声法也还对；“咕咕”的发声惟妙惟肖，有如空山鸟语；小学生能这样地歌唱，真是难得！又广润门小学学生徐震夏独唱《小小义勇军》，表情很好，发声虽大而不是叫音，最后“步伐口令”前两小节与后两小节，拍数虽不同，而能整齐合拍，于此可知节奏的训练不差。而且个人优胜的前三名学生中，年龄也算他最小了（八岁）！又经堂小学学生李成林独唱《怀旧》，三连音符唱得很正确，“夜夜除非好梦留人睡”一句，有 Rit（渐缓）及强弱记号处，都能够充分表达，虽因初次登台，致令发声有点不自然的颤动，和表情稍觉夸张，然观其努力表现，可以知道那学生对于全曲的精神，是很能领悟的！其余许多学校，对于表现及节拍，也能相当注意，不胜枚举。

但是，严格地批评，尚不免有几点值得今后注意的地方，现在把我个人的感想写在下面，以供各校音乐教师的参考：

1. 表现（记分标准为百分之廿五）

a，有许多学校的学生，唱起歌来千篇一律，每句强弱完全一样，毫未顾到表情。要知道表现是艺术的生命，也是音乐教育上一个最重要的目的，无此便成机械的唱法了。

b，唱歌任意加花，如唱小调。此种习惯固足破坏曲中情趣，且对于作者是无上的

侮辱，务宜禁绝。

c，《党歌》中“以进大同”一句的 Rit（渐缓）记号，有些学校表现得不自然，反不如简直不用，而依照普通拍子歌唱。

d，《党歌》中“三民主义”是一句，应在“义”字截句（即换气—Breath—），而不应两字一断。“吾党所宗”以下的句子，都应如此。

e，某校唱《抗日军歌》的学生，表情过于兴奋夸张。其实“抗日军歌”的曲性固宜唱得雄壮，但也须带点沉郁的表情。

2. 发声（记分标准为百分之廿五）

a，歌声的美恶，全靠发声训练。大声的乱叫，固然刺耳，很小的声音念，也不足令人感觉到好处，都不能使发声进步及表现适当的感情。

某校唱《党歌》，用歌声来打拍子（例如“以建民国”的“国”字，后两拍拖成せ一，せ一等），不但在发声上难听，并且使表情流于粗俗。

b，唱到高音（如 E 音）时，声音总近于叫喊。须知高音并不一定需要很大的声音，有时并可以用小点的声音来唱。因为未经训练的声音，一唱大便会炸的。

c，某校唱《党歌》，把一个延长的音忽大忽小，忽抑忽扬地唱，很不好听。须知一个延长音有时可以唱成＞；有时可以唱成 ＜；有时可以唱成 ＜＞；但绝对没有这样：◇◇◇◇的唱法。（注意：普通的震动音—Tremolo 或 Vibration—，并不是这样的。）

d，滑音（即 Portament 像用一个手指在琴线上推揉而成的声音。）非在必要时，不可滥用。国乐中许多的曲调，本身并不大坏，但因滥用滑音的演奏，往往把一个正派的歌曲，弄成滑稽秽俗的腔调，此次有许多学校唱《党歌》也用滑音，像唱小曲一般，把“庄严和平”的曲趣完全破坏了。

3. 音调（记分标准为百分之廿五）

a，《党歌》中“为民前锋”的“民”字的音调是 7（ti），有许多学校唱成了 6（La）的音。

b，“矢勇”的“矢”字“必忠”的“必”字，某校合唱竟改成了下面的唱法：

5|5 – · 6 i̇ | 5 – · i̇ | i̇ – · 6 i̇ |5 – ·
矢勤　矢 勇　必信　必　忠

c，某校学生唱唐学咏先生作军歌第一首，其中“洒在边疆”四字完全唱反了调。

d，某校学生唱《从军去》歌，其中“到战场”的“到战”二字音调，是四连音，唱得含糊不清。

e，某校一女生唱《早秋》，虽愁眉苦脸，用尽气力，而毫不能成腔，当时即以为该生年龄必正在变声时期，后经检查，果为十四岁。按儿童在变声时期（男生十五六岁或十四五岁，女生十四五岁或十三四岁。）唱歌最宜注意，一不小心，足令儿童一生的美丽歌喉，付诸流水。在此时期，最好让他多听或小声歌唱，绝对不能大声叫喊。该校音乐教师竟令那女生参加比赛，殊为憾事！

f，教师帮助学生唱，无异证明自己的学生对于歌唱毫无把握，一定要依赖先生，这是要注意的。

4. 节拍（记分标准为百分之十五）

a，《党歌》每拍的速度，有些学校唱得太快，有些太慢，或前慢后快，都不能达到中正和平。它的速度最好以每分钟奏六十四拍（即♩=64）为适宜。

b，《党歌》中“三民主义”的“民”字“义”字都要唱三拍，有许多学校唱成两拍，把庄严的歌曲一变为轻快的 Waltz（圆舞曲）了。“吾党所宗”以下的句子，也是一样。

c，某校学生唱“美丽的秋天”，三连音符唱得时间不平均。又另有一校唱《怀旧》歌，其中三连音符也犯了同样的毛病。

d，附点音符在乐曲中，看起来似乎是很细小而无关大体的音符，所以有许多许多的学校都不注意此点。其实作曲者之用此类音符，自有其作用，尤其在活泼的乐曲中，常常用到。

e，没有附点的地方唱成附点，也同样地不对。

f，某校唱《抗日军歌》，把原来的5 3 | 3 21 7· 2 | 1 0改唱成5 3 | 2172 1 |，第二第五两句的最后三小节也是同样的错误。节拍上细微的错误，有时或是学生的过失，但显著的错误，是无疑地应当由教师负责的。

5. 国语发音（记分标准为百分之五）

a，国语发音，除极少数学校外，概未注意。其实在个人独唱，用国语发音，固然清脆好听，在团体合唱，如不用国语，一任学生发种种方音，则声调不能完全谐和。某校唱《复兴》歌，“汤汤”两字本应唱为“ㄕㄤ，ㄕㄤ”的阴平，竟唱成了“茶汤”的“汤”字，这又不仅是国语发音上不正确的问题了。

b，“国”字当读为“ㄍㄨㄛ”的阳平，但多唱为“ㄍㄨㄝ”的入声。

c，《复兴》歌中“降”字之意本作“平”字解，当唱为“ㄒㄧㄤ”的阳平，某校

学生却唱成了“ㄍㄤ”的去声。

d，“爱”字当唱为“ㄞ”而不应唱为“ㄦㄞ”。

e，“宿”字当唱为“ㄙㄨ”而不应唱为“ㄕㄡ”。

f，“旅”字当唱为“ㄌㄩ”而不应唱为“ㄌㄧㄡ”。

g，“德”字当唱为“ㄉㄜ”而不应唱为“ㄉㄝ”。

6. 姿式（记分标准为百分之五）

a，唱时身体摇摆，有如背书，颇不雅观。

b，显著地用身体或脚来打拍子，也不好看，最好训练学生在心里计算拍子，在脑里感觉节奏。

c，一面唱一面拉衣襟，是张惶失措的表现，须在平时促学生的注意。

d，愁眉苦脸，最易令听众发生不快之感，也应使儿童知道。

7. 弹琴伴奏

a，某校伴奏者，弹琴错乱，中途简直停顿下来，幸而独唱的学生，能力很好，竟能独立地安全通过，唱的成绩，也还不差。

b，有许多学校的伴奏，弹琴时常加花，影响到学生唱歌也有花腔，这是很要注意的。

c，在学生未唱之前，伴奏者普通须先弹四小节或一乐句，以便学生知道歌调的高低。此次有几校的伴奏，弹琴和学生的歌唱一齐开始，不给学生一点准备，致令歌声琴声毫不相谐。

8. 教　材

a，独唱的歌曲，间有超过小学生程度的，以后对于选择教材，亟宜注意。例如：《总理纪念歌》，歌词既太深，曲风亦不纯正，绝非小学校的良好教材。

b，《志士沙场死》歌，为怒潮剧社，罗海沙君之作，亦非理想教材。前军委会训练总监部军训处曾请鄙人将该社歌集加以批评。兹特将个人对于《志士沙场死》的批评大意，摘录于下：

“1. 该曲歌词仅系空洞之呼号，无切实有力之字句。

2. 该曲中之乐素（motif，或译为动机，乐旨，即曲中最短的片断。间有佳者，惜不知利用作曲法中“反覆模仿”及“对比”法，致减少全曲之价值。例如：

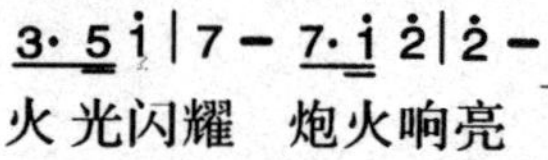

$\underline{3\cdot\ \underline{5}}\ \dot{1}\ |\ 7\ -\ \underline{7\cdot\ \underline{\dot{1}}}\ \dot{2}\ |\ \dot{2}\ -$
火 光闪耀　炮火响亮 一句，无论在其两句歌词之曲调自身之“对比”上及与后面

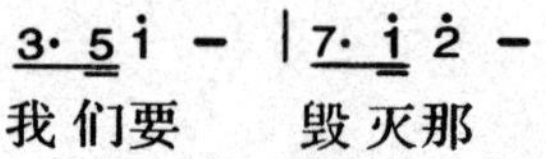

$\underline{3\cdot\ \underline{5}}\ \dot{1}\ -\ |\ \underline{7\cdot\ \underline{\dot{1}}}\ \dot{2}\ -$
我 们要　　毁 灭那 “反覆模仿”上，均须将“耀”字曲调之7（ti），改为i（do）。

3. 该曲作者不解乐式（musical torms），故所作歌曲，全体散漫，毫无前后呼应之作用，不合平衡，统一等美学上之原则。”

c，某校独唱，选了黎锦晖的歌曲，当时因为该曲内容是关于抗日，且曲调亦不甚坏，所以未加阻止，特此声明。

此外关于《复兴》，《救国》两歌的唱法，没有说到的地方，可参阅本月刊中该两歌曲之说明，及拙作《关于省会中等学校唱歌竞赛会的感想》一文。

以上所述，有的虽是少数学校的缺点，但也有的是大多数的通病，希望我们大家以后特别注意。南昌为“首善之区”，全省小学的音乐教育，都要以南昌为榜样，所以我们的责任也就特别的大，需要努力的地方也就特别的多呵！

十二月十七日完稿

（原载1933年12月《音乐教育》一卷八、九期合刊）

答蔡震离君来函

来函敬悉。先生对于拙著"改良吾国音乐刍议"一文，误会颇多，兹将来函摘录，并逐条解答如次：

来函 "改良吾国音乐刍议"释节奏一段中，"音节之强弱"一语，似与"节奏以音之长短为主"之语相枘凿。

答 并无凿枘。节奏包含音之长短与强弱，不过以音之长短为主。因以同样时长，作反复运动，即成节奏。同时亦产生强弱。

如钟摆实无轻重之分，然听之常有一强一弱之感者，因其能作平均之循环运动，使听者心理上呈此现象也。

来函 释旋律一段中，"不背和声学之法则"一语，又与"无旋律即无音之高低变化，安能成曲调"之语相迳庭。因曲可无和声而成，无无旋律可听者。

答 据此可知，先生于"和声学"不甚瞭然。自表而观之，曲似可无和声而成，其实泰西名曲之旋律，与和声学之法则相合，且作曲家必须有充分应用和声学之技能，始能作出有价值之旋律。此理并一二语所能阐明。兹举一实例以证之。如：

1 1• 2 | 3 3• 2 | 1 1• 6̣ | 5̣ – 一曲，倘将其中1 1• 6̣ | 5̣ – 改为1 1• 7̣ | 5̣ –，则有局促不安之感。其故安在？盖因1• 6̣两音同属一和弦（即6，1，3之和弦），与"5̣"连接，即形成半终止（half cadence），而1• 7̣两音实不属于同一和弦也。倘改为1 7̣• 6̣ | 5̣ –，则为音阶之下向进行，（音阶之上下向进行，均为和声学中法则。）虽较为自然，在动机之模仿上终不如1• 6̣两音之谐和圆到。于此可知和声与旋律之密切关系矣。

（附注：1，7̣，5̣，三音，并非完全不可连接一处，——如：

1 7̣ 5̣ 3̣ | 6̣ – 0• |，亦可，且5̣实且改为#5̣——不过在上举之乐曲状态中，不能里之耳。）

来函 "或问云云"，大谬。"国乐既有特殊之组织"，"能发挥特殊之美"，何见独无科学方法？

答 鄙人为求阅者之充分理解，故设"或问"及"或又以为"两段文字，以反复阐明。与普通作文中常插“或曰不然”一段以资发挥之作用相同。“特殊之美”一语，自系“或人”之口吻，非真有所谓在科学方法以外之特殊美也。(鄙人自以为美与科学自相一致。)至于组织特殊之物，未必定合科学方法，此又吾人所不可不知者。

来函 “或又以为云云”，尤劣。乃不惜费辞以解答之。卒谓德、法、俄、意原同者且各表异，而东西文化原异者独欲混同。所谓“主张于不失民族特性中而毅然与西乐携手”，吾意则以为就其同，即弃其特，将为日本无独立音乐国之续也。

答 不然。吾所谓“同”者，乃欲国乐之音阶，乐谱，乐器，及乐曲之组织，改良复改良，进而与西乐词其科学原理也。吾所谓“异”者，乃组织虽求改良而所表现之精神风味，则须与西洋异也。“改良吾国音乐刍议”中，固明明述及日人用西法唱其国人之新作品，并用钢琴伴奏(此即所谓之词)，已能表现日本色彩，并无西洋风味矣。(此即所谓之异)。

来函 国乐音阶，分明五全音加两半音，与西乐相合。不能以管乐一部之无半音阶，而忘弦乐之可宝贵者，——琴瑟三弦——竟欲中心放弃？况管乐且有特长，不致轻受人之改革。理由俟乐器段中再言之。

答 国乐及西乐音阶均有七音，鄙人知之，拙著中亦已言之。不过并不能彼此“相合”。因音阶中重要之第四音，在国乐中常较西乐音出半音以上，其第三第六第七诸音，亦较西乐为高，有此差异，遂根本不能严格应用和声法于国乐(其理由言之太长，请参看和声学书籍)。故主张于作和声时，放弃其中心地位，并非谓在旋律中不用，更非“中心放弃琴，瑟，三弦”。不可混而为一也。又弦乐之可奏半音，谁不知之？倘专依中乐音阶之半音位置以作弦乐曲，仍不能严格应用和声方法。

至于国乐何以当采用和声，拙著中固已述及，来函亦知其病之所在，兹不赘述。弦乐即“可宝贵”，管乐又“不致轻受改革”，乐曲原依乐器而制，是则中乐无改良余地矣！

来函 国乐多二，四拍子，昆腔然之。乱弹则有三拍子，并有快板慢板之别，但乐谱具不精密，标号概不细详。诚须改良。究竟国乐谱不求精，号不求详，亦有东方之美善在。理由俟乐谱中再言之。

答 乱弹中一板三眼，仍属四拍。先生所谓“有三拍子”者，究系何曲？请将曲名示知。以吾所闻，乱弹实无三拍之奇数拍子。至“快板，慢板”不过等于西乐之andante，allegro等术语。与拍数之奇偶何关？“国乐谱不求精，号不求详”，先生反谓其“有东方之美善在”。此与拙著中“或人”所谓之“特殊组织”，“特殊美”之用意何异？噫，先生之意，其以为“东方之美善”，固寓于“不求精，不求详”之中乎？若然，则吾将求“至美至善”于较国乐更简单更自由之音乐中也！

来函 “中乐旋律”段中谓“国乐六度以上之音程即不多观”，吾则聆友人琴操中之“渔樵问答”，音程似多在六度以上也。又所谓“昆曲性质，大同小异”一语，吾攷昆腔之同曲牌者，旋律无不有差异，绝未犯如乱弹之千手雷同之弊。

答　拙著中明谓“中乐普通歌曲旋律之进行，多为二度，三度，四度及五度之音程，六度以上之音程，即不多观”，先生何以将“普通歌曲”四字取消，而以琴曲为例以相质耶？所谓“普通歌曲”，即指“梅花三弄”等流行歌曲而言，（梅花三弄一流之曲虽不足代表国乐，然究系国乐之一部，且甚流行，在改良国乐论文中，似应述及。）非特未包括琴曲，即昆曲之较复杂者亦不在内。本刊所揭“阳关三叠”琴曲，即常有八度之进行。（八度进行在琴曲中甚多。“陋室铭”及“归去来兮辞”两曲中更多。）又“多为”及“不多观”两语，并不等于“完全无”，当不言而喻。

昆腔之旋律虽小有变化，并非显著之差异，不足以表现显著不同之情感。——喜，怒，哀，乐。譬如：“请用茶”一语，即变化为“请君用茶”或“请先生用茶”，或“先生，请用茶”，虽情感因语调变化而稍有不同，然“要人用茶”之具体情感不变也。又譬如满院芙蕖，其姿态原各有殊，望之但觉红香一片，以与荷叶互相辉映，则红绿判然异彩矣。故音调有显著变化，始能变更情感。然昆曲何足语此！

来函　“和声”段中谓国乐和声简单，诚如所言。其病源则在管乐之缺半音阶，与夫乐器太少。孜吾国古乐器，鼓有数种，磬亦如之。其他乐器，亦多有雌雄大小之异制，参两其间。惜今多失。故首要之务，急宜恢复旧有者，且增益之。

答　所谓能奏和声之乐器，系指琴，瑟，笙，（但事实上所奏和声仍甚简单）。钢琴，提琴等独奏乐器。其只发一二音之打击乐器如钟，鼓，磬等，即今增加其数目，亦与和声无关。因集合许多同度音以演奏，并不能认作和声。至于古乐钟磬之有“雌雄大小之异制”，鄙人曾于孔庙及杭州博物馆中见之，然孜其音度，所谓雌雄大小之分，实不过八度清浊之别。或一器代表一律。（即十二律）实际演奏，仍为同度或四，五，八度之简单和声。三，六，长，短，增，减等和声，仍未具体应用。其原因何在？即由于吾国从前作曲家并不知和声方法，故所作大套合奏乐曲，亦不免于单调也。又古乐之致命伤，多在乐曲，演奏法及标准音之失传。至于乐器种类，现在仍遗留不少，并能仿制，（上海大同音乐社已仿制古乐百余种）初未能影响于作曲上之和声也。

来函　愚意国乐谱，不妨仍旧用字。多增符号，字用省体，谱式横列，只用一线，字列线上。名为一线谱（谱式因印刷困难，故未刊出。）……至吾言国乐谱不求精，号不求详，亦有东方之美善在者，则以先人能制特殊组织之乐曲；金石丝竹，匏土革木种种之乐器，而独不能制精密之谱及符号，未免太诬先人。所以不精不详者，我国为行王道之古邦，一切主张和平宽大，音乐亦欲予人以活泼运用之余地，使易生新。故不严格限制。国乐之变化所以速也。此东方美善之殊采之一。然而厌故喜新，人之常情；新陈代谢，物之常理；吾国音乐之古器古曲，所以容易失传者，亦正坐此宽大之弊，且不独音乐一学为然也。

答　先生所发明之“一线乐谱”，实即模仿简谱，不过因 1. 2. 3. 4. 及 f，p 等记号为外国字，而故易以国货之工尺及自制之符号而已。至所用之“一线”，实属可有可无。此种乐谱，固不如五线谱之能明白表示一组中音阶各音之高低；及能记录复音乐曲，并不如简谱之清晰美观。

"吾国王道"，既于音乐"不求精详"，一任人之"活泼运用"，然"衮衣，乡裳"，亦艺术也，何以尚书，尔雅中所述者，较诸现代服制，反为精巧？"诗，赋，歌，词，"亦艺术也，何以又孜究"四声，工律"，而斥自由形式之白话诗？不自觉其"简陋"，而假"王道"以骄人，（且"王道"之于音乐，固已如先生所言，未见其利，反见其害矣。）是何异为"缠足""穿耳"者辩曰，"此东方特殊美也"！

文化之进展，自有其社会历史之阶段，不能以先人一部分之文化遗产，已达于较善之域，遂谓先人之聪明才智，可以不问时代，创造一切。否则，礼乐何以盛于周世，而不于唐虞之际即大备耶？

来函　"歌词"段中谓"今后作词"当用近代之形式，今后作曲，"当采新体之名诗"，全不受梏于"古诗古词之长短平仄"，未免太执已见，将埋没其可歌之古诗古词，及今诗今词之合律者，不乖于包含万象之气度乎？安能成一代之大制作耶？

答　此为文艺上新旧之争，与改良国乐无直接关系，且言之太长，姑不具论。不过个人之意，究以为欲表现近代精神及避免旧代韵律之桎梏，仍以采取近代形式，或新体名诗为便；因今人之情感，思想，事，物，古诗古词之用语及形式，实不足以表现无遗也。一时代有一时代之制作，未必便"乖于包含万象之气度"。至于既成作品，偶有合吾意者，为之制谱，亦无不可，鄙人固已将陈子昂之"登幽州台"诗，及范仲淹之"苏幕遮"词，另作新谱矣。（范词新谱已登载本刊第二期中，题为"怀旧"。）

来函　"发声法"段中，一引戏剧中一部分之男优劣点，概论吾国声乐，大有吹毛求疵之嫌。再引原无国乐之国，舍已从人，奉为国乐师资，亦背取法乎上之例。吾意"无需列名君"之所谓"洋化"，当即指此等偏激处，然乎否耶？据愚意如欲整理国乐，当先恢复金石丝竹，匏土革木之种种古乐器具备始，再增益之，以广其音域；并超乎昆腔，法乎琴操以制曲，则器简，域狭，和声少之一切弱点，皆可扫除，其曲风度自与西乐之最高尚者有过之而无不及矣。何下驷日乐之足仿哉？至若发声，果能准用国语，则五音先已正确，更何须西乐发声法之足仿欤？

答　拙著中所引男优发声上之劣点，（如喉音及叫声，假声等）即女优之劣点，亦即国乐中声乐之普遍缺点。不过特以"男角而饰青衣"为最不合发声原理耳。日本旧乐理论及乐器，乃由中国所传，（少数之唐代大套乐，现仍遗留于其皇家雅乐队中。）近亦感其国乐不足以列于世界音乐之林，故毅然采取西乐方法，以事改进，学校音乐课程，亦以西乐为限。（用西乐法作曲而以西乐器伴奏之日本风新作品，包括在内。惟学生亦有于课外练习日本旧乐者。）并设一专门研究西乐之国立"东京音乐学校"。其规模稍大之私立西洋音乐学校，仅东京一处，亦有四所。至于专门研究日本旧乐之学校，无论公私立，均未之见。故现在以作曲及指挥（Conducting）闻于世界者，有山田耕作及近术秀两人；以声乐著名于欧美

者，有三浦环女士及藤原义江氏。万国音乐会议中，无国人座席，而曾以中乐为其国乐之日本代表，反受招待。诚以其能革故就新也。倘日人专以保存国粹为目的，则不应放弃其国乐而致力于西乐之研究。倘中乐果优于西乐，则此“原无独立音乐之国”，又何必舍已有之长而从人之短？鄙人所谓“取法日本”者，乃欲国人师其改革精神，取其所步途径，并非欲仿先生所谓之“下驷日乐”也。

先生对于金石丝竹，匏土革木，眷眷不能忘情，以为整理国乐，“当先恢复八音”。其实八音何尝失传，各省孔庙及博物馆中之鎛，镛，金也；石磬，编磬，石也；琴，瑟，丝也；管，篪，竹也；匏有五音孔之匏；土有馒头形之埙；革有鼓及搏拊；木有柷，敔。八音中除丝，竹可以吹奏较复杂之旋律外，匏，土为极原始之乐器，其声呜呜，听之不雅，国乐中亦多不用之。至金，石，革，木，实为发一二音之打击乐器，不能演奏旋律。且木中柷，敔，虽负有起乐，止乐之任务，然其为声也，一则以木止（即丁字形木槌）敲击方斗，发为“笃笃”之音；一则以竹刷（或棒）栎木虎之鉏鋙，（即虎背之木刺）发为“杀杀”之音。实噪音乐器耳，不图于“纯正之雅乐”中见之！至于不求乐器本身之改良；亦不于作曲中求其进展，而专事增加旧乐器之件数，仍不能“扫除器简，域狭，和声少之弱点”。其理由在“和声”段中，亦已言之，可以参照。（琴操典雅纯正，今后作曲，自可采其风度。惟亦不能含盖一切乐曲乐器之所有作风与手法。“阳关三叠”，调性纯正，音节亦凄婉动人，形式为三段体，其优于“梅花三弄”，何啻天渊。至其组织，亦能充分利用作曲法中“动机之循环模仿”，先生反谓为“不佳”，何也？）

先生误将发音学上之四声（平，上，去，入，）及四呼（开，齐，撮，合，）与发声法及音阶之五音并为一谈，故有“果能准用国语，则五音先已正确，何须再仿西乐发声法”之言，其实国语之准否，端在四声（新国语无入声）与四呼之关系，于“训练嗓音之发声法”何与？更与“宫，商，角，徵，羽之五音”何干？能道正确之国语者，其嗓音未必便佳，行腔时未必便准也。

来函 管乐之箫，笛，筚篥，欲使有半音阶，则非改造不可。但是等乐器，专恃一管，而能翻调至五及七，亦算妙用广大之品，惟配合他器施奏，有两半音之不谐，若仿西乐音阶，而改造之，则将不能翻调，而乐器须增六倍至十三倍，乐器将不可胜用矣。若用活，则恐竹木之管不能制造，倘改金制，不独音色全变，且价值亦不资，广布更加阻力矣。非为推行音乐教育之反果乎？吾谓管乐且有特长，不致轻受人之改革者以此故。

答 先生谓：“箫，笛，筚篥，专恃一管，而能翻调至五及七”，正与古乐强令不平均之十二律旋相为宫，同非严正之理论。夫翻调，旋宫正与西乐移调之作用无异，必使各调之音阶组织，半音与全音关系，完全与基本调相同，始为正确。倘如中乐忽而以宫，商，角，变徵，徵，羽，变宫（或合，四，乙，上，尺，工，凡，）为一调；忽而又毫无半音之升降，直以商，角，变徵，徵，羽，变宫，宫（或四，乙，上，尺，工，凡，六，）为另一调，则西乐1，2，3，4，5，6，7，固可为一调；2，3，4，5，6，7，1，（注意：此与D调不同，因C调之4. 1. 两音仍未升高半音也。）又可另为一调。如此，则中乐器不过仅能翻为七调，而西乐器更能翻成八十四调矣。故吾国管乐，严格言之，并无真正之翻调。倘仿西法，改造乐器之形质，增加半音之孔位，并装置活栓，以济手指之穷，则真能“专恃一管”，翻成各调，岂有增其乐器为“六倍至十三倍”之需要乎？至于木质管乐，即装活栓，亦不致改为金制。西乐之短笛（Piccolo）及箪篥（Clarinet），即为木制。其竹制之中国箫，笛，管径虽小，较西洋短笛为粗，自可依法改造。即或不能，亦可改为铜制，必不致“音色全变”，或“价值不资”，因吾国民间，固常有弄铜箫者。究之此种修残补缺之改革，在急进者观之，尚非彻底办法也。

来函 总之国乐，古器大部已亡，古曲尤甚，恢复而弥补之，诚为亢宗贤裔之责，倘不先入祖庙，检查修理而试用之，轻轻视为无所有，抑或概为无长物，擅借他人之祖器以祭，此愚昧子孙之所为也。虽取法乎上，乃人类进化之阶梯。故步自封，实劣民自杀之道路，然必能先恢复其祖业，不足，则增制其己产，再不足，乃假借于他人，以求其备，则亦未尝不可。不然，弃其祖有之瑚琏鼎彝，徒借他人所有，而装门面，不独辱没圣祖神宗之创造手泽，抑亦有独立国民性之国民所不欲为者也，吾故期期以为不可。

答 古乐古器既如先生所言，“大部已亡”，并非为帝国主义者所夺去，亦非因火山爆烈而埋藏，纵神妙如钧天之乐，既已“失传”，何由“恢复”？一般人所谓之“复兴国乐”，实不过将断简残篇，仍其旧贯，加以保存，或增益数目而已。鄙人对于现在残留之古乐古器，原本爱护之意，拟用西乐科学方法，勉求改进，冀成为更于有用之长物，并非完全以西乐代替。方谓由此可以光大国音，先生反以为“擅借他人祖器”；“辱没祖宗手泽”，而斥为“愚昧”，何也？先生所谓“瑚琏鼎彝”者，前已由各方面施行“检查”矣。纵加改良，究否能美他人，亦属疑问。倘完全仍旧，则将永供博物馆之陈列矣。徒恋恋于“祖传之残缺”，而自视非凡，不求长进，此真为“故步自封”，非仅“愚昧”，并无出息！

至于未经改良之中国乐器，其音阶多与西乐不符，安能与西乐作严正之合奏？“假借他人，以求其备”，殊于事实有所不能也。

以上既就来函所质之点，解答无遗，兹尤有为先生陈者二事：

（1）关于中西音乐之优劣，及改进国乐究循何种途径，同人思之已熟。定有方针。不容改变。本会一切工作，亦依此进行。推行以来，颇蒙乐界知名之士，来函赞许，以是益增自信，正思有以贯彻。故对此种问题，不愿多事讨论，以浪费时间笔墨。惟以来函虽与“无需列名君”之思想如一出辙，尚有探讨学理之精神，较之仅知肆口谩骂者不同，故不避烦琐，逐条奉答。

（2）古人有言：“知己知彼，百战百胜”，从事于中西音乐之比较，西乐知识，固应有充分之准备；中乐理论，更宜求彻底之了解，而今而后，当与先生共勉之也。

二十二年十月二日，程懋筠敬复

（原载1933年12月《音乐教育》一卷八、九期合刊）

音乐教学实际问题研究

本会在第二届教师寒假修养会附设音乐教育组，该组自一月二五日实行开始工作报名参加，会员计五十三人，内西国音乐教师四人，他组会员临时参加旁听索取讲义者，约三十余人。除由程主任懋筠提出关于音乐教学实际问题二十条以供该组中心讨论外，每隔一日并举行合唱，练习一次，计练熟“山有抠”及“月下独酌”两曲，曾出席三十日晚之音乐会。该音乐会为本会所举办，听众达千人以上，结果尚佳，三十一日午前该组遂与其他各组同时结束。

甲　普通问题

1. 各校多无音乐特别教室，因经济关系，购置五线黑板，常感困难，应如何解决？

(A) 教室有大小，多数的儿童，不能和少数的儿童调换教室上课，小风琴既已由师生或校工搬来搬去，费力不少，如五线黑板又要搬运，太不方便，经济上既又不许可每个教室都有；所以只得在大、中、小教室各备一块，或在楼上楼下各备一块，以免搬运的麻烦。(五线的颜色最好是艳红的)

(B) 或临时用两支粉笔在普通黑板上画五线。

(C) 或用纸写好歌谱，用图画钉钉在普通黑板上。

(D) 或用和黑板差不多大的厚图画纸画成五线谱，然后用凿刀贴近五线，依照线纹，将其割成裂缝，另在图画纸上画种种音符剪下，(音符后面另贴纸插) 临时插入线纹裂缝处，便可以排成种种歌曲，以代写谱。

2. 油印歌谱，常有困难，应如何解决？

(A) 利用课外作业，训练高年级学生印刷，或训练校工，以代教师印刷之劳。教师仅担任缮写腊纸的工作。

(B) 歌谱印刷费虽可取之于学生，但须力求其廉，其办法如下：

(甲) 预先集好教材，联络各级音乐教师分担缮写工作，一次所印，务使可供一学期或相邻年级可以共用。如此则膳写次数可少，腊纸及油墨亦能省，笔墨纸等因多量印刷关系，须买上等货色，总计起来，仍是合算。

(乙) 如油印结果仍不佳，可就小印刷店中石印。一次所印，亦须使能供一学期或相邻年级可以共用。此举可联络数校行之。

（C）选择一种较完善的音乐课本（切不可附有简谱）使学生购用，再临时采集佳作，印发各生，以为补充教材。

3. 高年级学生抄写五线谱，常感困难，应如何解决？

（A）唱歌科目的在注重节拍，音调，发声，表情，不在多唱，（每星期一曲或三星期两曲）则抄写可少。所教歌曲亦不必完全靠学生抄写。又学生抄谱，只须注重其音符种类是否写得有分别及音符在线间上的位置是否正确，不必苛求形式上的美观。

（B）先在黑板上分组训练，以养成学生实力及注意力。（其余没有在写的学生，可以令他们继续地唱歌）对于写得坏的学生，须多多给他训练的机会。

（C）使写得好的学生教写得坏的，或代其修改抄本，最后才由教师改正，一如改正书法。

（D）制成各种音符记号的范本，使学生临写，写高音部记号为小学生难题之一，可以用虚点写成许多模本，印发学生填写并说明从那一笔写起，学生必能顺笔而书。

4. 音乐教室，在最低的限度，应如何选择？

（A）光线虽要，但不可过强。

（B）空气流通。

（C）最好另在一处。

（D）墙壁上不必多挂图画，乐器及挂图。（乐器可放在橱内。挂图可另挂一处，用时可临时取来。）

（E）毫无共鸣，或过于共鸣，均不佳。

（F）不要楼上或走廊常常有脚步声的地方。

（G）要有有地板的教室。

（H）窗外最好没有牵惹视觉的浓重色彩的东西。

5. 风琴应如何放置？

（A）不宜正放，因为那样放足以妨碍教师的视线，在维持教室的秩序上，殊不便利。

（B）风琴的放置，以教师视线及右手键盘的部分能多向着些全体学生为原则。因为右手常奏旋律而左手多弹伴奏（或弹拍子），所以使全体学生能多听到旋律，必须将琴身斜放，使教师右手所弹键盘朝向学生。如琴在全体学生右边，则琴背向着右边一小部分的学生，教师坐在琴后。如琴在全体学生左边，则琴背向黑板，教师背朝着左边一小部分的学生，面微朝里而坐。如图：

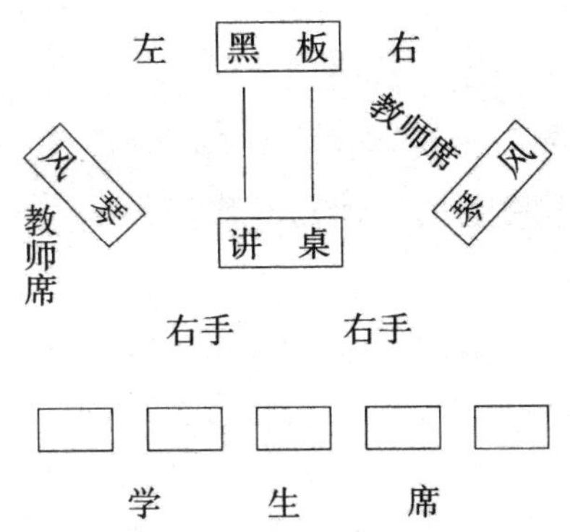

（C）风琴须常调换位置，有时可放在全体学生的右边，有时可换到全体学生的左边。有时可放在讲台中间，但也须斜着放置，使教师右手所弹键盘多朝向学生。

6. 怎样维持教室的秩序（消极方面）？

有两种办法；

甲、处罚捣乱学生；

（A）使其站立独唱，但不可说明是用独唱来罚他。

（B）使其在黑板上抄歌谱，亦不可说明是用抄写来罚他。

（C）暂时取消其歌唱资格，使其站立静听五分钟，而在下课休息时间中，令其单独补习。

（D）编过坐位，使在前排。

（E）罚向全体道歉。

（F）使背向同学面壁。

乙、防止捣乱学生：

（A）怒以目，切勿叫骂。

（B）教师眼睛勿始终盯在琴或谱上。

（C）忽站在学生中排，忽站在后排，忽站在常常捣乱的身边。

（D）预先示以记名簿，并警告他们说："谁捣乱，即将谁记入簿中，以备处罚。"

（E）发现大声叫唱时，即突然停止歌唱，使全体枯坐几分钟，然后唱。

（F）编歌，中附守秩序者姓名，使全体歌唱以奖励之。（但被处罚者姓名切不可编成歌儿。）

7. 怎样引起学生的兴趣（积极方面）？

除教育部颁布的"小学音乐课程标准"中所载有关于此点以外，尚有几种办法；

（A）歌曲节奏须简明，有变化，不可因教师好恶而专采一种情调。

（B）使儿童一面歌唱一面用简单击乐器如小钹，铜铃之类，以奏节奏，而教师则奏琴以和之。

（C）多令儿童独唱。

（D）多谈音乐家光荣的故事以勉励之。

（E）授二部或三部轮唱曲，使因竞争而引起兴趣。

（F）教师常奏器乐或独唱名曲，使儿童欣赏。

（G）开级际比赛音乐会。

8. 五线谱是否应在授课时间中规定时间来教学？

（A）教小学生五线谱，不必和在中学教乐典一样，也不必规定时间。可以唱一阵教一阵。

（B）最好把本日所唱的乐谱中种种记号先解释给学生听，使学生将新知识应用到现在马上要唱的歌曲里，如此则学生分外肯注意，并不须苦记而能记熟。但哪一样应当先教，哪一样应当后教，哪一样应当省略，教师胸中须预定一种教学程序，免得所教的毫无系统。

（C）用比较法教学，把今日所教的和前次所教的来比较说明。

9. 低年级用听唱法教学，应如何施教？

（A）在儿童抄写歌词的时候，先将曲调多弹几遍，使学生听熟。

（B）引起学习动机。

（C）解释歌词，注重全体意义所在的地方，并用种种手势声调以说明之。

（D）范唱歌词一遍。（此时最好不弹琴。曲调可不必让学生多唱或简直不唱）

（E）先生唱一句，学生唱一句。（弹琴）

（F）分段教熟后，让学生依琴声自唱。

（G）订正普遍错误。

（H）分行，分列，分组……使学生唱，最后使学生独唱。订正特别错误，其余手续一如普通音乐教学法。

10. 器乐教学与课外音乐，应如何注意？

（A）风琴可以利用课外教学，最低限度能使学生正确地弹简单的单音曲五曲；最简单的伴奏曲两三曲。

（B）小学生虽高年级也不宜练习吹铜号。

（C）器乐中打击乐器最容易，可使低年级学生学习，以训练节奏。弹弦乐器较难，宜用假爪（因如留指甲，则不便弹风琴）。拉弦乐器更难，须禁止滥用滑音（Potarmento）。吹奏乐器在儿童为最难，须禁止加花，并从须开始学习时使儿童注意中乐音阶和西乐音阶的分别（普通箫笛的 Fa 字总比西乐高半音以上）。

（D）口琴也可以利用课外教学，最好多备几个不同调的口琴，以备吹奏半音。

（E）轮唱，二三部合唱，两三种乐器合奏，都可以在课外多多地练习，以备开小音乐会之用（级际比赛音乐会可以多多举行）。

（F）用正当的表演法唱高尚优美的民谣（以民谣为教材，须郑重选择）。

（G）唱歌须注意发声法，鼻声，叫声，喉声均须严禁。

（H）课外教练平剧，昆曲，害多益少，须特别注意。剧情与歌词是否合乎教育，表情与发声法是否合理，均须郑重选择与注意。即使万不得已要教时，也只能使学生表现曲调中东方神味，切勿令学生的喉音也专仿伶人一样地叫喊。

乙、教学问题

1. “固定唱名法”是否可用?

（A）此法便利而难正确，现在最好勿轻用。

（B）有志的教师，亦须自己训练成功后再行教人。

2. 学生未习英文 C，D，E 等“音名”，do，Re，mi 等“阶名”，是否可用? 怎样能使学生明了“音名”及“阶名”的意义?

（A）可以用。此不过是一种符号，一如算术的要学亚剌伯（注：阿拉伯）数字。

（B）先手指五线上之音符，同时弹琴键，把音阶一直弹一两遍，使学生明了各音在五线上位置不同而音阶亦随之而异。

（C）次说明五线谱上或键盘上其一音，如果不取一名字不知道是哪一个音，世界上的人物，都要有一个名字，也是一样的道理。

（D）教阶名可以这样地说：“阶名好比是个不同阶段的楼梯（此时须在黑板上作楼梯图）第一阶段到第二阶段，第二阶段到第三阶段，第四阶段到第五阶段，第五阶段到第六阶段，第六阶段到第七阶段，都相隔如一尺，惟第三阶段到第四阶段，第七阶段到第八阶段，是相隔如半尺。在音乐上把第一阶段叫 do，第二阶段叫 re，第三阶段叫 mi，第四阶段叫 fa，第五阶段叫 sol，第六阶段叫 la，第七阶段叫 ti，第八阶段仍叫 do，不过比第一阶段的 do，要高一倍，再往上去的阶音也是和楼梯步子一样，都是仿着前面的八个阶段做成，慢慢地一级级高上去的。”以上的比喻，在小学三年级，八九岁的儿童，我相信是可以了解的。

3. 怎样使儿童领会音符的时价?

（A）在黑板上，依照各种音符的时长比例，画种种不同的长方形，推儿童有具体的感觉。

（B）比画长方形更要具体的办法就是：预备几张一尺半告诉学生说：“全音符好比是这样长的一张纸”，同时在其旁画一个全音符。另拿一张纸，当儿童面折成一半，也钉在前面的一张下面，告诉他们说：“二分音符是全音符的一半，好比这张纸就是那一张纸的一半”也在其旁画一八分音符。其余八分以下的音符，休止符，附点音符，也照这样办法，儿童必能领悟。

4. 怎样教儿童打拍子?

（A）教儿童知道普通拍子，每拍可分为一个下拍，一个上拍；唱下拍时手须同时往下拍，手拿起时为上拍，此时口中只将前面的字音延长，如图；

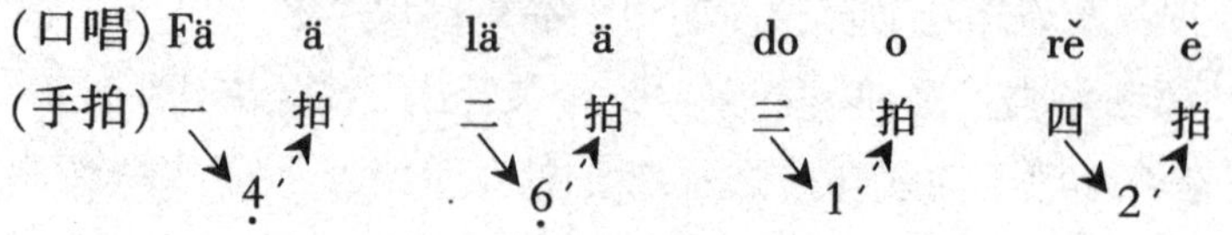

(口唱) Fä ä lä ä do o rě ě
(手拍) 一 拍 二 拍 三 拍 四 拍
4 6 1 2

依照前法又可以打附点及切分音的拍子，如图：

附点音符

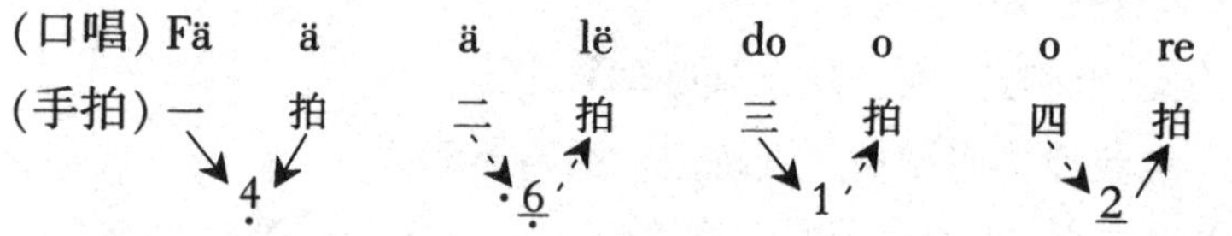

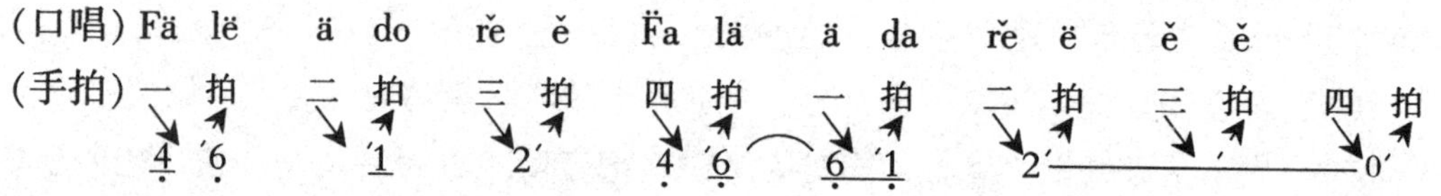

(口唱) Fä ä ä lë do o o re
(手拍) 一 拍 二 拍 三 拍 四 拍
4 6 1 2

(口唱) Fä lë ä do rě ě Fa lä ä da rě ë ě ě
(手拍) 一 拍 二 拍 三 拍 四 拍 一 拍 二 拍 三 拍 四 拍
4 6 1 2 4 6 6 1 2 0

注：图中箭头是表示手的上下方向，其实线箭头上唱字，虚线箭头上把前面的字音延长。

(C) 手打拍子的上下动作，务须平均，应当口随着手的动作而唱，不能以手来迁就口。

(D) Fa 的延长音唱 ä，do 的延长音唱 o，Re 的延长音唱 ě，是在练习打拍子时可以这样地唱，但不能唱得太明显，尤其唱歌时不能那样唱，这是要特别使学生注意的。

(E) 快的八分之六拍子，可以把三拍做一拍打，等于每拍是三连音符的四分之二拍子，如图：

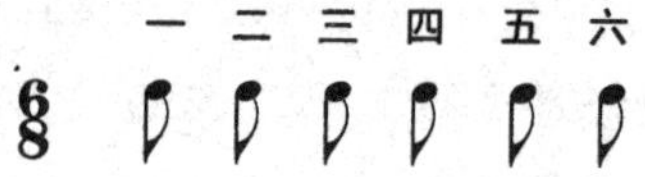

一 二 三 四 五 六

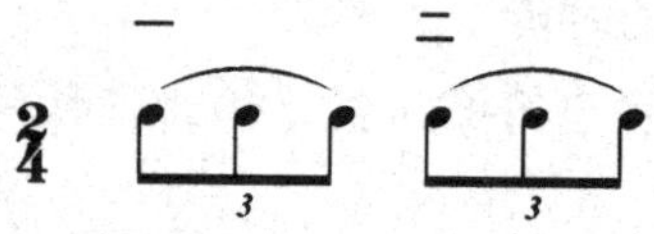

6/8

一 二

2/4 3 3

但下面八分之六拍子乐曲，虽可以看成三连音符的四分之二拍子：3 1 3 1 | 3 · 0 · |
却不可唱成这样 3 · 1 3 · 1 | 3 0 |

因为前者的"3"字占一拍三分之二；"1"字占一拍的三分之一，而后者"3"字，则占一拍的四分之三；"1"字占一拍的四分之一。

5. 怎样使儿童注意强弱？

(A) 时常弹奏进行曲，使儿童按照强弱拍节或蹈节，既能使儿童欣赏器乐，又能使儿童领会强弱。

（B）使儿童用打击乐器练习拍子及强弱，教师弹琴和之。

（C）舞曲（不是指黎锦晖式的歌舞曲）运动比赛曲，野外行军曲等，在开始教授时，即须将拍子的强弱充分唱出。

（D）各种拍子的强弱，各有特性，务须使儿童知道分别。八分之六拍子既如上述可以看做每拍是三连音符的四分之二拍子，所以其强弱也等于四分之二拍子的强弱而不等于四分之三拍子的强弱。这是一般人

6. 怎样施行音程练习？

（A）不要使儿童机械地练习音程。儿童对于音乐不感兴趣或不守秩序，未始非因教师在上课的开始一二十分钟便常常机械地使学生练习音程的结果。

（B）最好把音乐教育月刊第一卷第一期所载“来，我们来唱歌”及第二期所载“音阶”等含有音阶练习的歌曲，郑重反覆地给儿童唱，自比专唱音阶的要有兴趣。

（C）除教科书中有音程练习的教材外，还可以模仿歌谣的形式，自编种种音程练习的歌曲来教授儿童。

（D）歌曲中遇有较难的音程，可以特别提出练习，以引起儿童的注意。

7. 怎样教调号？

（A）先教儿童记熟音名（C，D，E 等）在五线谱上的位置。

（B）再教儿童发现某调的 do 在什么地方。（即调号中最后的记号为 ti，高一音或低七音便是 do，又最后的 b 记号为 Fa，高五音或低四音便是 do）用某音名做 do，即是某调，所以升记号与 b 记号的位置有个升记号或 b 记号，以此为标记来分别某调与某调的不同。

（C）除了等到教器乐的时候，某调可以要有几个升记号或 b 记号的理由，暂时可以不须说明，以免纷乱儿童的脑筋。

8. 怎样使儿童认读各调的五线谱？

（A）由 C 到 G，F，D，……等调，顺次由易而难地教。

（B）先在某调五线谱上顺次把音阶写出，以确定儿童的观念。

（C）但教学上认读阶名时，最好在某线或某间上一一用跳跃音程，勿用顺次上行或下行的音程来教学生认。以免他们藉着前面的音符推认而不肯充分记忆。

9. 怎样使儿童分别长短音阶的歌曲？

不必把长短音阶的组织告诉儿童，只须使他们知道下面三点：

（A）长音阶（长调或大调）性质光辉雄壮，短音阶（短调或小调）性质阴郁悲哀。

（B）最后一音是 do 或 mi 或 Sol 的是长音阶。

（C）最后一音是 la 而 la 字前一音是高半音 Sol，便是短音阶。

10. 乐曲中的术语记号应如何注意？

（A）乐谱中术语记号如 Andante，allegro，f，P，mf 等多系意大利语。如不认识，有

音乐字典可查。教儿童唱歌时，须依照所记术语及记号表情。千篇一律的唱法，是无生命的。

（B）除 f，P，mf 等记号外，速度及表情术语，可改译中文，油印歌谱时，务勿省略。有些歌曲原附有作者姓名，印时亦不可删去。

（原载《江西教育》第六期“第二届教师寒假修养会特辑”音乐教育四卷十二期，1936 年 12 月）

黎锦晖一流剧曲何以必须取缔

本会成立以来，对于黎锦晖一流歌剧谣曲，即厉行取缔，并在去年全省教育行政会议中，提出取缔民教机关及学校演唱此项剧曲之议案，经全体大会通过，复经教育厅通令禁止。当时在提案中虽已将理由简单叙述，深恐语焉不详，社会人士仍不明其病之所在，故特为此文，以告读者。至其必须取缔之重要理由，约有四端：

1. 在国民品性之陶冶上，必须取缔此项剧曲

案吾国都市上流行之小曲俗调，虽间有佳者，然多属描写商贩娼妓间调情之作。其情感既不如农民之真纯朴质，不足以比拟外国学校中所唱之民谣（Folk Song）；其内容所描写，又非多方面之民间生活实况，亦不足以观风尚而媲美诗经中之国风。意淫情荡，音乖词秽。黎锦晖等所作歌剧及谣曲，大抵取材于此，或模仿此种曲调。虽易以涂脂抹粉之浮华词句，其曲调本身，仍足令听者之心志堕落及引起不良之联想。初盛行于学校，继传播于民间；近来唱片及电影中又充满此类歌曲，闻之者心醉神摇，仅陷于低级之享乐，毫无精神上之反省，殊非兴国之音。

国内音乐界同人，除极少数曾加指斥外，或以其形式简单，易于传播，诩为民众艺术，而忽视其品格之卑劣；或以为不屑计较，而守缄默，遂使既倒狂澜，难以挽救。虽经教育部及江苏省教育厅，前后通令禁止，终无实效。

惟吾人际此国家及地方多难之秋，正谋以中正和平之音，一洗暴厉恣睢之气；以鼓舞发扬之乐，振作颓废萎靡之心，果欲收此潜移默化，移风易俗之效，必须造一纯正之音乐环境，使人民日受其薰陶，于不知不觉中增进人格。故对于有害之音乐，势难姑息，务绝其根。初非与若辈斤斤较短长也。

2. 为爱护儿童，必须取缔此项剧曲

查黎锦晖一流剧曲，完全注重歌舞，中间不知利用说白，或将动作平均分配于各表演人，以调济劳力，故饰主角之儿童，往往因之力绝声嘶，法流夹背，面色惨白，殊属有碍健康。

又其中曲调，大多用 C 调及 F 调（或变 B 调）e^2，f^2，g^2 等高部音所组成之乐句，时常出现，儿童且歌且舞，声带常易疲劳，自不能发柔美之声音。即勉强支持，其唱音高度，亦渐不正确。

又低音常有唱至五线谱下 b，a，g 三音者，儿童舞蹈时唱此，实难响亮，故常使胸部用力，以压窄成声。创害肺部，莫此为甚。

又此类剧曲通行以来，学校常以儿童为应酬品，甚至为博游艺会中一时之喝彩，事前竟不惜牺牲功课，从事演习，废时旷日，言之心伤。即在冬季表演，亦令儿童着极单簿之舞衣。（有时尚须在后台等候）虽旁置火盆，难免不受寒冻，或因此生病。上述种种，正不知有多少无辜儿女，受尽此残酷之荼毒也！

3. 为提高人民之欣赏程度，必须取缔此项剧曲

一般人对于黎锦晖一流剧曲，习听既久，不惟不觉其卑俗，反以为纯正音乐，不如其悦耳动人，虽名曲当前，亦格格不能欣赏。

又此项剧曲所用音阶，拍子，符号等，与纯正音乐无异，自表面观之似难判别其优劣，且其音调为小曲风味，正适合一般人之嗜好。耳濡目染，遂如入鲍鱼之肆，久而不闻其臭。虽有雅奏，不愿倾听。又如初学作诗之人，仅服膺打油诗体，其诗品自不得高。为害之烈，可胜言哉！

又一般人观览此歌舞，因其中内容根本不费丝毫脑力，亦不似观优良之电影与话剧，须具有冷静欣赏之态度（虽云儿童歌剧，亦可以使其有意义及美化，一如欧美日本之学校剧。）故随时随意，叫嚣喝彩，不守秩序，以表现其彻底之享乐主义。遂令会场空气，与普通游艺会中，并无少异。（事实上歌舞剧常在游艺会中表演）。此种习于喧扰之群众，虽有佳作，亦交臂失之，安能一旦使其静心观照，体贴入微，以享受艺术之陶冶？欣赏程度，更何由提高？故西谚有云："野兽群之前，谈何艺术！"吾亦常谓国人如不改变其观赏态度，吾国将永不能产生伟大之艺术作品！

愿造成观众此种堕落之现象，彼专事逢迎之作曲家，及无耻之表演者，实不能辞其咎也。

民众能欣赏之作品，其组织未必皆属浅陋，其趣味更未必需要卑劣，人类知识程度日处于进化之中，岂容此辈牛鬼蛇神，长久作祟？

4. 为谋国家文化之向上，必须取缔此项剧曲

查黎锦晖一流剧曲，其内容与组织之不良，可概括如下：

（一）专袭取小曲之短处。（二）缺乏作曲上最粗浅之知识。（三）节奏单调，四连音后继以二连音之乐句，随处可闻。（四）滥用装饰音，故每曲均具一种柔靡淫艳之情调，与歌词内容，常不相符。（五）其旋律多三翻四覆之短句，几无时不可停截，亦无处不可堆砌，绝不知乐式上起承转合，前后呼应之原理。（六）以西洋名曲与流行俗调合为一炉，滑稽可笑。（七）歌词浮艳不实，深浅悬殊。（八）常更换几个不重要之字句，以敷演成数首意义完全相同之歌词（在诗经中虽亦有类似此种作法，但其表现之意义并不相同。描写动作之过程，亦常有异。且在歌剧中不宜完全应用童话式之反覆。）同一曲

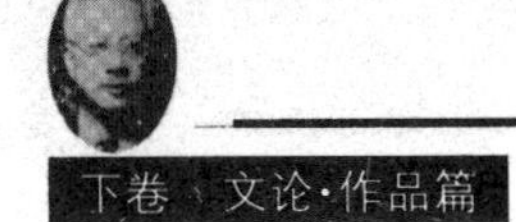

调，常反覆五六次，或七八次。角色尽可不同，唱答仍用一调。儿童歌舞剧虽不宜过于复杂高深，亦不应如此简单乏味！（九）舞蹈形式，既无根据，又不美观。（十）歌唱技术，常带花腔，表演方式，故呈骚态。

以上所述，一般所谓歌舞明星，及学校师生，均深中此毒。欣赏程度既已低落，不能提高，演唱习惯，又误入歧途，万难救药。将来即唱一典雅纯正之歌曲，亦常带几分油腔滑调。其心未尝不思纠正已往之失，其如习养成性，口不从心何！

一国文化之进步，端赖大多数人民对于文艺有正确之了解；表演者有合理之技能，而后真正传大之艺术，得以产生，得以传播。

顾吾国现状则如何？能不令人翻然憬悟，奋然思起，以与此等恶势力决其最后之胜负乎？

（原载 1934 年 11 月《音乐教育》二卷一期）

女性与音乐

——在省立南昌女子中学校讲演

各位先生，各位同学！今天能得到和诸位谈话的机会，至为荣幸！现在所要讲的题目是："女性与音乐"，先让我说女性的能力；我觉得女子的能力和男子并没有什么差别。就从智力和体力两方面来说罢：

智力方面

据美国某大学的统计，女生在二十四五岁以前，成绩总比男生好；甚至超过男生几倍。虽然在二十四五岁以后，女子便多不如男子，这并不足以证明女子天生的是一种到二十四五岁以后便非要比男子退化不可的人种。各种嗜好，社会心理及制度，都会分女子的心，都给女子以不利，都使女子不愿刻苦地向前走，所以看起来好像比男子要差。

智力最可贵的是"创造力"，一般人常以为欧美的女子和男子受教育的机会是均等的。而在创造方面女子仍不如男子，就在音乐方面，除声乐外，第一流的女音乐家仍不多，所以就认定女子是缺乏创造力。但仔细地想一想；女子有这种现象，除了有上面所说的原因，尚有历史的背景，而且古今中外的女性中有很大的创造力的人物，并不在少数，现在随便举出几位来：

外国的

希腊女诗人沙浮（Sappho），为古代最大的女文学家。

法国女科学家居里夫人（Curie）发明镭锭（Radium）。

澳洲女声乐家默尔芭（Melba），为现存女声乐家之第一人，与男声乐家之第一人意大利的卡奴梭（Caruso）同站在世界乐坛的第一流地位。

中国的

汉朝的班昭，续《汉书》。

六朝时的苏蕙，发明回文璇玑图。

宋朝的李清照，被称为历来的第一个词人。

由上述的几位女性看来，女子何尝缺乏创造力！

体力方面

女子的体力从现在一般的看起来是不如男子，但也不是天生的弱于男子，是可以训练得和男子一样的。福州鼓山抬轿的女子，恐怕南昌拉黄包车的男子也没有她们那样强健。现在外国许多的女飞行家，女探险家，普通的男子也不如她们能耐劳苦。

女子的能力既已证明了在智力和体力两方面，都可以不弱于男子，那末，有什么事不可以做？有什么学术不可以学得好呢？况且女子还有那固有的，比男子还胜一筹的特质呢？倘能刻苦努力，做出来的成绩，至少也可以和男子并驾齐驱的！

所谓那固有的，比男子还胜一筹的特质是什么？

就是："母性"和"音乐上的优越性"。

女子不但能生人，并且能爱人。女子爱护孩童，的确比男子周到得多，女子可以用全副精力，牺牲一切地来养育儿童。所以爱伦凯女士以首先提倡女权的人而反对儿童公育，也是认为母性的爱是女性最伟大的特质。历来伟大的人物得益于母教的很多，如西洋的林肯和达尔文：中国的孟子和岳飞。关于母性这一层，不必多说，现在且仅就女性的"音乐上的优越性"，略举数端来说：

1. 富于感情：感情是艺术的原动力。作品中的感情越丰富，感动人的力量就越大。艺术的价值也就越高。倘努力去利用感情，善用感情，而不为它所支配；在艺术的创作上，表现上，的确是获得了一种宝贵的源泉。

2. 性格和平：除了勇敢激昂的情绪外，艺术上的属性多偏于和平方面。如：愉悦，优美，静寂，庄严，柔婉，忧愁等等。中国音乐更以中正和平为理想。

心平气和，才能静心观察，不为外物所蔽，进而至于人与人之间，人与自然之间，也都能谐和。所以音乐的演奏者和欣赏者都要心平气和地从事，然后音乐才能发挥那"潜移默化"的功用。

3. 听觉灵敏：女子的听觉，在日常生活中常有比男子灵敏的现象，大约因为女子的性格比男子沉静的缘故。听觉灵敏，在音乐的欣赏和学习上自有莫大的利益。

4. 喉音清丽：女子在变声期后，喉音日见清丽，男子则一到成年，喉音日见混浊。所以世界上有名的女声乐家比男声乐家多得多。

5. 筋骨柔软：在同样的年龄，女子的筋骨，常比男子柔软。这在学习器乐上，女子又多一层便利。因为柔软的手指手腕，不必经过太长久的训练，即能运用如意。所费的时间，自较经济。

由这样看来，女子在心理上和生理上，对于音乐都比男子要强，在上述的"男女能力并无差别"的原则上，女子倘能努力于音乐的修养，将来或不仅仅和男子并驾齐驱呢！

至于人何以须学音乐？音乐对于人有什么益处？可以概括如下：

1. 安慰心神：如疲劳忧伤的时候，听了音乐可以解脱。

2. 调节劳力：如工人工作时，藉歌声以整齐动作，节省劳力。

3. 发达官能：如声带手指等经训练而发达。

4. 涵养德性：如令人心气和平，发而中节。

5. 激发志气：如慷慨激昂之军歌使人兴奋。

6. 充实人生：如增进想像及思考能力，使生活丰富，具着诗的芬芳，剧的变化。

再从实用方面说：中国文化的基本工具，度，量，衡，即起源于“黄钟律”；我们的祖先并知道利用“十二律”，以测气候，名为“葭灰候气”。古今中外的大思想家大政治家，除一二人外，没有不推崇音乐的。至于女子学习音乐，除了为自己的安慰和修养外，尚有几种意义：

1. 为抚育孩童：吾国一般做母亲的，很少能唱那柔和而优美的摇篮歌，平常抚小孩入睡时所唱的，多半是信口乱唱。加以拼命叫喊，常使小孩吓得不敢做声。这是一种压迫作用，和摇篮歌以安慰为旨趣的根本不符。欧美一般做母亲的，几乎人人都有点音乐的知识，所唱的摇篮歌，差不多都是诗人和音乐家的佳作，所以外国人在他们的孩子睡在摇篮里的时代，便植下了音乐的根基。吾国现在或将来做母亲的人，倘要顾到孩子们的幸福，也须学习音乐！

2. 为改善家庭：吾国普通家庭，毫无高尚娱乐。所以常有身为一家的主人或主妇，竟把孩子和家事完全不管，而成天的游赌别人家中，或者把斗牌为款待宾客的唯一利器。这都是费时旷日的堕落行为。虽应由男女主人同负其咎，但现在的女子，倘擅长音乐，自可将男子感化，彼此摈除恶劣嗜好，从事于音乐的陶冶，在夫妇之间，固可以获得“琴瑟谐和”的乐趣，省却时间和金钱的浪费，即宾客来临，也不致除了聚赌，便无娱乐。

3. 为服务社会：在病院伤兵院，监狱和儿童感化院中，现在的女子除了做他们所能做的以外，尚可以利用歌喉或乐器，来安慰及感化那些伤病和犯法的人们，使他们忘却痛苦及改过迁善，这种的服务工作，在女子方面，是最有效果，最有价值的。

最后十二万分地希望各位同学，能利用这女性的优越性，来致力于音乐，使我们全省美化起来，音乐化起来。并希望在座的同学中能产生出几位和前面所说的澳洲女声乐家默尔芭女士一流的人物，在国内固能促进文化的发展，在国际并能增高祖国的地位，那更是我个人所馨香祝祷的。完了！

（原载1934年4月《音乐教育》二卷五期）

关于讨论“固定唱名法”及“首调音唱法”的一封公开信

自教育部颁布的音乐课程标准中规定中小学音乐教学须以“固定唱名法”为主后，音乐界同人及一般教师均议论纷纭，莫衷一是；近接陈子鹤，王问奇两先生由南京来函，嘱对此问题，发表意见，并同时致函征求黎青主先生意见，嘱筠代转，黎先生意见如何，现在虽莫由分晓，筠复函原文，且先行公开，以供同人参考，并敢自以为是也！

来　函

懋筠先生尊鉴：窃自近年来，我国音乐教育，日有猛进之势，惟际兹发达过程中，产生一教育上莫大之分水岭，即使用固定唱名法与首调唱名法是也，在部分课程标准中述及二者均可使用，而以固定唱名法为主，窃思二种不同之方法与制度，在理论与实际上绝无同时存在之可能，而二者理论之根据亦各是其是，论固定者谓乐音为一定的，不可将阶名任意跟调移动，以致高低无所依据，所谓阶名与音名合一是也，论首调者则谓阶名与音名各异，即阶名可以流动是也，又论固定者谓固定法为世界各大音乐国使用，首调法不过英美人士为下级工人便利习唱之变通办法，此二种方法各相背驰，绝不相容，诚为我国音乐上之严重迫切问题，窃以为固定唱名法任转调听音与视谱方面似较便利，然歌唱不易准确，首调法则反是，久仰先生音乐宏博，为国内音乐界巨子，窃请对此问题，下一明卓高见，俾国家社会，有所取舍，而期音乐教育效果上不致受无味之消耗，则幸甚焉。此请道安！

陈子鹤　王问奇　谨启

复　函

子鹤　问奇先生惠鉴：来书诵悉，承奖愧甚，兹将拙见条述如次：

(1) 固定唱名法（Fixed – Do System）使学者对于音本身能有固定认识，便利甚多，其所以不易唱准者，根本因为学了首调音唱法（Movable - Do System 即 Tonic Sol-fa）之故，倘开始即将十二半音音阶认为唯一之音阶，将各个半音一一练习如练习七声音阶，则困难自少，因七声音阶中亦有两半音，练习时并无特别困难也。（印度人尚能分别四分之一的音，我们仅学习二分之一的半音，当无问题；与其费许多时间，学习七种不同位置的五线谱，何若学习一种位置一定之固定唱名法，岂不较为直接了当？且唱歌常有临时半音，仍须事先练好半音音阶。）

（2）研究器乐及管弦乐，读谱时固以固定唱名法为便，即研究作曲，欲求旋律中音程不陷于平凡之进行及转调之自由变化，熟习固定唱名法，更为有利，此所以现代音乐家中有“无调”之主张也。

（3）其实唱调子时，根本无 do，re，mi 等分别也未尝不行，以前乐圣如 Beethoven 诸人固未尝斤斤于音阶之如何唱法，他们作曲时，或者如现在声乐家或管弦乐指挥家：练习时专用“la”或“n”等来哼调子，也末可知，所以固定唱名法与首调音唱法对于学养有素的人，根本不成问题，但是希望将来做一个好的器乐家，作曲家，音乐教师，或管弦乐指挥家的音乐专门学生，鄙意则以为开始就学习固定唱名法为便，俟有深造时，再完全用“la”也好，“n”也好，都可随便。

（4）普通中小学校音乐课程目的是灌输学生音乐常识，不是专门研究，学生毕业后，就是仅仅知道首调音唱法，能正确地唱出几只歌曲，便算达了大部分目的，并不希望人人做音乐家，固定唱名法固然是一种把音乐根底打好的更进一步的方法，首调音唱法也不是完全阻碍音乐学习的恶魔，（历来大音乐家中，不知道固定唱名法的也很多。）部分课程标准规定二者均可使用，（拙意以为是说二者可用其一，并非同时并用。）而以固定唱名法为主者，或因中国现在缺乏此项师资，如强令熟习首调音唱法之教师忽然用固定唱名法教学，结果为求进步，反不如原来唱法之正确，故在过渡时期，不加强制，实是理论与实际兼筹并顾之办法，筠深表赞同（惟标准中亦有许多难令筠同意者）。

（5）总之，在将来，中小学校及音乐界，希望都用固定唱名法；中小学音乐教师希望均属音乐专门毕业生；或曾受检定者，所以现在的音乐专门学生开始便须学固定唱名法，但现在过渡时期之音乐教师能努力自修，将固定唱名法学好，再教学生，固然很好，（但事实上很难）否则仍以用首调音唱法教学为佳。

以上所述，完全为筠私见，是否有当，还希指正，再筠虽极力主张用固定唱名法，而筠本人在学生时代，教师所授，仍系首调音唱法，（偶习固定唱名法）并附以闲，近因举行戏剧及音乐公演，筹备甚忙，久稽裁答，今日始得抽暇奉复，尚乞见原为幸，专此敬颂

艺安！

程懋筠敬复

（原载 1935 年 7 月《音乐教育》三卷七期）

本会各项工作辨理之经过

溯自本会于民国二十二年三月成立，由鄙人主持以来，其工作分推行民众音乐教育及学校音乐教育两项，复于去年五月附设戏剧组，其中办理经过，及应付困难情形，不无可述，兹分论之如下，以供从事音教同仁之参考：

甲、推行民众音乐教育之经过

本会以推行音乐教育为职责，而推行民众音乐教育，至关重要。南昌市剧园林立，营歌曲乐者，亦实繁有徒。若一考其戏曲内容，实属恶劣者居多，优良者甚少。苟任其自由演唱，影响国民精神，实非浅鲜。南昌市有取缔剧曲之责者，不下十余机关，往往各自为政，不相与谋。在营业者，既感“一国三公，吾谁适从”之痛苦，而各机关本身，亦有政合纷歧之现象。又纯用消极之禁止，亦非根本办法。凡此种种，皆困难问题也。

补救方法：本会为谋指导民众娱乐及办事一致起见，曾联合江西省党部，南昌市党部新生活运动促进总会，江西省政府秘书处，民政处，教育厅，全省保安处，南昌市政委员会，公安局，江西民众教育馆及本会等十一机关，各派一委员兼视察员，组织江西省会民众娱乐指导委员会。现已成立二年又四个月，对于取缔戏剧，曾订定七种标准，其办法如次（1）禁演：凡违禁之戏剧，一概禁演（现已查禁平剧五十四出；省剧十七出）。（2）删改：凡戏剧主旨尚佳，而枝节不良者，概加以删改（现已删改平剧三十七出；省剧四出）。（3）指导：南昌各剧园表演新剧（凡本会成立以后，未经表演者，均认为新剧）。须先期开具戏剧本事及纲目，送会审查；认为无害，则令其化装开锣，逐场排演，由本会派员指导后，始准公演。（4）导演：将本会自编剧本，供各剧园采用，并派员导演（计已导演平剧“胡阿毛”，“黑籍冤”各一次，省剧“模范夫妻”，“杀狗劝夫”，各一次）。平时复派员逐日逐地视察，并填具报告，以资监督，现各剧园已不敢演唱淫秽剧曲，开场锣鼓，亦已完全取消。

本市有营清音曲业者，类皆盲目之男女。歌唱之材料，大都淫词俗曲，听其流行，则流毒社会；一律禁唱，则妨碍彼辈之生计，亦推行民众音乐教育上之困难也。

补救方法：本会定有办法三种。（1）查禁：凡恶劣之歌曲，概行禁唱（现已查禁歌曲九十六种）。（2）修改：凡主旨尚佳，枝节不良之歌曲，概加以修改（现已修改歌曲二十种）。（3）创作：应用流行小曲形式，创作新曲（计有“四季叹洋烟”，“嫖客十叹”，“抗敌救国”，“赌博十二害”，“灭烟曲”，“除蚊道情”，“缠足恨”，“酒毒”等八种）。并特开民众音乐训练班两次，由南昌市清音曲业工会选派营歌曲业者来会受训（每期十人）。由会派员教授上列之新曲；一个月毕业。毕业之后，即责其转授同行。近来南昌市营歌曲业者，已有十分之八，能唱该项新曲。又编有“胡阿毛”，“新生活”大鼓书二种，已发交南昌大鼓书场采用（惟鼓书场，系临时性质，现时南昌市已无此项场所）。

乙、行校音乐教育之经过

推行学校音乐教育，先由南昌市着手，以次推及外属。

南昌市推时共有四种困难：

（一）中小学校音乐教师程度太差。南昌市中小学校音乐教师，强半以图书及其他学科教师兼充，专攻音乐者，为数甚少，故历来音乐教学上，极少进步。

补救方法：本会于寒署假内，特开音乐补习班，呈请教育厅令饬各中小学校派音乐教师来会补习，一面由本会派员随时往中小学校视导，对于音乐教学上之缺点，时加纠正。

（二）简谱之害。各校历来教学，大都使用简谱，学生对于五线正谱，完全不知，因此不能按谱唱奏，音乐程度，殊难提高。

补救方法：本会开音乐补习班时，首重五线谱之练习，自此各音乐教师，均已娴熟，于是规定于二十三年度起，除初级小学一二年用听唱外，其余概用五线谱，于是简谱遂完全废止。

（三）无音乐环境。南昌各中小学校，除最少数设有国乐团体外，可谓是无音乐环境。

补救方法：本会为造成欣赏音乐环境起见，特组织管弦乐队，合唱队，招各校师生加入练习，并督促各校组织课外音乐研究会。管弦乐队除每星期在音乐堂演奏三次外，并常常至各校演奏。合唱队每星期练习一次，亦常常参加音乐会。南昌市中等学校，现均组织课外音乐研究会矣。

（四）教材不良及缺乏。南昌中小学校，平日采用之音乐教材，除坊间出版之教科书以外，余皆黎锦晖一流之淫媚歌曲，于音教前途。影响甚巨。

补救方法：由本会发行“音乐教育”月刊，供给教材，一面请教育厅严令禁止黎

锦晖一流歌曲。并创作"猴儿酒"及"皇帝的新衣"两种学校乐剧，以资替代。此外由本省长官亲自作歌，由鄙人作曲者，亦有十余种，多已推行及于全国。

（五）设备不全。音乐教育，素不为学校当事所重视，各校仅有之风琴，亦多损坏，致教学上，常发生困难。

补救方法：南昌各小学之风琴，有损坏不堪者，已代呈准教育厅拨款另购，计有二十余校。此外本会附设之钢琴，提琴，等器乐班，均由本会供给乐器，使学校师生，机关职员及一般民众来会练习，以资补救。

丙、戏剧组办理之经过

本会于民国二十三年五月设立戏剧组；分改良平剧班及话剧团两种。不时公演，惟其间困难之点甚多：

（一）招生困难：本会改良平剧班及话剧团初次招生，应试者寥寥，揆厥原因，不外下列四点：

（1）世俗贱视优伶，凡良家子女，不欲加入。

补救方法：本会察其症结所在，即施以相当对策。凡改良平剧班招收演员，其资格须身家清白，曾在高小毕业或有相当程度者。话剧团招收演员，其资格须身家清白，曾在高中毕业，或有相当程度而关于国语者。经考试及格之后，特聘戏剧专家，为之指导。设定科目课程，逐日按时授课，完全取学校形式，并定毕业期限（改良平剧班六个月或五个月，话剧团六个月，毕业后仍须继续研究，并服务两年）。自是而后，报名者，尚觉勇跃。

（2）男女合演，在南昌尚不多见，招生时，女生远远不前。

补救方法：本会同人，劝导眷属，加入表演，为之表率，于是女演员加入者，始无不安之感。

（3）富家之子，均不愿报考，贫家子女，又希望支领生活费。

补救方法：富家子女，不愿加入，无法强迫，听其自然，对于贫家子女，则于招收之后，加以一二月之训练，举行甄别。不堪造就者，命之退学；成绩中等者，每月给津贴或交通费四五元（改良平剧班五元，话剧团四元）。成绩优良者，每月给津贴十数元（改良平剧班 12 元，话剧团十五元）。于是贫家子女，得以安心学习。

（4）有职业者，无暇加入，故爱好戏剧之人，有心余力之感。

补救方法：此种困难，改良平剧班尚未发见，惟话剧团有之。于是另设一种话剧资助演员，于公余之暇，晚间来会练习，并赞助出演。

因此，改良平剧班，招得男女生二十余名，话剧团招得男女生十余人。两种演员人数，始敷应用。惟话剧团演员因程度均在高中以上，而待遇太薄，故时有变动。

（二）剧场困难：本会舞台及剧场，原系将南昌市顺直会馆内前教育厅暑礼堂修改应用，可容观众千余人。平剧话剧公演，尚无何项困难。自二十三年教育厅因合署办公，迁往省府，而本会剧场，亦随之迁让于第五陆军医院。以后即无适当舞台，演剧方面，又呈困难。

补救方法：遇平剧及话剧公演时，暂借公共场所有舞台者举行。一方又将湖滨公园露天音乐堂设法饰置，使合春夏演剧之用，观众每达五六千人，于推行上有相当成效。惟仍有困难之点，如话剧纯用说话，声音不能达远；而晚秋及冬季，北风甚厉，露天演剧，观众畏寒，逐日减少。现已呈准省政府拨借百花洲乐群电影院旧址为本会剧场，一俟请款改造后，公演场所，自可固定。

（三）剧本困难：流行剧本，严格选择，除话剧外，平剧剧本，几无可用。

补救方法：话剧剧本，除采用名著数种外，又采用定县平民教育促进会之剧本数种及自编之“保险柜”一种。大旨在提倡新生活及抨击赌博。公演数次，尚得好评，余在编撰中。改良平剧班，除选择较良之剧本加以修改外，又自编“胡阿毛”一剧，系根据一二八淞滬之战时传说。大旨在鼓吹抗敌救国，已公演四次，观众均甚感动（现南昌剧园已有采用者，表演六次，卖座成绩颇佳）。“西门豹”一剧，大旨在破除迷信及征工疏河，正在排演；“宫井埋香记”一剧，大旨在描写满清外交之失败，拳乱之荒谬，宫闱之惨史，正在排演，一俟排演纯熟，即可定期公演。

（四）推行之困难：本会以推行全省音乐教育为职责。话剧平剧，不仅在南昌市公演，必能推行于外属，方觉无愧。然交通食宿，在在需款，而本会并无此项经费。加以搬运服装道具，更有种种困难。

补救方法：例如赴南昌莲塘乡村师范学校公演平剧，即先期函请该校供给本会职员及学生食宿，并向省会公安局商借汽车，于是成行。结果费用并不甚大，而收效颇宏。该晚仍公演“胡阿毛”一剧。观众大多为农民，约千余人，均甚感动。今后仍拟往外属公演。话剧因布景电光，携带不便，一时不能推行至外属，以后当购置软景及一切简易设计，或可达到目的。又本会弦乐队亦曾利用教育厅举办之教师寒假修养会，赴九江及临川演奏两次，对于地方上音乐教师，颇能予以良好印象。

上述各节，为本会成立以来，办理各项工作之经过，此后困难正多，本会同人，自应益加淬励，设法补救，以完成音教使命也。

（原载 1936 年 1 月《音乐教育》四卷一期）

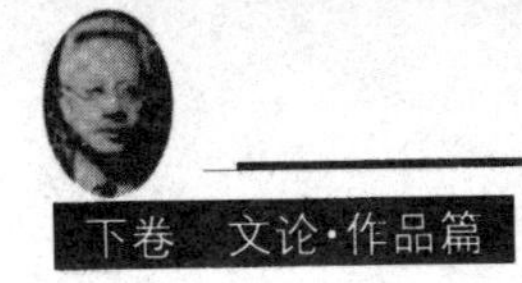

本会过去现在及将来之设施

溯自本会于民国二十二年三月宣告成立，迄今凡三年有余，经费自二十二年三月至二十三年四月，为一千元。二十三年五月，因设立管弦乐队及戏剧组复增加为二千二百元。其间工作及将来计划，不无可述，兹分别报告如下：

甲、过去及现在设施（分民众音乐及学校音乐两方面）

民众音乐方面：

（1）修正固有剧曲及唱本。现已修改旧剧二十余出。歌曲三十余种。

（2）取缔恶劣之音乐戏剧。由本会联合各关系机关（计十一处），组织民众娱乐指导委员会，订定取缔标准。平时复派员逐日逐地视察，并填具报告，以资监督。各剧园现已不敢演唱淫秽剧曲，开场锣鼓，亦已完全取消。凡各剧园间有表演不良戏剧者，先后函请公安局处罚，计有数十次。又将公安局搜集之不良唱本八十六种及木刻板一百零二种，共一万余件，完全焚毁。其他如不良之有声电影歌曲，亦已严加取缔。又派员审查各商店留声唱片，其黎锦晖一流之不良唱片，均禁止销售，并函请中央及本市广播电台，勿再播送。

（3）创作民众新歌曲，歌剧，话剧及改良平剧脚本。计有歌曲《四季叹洋烟》，《抗敌救国》《嫖客十叹》《快报国仇》《赌博十二害》《灭蝇曲》《除蚊道情》《新生活歌》等八种。歌剧《猴儿酒》《皇帝的新衣》二种。话剧《保险柜》《模范商人》二种。平剧《胡阿毛》《西门豹》《宫井埋香记》《飞来的祸》《弦高稿师》《苧萝二村女》《一片真情》《侠义姻缘》等八种，省剧《黑籍冤》《模范夫妻》《杀狗劝夫》提纲三种。

（4）设立音乐传习班，使民众有学习机会。计有合唱队（参加者四十五人），钢琴班（参加者三十人），提琴班（参加者六十人），口琴班（参加者三十人），南胡班（参加者三人），胡琴班（参加者二十人）等设施。参加者均为公务人员，学校师生及一般民众。又特为营清音曲业者设立民众歌曲训练班两期，即以新编歌曲为教材，使其广为传授。现本市营歌曲业者，大多数均能唱此新曲。

（5）不时举行音乐会并公演戏剧，使民众多有欣赏机会。已开音乐会三十余次。公演平剧十七次，话剧十五次（其中赴外属演奏音乐四次，公演平剧三次，公演话剧一次）。

（6）与南昌广播电台合作，举行播音。已广播音乐十余次，平剧七次，话剧三次。

（7）训练公民歌唱应用歌曲。共计四期，公民数万人，均能上口成诵。

学校音乐方面：

（1）设立幼稚园及中小学音乐教师补习班。在教育厅主办之寒暑假期学校内及寒假修养会中，附设音乐组。每次参加听讲之中小学音乐教师均在六十人以上。又特为师资训练所学员设立口琴班。现该班学员有在乡间教授儿童唱歌者，即以口琴为教具。

（2）改良课程及教学法。召开省会初等及中等音乐教育讨论会二次。议决要案如下：①各校废止简谱，实用五线谱教学。②禁止演唱黎锦晖一流剧曲。③各校应组织课外音乐研究会。现各校均已照办。

（3）供给教材。编辑《音乐教育》月刊，介绍教材，已出版至第四卷第九期。并创作《复兴》《救国》《新生活运动》《汗血》《力行》《青年劳动服务团》《抗敌救国》《运动会》《儿童团》《卫生队》等歌，以供学校采用。并代制校歌歌谱，计有八校。

（4）审查教材。各校音乐教材，大半已送会审查。其不适用者，均已分别函请各校勿得采用。

（5）视导音乐教学并襄助学校排演戏剧。于每学期开始，派员视导各学校音乐教学，填具报告，均已汇呈教厅，在江西教育上发表。各学校间有排演戏剧者（如豫章中学南昌女中等校），亦随时派员指导。

（6）举行唱歌竞赛。举行中小学唱歌竞赛各一次。中学参加者十五校，小学参加者四十七校。又举行省会各中学校暑期补习班会唱一次，参加者亦十余校，计学生千余人。

（7）督促各小学添置音乐设备。本市各小学校之风琴，有损坏不堪者，经本会派员查检后，即代呈准教厅拨款另购，计有二十余校。

乙、将来计划（分音乐及戏剧两方面）

音乐方面（除将现在设施，继续进行外，尚有下列各项计划）

（1）赴各校巡回演奏音乐，以引起各校师生之音乐兴趣。

（2）组织南昌市中学生联合歌咏团。人数暂定一千名。

（3）训练民众歌唱忠勇奋发之歌曲，以鼓舞民气。

（4）联合各小学校组织儿童节奏乐队，以提高儿童音乐程度。

（5）预定每学期共开中学生音乐会四次，儿童音乐会十二次，民众音乐会七次。

（6）筹设音乐训练班，一方面供给中小学音乐教师补习机会，一方面养成本会乐队演奏人材。

（7）举行各项唱歌比赛。

（8）扩充本会管弦乐队队员名额至三十人。

（9）征集及创作救亡歌曲。

（10）陆续出版音乐丛书。

戏剧方面（除将现在设施，继续进行外，尚有下列各项计划）

（1）购置戏剧车赴各县巡回公演。

（2）呈请　省府拨款建筑规模较大之剧场，不时公演。并备外省剧团前来表演。

（3）呈请　省府特设奖金，征求剧本，以供表演之用。

（4）联合各剧团表演宣传国防，推行新运之戏剧。

（5）筹设戏剧训练班，造成演剧人材。

（6）扩充平剧，话剧电光，布景，道具设备，并改善平剧班服装。

（7）发行小规模戏剧刊物。

（8）训练话剧演员之音乐技能，以为组织小规模新歌剧之准备。

廿五年十一月十五日

（原载 1936 年 12 月《音乐教育》四卷十二期）

写在终刊号之后

我们丝毫没有伤感的心情，当我们提笔来写这篇结束文字的时候。在这个时期，像《音乐教育》似的这样颇有些学院风的刊物，是没有存在的可能的，或者不如说，简直没有存在的必要。要存在，也必须大大地改变内容与外式，才适合时代的需要。作为宣传武器的音乐，大抵侧重声乐，或与戏剧相结合。所以，将来或者要出《音乐与戏剧》之类的刊物，也说不定的。

《音乐教育》创刊于1933年四月，到今年（1937）年底为止，共出57期。论本数，因为有十期是合刊（1：4.5，1：6.7，1：8.9，5：9.10，5：11.12），应减去五本，所以只有52本。比起以前的同类的刊物，在时间上总算较为长久的了。最初三期完全是萧而化君所编辑，从1：6.7起就由天瑞编辑，不过有许多材料是萧君早预备好的。从此以后，在许多热心的同志们的辅导之下，无时无刻不在操心与改进这小小的刊物。只因不时有困难发生，许多事不能如愿以偿，以致结果还未达到理想的境地。这是我们最引为遗憾的。好在来日方长，将来战事结束，社会情形改变过来，一定会有非常完善的音乐刊物出来；那时候，再不会如去年似的，因为顾忌着政治上的问题，怕影响到本会的前途，连“国防歌曲”四字都不能用；连鲁迅悼歌都不能发表真名！（本刊4:11原为“国防歌曲特辑”，结果改为“救亡歌曲特辑”；又4:10第一首歌曲《哀挽一位民族解放的战士》，原是鲁迅悼歌。）

一半因为突然的停刊，一半因为战时作者生活的不安定，有几篇长篇文章都不能结束，这是很对读者不起的。打算分六期登完的《乐器浅说》，现在把第四回《管乐器》与第五回《打乐器》合并了，登在本期上；第六回《乐器的组合法》，勉强可以略去。《给儿童看的大作曲家的生涯的图画》，拟在别的刊物上继续发表；《小学音乐教学法》，大约也会如此。

再讲到这一回的特辑“音乐教学情况特辑”，有点近乎草率从事。这是万不得已的。特辑征稿不久，抗战便发动了，稿件来得很少。因为老早就预告的，不能失信于读者，只得就这样地刊出。在这寥寥的几篇文字中，最常提到的，是五线谱教学与颓废教材等问题。在这个时期，这些已不复是值得讨论或需要讨论的问题了。所以这个

特辑不能引起读者兴趣，原是意中的事。

在抗战期中，什么也受到影响，本刊的停刊，自是意中的事，我们除请求各位读者的原谅之外，只有咬紧牙关恨我们的敌人！

如果本刊再有机会，以新的姿态呈献于各位之前时，希望各位本着当年爱护的深情，依旧的赞助和匡正一切！

程懋筠　缪天瑞

（原载1937年12月《音乐教育》五卷第十一、十二期终刊号）

发 刊 词

当我提起笔来写这“前奏”的时候，不能不想起我们办了五年的月刊——音乐教育。它因为抗战关系，稿源缺乏，印刷困难而不幸停刊了！

但为了适应时代的需要和推行我们的任务起见，这小小的刊物，又在艰难困苦中，以新的姿态，呈献于读者之前了。敌人的飞机大炮，是永远不能摧毁我们的心灵和意志！

时代既已转变，我们编刊物的目标也不能不有所更改。这刊物的内容，自然不应该完全像以前纯具学院风的音乐教育，必须和抗战时期的其他艺术一样，于“深刻”之外，再求“普遍”！但我们决不愿陷于“浅薄”，如果力量做得到时，“深入浅出”四字，就是我们技巧上的最高原则！

因为本会现在兼事戏剧宣传，所以在本来专为音乐开辟的园地中，也散布着这姊妹艺术的种子。而且今后登载的曲谱，同样地为着时势的要求，当偏重于声乐。

希望海内先进的同志们，像以前爱护音乐教育一样，不时予以积极的匡助与深切的同情。谨代表同仁，先致感谢！

（原载1940年音教会在江西遂州县出版《音乐与戏剧》，共出版两期）

本会的任务和工作

当我们低着头在反省过去，计划将来的时候，常不自禁地怀着一种责任重大的感觉，惟恐忽略了工作的目的和任务，所以我们常常地反问着自己："做了些什么？""应该做些什么？"

然而，有些人仍旧对于我们的任务，没有深切的认识，对于我们的工作，也不能明了，在过去，我们曾接到不少外省机关和团体的来信，说我们是一个国内有数的"文化机关"，要我们把出版的音乐刊物和歌曲剧本寄给他们；在本省教育界中，我们又被看做一个纯粹的"社教机关"；"八·一三"以后，为了配合抗战与适应环境的需要，我们除了经常的工作外，同时设立了抗战歌咏团及抗敌剧团，兼做种种抗战宣传工作，因此又有人认为我们完全是一个"宣传团体"，我们究竟是什么呢？让我在这里赤裸裸地来自己介绍一下：

本会自民国二十二年三月组织成立以来，到现在将近七年了，名称既叫做"江西省推行音乐教育委员会"，自然很明显地标出了本会的任务是推行全省音乐教育。我们的工作以除害、革故、创新为目标，曾经审查各种旧剧，把淫猥迷信的删除或禁演，改良民众歌曲，改良平剧，视导学校音乐教学，出版音乐教育月刊，供给教材，组织管弦乐队，不时公开演奏，借以提高民众音乐程度，所以说我们是一个"文化机关"，倒有些和本会创立时的旨趣相符。再就组织上说，本会委员中有的是由省党部和省政府委员兼任，而经常负责主持一切的主任委员也是由教育厅聘任的。至于本会的职权既可以派员视导各学校的音乐教学，所有视察报告，曾经迭次在教厅地方教育旬刊上发表；对于一切娱乐场所又有视察取缔之权，和普通的社会教育机关自有区别；其次，本会的成立远在抗战前四年，宣传工作仅是我们在抗战期中加添的一种工作，绝对不能说我们完全是一个"宣传团体"。不过，我们对于文化、社教、及宣传等，并不忽视，因为我们关于这三种工作已经做过，而且现在还继续地在做，我们却希望我们的工作要建立在本来的宗旨上，不会被人误会，而抛离了原有的职责——推行艺术教育。

也许有人会带着一种怀疑的态度，幽默地问"抗战期中，还用得着艺术教育？"我们无须把话扯得太长，只要很简明的几句，便可以回答，就是：请他们不要忘记"抗战"

"建国"是并重的，现在需要积极地去"抗战"，同时也需要积极地去"建国"，艺术教育是教育中最有效力的方式，也就是建国途径中，重要的一部门！文明国家，没有不重视的，而且现在中央也在积极地推崇！最近教育部也成立了一个音乐教育委员会，便是证明。谈到抗战期中，音乐教育更表现了激发志气，团结精神的力量。现在全国各地，街头巷尾，都听见雄壮的歌声，男女老幼，都会唱几句抗战歌曲，更是事实！

至于"我们做了些什么呢?"现在把本会最近的工作概略地分做四项写在下面：

一、关于抗战宣传——（1）组织抗敌歌咏团及剧团，（2）组织各种歌咏队，（3）指导各机关团体歌咏，（4）编印抗战歌集，（5）创作抗战歌曲及剧本，（6）举行各宣传团体联合歌咏游行及联合歌咏大会，（7）参加各宣传团体戏剧联合公演，（8）赴各县举行歌咏及戏剧巡回宣传，（9）慰劳负伤将士及救济难胞，（10）举行义卖公演及扩大义卖宣传，（11）举行寒衣募捐公演，（12）编辑"音乐与戏剧"周刊，（13）编制壁报——"反攻"五日刊，（14）举行街头歌咏与讲演及绘制歌曲壁画。

二、关于民众音乐——（1）举办乡村儿童歌咏班及业余歌咏班，训练民众唱歌，（2）创作民众歌曲，（3）举行音乐演奏及话剧公演，（4）广播音乐与戏剧，（5）拟订推行国歌办法，正确训练民众歌唱国歌。

三、关于学校音乐——（1）介绍音乐教师，（2）审查校歌及供给教材，（3）代制校歌，（4）召开中小学音乐教师会议，商讨音乐教学问题。（5）禁用黎锦晖教材，并创作学校歌剧以资替代，（6）举行中小学唱歌比赛，（7）赴各校讲演音乐理论及视导音乐教学，（8）不时举行音乐会，以供各校师生欣赏，（9）筹办中小学音乐师资训练班。

四、关于社会教育——（1）利用音乐戏剧！实施精神总动员，（2）举行国民月会，穿插各种表演以增进民众兴趣，（3）举行乡村家庭访问与调查，（4）设立民众书报阅览部，（5）指导乡村儿童读书识字等。

总之，我们的任务和工作，已经顾虑到需要；没有忽略现实，我们只有朝夕惕励，勇往迈进，在应有的任务里，做着应该做的事，希望本省各界人士，给予更大的同情和严正的批判，使我们今后的工作，能完成最大的任务！

编　后

本刊因为筹备时间匆匆，同时在经费不充足的条件下出版了，当难能认为满足的；诚然，我们愿望这刊物就是读者自己的刊物，也就是音运工作者自己所培植的园地。因此，希望读者们能经常赐稿，批评。使本刊的内容形式，一天天充实，美观起来。

本刊自下期起，将增问答栏和通讯栏，关于这二栏的稿件，同样欢迎惠寄。

（原载1940年《音乐与戏剧》第一期，28～30页）

发声与指挥

今天我不预备讲比较高深的音乐理论，仅仅把教歌者最需要的两件技能——“发声”与“指挥”讲一讲。

“工欲善其事，必先利其器”，无疑的一个教歌的人，必须有一只好的嗓子，嗓子好的条件有四：（一）比较长时间的歌唱不觉得疲劳。（二）音量宏大，在成千成万的群众面前也不致感到声音传达的困难。（三）遇到音域较广的歌曲也能应付自如。（四）使人家听了可以起一种快感，就是不理解音乐的人，也能因你声音的魔力而陶醉。

一般人在唱歌时有三种普遍的缺点：（1）念歌——当他拿了一首歌曲之后，也不问是雄壮还是悲哀，只是像私塾里的小孩读千字文百家姓一样，自头至尾的如报流水账的念出来，平淡而稀薄，使人一听就知道没有一种音色变化之美。主要原因是只用嘴巴共鸣。（2）叫歌——因为不知道发高音的方法。而勉强想喊出来，于是拼命的像狮吼狼嚎般的大叫，于是声音尖而发沙，人家听得刺耳，自己却涨得面红耳赤，青筋暴露，气喘不停！（3）喝歌——当一只雄壮的抗战歌曲拿到以后，他误解了雄壮的唱法，于是拼命在喉部或胸部用力，发出强大而断续的呼喝声，把美丽的声音和咽喉磨擦成的噪音混成一片！好像在呼喝人家，或和人家相骂一般，过于粗暴！

以上三种缺点，可以说是现在一般唱歌者及歌咏队的缺点，主要的原因就是不懂得怎样发声。所以今天把发声中的“共鸣”来讲一讲。

发声的好坏，只要看他是否能充分共鸣，所谓共鸣是使声音在人身各部得到反响而增加其响亮的意思，共鸣普通分三种：

（一）上部的共鸣（也称头部共鸣）——这部共鸣在发声中最感困难，常常因不得其法而使筋肉痉挛，这是对于声带有害的，真正的共鸣，每个高音的音都好像从头腔内发出，他的音质很明亮圆润，人声最高的几个音便应当用这种共鸣而发出。普通人一唱到高音时，便像叫喊，一般的原因，是因为把中部共鸣的方法而唱那应该用头部唱的高音的结果。

（二）中部的共鸣（也称口腔共鸣）——普通是咽喉和口腔的主要部份，唱中等高度音时用之，须唱得有力，稳定而圆到。

（三）下部的共鸣（也称胸部共鸣）——这部共鸣是唱最低的几个音时，更觉显著，发声的时候，使声带充分地弛缓而全部振动，并使胸部共鸣，发出的音质是沉着，刚强的声音。

以上是三种共鸣的大概情形，至于练习的方法，可以参考专门练习发声的书籍，这里因为时间的关系，不能多讲。

现在我来讲教歌的第二种技能——“指挥”，真正可称为指挥的时代，在西洋是由于德国的Spohr氏用Baton（指挥棒）而起，中国古代的指挥是用柷，敔两件乐器，即所谓“柷以起乐，敔以止乐”。现在平剧中则由掌鼓板的人任指挥之责。

为什么唱歌的时候一定要有人指挥？这理由很简单，因为在人数较多的时候唱歌，倘没有指挥，发音的高低便不能一致，拍子容易零乱，表情也不统一。

指挥者的任务有二：

（一）唱时提供标准音（即所谓Pitch）——常常看到各机关团体集会唱歌时，因为没有人指挥和给标准音，只由司仪人喊一声，演员随各人自己的声音高度，来各自乱唱，所以结果非常杂乱不齐，完全是些不协和的噪音大汇合，听起来可气又可笑！所以指挥者必须负有提供标准音的责任，指挥者如果对于自己校音没有把握，可以先在风琴或口琴上校准，校好了C调的主音（即do）其他各调的标准音，都可以依此类推，校标准音时最注意的是声音不要大，时间不要长。

（二）拍子要打得正确——目前有一部份不懂得指挥拍子原理的人们，在台上乱挥乱舞，自以为这样才算指挥有力，例如用两手向内外推动，或上下乱敲，而将拍子强弱完全弄反！或者在手势上加种种花样，以吸引听众专注意于他自己，这都足以使队员不能按着拍子强弱而唱，同时听众的注意力也为之分散。

至于正确的指挥法，普通要：

（一）依照拍子的强弱而打。譬如四分之四的拍子，是第一拍强，第二拍弱，第三拍只须稍强，和二拍子要有分别；四分之三的拍子第一拍强，第二拍弱，第三拍更弱，……等等，我们应该依照它的强弱而打。

（二）依照曲调的强弱快慢而打。如乐曲速度须缓慢时，指挥也要缓慢，乐曲速度须快时，指挥也随着要快，关于乐句的强弱也是一样。

（三）依照乐曲的性质打。如庄重的乐曲，手势也要沉着；流畅的乐曲，手势则较圆滑。其他关于以变格小节开始的乐曲，则须假定该曲第一拍前面尚有一拍（如乐曲是由半拍开始的，则须假定其前面尚有半拍）。再用它来做准备拍子，而开始指挥。

再谈到指挥者的姿势以及握指挥棒的方法：指挥者站立的姿势，体重稍支持于两足间，两腿以不弯曲为原则。持指挥棒的手宜高过于肩，以便后面的队员可以看到；至于左手，不动时可置于股侧或腰际，挥动时可与右手相同位置而做左右相反运动。

目光要顾及全体。拿指挥棒的方法，最普通的以右手第一，二，三手指握住棒的下端，四，五指屈于掌内，棒的最下端不露出掌外，但也有以右手第一，二，三，四，五指都帮着握棒，棒的下端略略露出于手掌外，而拇指也紧贴棒上的。

今天所讲的“发声”与“指挥”方法，不过是一个“门径”，如果大家有兴趣的话，还要把它常常练习，才能“熟则生巧”！

程懋筠讲述　汪洋纪录

（原载1940年《音乐与戏剧》第一期，17～19页）

乐　观

这世界，
原像那包罗万象的宇宙：
本非天国，
因为它兼含美丑；
也不是地狱，
因为它善恶都有；
一切的光明和黑暗，
有些是它自己先天所具备；
有些是我们人类所遗留！

伟大的民族，
决心地想把它造成天国；
平凡的人种，
却无意地阻碍了它的成就；
罪恶的国家，
更任性地要降它为地狱！

平凡的人种呵，别喜，别愁，
这世界的进步和退化，
你原已无力而不善谋；
罪恶的国家呵，
且莫作胜利的狞笑，
伟大的民族，
就是你惟一的对头！

廿九、三、十八晚，参加本会讲演后感作

（原载 1940 年 3 月《音乐与戏剧》第二期）

序 曲

——《音乐教育战时续刊》代发刊词

同志们：
四年以前，
我们的血，和平地流，
Muse 奏着 Lyra，
在天上遨游，
你我循着那琴声，
为艺术而歌颂祈求。

今天呵！
战神擂着战鼓，
冲锋的号，震撼山丘，
你我的血，
快要爆裂；
你我的歌喉，
也变成怒吼。

干吧！
让我们的心，
整个地共鸣；
让我们的歌声，
激起每个魂灵；
还有我们的笔，
要同时描写，一致经营，
为了祖国的光荣胜利；
人类的永久和平！

程懋筠 1941，2，21 于泰和

注：今江西省图书馆历史文献部藏这一珍贵史料（孤本）即 1941 年油印出版的《音乐教育战时续刊》刊载程懋筠写的代发刊词——序曲

三民主义与音乐

音乐是一种用有规律的“乐音”来表现人类感情和思想的艺术。在物理方面讲，是一种音响刺激，刺激程度较弱时，对于人类，便发生抚慰调剂的作用，如催眠歌，赞美诗，小夜曲（Serenade）之类；刺激程度强大时，则具有兴奋鼓舞的功效，如军歌及进行曲（March）之类；所以在心理方面讲，又可以说是一种精神力量！

吾国古时战争，利用音乐取胜的，固不必列举；法国革命成功，实得力于马赛曲，亦尽人皆知；拿波仑攻俄大败，他自己认为是：一方面由于士兵不耐俄国的严寒；一方面由于强悍的哥萨克军乐，大足以鼓舞俄军士气。

“Nearer my God to Jhee”是一首古老的赞美诗，一九一〇年美国二十五届大总统 Mackinley 氏被刺时，口中仍歌唱此曲，从容就义。一九一二年“泰他义克”号巨船，误触冰山，几千的船客和船员也齐唱此曲，视死如归，与船同尽。可见音乐感人之深！

所谓“主义”，也就是人类感情和思想所表现的“精神产物”。见于行动，便生力量，所以总理说：“主义就是力量”。因此，音乐和主义便可以发生联系！

虽然大哲学家叔本华（Schopenhauer）以为：“音乐是与有形世界完全独立，即使没有世界，音乐也能在某种形式上存在”；虽然名著艺术的起源的作者格罗寒（Grosse）以为：“一个民族的音乐和其文化根本没有关系。……音乐的最高超，最纯粹的形式——如贝吐芬（Beethoven）的器乐曲——是离开实际生活甚远的；它没有实际或伦理的意义，也没有什么社会的意义”；但柏拉图（Plato）所谓：“各种教育中，音乐教育效力最大”，和“音乐是大众教育的最好工具”这两句话，至今仍令人深信不疑！

音乐何以能影响人类的行动，与人事发生关系，和政治打成一片而起社会作用呢？因为它有两个最重大的要素，即“节奏”与“谐和”，试解释如下：

（一）节奏（Rhythm 或译律动）。圣经说：“太初有道”，而德国大音乐家标洛（Hans Von Biieow）则谓：“太初有节奏”。因为宇宙间的一切如果没有节奏，便不能长久运动和存在，例如：行星的运转；四时的调换；人身脉搏的跳跃，车轮的回转，钟摆的振动，都“井然有序”，所以能保持较长久的时间。醉汉或疯人因为心理上失去了

平衡——即失了“节奏感”，所以行动毫无秩序。处处引人发笑。故节奏为秩序之本，而秩序又为一切个人及社会行为的原动力。音乐上的节奏，是用“拍子”来表现，所以欧美各国中小学校充分利用音乐来训练学生的节奏感，养成国民有合乎规律的习惯。所以在他们的社会里，一切都较有秩序。办起事来，一切都较为“迅速”“确实”。故音乐对于个人固能“潜移默化”，使人进退之间，能“发而中节”，对于社会也能达到“整齐步伐”和“鼓舞振兴”的任务。

（二）谐和（Harmony 或译调和或译和声）。音乐之有“谐和”，犹如诗歌之有“音韵”，运用得当，便能彼此调和，合乎自然。

社会是由各个国民和各个阶层而组成的“有机体”，完全靠各个分子的溶洽联系而巩固发展。倘各个分子间彼此不能“共鸣”“合作”，社会的进步便受阻碍，甚至整个地陷于崩溃。儒家最重要的教义，便是要人与人之间，人与物之间，人与天之间（即人与自然之间），都能达到谐和的理想境地。所以极力主张“忠恕”，主张“物我并存”；主张“与神通”，“与天地合德”！

音乐的谐和，表现于作品的便是“和声”——即复音——表现于演唱的便是“合奏”和“合唱”，在那些有名的高尚作品中，所用的和声，真令人有“灵魂妥贴”，“天衣无缝”之感。而在一个“指挥者”之下，百余人的“发弦乐”合奏，或数百人的大合唱，也足以令人心醉。他们不但对于一个音符，一个拍节，奏唱得“丝毫不爽”，即乐曲风趣的表现，也“如出一手”，“工致万分”！所以西人认为世界最准确，最纯粹的科学，除数学之外，便是音乐。而最严守规律的艺术，也就是音乐！欧美人士认为“合奏合唱演出的时候，便是国民合作精神的最大表现”，的确是“至理名言”！

周公是大政治家，孔子是大政治哲学家，所以都懂得音乐的力量，知道音乐有“节奏”及“谐和”两种效用，所以将“礼乐”联系在一起，而运用到政治上。古之希腊也将音乐和体育当作训练国民的唯一工具。现在德国的希特勒也歪曲地利用贝吐芬（Beethoven）的音乐来宣传他的纳粹主义。苏联也充分应用音乐来鼓吹他的共产精神。不用说德苏两国都是很认识音乐的伟大力量，而在他们自己的主义原则之下，完全把音乐统制了的！

音乐和其他艺术一样，纵有它纯粹的自己园地，还该有广大的应用范围。正像图画有写意画与漫画，也有广告画与实用图案一般。但所谓纯粹的音乐，其内容也不能有损于一般国民的向上精神，（如颓废，淫靡的歌曲）更不能与当时的政治思想，背道而驰，否则必受淘汰！至于在应用方面讲：如果一国的音乐能够和政治打成一片，与人民生活有关，为思想主义努力，自然会起一种很大的社会作用，必能获得更广大的爱好和信仰，其生命亦必有较长久的发展。

“三民主义”已经是我们政治的中心思想；也是教育的唯一宗旨，所以我们的音乐不但不能和三民主义的精神违反；并应进而为三民主义努力，自不容怀疑！

总理在“民生主义”中，说到“衣”“食”“住”“行”，曾加上“乐”的一项，当然是很注重美术和音乐的。总裁对于提倡音乐，曾有几次的昭示，现在因抗战关系，雄壮鼓舞的歌声，到处可闻，朝野上下，都一致承认了音乐的功能；而加以提倡，自是一种可喜的现象。不过仔细考察一下，技术恶劣和力量不够的作品，固然很多，而在意义上违反三民主义，含有毒素的歌曲，也不在少数。

今后吾国音乐家的最大任务，是要“精深刻苦”的研究，“勇往迈进”的实行，参考古乐，应用西乐，来创造一种新的中国音乐，一以振发国民精神，团结国民意志；一以歌颂三民主义的伟大，宣扬抗战建国的成功。所以我们必须要做到下列的三点：

（一）鼓吹“民权”思想。三民主义以达到“自由平等”和促进“世界大同”为目的，我们的音乐作品，必须具有此种精神。“博爱”“互助”“天下为公”，是我们的重要课题。艺术的伟大性，就在“中正和平”，“大公无私”；艺人的伟大性就在反对一切的“暴力”和“不平”！所以我们对于挑拨“阶级斗争”的偏激歌曲，和鼓吹“侵略行为”的肃杀之音，不能加以赞同，而认为应该一律禁绝的！

（二）注意“民族”精神。我们虽不像希特勒统治的国家一样，因为莫查尔特（mozart）所作歌曲的原诗是出自犹太诗人之手，而生硬地调换了德文的歌词；又因为大音乐家孟德尔逊（mendelssohn）是犹太血统，而冲动地打倒他的大理石像；这一切都是偏激和无意义的举动。但我们的音乐作品中，必须充分表现中华民族的“自信心”；歌颂中华民族的“伟大性”。所以“东方色彩”和“中国风味”的作品，能为一般国民所接受，而“爱国”“爱乡”的歌曲，又值得为我们音乐家多多写作的。至于现在流行的，专事模仿苏联曲调的抗战歌曲，它的生命，并不能长久！而现实自命为“新音乐派”的音乐家，不去体贴运用古乐的神髓，从事创作，而专模仿民谣小调，以为如此便可以建立“民族音乐”，殊为“梦想”！这种作品，即使能表现一点“国民的心情”，也不足以代表伟大的中华民族性，其价值当然不会高的！

（三）增进“民生”建设。音乐可以调节劳力，在一般人工作劳动时，已有明证；而促进工作效率，增加生产数量，在美国和日本工厂中也有实例，我们如果能为农工商大众，多做些劳动上应用歌曲，训练他们歌唱，使他们能一面工作，一面自娱，便可以忘记疲乏，乐于劳动，对生命抱乐观，对事业有希望，精神活力，必可增加，国民生计，必较优裕。所以总理在“民生”方面，并不漠视“娱乐”！娱乐中最经济，最有效的莫如歌唱。苏联是已经充分运用了音乐的组织力量，在他们民生建设中的。

个人的情感，思想，与生活，固然应该表现，整个国家，整个民族的综合情感，中心思想，集体生活，更有表现的必要，希望吾国的音乐家，在艺术的创作与活动上，更伟大地表现出来！

（原载1942年1月1日《三民主义文艺季刊》创刊号）

猴 儿 酒

小学五六年级及初中一年级适用

坪内逍遥著·周作人译

程懋筠改编并作曲

凡 例

1. 本剧系为替代现行之恶劣歌舞剧而作。承周作人先生允许将他译的《卖纱帽的与猴子》一剧由本会改编。并改为现在的题目。

2. 本剧为节省儿童精力起见，故以对话为主，歌舞为宾。

3. 本剧中歌曲情趣，力求与歌词情调相符及多有变化，并力避一般卑俗谣曲之风味。

4. 本剧歌曲及舞蹈虽力求浅易，以适合儿童程度；其伴奏虽力求简单，以减少教师平日练习上之困难，但其作法完全根据西洋乐理及舞蹈原则（舞踏步法将详载于单行本中）。

5. 本剧歌曲之音域，通常至低音在高音部五线谱下一线C音上，至高音在第四间E音上。（最后一曲因系二重唱，不得已高音高了半音，在第五线F上。）

6. 本剧乐曲伴奏以钢琴为主，并可以加一个小提琴及大提琴奏歌唱的旋律，或和声伴奏。没有这种乐器的学校风琴亦勉强可以代用。但不如钢琴之有效果。

7. 一般未弹过复音的教师，对于本剧伴奏，只须经相当练习，在最短时间中，当能正确弹奏。

8. 对话及歌词概用国语。

9. 须用正当之唱歌法及表现法，勿蹈历来歌舞剧之覆辙。

10. 本剧伴奏，弹时不可随意加花或减略和音。

半岭的树林中，夏夜。

正面与左右手均挂黑幕，其上半再挂蓝色之幕，中间贴银纸剪成的满月。台中间装置纸板所糊的大树两株，宽约一尺，上半分杈，自地至杈约高五尺，树后设梯以备小猴爬上树去。离树三四尺处设树根二处，可以坐人，草丛数处，各生大叶数片。但均须暗示的，不必写实的。

幕开时有猴子大小五四，手挽着手，围绕着大树，跳舞似的唱着歌跳着。

“猴儿酒”赞歌

老　　猴　好了，好了。（摘草叶两三片，装做遮好了树后的石洞的模样。）这样的盖好了把他隐藏起来吧。现在，大家都往对面的山里去，摘了桃子来，我们一面吃着桃子一面喝酒吧。喂，大家都来，都来。

（五匹猴子都从左边进去。从右边出来卖草帽的人，年三十四五岁，一手扇着扇子，后面跟着十六七岁的伙计，挑着装草帽的箱子，两个人的手里都拿着一顶凉帽。）

卖草帽的　这样凉的天气，走上岭来，也还是热得很呀。阿呀！阿呀！树根乱七八遭的露出在这里，真是危险虽然月亮出来了，已经是好走得多了。（这个时候伙计担着担子绊了一跤。）

卖草帽的　啊——怎么了，怎么了？没有受伤么？

伙　　计　不，一点都没有什么。

卖草帽的　我要是替你挑一程那就好了。担子很重吧？

伙　　计　不，一点都不重。只是有些累赘，所以绊了一下子。

卖草帽的　到那边树底下休息一会儿吧。汗也流出来了。——唔，唔。（到树根边将要坐下。）喂，给我看一看。不知道草帽会不会弄坏了呢。（打开箱子，从里边拿出种种草帽，照在月光下查看。）那个特地定做的若是弄坏了那才是糟哩。（独白似的，拿出一顶草帽来看。）

伙　　计　（忧虑似的）有没有弄坏？自己不小心，真是对不起了。并没有弄坏，不打紧，不打紧。

（这时候从右边走出一个卖扇子的人来，背着那条箱，头戴凉帽，慢慢前行。卖草帽的人把拿出来的帽子装入箱内，时时回过头去望着后边，掀起鼻孔，仿佛心里说："那里来的好香气呀。"卖扇子的人一眼望见了卖草帽的拿在手里正要收藏的草帽，当初似乎觉得奇怪，但随即开口询问。）

卖扇子的　喂，今天好。

卖草帽的　（看见卖扇子的，）呀，今天好呀。

卖扇子的　天气太热，你也是走夜路么？

卖草帽的　正是如此。

卖扇子的　这真是很难得的很讲究的草帽呀。

卖草帽的　是呀，这是一位顾客特地定做的。

卖扇子的　阿呀阿呀，天下真有这样凑巧的事情。我是个卖扇子的，我也给北边的一位顾客定做了一把银地上画秋草模样的新式摺扇。

卖草帽的　是么，这真是新花样呢。（一面说着话，仍注意后边的香气。）我倒想瞻仰一下呢。

卖扇子的　可以，可以，当然可以，请看，（坐在又一树根上，放下柳条箱，从里边拿出种种扇子来，又取出银扇，交给卖草帽的。）

卖草帽的　阿呀，这是难得！而且这是非常考究的东西。（还是注意着香气，）多谢多谢。（将扇子还给卖扇子的，对着伙计说。）是不是，闻着酒香吧？

伙　　计　是，有酒香。

卖草帽的　这是怎么的？这真奇了。（对着卖扇的）是不是，闻见酒香吧？

卖扇子的　的确是的。这真是奇了。可不是有谁把吸剩的酒瓶忘记在这里了么？（三人都站起来，四面窥探，卖草帽的探望树后。）

卖草帽的　呀，这里是了。（拿去草叶，）这里的岩石自然的凹下了去，正像一只酒缸。（用鼻子去闻，）的确是酒。（用手指蘸了尝尝）呀，这真好吃。真是好酒呀。请你也来尝一尝看。

卖扇子的　（走近，也尝吃。）的确，很好吃。什么呀，这是？难道会就是古老话里的养老泉水么？

卖草帽的　可不是么。（又尝吃）呀，知道了，知道了。喂，这就是那个，那个光是听人说过的猴儿酒呀。

卖扇子的　唔，猴儿酒？这是什么？

卖草帽的　猴子这个家伙，听说他比人只少三根毫毛，那是很伶俐的东西，他去采集了各种草木的果实来，怎样做法可是不知道，听说他就会做出叫做什么猴儿酒这东西来。一定这个就是吧。真找着了好东西了，正在想喝点什么呢。（对伙计）喂，你拿出那酒来。就把这个去舀了来喝吧。

（伙计拿了酒瓶去舀酒来。这时候卖扇子的从箱内取出一个盒子，拿下盖子来说。）

卖扇子的　请用这个当作杯子吧。

卖草帽的　这很好，——请喝一杯。

卖扇子的　呀，呀，请你先喝。

（逊让一会，卖草帽的先喝了，再斟给卖扇子的。）

卖草帽的　好酒好酒！

卖扇子的　这个真不错。好极好极。简直是真的酒。——奉还一杯。

卖草帽的　多谢多谢！（喝了，对伙计说。）你也来喝一杯。这简直同甜酒娘一样。

（卖扇子的斟酒）

伙　　计　啊，满出来了，满出来了。（喝了，给卖扇子的斟酒。）奉还一杯。

卖扇子的　咦，酒瓶已经空了。

伙　　计　再去舀一瓶来吧。

（此后大家又喝，渐渐的都已醉了的样子。）

卖草帽的　啊，快活快活！（拿扇子拍板，开始唱歌。）

月亮姑娘

卖扇子的　呀，真是有趣得很。这样的打开扇子来，就不免想要舞一回看了。（站起，且舞且唱）

摇篮歌

卖草帽的　妙呀妙呀！

卖扇子的　哈哈哈！

卖草帽的　（对伙计）喊，喊，你也什么来一套，来一套吧！

（伙计拿起放在那里的帽子歪戴在头上，站起来。）

买灯笼

卖草帽的　哈哈哈！

卖扇子的　（同时笑）哈哈哈！

卖草帽的　（也戴了帽子站起来）我再来一个粘雀儿的歌吧。

粘雀儿的

（略快）
邻 家 女 婿 太 糊 涂， 竹 竿 粘 雀 费 工 夫。 雀 儿
树 上 高 高 站， 手 里 竹 竿 短 又 粗。
（要问雀儿那时说的是
什么话："老兄，你是
粘雀儿的么？我就是百舌鸟。"）
有 缘 明 天 请 再 来， 再 来 此 地 费 工 夫。（底底嘟）

卖扇子的　哈哈哈！

卖草帽的　（同时笑）哈哈哈！

（在卖扇子的开始歌舞的时候，大小五匹猴子各拿着附有枝叶的桃子从左边出来，看见三人闹着的样子，吃惊，要想逃走，但是看出树后面的酒已被人舀去喝了，非常着急。一面看那三人很有趣的唱着舞着，[仍用前面曲谱伴奏] 渐渐入了迷，走近前来。伙计舞了，即躺在地上，睡着。卖扇子的和卖草帽的人在伙计将要舞了的时候已都在打盹，哈哈哈的笑声也已经一半带了睡意。）

卖草帽的　哈哈哈。（回顾伙计）啊呀啊呀，倒已经很舒服的睡着了。（再回顾卖扇子的，见也已打呼。）啊呀啊呀，这边也已经到梦乡旅行了。哈哈哈。好吧，我也来同伴一会儿吧。（卖草帽的摇摇摆摆的坐在地上，不久便躺下睡着。）

（猴子们互相看了一会，害怕似的向前走去，先将摆在那里的帽和扇子拿起来，很诧异的翻弄，随后再从箱里拉出帽和扇子来，各自将帽子放在自己的头上，有的横戴，有的歪戴。再拿起酒瓶和盖子，模仿三人的用法，舀出树后面的猴儿酒来，大家分喝，渐渐醉了，高兴起来。一匹老猴拿桃子敲树枝，像是拍板，余的四匹便各戴了帽，拿起扇子，展开了，开始跳舞。[此时可奏开幕时所唱的同样的歌曲，但不唱歌。] 猴子们便跟着这节奏跳舞。伙计先醒过来。)

伙　　计　(出惊) 老板，老板！了不得，了不得！

(卖扇子的也醒转)

卖扇子的　啊呀啊呀！这了不得！

卖草帽的　把宝贵的货色弄成这个样子，这畜生！

(卖草帽的和卖扇子的人都举起拳头酒器，伙计举扁担，追打猴子。猴子们嘎嘎的叫着，从左右两边跑逃。只有一匹小猴，头戴草帽，手拿银扇，敏捷的爬上树，留着不走。三人拾集散乱着的东西。)

卖草帽的　啊呀啊呀，这帽子弄成这个样子了。

卖扇子的　我的扇子也是这样了，啊呀啊呀，两把，啊啊，还有三把。(拿扇子给卖草帽的看)

伙　　计　老板，这个也破了。啊呀，还有这个，也是这样的破了。俗语说得好，一报有一报。做了一个人还要去偷猴子的酒吃，太不行了，这是报应呀！

卖扇子的　不，这却不能这样就算了。那个要紧的银扇还找不着哪。

(还在寻找)

伙　　计　这样说起来，还有一顶草帽也不见了。

(这时候树上的猴子不知怎的嘎嘎的叫了起来)

卖草帽的　啊呀，什么地方还有一匹躲着呢。

伙　　计　啊，在那里。

卖扇子的　的确不错。(映着月光望去)，还拿着那银扇哩。畜生！

(卖扇子的跑到树上去，猴子在上面张牙厉齿。)

猴　　子　嘎，嘎！

卖扇子的　喊，戴着那草帽哩。

卖草帽的　的确不错。可是，这颗树是无论怎样总是爬不上去的。

猴　　子　嘎，嘎！

卖扇子的　因为如此，所以他不怕我们的呢。喊，看他那样的张牙厉齿，吱吱的叫。真可恶的东西！

伙　　计　拿石头来打他看吧？

卖草帽的　(止住) 不，不，你等一下子，这样做了，把要紧的东西打破了，那就无可补救了。喊，(到耳边小声说) 猴子这东西比人只少了三根毫毛，是专爱看人学样最聪明不过的。让我们来骗他一下，拿它回来吧。

（卖草帽的从箱中取出干粮来，不给猴子看见，偷偷的去放在右边的草丛里边。随后退回三四步。）

卖草帽的　啊，啊，肚子饿了，饿了！好吧，让我去作法，生出干粮来吧。（脱下所戴的帽子恭恭敬敬捧着，走去放在藏着干粮的地方，展开手里拿着的扇子，远远的扇着。）

（咒）肚子饿了，饿得发烧！

干粮呀，快出来吧！

肚子饿了，饿得发烧！

干粮呀，快出来吧！

（反覆的唱了三遍，在帽子的周回跳舞，随后对着帽子把扇子抛去，打倒帽子，同时拾起干粮，很好吃似的咬着吃。其次卖扇子的同样做作，吃干粮。伙计也照样演作。

这时候小猴子在树上很诧异似的又很羡慕似的看着，渐渐的下来。

三人假装没有看见他的样子，躺倒，装睡。

小猴一面望着他们，走近草丛，先脱下草帽，直竖着，又展开银扇，像三人所做的那样，远远的扇那帽子，绕着跳舞。[此时可奏开幕时所唱的同样的歌曲，但不唱歌。] 绕了三回，猴子对着帽子把扇抛去。在这时三人跳起来大嚷。

三　　人　这畜生！（拿扁担等要打猴子。猴子无处逃走，合手礼拜。伙计和卖扇子的还想打下去，卖草帽的止住。）

卖草帽的　请你饶了他吧。怪可怜的，他在拜着呢。就是猴子也是活物，是我们的同类。而且讲到原因，也是由于我们偷他的酒喝。既然帽子和扇平安的拿来了，那也可以饶了他了。

——喊，喊，快逃走吧，逃吧！

（猴子从左边逃去。）

三　　人　哈哈哈！

卖草帽的　啊，差不多就要天亮了。喊，快点下山去吧。

（各自整理箱担，合唱着，从左边下。）

一报还一报

（原载1935年1月《音乐教育》三卷一期）

作品篇

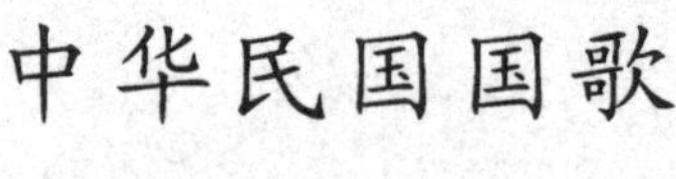

中华民国国歌

1= C $\frac{4}{4}$

孙中山 词
程懋筠 曲

庄严和平

三 民 主 义, 吾 党 所 宗。 以

建 民 国, 以 进 大 同。 咨

4 0 6 0 5 0 1̇ 0 | 7 0 2̇ 0 1̇ 0 6 | 6 1̇ 6 5 |

1 0 3 0 1 0 3 0 | 5 0 5 0 5 0 4 | 4 3 3 3 |

尔 多 士, 为 民 前 锋。夙 夜 匪 懈, 主

f *mf*

6 0 6 0 1̇ 0 1̇ 0 | 2̇ 0 7 0 1̇ 0 1̇ | 1̇ 1̇ 1̇ 1̇ |

4 0 1 0 3 0 5 0 | 5 0 5 0 3 0 4 | 6 5 6 1 |

3 2 1 5 | 5 — — 6 5 | 5 — — 1̇ | 1̇ — — 6 5 |

1 7̣ 1 3 | 3 — — 4 | 3 — — 3 | 3 — — 4 |

义 是 从。矢 勤 矢 勇, 必 信 必

mf

5 5 3 1̇ | 5 — — 4 | 5 — — 1̇ | 5 — — 4 |

1 5 1 1 | 1 — — 1 | 1 — — 1 | 1 — — 1 |

1928年12月31日《申报》。

音乐的境界

F.Gnvlel
程舆松 词

Moderato

p 树　叶儿　*pp* 微　微地抖，*mf* 流　泉　儿
p 微　微地跳；林　间　月　亮儿　*p* 微　微地　照，
poco cresc. 枝　头小　鸟儿　*p* 微　微地　叫；你　我在这　声
息　*pp* 中，*p* 唱　罢了　*pp* 微　微地　笑。

作　　者——F. Gruber作谱，程懋筠作词。
曲　　趣——恬静优美。此歌系用Gruber的“Holy night”曲谱，似觉與其情调相符。
曲　　旨——使学生领略自然界的音乐之美，歌词中大都均系描写音乐的环境，全篇以“微微地”三字作节奏的反复。
程　　度——小学及高初中学生都可以用。
教法要点——八分之六的拍子是以八分音符为一拍，其强弱为：强，次弱，弱；中强，弱，最弱，不可唱两个八分音符为一拍，强弱也不可照四分之三的强，次弱，弱，的唱法。此歌须绝对依照强（f）弱（p）记号歌唱。每逢微微地三个字必须真的微微地唱它。此歌论音节，虽可令高小初中学生歌唱，论表现，即高中学生尚恐不能充分达出！

1933年1月《音乐教育》一卷三期。

Come, Let us learn to sing
来，我们来唱歌

萧而化 意译
程与松 和声

1933年1月《音乐教育》一卷一期。

救国义勇军军歌

汪旭初
程舆松 作词
程舆松作曲

曲　　趣——勇壮。
曲　　旨——激发爱国敌忾思想。
程　　度——适合高初中用。
教法要点——每音均用Aceent（加强音势）附点音符必须充分表出。
第二首歌词唱时全体较第一首加强。
1933年4月《音乐教育》一卷一期。

怀　　旧

[宋]范仲淹 词
程懋筠 曲

1=D $\frac{4}{4}$

碧云天，黄叶地，秋色连波，波上寒烟翠，

山映斜阳天接水，芳草无情，更在斜阳外。

黯乡魂，追旅思，夜夜除非好梦留人睡，

明月楼高休独倚，酒入愁肠，化作相思泪。

1933年5月《音教教育》一卷五期，程懋筠写有钢琴伴奏

年龄与嗜好

英美儿歌
程舆松 意译

轻快
1.什么使他们成小孩？什么使他们成小孩？
2.什么使她们成女孩？什么使她们成女孩？
3.什么使他们成少年？什么使他们成少年？
4.什么使她们成少妇？什么使她们成少妇？

蜗牛水蛙和狗尾，这都是小孩们所爱。
甜的香的糖和饼，这都是女孩们所爱。
装模作样假叹息，要惹得人人都爱怜。
花边丝带与娇容，教她们眉飞又色舞。

作　　者——英美儿歌，作曲者不明。由“Natural history”一曲意译，歌提为程氏所拟。
曲　　趣——轻快。
曲　　旨——描写“人类在什么时代便有什么爱好”，颇有哲学的意味。
程　　度——高小初中。
教法要点——第六小节A音的时长，可唱成十六分音符，勿延长。接唱D音时不要慢了。

1933年9月《音乐教育》一卷八、九期合刊

月　中　人

mf

来法究如何。　月中人呵月中人，你肯走来亲近我？

rit.　*a tempo*

月中人呵月中人，告诉我，月中人呵月中人，

你肯走来亲近我？让我知，几时来，来法究如何。

复兴歌

（为江西人民全省教育界同人作）

程柏卢 作词
程懋筠 作曲

美而壮观 ♩=80
美 哉西 江！ 卢 庚苍 苍， 章 贡 汤 汤。
文 山叠山 之 气 节， 卢 陵双井 之 文 章， 复兴我数千
年 文 化之 邦，在 吾人身 上！ 复兴我数千 年 文 化之
邦，在吾人身 上！ 努力！努力！做人 做事做学 问， 爱劳爱苦
爱景光 国难兮方 张， 省难兮未 降， 吾 人 朝 夕 勿 或 忘！

1933年10月《音乐教育》一卷四、五期合刊12-13页。

救 国 歌

1= C $\frac{3}{4}$

程柏庐 词
程懋筠 曲

悲壮

青年乎，尔忘国家之耻乎？天下兴亡，

责在匹夫。要为救国而读书，要为做人

而耐劳耐苦，要准备实力光复我中华国土！

前方同志们正尽那流血的任务，后方同志们

要做这磨血的功夫！青年乎，

尔忘国家之耻乎？

1933年10月《音乐教育》一卷四、五期合刊，原稿是五线谱，程懋筠写有钢琴伴奏

抗日军歌

1933年12月《音乐教育》一卷六、七期合刊，原稿为《抗日军歌》，是五线谱，程懋筠写有钢琴伴奏

给蝴蝶

Schubert 作曲
程舆松 译词

作　　者——F. Schubert（奥国大作曲家1797——1828）
曲　　趣——优美。
曲　　旨——养成爱护生物之心。
程　　度——高校程度。
教法要点——注意上拍子（弱起）的时价及三拍子的强弱。
1934年1月《音乐教育》二卷一期22页。

赶快还给我

英美 儿歌
程與松 作词

作　　者——作曲者不明。程與松作词。
曲　　趣——活泼。
曲　　旨——抗日。
程　　度——小学三四年级。
教法要点——此曲微含音阶的训练，各音宜要求其正确。
1934年1月《音乐教育》二卷一期23页。

唱个摇篮歌

英美儿歌
程舆松译

mf

哥哥 也 来 唱，姐姐 也 来 唱，来 唱 个 摇 篮
大家 都 来 唱，跟着 妈 妈 唱，来 唱 个 摇 篮

歌， 为 这 个 孩 子 唱 个 摇 篮 歌， 慢 慢 轻 轻
歌， 都 愿 意 为 这 好 孩 子 唱 歌， 可 爱 的 声 音

唱 个 摇 篮 歌， 唱 呵， 唱 呵 唱 个 摇 篮 歌。
唱 个 摇 篮 歌， 唱 呵， 唱 呵 唱 个 摇 篮 歌。

作者——不明。由日语转译。
曲趣——静穆而带华丽。
曲旨——摇篮歌。
程度——小学三四年级。
教法要点——装饰音的倚音，不要唱得太碍，上拍子的时价也要注意。
1934年1月《音乐教育》二卷一期。

狗 儿

英美 儿歌
程舆松 译

啦 啦 啦 啦 啦 啦 啦 啦 啦 啦

啦, 啦 啦 啦 啦 啦 啦 啦 啦 啦

啦, 啦 啦 啦 啦 啦 啦 啦 啦 啦 啦

啦 啦 啦 啦 啦 啦 啦 啦 啦, 啦, 啦。

1934年2月《音乐教育》二卷二期4-5页。

汗 血 歌

熊式辉 词
程懋筠 曲

1=$^{\flat}$E $\frac{3}{4}$

(慷慨激昂)

我思古人，齐之管子，以死教民而国强，以劳

教民而国富，人能誓死乃能生，我不畏劳自

不苦，但愿吾国强，但愿吾国富，流汗不辞

劳，流血不怕死，能将汗血拚，

弱必为强，穷必富！

1934年3月《音乐教育》二卷三期2～3页，原稿是五线谱，程懋筠写有钢琴伴奏

萤 火 虫

程懋筠 词曲

轻快

风琴

(弱)萤 火 虫， 萤 火 虫， 飞 到西 来 飞 到东。

(中强)萤 火 虫， 萤 火 虫， 好 像小 灯 笼。

(强)又 像 许 多 小 星 儿， 闪 闪 烁 烁 在 空 中。

(弱)萤 火 虫， 萤 火 虫， 活 泼又 玲 珑。

萤火虫——描写生物的小歌曲。小学中年级适用。曲趣轻快。强弱已记明在乐谱上，唱时须注意。“中强”是“稍强”的意思。伴奏可用小风琴。

1936年7月《音乐教育》四卷七期6页。

合　作

（童　谣）

程懋筠 词曲

1936年7月《音乐教育》四卷七期第6页。

当　兵　曲

程懋筠 词曲

1= C $\frac{2}{4}$

（一）

3• 2 1• 5 | 1• 2 3 0 | 3• 2 1 6 5 | 1• 3 2 0 |

敌 人抢 了 我 土 地， 敌 人抢 不了 我 的 心，

6• 6 5• 3 | 2• 3 5 0 | 6• 6 5• 3 | 2• 3 1 ‖

我 们一 心 去 当 兵， 我 们一 心 去 当 兵。

（二）

1• 1 1• 5 | 1• 1 1• 0 | 3• 3 3• 1 | 3• 3 3 0 |

二 十一 到 三 十五， 应 该当 兵 保 国 土，

6 6 6 5 5 3 | 2• 3 5 0 | 6 6 5 5 5 3 | 2• 5 1 ‖

当 兵是国 民的 义 务 当 兵是国 民的 义 务。

（三）

3• 3 5• 3 | 6• 6 5• 3 | 1• 2 3 0 | 3• 4 5 0 | 6• 6 5• 3 | 2• 3 1 ‖

一 甲一 人，一 年一 次，大 家推， 免 得抽， 大 家不 推只好抽。

（四）

3• 3 5 0 | 6• 6 5 0 | 6• 6 5• 3 | 1• 2 3 0 | 6• 6 5• 3 | 2• 5 1 ‖

推 出来， 验身 体， 验 得好来 要 再推。 当 兵去，当 兵 去，保

（五）

1938年11月《抗日救亡歌曲集》（60-61）刘德润编。

全靠俺自己

程懋筠 词曲

1=♭B 2/4

勇壮

5· 3 5 0 | 1̇· 6 1̇ 0 | 6· 1̇ 5· 3 | 5· 0 |

同胞们，快起来，大家一条心！

6· 3 6 0 | 5· 1̇ 3̇ 0 | 2̇· 6 7· 1̇ | 2̇· 0 |

打倒那，日本鬼，捉拿汉奸们。

5· 1̇ 1̇· 1̇ | 5· 2̇ 2̇· 2̇ | 2̇· 1̇ 7· 6 | 7 5 0 |

有钱出钱有力出力，抗战须要到底。

5· 1̇ 1̇· 1̇ | 5· 3̇ 3̇· 3̇ | 2̇· 3̇ 2̇· 5 | 1̇· 0 ‖

保卫祖国，收复失地，全靠俺自己！

1938年11月《抗日救亡歌曲集》刘德润编。又见1940年《音教抗战曲集》。

全民抗战歌

1940年9月《音教抗战曲集》第2页，江西省推行音乐教育委员会编辑发行，江西吉安出版。

去 当 兵

程懋筠 词曲

1= A $\frac{2}{4}$

1940年9月《音教抗战曲集》第3页，江西省推行音乐教育委员会编辑发行，江西吉安出版。

砰　嘣　调

1= F $\frac{2}{4}$

老禾
小羔　词曲

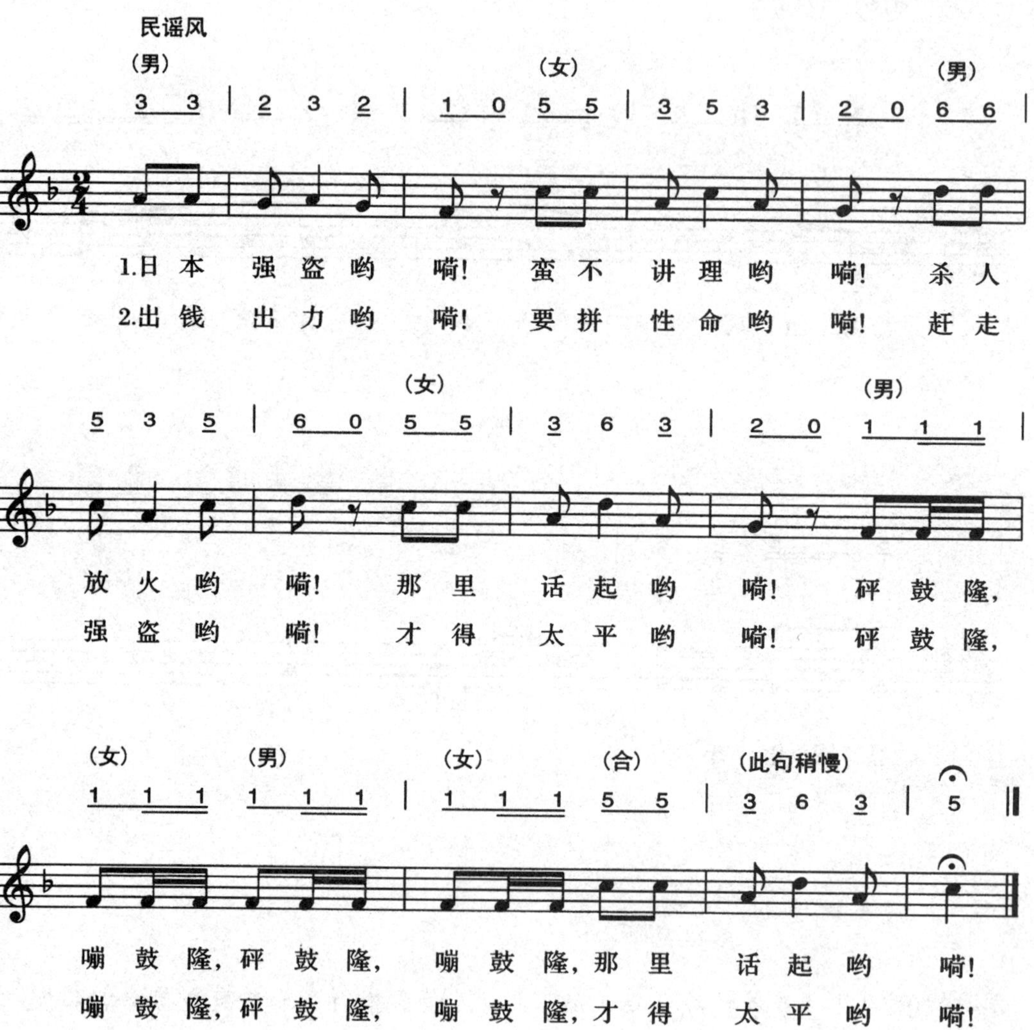

注：(1)小羔即程懋筠。

(2)“话”应该唱江西的语言“娃”的去声。

1940年9月《音教抗战曲集》第3页，江西省推行音乐教育委员会编辑发行，江西吉安出版。

劝我的郎

1= E $\frac{2}{4}$

刃心 词
小羔 曲

6 53 6 0 | 2 3 5 0 | 2 3 5 3 | 2 6̣ 1 0 | 6 6 5 1̇ |

1.劝 我的 郎， 离 家 乡， 日 本 军 阀 太 逞 强！ 骑 上 你 的

2.劝 我的 郎， 莫 思 乡， 日 本 军 阀 恶 豺 狼！ 我 郎 不 要

6 0 2 5 | 3 2 1 0 | 6 6 0 1̇ 1̇ 0 | 6 1̇ 5 3 | 6· 0 ‖

马， 背 上 你 的 枪， 去 吧， 去 吧， 去 到 前 方！

怕， 我 郎 不 要 慌， 去 吧， 去 吧， 去 到 前 方！

1940年9月《音教抗战曲集》第5页，江西省推行音乐教育委员会编辑发行，江西吉安出版。

国民精神总动员歌

1=C $\frac{2}{4}$

程懋筠 词曲

mf （勇壮）

1.没有我们的国家，哪有我们的家庭？
2.有钱的人要出钱，有力的人要出力；
3.我有救国的良心，我有抗战的决心；

f

没有我们的民族，个人从哪里安身？
除了国家打胜仗，谈不上其他利益；
只要永远的团结，一定打倒那敌人！

ff

国家至上！民族至上！
军事第一！胜利第一！
意志集中！力量集中！

作者附言：

这歌是为了解释国民精神总动员纲领中共同目标而作，用我国固有五声音阶制谱以便民众学习。

1940年9月《音教抗战曲集》第8页，程懋筠编，江西南昌原稿是简谱。

救国是我们大家的事

程懋筠 曲

1= G $\frac{2}{4}$

勇壮

1 0 5 1 0 | 6 1 0 1 1 | 3· 2 1 0 | 3· 2 1 0 |

1.来， 你来， 我来， 我们 大家来， 大家来，
2.来， 你来， 我来， 我们 大家来， 大家来，
3.来， 你来， 我来， 我们 大家来， 大家来，
4.来， 你来， 我来， 我们 大家来， 大家来，

5 1 1 1 1 | 1 2 3 0 | 3 3 3 2 1 1 | 7 2 2 0 | 5 5 5 3 1 |

有力的当兵 去杀敌， 有钱的献金把 军火买， 救国是我们
受伤的官兵 要安慰， 战士的家属 要优待， 救国是我们
多种，多做，多生产， 省吃，省用， 省穿戴， 救国是我们
今天 多出 一分力， 抗战胜利就 来得快， 救国是我们

2 2 3 5 0 | 1 1 1 6 1 | 3 3 5 5 | 5· 7 | 1 0 0 ‖

大家的事， 让我们大家 同心协力 干 起 来！
大家的事， 让我们大家 同心协力 干 起 来！
大家的事， 让我们大家 同心协力 干 起 来！
大家的事， 让我们大家 同心协力 干 起 来！

1940年9月《音教抗战曲集》第14页，程懋筠编，江西南昌原稿是简谱。

新生活运动歌

欧阳祖经 词
程懋筠 曲

1= A $\frac{4}{4}$

（勇壮）

1 0 5 0 6 0 5 0 4 3 2 | 2 0 1 0 7 0 6 0 5 4 3 |

礼 义 廉 耻，表现在 衣 食 住 行，这便是

3· 2 1 7 1 7 | 6· 5 5 – | *mf* 3 2 1 7 0 | 2 1 7 6 0 |

新 生 活 运 动的 精 神，整齐清 洁，简单朴 素，

5· 5 6 5 | 1 1· 2 3 – | 5· 5 3 2 | 1 7 1 6· 0 |

以 身 作 则 推 己 及人，转 移 风 气 同 声 应，

7· 1 3· 0 | 1· 3 5· 0 | *f* 5· 5 3 2 | 1 7 1 6· 0 |

纲 维 正，教 化 明，复 兴 民 族 新 基 础，

5· 6 1 7 3 2 | 5 4 2 1 – ‖

未 来 种 种 譬 如 今 日 生。

1940年《音教抗战曲集》第16页，江西南昌。

文化战士

1= D $\frac{4}{4}$

程柏庐 词
程懋筠 曲

进　呵，　进　呵，　我勇敢的文化战士
们！　准　备，　我　们　的，
口，手，腿，　这　唯一的武　器。　为　了　祖　国，
为　了　民　族，　为　了　人　类　正　义　与　公　理，
在　广　漠　的　原　野　里，　叫　每　一　个
被　压　迫　的　同　胞，　爱　护　祖　国，　认　识　仇　敌。
中　华　民　族　永　远　是　光　荣　胜　利！

1940年《音教抗战曲集》第17页。

公勇歌

熊式辉 词
程懋筠 曲

1=♭A $\frac{2}{4}$

勇壮

猛烈竞进，逢山辟路，遇水架桥行，万事由人

创造，活泼的机动力，旺盛的企图心，是真做事精

神，以求社会进化，以求国家复兴，毛将

焉附，皮之不存，个人何足论。

1940年《音教抗战曲集》第23页。

庆祝总裁寿诞歌

汤光瑢 词
程懋筠 曲

1=♭B 3/4及2/4

勇毅庄严(略快)

今天是总裁的生辰，全世界都在鼓舞欢欣，我们要拿无限的热忱和崇敬，庆祝这四万万五千万人的保姆，这人类真正的救星！他右手扶拯了同胞，左手抵住了敌人，

从容培好了 民族的新 生 命，即使 写 下一百个 伟 大，也

比拟不了他 的 革 命精 神！ 今天是 总 裁 的

生 辰， 全 世 界 都 在 鼓 舞 欢 欣。 我们更 要 拿

抗 战建国的 成 果， 庆 祝这 四 万万五 千万人

的保 姆， 这 人 类真正的 救 星！

1940年《音教抗战曲集》第24页。

出征歌

1=$^{\flat}$E $\frac{4}{4}$

程懋筠 词曲

(悲壮)

1.起来吾友，为生存而战斗，起来吾友，为人格而力争。你如再忍，人将灭你的祖国，你不醒醒，人将灭你的魂灵。我们手挽着手儿前进，你为司令，我愿当兵。我们负伤，自有看护的家人，我们战死，还有后起的人们！

2.起来吾爱，为生存而战斗，起来吾爱，为人格而力争。我如畏死，辱我先烈的名节，我不努力，负你爱我的深心。我们手挽着手儿前进，你为看护，我做军人。我如负伤，劳你妥贴的温存，我如战死，有我继志的儿孙！

1940年《音教抗战曲集》第16页。

锄奸谣

（混声合唱）

1=♭E 4/4
程懋筠 词曲
带唾骂嘲笑风味 略快
S
A
T
B
世上哪 种人最下 贱？ 汉 奸！ 汉 奸！ 只 顾自己贪小利，
不 要 脸！ 卖 掉祖 先，害 死后 代， 两 眼 只 看见昧 心钱；

f

0 0 0 0 | 6 3 i 7 6 3 6• 0 | 0 0 0 0 |

S

4• 4 4 4 4 6 5 4 | 0 0 0 0 | 0 0 0 0 |

A

翻把仇人唤做爸爸，走狗从来不怕烹！ 做了几多悲惨事？

p

0 0 0 0 | 6 3 i 7 6 3 6• 0 | 6• 6 6 6 6 i 7 6 |

T

4• 4 4 4 4 6 5 4 | 0 0 0 0 | 0 0 0 0 |

B

f

0 0 0 0 | 0 0 0 2 i 6 | 3• i 6• 0 |

S

3• 3 3 3 3 6 4 3 | 0 0 0 0 | 0 0 0 0 |

A

造了几多孽与冤？你自己想想，也毛骨耸然！

0 0 0 0 | 0 0 0 2 i 6 | 3• i 6• 0 |

T

3• 3 3 3 3 6 4 3 | 2 2 2 2 2 0 0 | 0 0 0 0 |

B

S
A
日上不敢出面,夜里不得安眠,到死时纵逃脱仇人手,也难把
T
B
S
A
金钱同葬殓!要知道,狗还有义,猪供牺牲,汉奸!
T
B

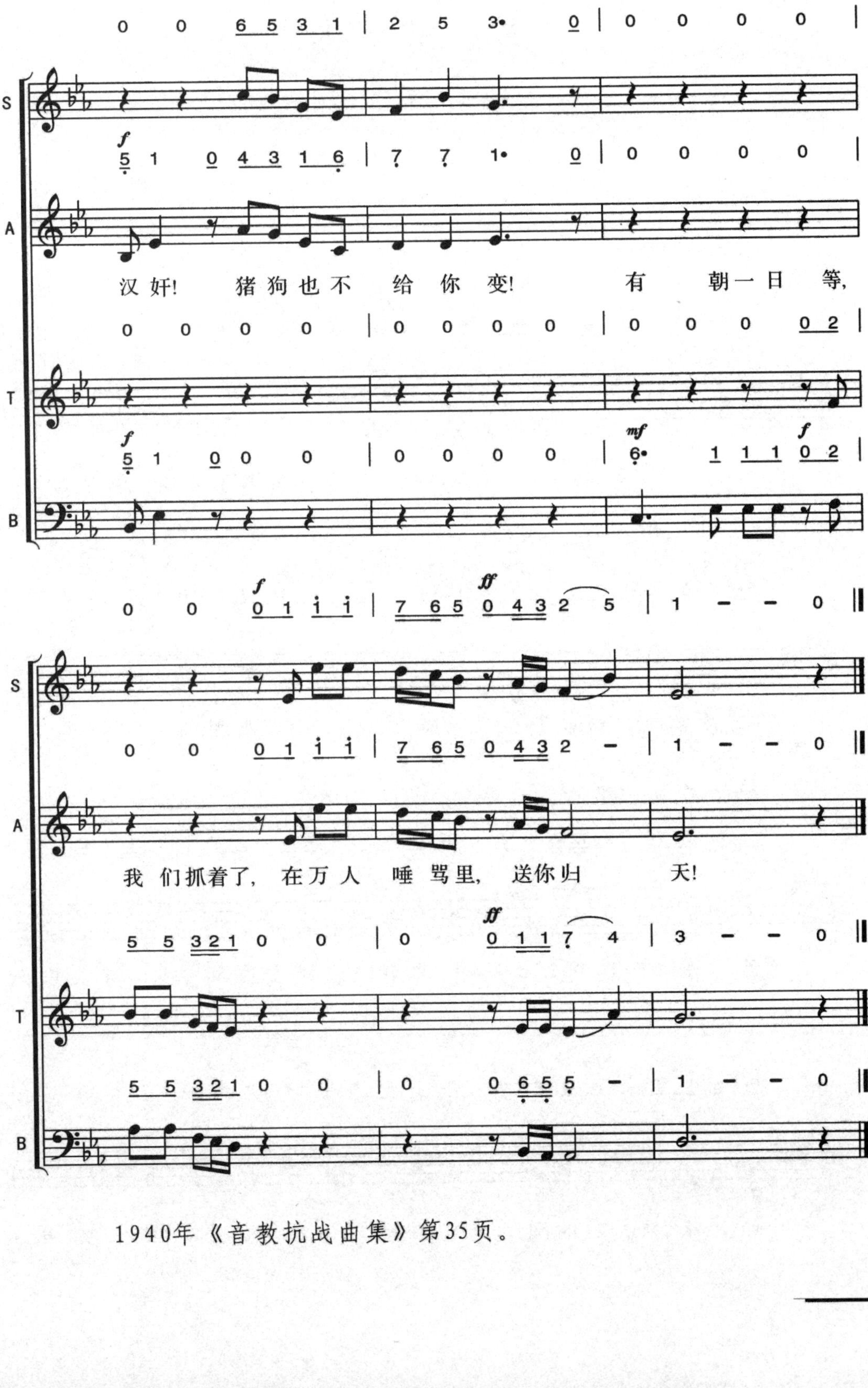

汉奸！ 猪狗也不 给 你 变！ 有 朝一日 等，

我 们抓着了， 在万人 唾 骂里， 送你归 天！

1940年《音教抗战曲集》第35页。

劳动歌

仿南昌打舂歌

1= E $\frac{2}{4}$

程懋筠 词曲

英勇地，节奏地
(女) (男) (女)
喔 依 策 勒，喔 依策勒，　蜜蜂子会酿 蜜 耶，
(男) (女) (男)
哎 依嘿，　蚂 蚁子会做 窠 呃，　哎 依嘿，　哎 依嘿，
(女) (男) (男) (女) (男)
嘿　嘿　日吃个三 餐 不 做事，　哎 依嘿，　驮 一个人头
(女) (男) (合唱)
做 甚 么？　哎 依 嘿，　哎 依 嘿，　哎　依　嘿 依　哎 依

3̇ 2̇ 1̇ 2̇ 3̇ 0 0 5 6 | 3 5 3 5 3 0 0 5 6 |

叮 当 叮 叮 当， 叮 当 叮 当 叮 当 叮， 叮 当

1̇ 0 5 0 1̇ 0 5 0 | 1̇ 0 5 0 1̇ 0 5 0 |

来 打 铁， 打 铁， 打 铁， 打

3 5 3 5 3̇ 0 0 3̇ 3̇ | 3̇ 0 0 3̇ 3̇ 3̇ 0 0 3̇ 3̇ |

叮 当 叮 当 叮， 叮 当 叮， 叮 当 叮， 叮 当

1̇ 0 5 0 1̇ 0 0 1̇ | 5̇· 5̇ 5 — |

铁， 打 铁， 打 铁 必 须

3̇ 1̇ 2̇ 7 1̇ 0 3 0 | 4 0 3 0 4 0 3 0 |

叮 当 叮 叮 当， 打 铁， 打 铁， 打

5̇ 0 4̇ 0 3̇ 0 0 1̇ 2̇ | 6 1̇ 6 1̇ 6 0 0 1̇ 2̇ |

要 趁 热， 叮 当 叮 当 叮 当 叮， 叮 当

1940年《音教抗战曲集》第39页。

打 铁 歌

（男女声二部合唱）

1= C $\frac{4}{4}$

程懋筠 词曲

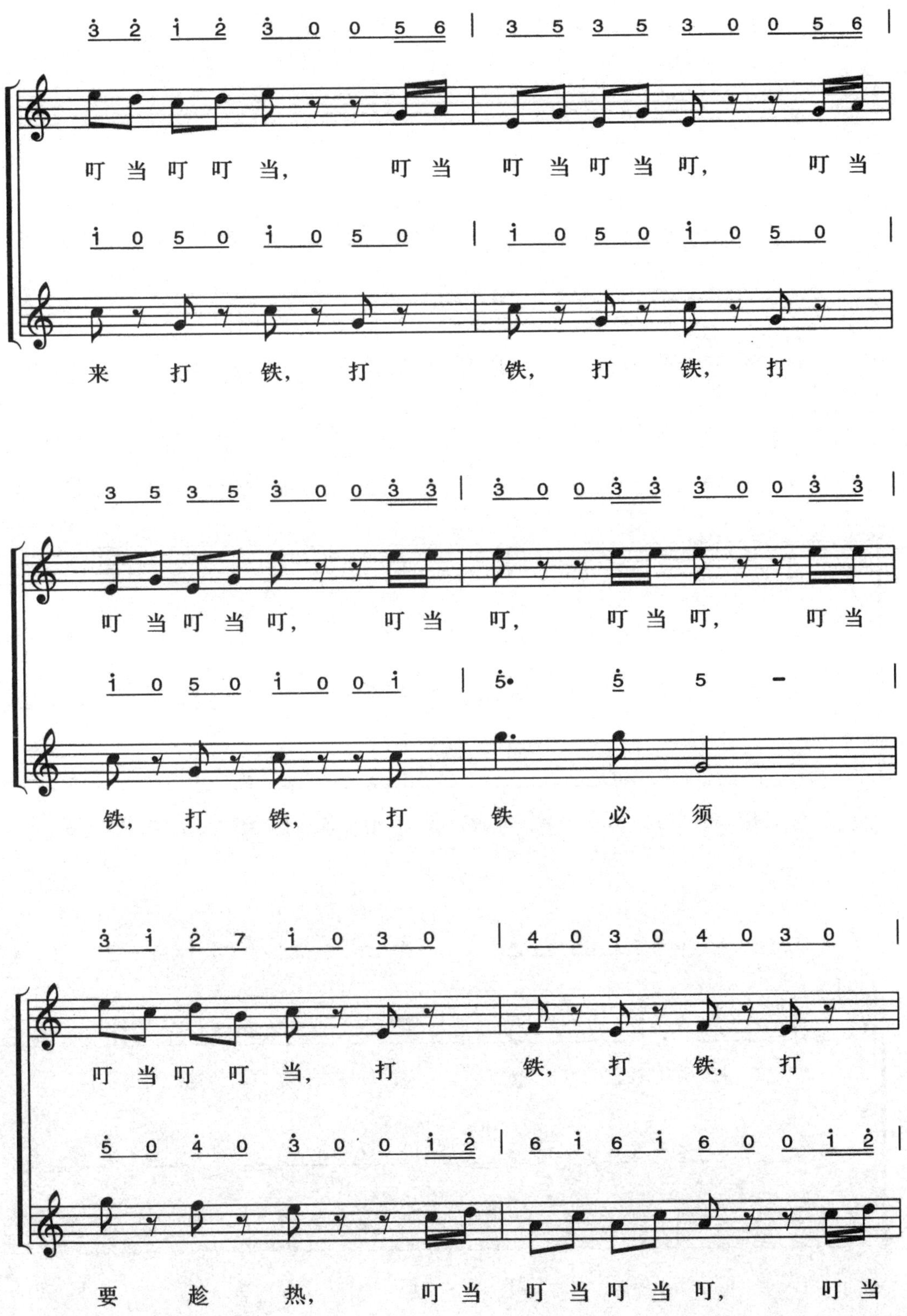

3 2 1 2 3 0 0 5 6 | 3 5 3 5 3 0 0 5 6 |

叮当叮叮当， 叮当 叮当叮当叮， 叮当

1 0 5 0 1 0 5 0 | 1 0 5 0 1 0 5 0 |

来 打 铁， 打 铁， 打 铁， 打

3 5 3 5 3 0 0 3 3 | 3 0 0 3 3 3 0 0 3 3 |

叮当叮当叮， 叮当 叮， 叮当叮， 叮当

1 0 5 0 1 0 0 1 | 5· 5 5 － |

铁， 打 铁， 打 铁 必 须

3 1 2 7 1 0 3 0 | 4 0 3 0 4 0 3 0 |

叮当叮 叮当， 打 铁， 打 铁， 打

5 0 4 0 3 0 0 1 2 | 6 1 6 1 6 0 0 1 2 |

要 趁 热， 叮当 叮当叮当叮， 叮当

铁，打铁，敌人好比
叮当叮当叮，叮当叮，叮当叮，叮当
是顽铁，打铁，打铁，打
叮当叮叮当，叮当叮当叮当叮，叮当
铁，打铁，重锤猛打
叮当叮当叮，叮当叮，叮当叮，叮当

(Fine)
不 要 歇。 敌人 虽然是 顽铁0我们 全国人手中 有的是 四 万 万
叮 当 叮 当 叮。 有的是 四 万 万
五 千 万 铁 锤，
五 千 万 铁 锤， 铁锤 举起0 好像 刀枪0
铁 锤 响 处 平 地 一 声 雷。
剑戟0 铁 锤 响 处 平 地 一 声 雷。 你 一 锤，

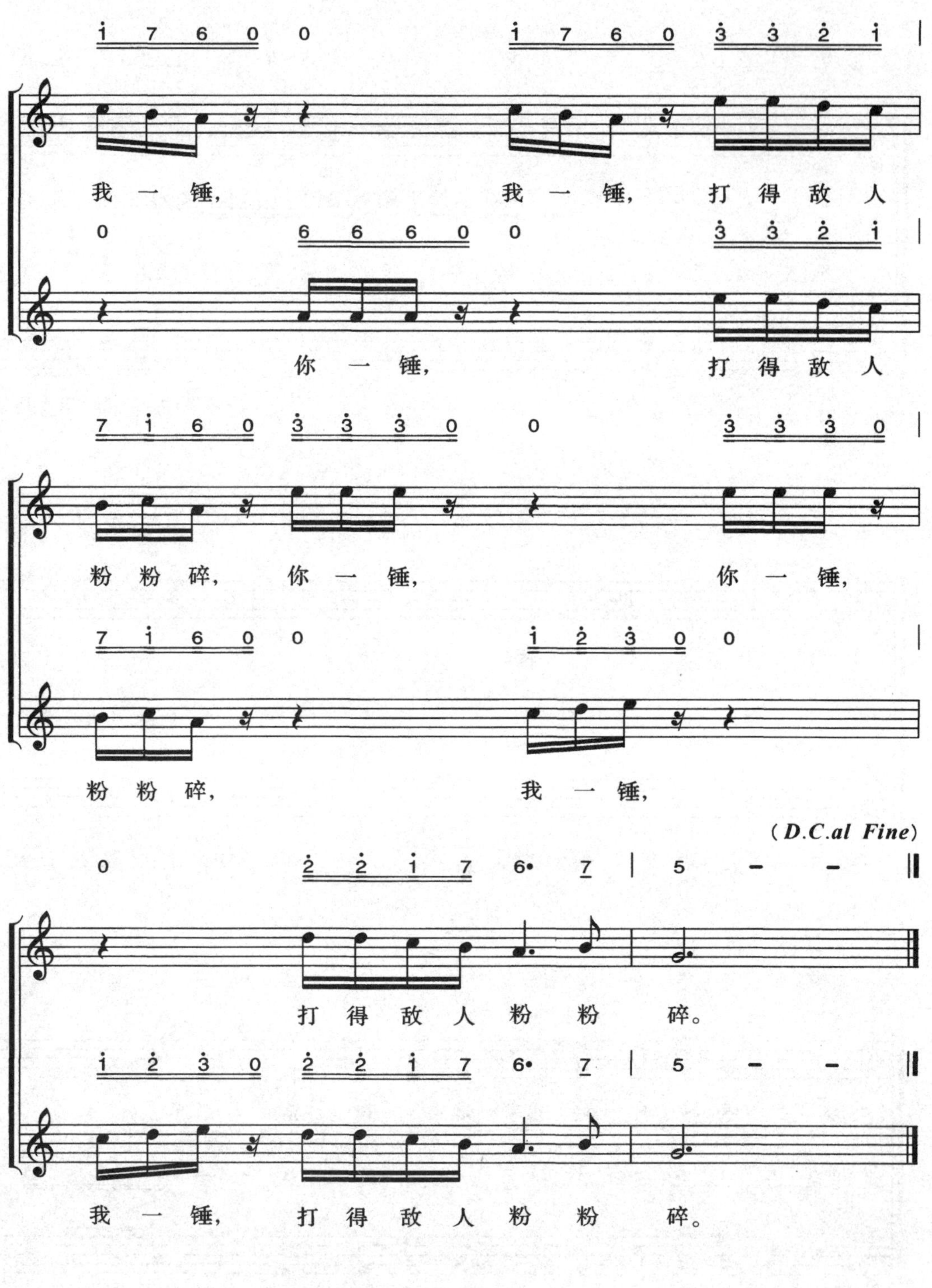

1940年《音教抗战曲集》第70页。

欢送勇士们

（二部合唱）

程懋筠 词
Boieldieu 曲
1=C 4/4
（略快）
同胞大家来，欢送勇士
们。同胞大家来，欢送勇士们。让我来唱
歌，让你来奏琴，来赞美我中华勇士

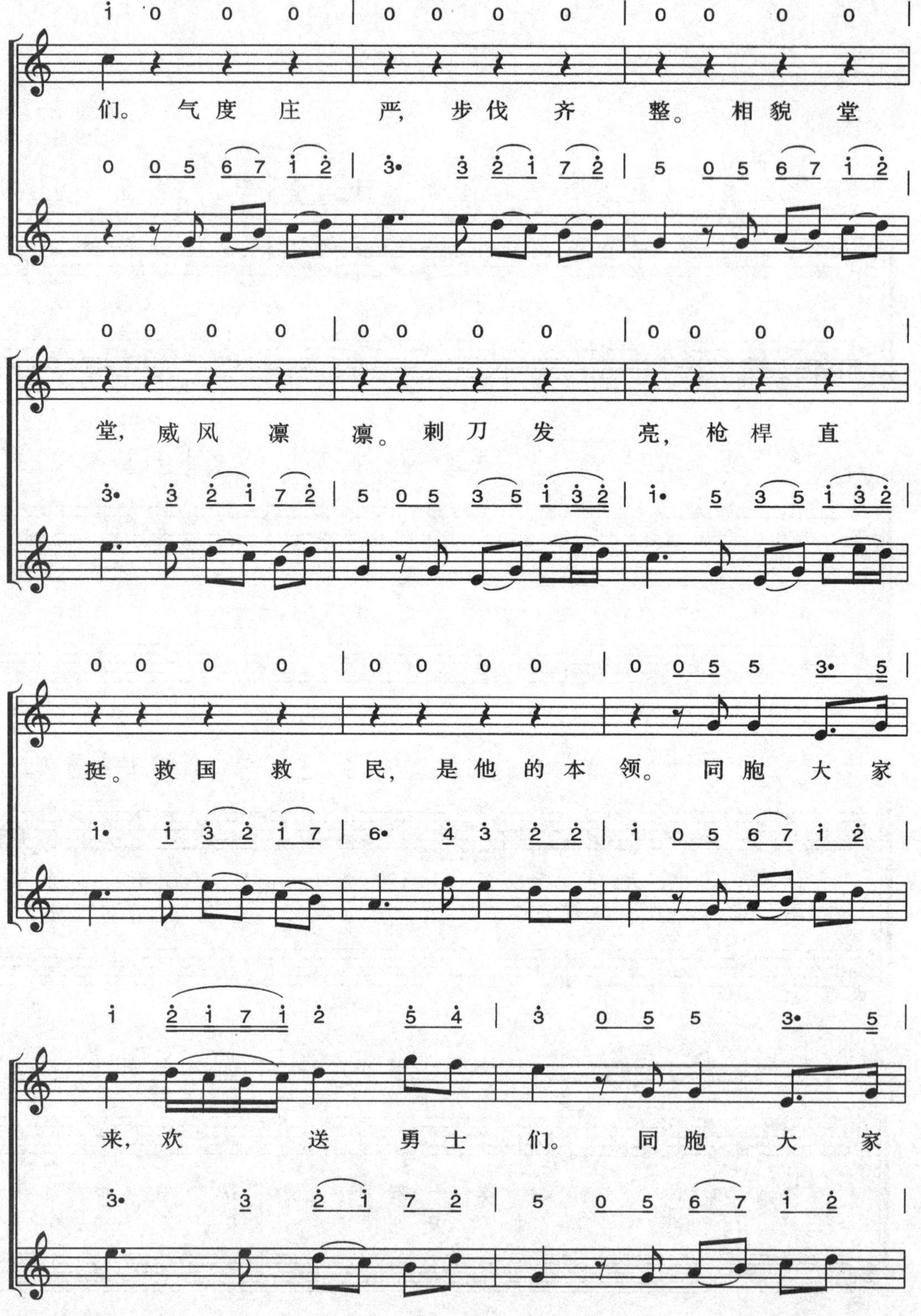
们。气度庄严，步伐齐整。相貌堂
堂，威风凛凛。刺刀发亮，枪杆直
挺。救国救民，是他的本领。同胞大家
来，欢送勇士们。同胞大家

来，欢 送 勇 士 们。让我 来唱

歌，让你 来奏 琴，来赞 美 我 中 华勇士

们。听大炮正在 响；听飞机正在 轰，看同胞正在

逃，看敌人已进 攻。我们勇士正要 上 战场，逞英

雄；我们勇士正要雪仇恨，显威风；丝毫不怕鬼子
凶，不怕他凶。但愿此一去，杀敌立奇
功。但愿此一去，杀敌立奇
功。杀敌立奇功。立奇功。

1940年《音教抗战曲集》第76～78页。

九 一 八

程懋筠词
A.Dvorak 曲

1=♭D $\frac{4}{4}$

mp
p
九 一 八, 九 一 八, 此 日 不 可 忘。 东 四 省, 东 四 省,

mf
无 端 作 战 场! 可 恨 那, 日 本 鬼, 现 在 更 猖 狂。

犯南京，攻武汉，奸杀又烧抢！奋起啊，同胞们，

cresc.
f
快来赶豺狼。要出钱要出力，夺回俺故乡！

1940年《音教抗战曲集》第96~97页。

再牺牲！再前进！

$1={}^{\flat}B$ $\frac{4}{4}$

程懋筠 词曲
张永真 和声

英勇地·略快

看呵，敌人依旧到处横行；听呵，同胞正在呻吟。

我们中华民族已很危险，全靠

3· 3 2· 1 2· 3 | 1 – 0 3· 3 | 3 0 3· 3 3 0 3· 3 |

5· 5 6· 5 4· 5 | 3 – 0 3· 3 | 3 0 3· 3 3 0 3· 3 |

mp

忠 勇将 士有 决 心! 再 牺 牲, 再 前 进! 如 今

7· 7 6· 6 7· 7 | 1 – 0 3· 3 | 3 0 3· 3 3 0 3· 3 |

3· 3 4· 4 5· 5 | 1 – 0 3· 3 | 3 0 3· 3 3 0 3· 3 |

3· 6 3· 3 3 0 2· 2 | 2 0 2· 2 2 0 2· 1 | 2· 3 2· 0 5· 5 |

3· 6 3· 3 3 0 2· 2 | 2 0 2· 2 2 0 2· 1 | 2· 3 2· 0 5· 5 |

不 打更 不 行, 请 看 看, 可 怜 的, 东 北 同 胞 们, 七 家

3· 6 3· 3 3 0 2· 2 | 2 0 2· 2 2 0 2· 1 | 2· 3 2· 0 1· 1 |

3· 6 3· 3 3 0 2· 2 | 2 0 2· 2 2 0 2· 1 | 2· 3 2· 0 1· 1 |

人，保一口，个个被迫去当兵，到今
日，反不免，要打自己人！去呵最后胜利已经

不远，我们拼命现在就要拼！人生

自古谁能免了一死？要令千秋万岁仰威名！

1939年4月《抗战吼声》第57页，西安英华书店再版。

我们的祖国

1= D $\frac{4}{4}$

程懋筠　词

年的文 化。啊！我们生在这个国土 里 面，真 是 太 可

听那 枪 炮 声， 那 是敌 人
夸！

来了呀！他到处放枪，他奸淫又烧

杀！听那枪炮声，那是敌人

3 3• 4 5• 0 | i 3 i 5 3 1 3 5 | i 6 4• 2 | 6 5 5 6 7 |
来了 呀！ 他 到处 放 枪，他 奸淫又烧
3 3 3• 0 | 3 0 3 0 | 4 0 4 0 | 3 0 4 0 |
5 5 5• 0 | 5 0 5 0 | 6 0 6 0 | 5 0 7 0 |
1 1 1• 0 | 1 0 1 0 | 4 0 4 0 | 5 0 5 0 |

i – – 0 | 0 0 0 5 | 7 5 i 5 | 2 0 0 5 |
杀！ 他真是太猖狂；他
3 3 3 3 3 5 | 4 5 3 5 | 2 0 0 5 | 4 5 3 5 |
他真是太无礼；他真是太无
5 5 5 5 5 0 | 0 0 0 0 | 0 0 0 0 | 0 0 0 0 |
1 1 1 1 1 0 | 0 0 0 0 | 0 0 0 0 | 0 0 0 0 |

真 是
礼; 太 猖 狂 啊!

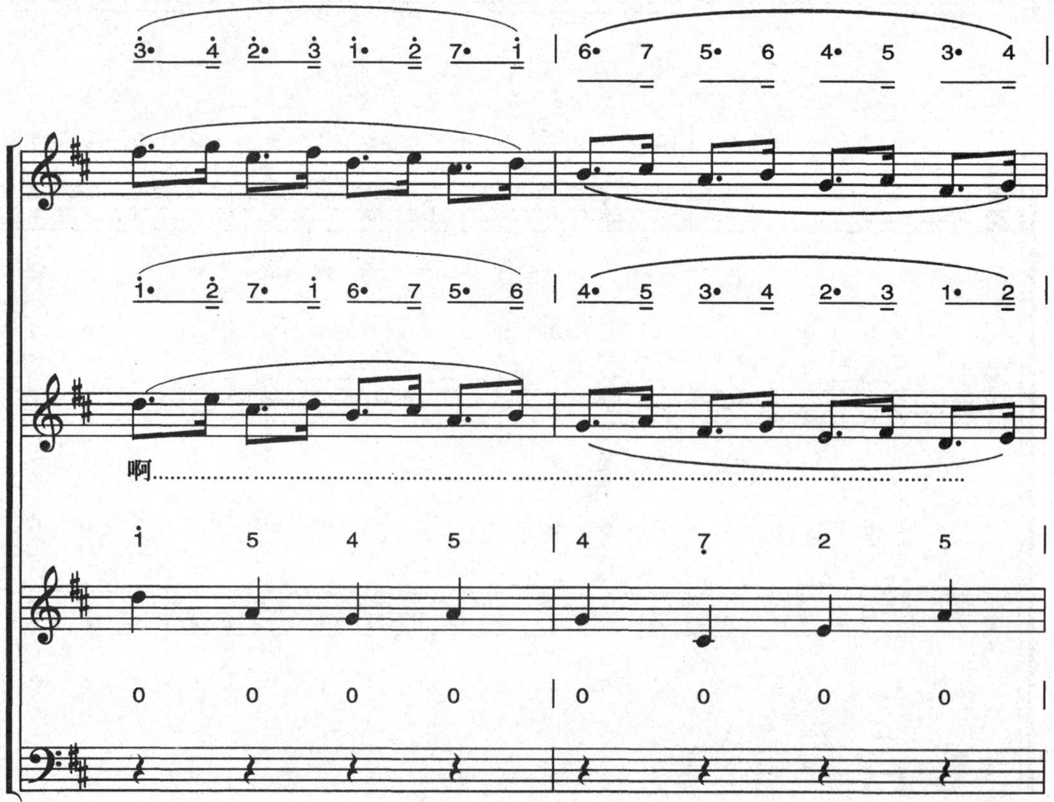
啊……

起 来 赶 豺 狼， 啊！ 起 来 赶 豺 狼， 啊！

起 来 赶 豺 狼， 公 理 一 定 胜 强 权，

1940年《音教抗战曲集》第126~129页。

游 击 乐

(用Bull dog原调)

同声四部合唱

1=♭A 2/4　　　　程懋筠 词

轻快

Tenor I: 0 | 0 0 | 0 0 | 0 0 | 0 0 | 0 0 |

Tenor II: 1 2 | 3 3 3· 3 | 3 3 0 | 0 0 | 0 5̣ 7̣ | 2 2 2· 2 |

1. 一群 好汉在 山 上, 一班 鬼子想上 山, 一群 好汉在 山
2. 鬼子 刚刚爬 上 山, 好汉 慢慢躲进 洞, 鬼子 刚刚爬 上
3. 好汉 下山拼 命 追, 鬼子 转身拼命 逃, 好汉 下山拼 命

Bass I: 0 | 0 0 | 0 1̇ 2̇ | 3̇ 1̇ 3̇ 1̇ | 5 0 | 0 0 |

Bass II: 0 | 0 0 | 0 0 | 0 0 | 0 0 | 0 0 |

(合唱)

0 0 | 0 0 | 0 3 4 | 5 5 5· 5 | 5 5 4 3 |

2 2 0 | 0 0 | 0 1 2 | 3 3 3· 3 | 3 3 2 1 |

上, 一班 鬼 子 想 上 山, 一 群 好 汉 在 山 上, 一 班
山, 好汉 慢 慢 躲 进 洞, 鬼 子 刚 刚 爬 上 山, 好 汉
追, 鬼子 转 身 拼 命 逃, 好 汉 下 山 拼 命 追, 鬼 子

0 5 5 | 5 4 3 2 | 1 5 5 | 5 5 5· 5 | 5 5 1̇ 1̇ |

0 0 | 0 0 | 0 1 1 | 1 1 1· 1 | 1 1 1 1 |

鬼 子想 上 山, 好 汉 对着鬼 子 笑: "矮 子 鬼,好 大
慢 慢躲 进 洞, 枪 口 对准鬼 子 放, "不 中 用,小 饭
转 身拼 命 逃, 鬼 子 跪下磕 头 求: "大 老 爷,把 命
(副歌)
胆"!笑 呀! 哈 哈 哈 哈 哈 哈 哈, 笑 呀! 哈 哈
桶"!
饶"!

哈 哈 哈 哈 哈， 笑 呀！哈哈哈 哈 哈 哈， 笑 呀！

pp

哈哈哈哈 哈 哈， 哈哈哈哈， 哈 哈 哈哈， 哈哈哈哈 哈 哈，笑呀！ 哈

1940年《音教抗战曲集》第174页。

打游击去

（二部合唱）

1=F $\frac{2}{4}$

程懋筠 词曲

330

1• 1 1 1 | 6 1 2 0 | 3• 3 3 3 | 3 5 6 0 |

人生在世 一口气， 有气不吐 没廉 耻，
瞪我一眼 还一眼， 咬我一牙 报一 牙，

3• 3 3 3 | 4 3 2 0 | 5• 5 5 5 | 6 5 4 0 |

0 0 | 3 5 6 0 | 3• 2 1 2 | 6• 0 ‖

去当兵， 打游击， 杀掉小鬼 呀！
去当兵， 打游击， 杀掉小鬼 呀！

1 2 3 0 | 0 0 | 1• 2 3 3 | 6• 0 ‖

1940年5月《新音乐》第一卷五期第37页，上海。

新中国颂

物 多地大 历史久 长， 人民勤朴又 坚 强。 联 合

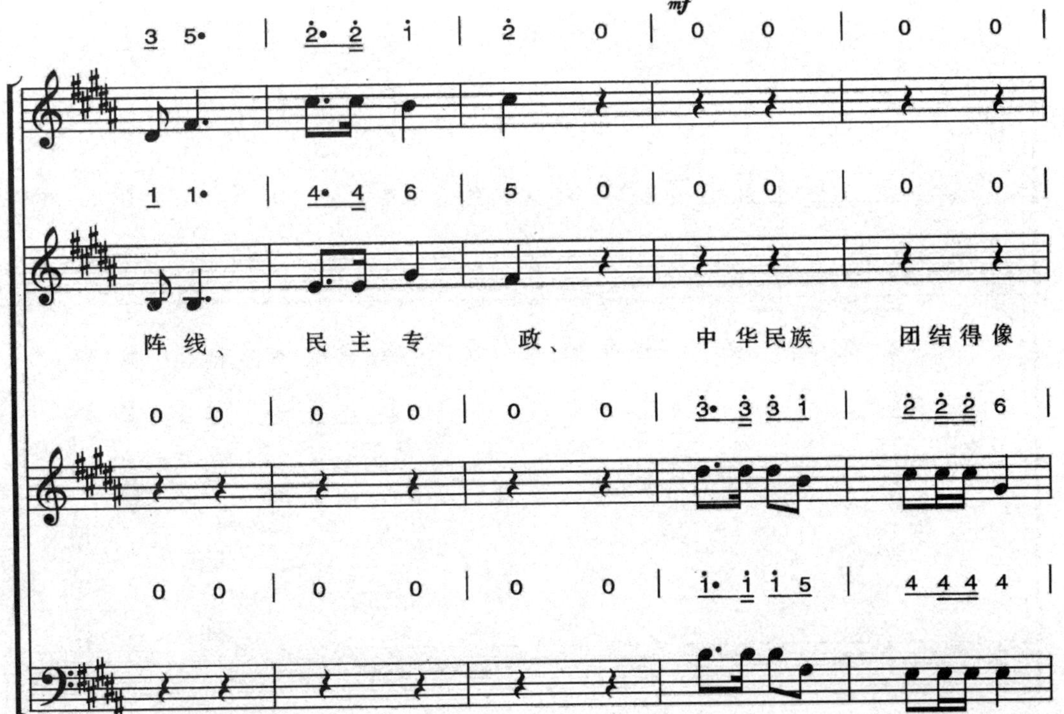
mf
阵线、 民主专 政、 中华民族 团结得像

铁 和 钢。 斧头 镰刀， 建立了自由 平等，
啦啦啦啦啦 啦啦啦啦啦 啦啦啦啦啦 啦啦
啦啦啦啦啦 啦啦啦啦啦 啦啦啦啦啦 啦啦
政治 文化， 增进了幸 福 安康。

前进啊，前进！新民主主义的旗帜在飘扬，

努力啊，努力！新的中国伟大坚强。

1951年《上海音乐》创刊号23～24页，中国音协上海分会编印。

归　航

注：此曲在当年曾与李叔同的《送别》风行一时。
《张航声韵歌辑》大海洋文艺杂志社，1999年版。

白雪嫁太阳

张　航词
程懋筠曲
丁立鸣回忆记谱

1= C $\frac{2}{4}$

注：此曲原名“砰嘣调”抗日高潮时，儿童口唱“日本强盗哟啊”蛮不讲理哟啊，杀人放火哟啊,哪像话儿哟啊……”响亮的歌声，战斗的歌声，响遍了中国每一个角落。

《张航声韵歌辑》大海洋文艺杂志社，1999年版。

虎岗谣

1=♭B 2/4

蒋经国 词
程懋筠 曲

有朝气 中速稍快

(引子)

(齐唱)

太阳出来照虎岗，岗上青年脸发光。齐声作长啸，好像老虎叫，一啸再啸魔鬼影全消，新的时代来到了！

(轮唱)

太阳出来照虎岗，

太阳出来

5• 5 3 2 | 3 6 5 | 6• 5 6 i | 3 – | 3• 2 i 6 |

岗 上青年 脸发 光。 齐 声作长 啸， 好像老虎

6 3 6 | 5• 5 3 2 | 3 6 5 | 6• 5 6 i | 3 – |

照虎 岗， 岗 上青年 脸发 光。 齐 声作长 啸，

i – | i 0 5 0 6 0 5 0 | 3 1 2 3 2 |

叫， 一 啸 再 啸 魔 鬼 影全消，

3• 2 i 6 | i – | i 0 5 0 6 0 5 0 |

好 像老虎 叫， 一 啸 再 啸

2 i 6 5 2 3 | 2 i 6 5 2 3 | i – | X 0 ‖

新的时代来 到 新的时代来 到 了！ 嘿！

3 1 2 3 2 | 2 i 6 5 2 3 | i – | X 0 ‖

魔 鬼 影全消， 新的时代来 到 了！ 嘿！

熊志成《程懋筠先生歌曲集》2004年，南昌。

双十节歌

1= A 4/4

欧阳祖经 词
程懋筠曲

熊志成《程懋筠先生歌曲集》2004年，南昌。

中美之歌

赵元任 改编
程懋筠 曲

1= B $\frac{3}{4}$

1 | 1 – 3 | 3 – 5 | 5 – 3 |

三 民 主 义，吾 党 所

5• 3 | 1 3 5 | 1̇ – 3• 2 | 1̇ 3 #4 |

oh say can you see by the dawn's ear – ly

呵，呵，看…… 呵！曙 色 之……

2 – 3 | 1̇ – 6 5 | 6 – 3 | 6 – 5 #4 |

宗。以 建 民 国，以 进 大

5 – 5 5 | 3• 2 1̇ 7 | 6 – 6 7 | 1̇ 2̇ 2̇ |

light what so proud – ly we hailed at the twi – light's last

光。我 们 夸 耀 地 欢 呼，在 此 黑 夜

5 – 5 | 5 0 6 0 | 5 0 1̇ 0 |

同。咨 尔 多 士，为

2 7 5 5 5 | 3 4 5 | 5 – 4 3 |

gleam ing and the rocket's red glare the bombs

中…… 红 色 的 火 箭，金

熊志成《程懋筠先生歌曲集》2004年，南昌。

我们在一起融和

(男女高音二重唱)

如果你是晴空，我愿成为星宿；
啦啦，啦啦啦啦，啦啦，啦啦啦啦，
啦啦，啦啦啦啦，啦啦，啦啦啦啦，
如果你是地狱，我愿在那儿安住；
我们在一起融和！
我们在一起融和！

熊志成《程懋筠先生歌曲集》2004年，南昌。

中央大学校歌

1= A $\frac{4}{4}$

吴县汪东 作歌
程懋筠 制谱

熊志成《程懋筠先生歌曲集》2004年，南昌。

中正大学校歌

1= G 4/4
王易 词
程懋筠 曲
略慢 庄严雄壮
澄江一碧天四垂，郁葱佳气迎朝曦。
巍巍吾校启宏规，絃歌既唱风俗移，
扬六艺，张四维，励志节，戒荒嬉，
求知力行期有为，修己安人奠国基。
继往开来兮，责在斯！

熊志成《程懋筠先生歌曲集》2004年，南昌。

生命诚可贵

（话剧《心防》插曲）

裴多菲　诗
程懋筠　曲
熊志成　记谱

1= F $\frac{3}{4}$

1 – 6̣ | 1 – 2 | 3 – – | 3 – 2 | 1 – 3 | 5 – – |

生 命 诚 可 贵， 爱 情 价 更 高。

5 – 3 | 5 – 7 | 6 – – | 6̣ – 4 | ^{23}2 – 7̣ | 1 – – ‖

若 为 自 由 故， 两 者 皆 可 抛。

熊志成《程懋筠先生歌曲集》2004年，南昌。

胜利之歌

(Boola Song原调)

1= C $\frac{2}{4}$

程懋筠 配词

活跃

呵 敌人已经 投降了! La „ „ „ „ „ „ „ „ La, 呵

同盟国家 胜利 了! La „ „ „ „ „ „ „ „ La, 看公理必竟

胜强权,世界 大同实现 了! 呵 同盟国 旗处处飘 La „

„ „ „ „ „ „ La,我 们 鼓 舞, 我 们 欢 欣, 团 结

一 致, 亲 爱 精 诚。 拥 护 领 袖, 建 国

建 军! 中 华 民 国, 日 日 新!

熊志成《程懋筠先生歌曲集》2004年,南昌。

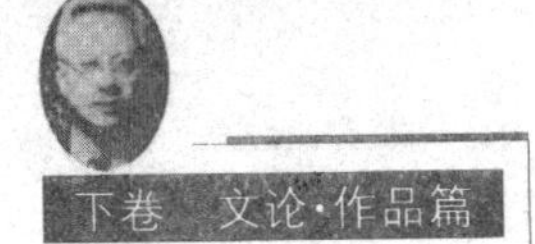

春宵别

（仿小夜曲体二重唱）

1=♭D 4/4 3/4

程懋筠 词曲

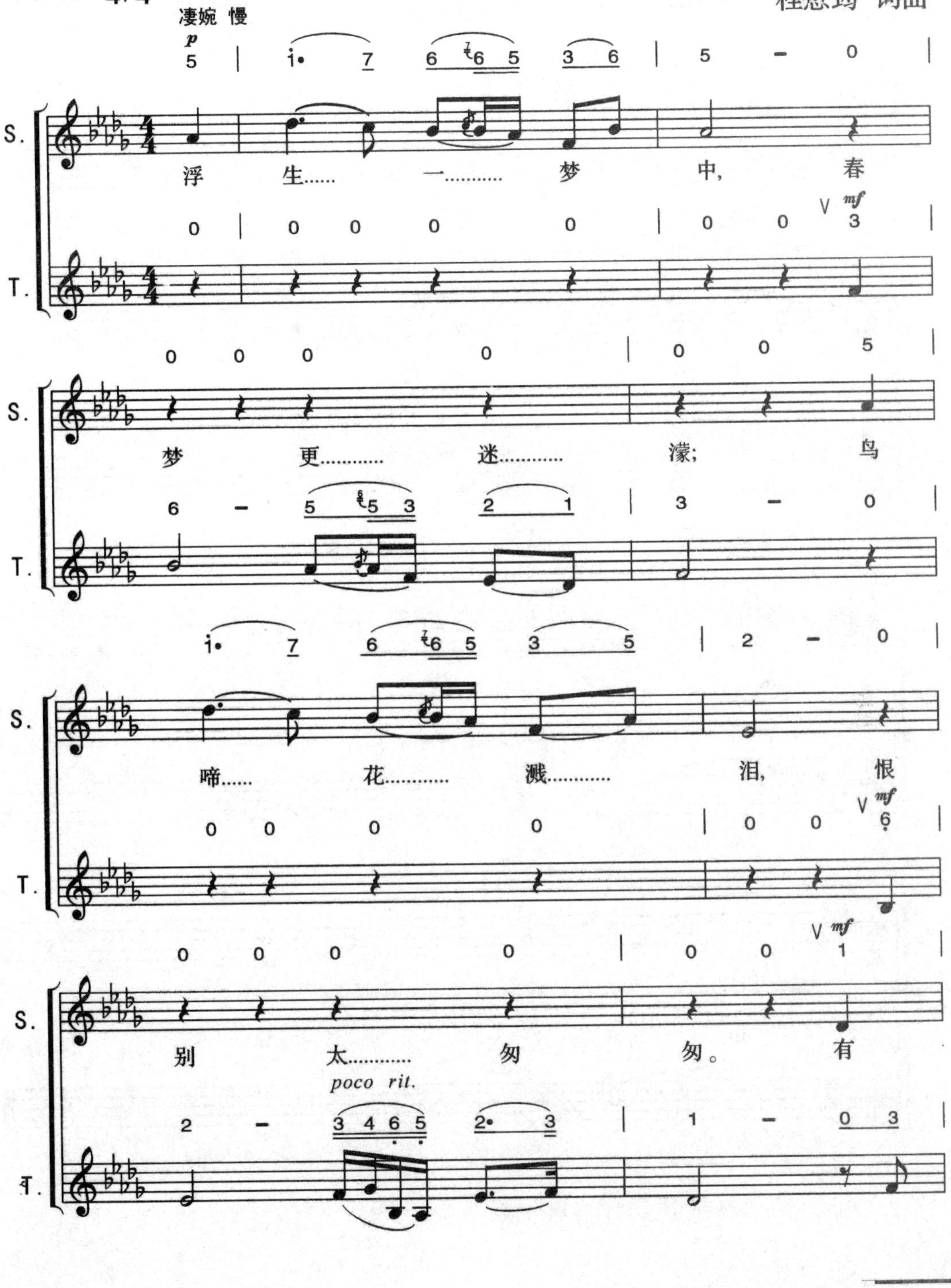

凄婉 慢

p

S. 浮生……一………梦中，春梦更………迷………濛；鸟啼……花………溅………泪，恨别太………匆匆。有

T. *mf*

poco rit.

钟立民《程懋筠的抒情歌曲》

归来曲

于伶 词
程懋筠 曲

1=C $\frac{2}{4}$

1.花儿凋零了会再开，燕子飞去了会再来，你流浪的人啊，你流浪的人儿啊，怎么一去不回来？归来，归来哟，我的心爱！

2.风儿又唱那首恋歌，海又讲那句情话，你流浪的人啊，你流浪的人儿啊，为何在海角天涯？归来，归来哟，我的心爱！

钟立民《程懋筠的抒情歌曲》

御 侮

1=C $\frac{2}{4}$

黄 侃词
程懋筠曲

嗟我兄弟 邦人诸友 兮 急 起 逐 倭 奴!
前进有尺 后却无寸 兮 存 亡 于 此 返
四百兆人 宁斗而死 兮 不忍见 华夏之为 墟
寒心孤立兮 谁 助 予? 神道不足凭兮 公理亦已 诬!

5 5 3 3 3 | 2 2 2 5 5 | 5 – | 5 3 3 | 5 5· 1 | 2 – |

雪我失流球 以来之深耻 兮 舍力战岂有 他 途

3 3 2 2 | 1 1 7 1 | 6 – | 5 3 3 | 2 2 5 | 1 – |

赫赫先圣 在天临睨 兮 喜我众之若貔 貅

3 3 | 3 2 1 2 | 3 – | 5 5 | 5 1 | 3 – |

行 行 各努力 兮 一 何 壮 乎!

2 2 | 2 3 2 3 | 5 – | 5 5 | 5 5 | 1 – ‖

行 行 各努力 兮 一 何 壮 乎!

翁祖善《记一首失传的抗日救国歌曲<御侮>》，见《贵阳文史》2005年2期4~3页。

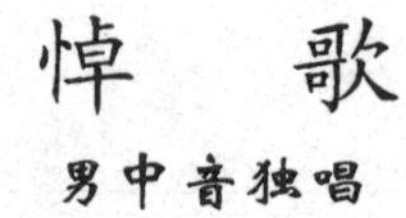

男中音独唱

1= C $\frac{4}{4}$ $\frac{3}{4}$ 慢板

程懋筠 词曲

沉痛、哀悼地

好粮官，程懋型，既爱百姓又爱民。

征不到粮食愧作官，逼迫了百姓愧作人。他

呀，他呀，只有悠悠地在白鹭洲中自

尽。尽。他呀，他呀，只有

悠悠地在白鹭洲中自尽。

rit.

1946年，他的哥哥，身为江西省田粮处长的程懋型，不忍为内战征粮而再增加刚刚从抗战的硝烟中走出的百姓的疾苦，于江西吉安白鹭洲头自沉于赣江。奔丧中，他以沉痛、哀伤的心情写了这首《悼歌》。1995年1月程应钿唱给银尔、泰尔听，由银尔记谱，经曾唱过此曲的熊志成校订。

为了我们的明天

——为幼师而作

（合 唱）

程懋筠 词曲

1=♭B 2/4 3/4 稍快

积极、向上地

伙伴们!

让我们大家尽情地唱几遍。伙伴们!让我们大家

尽情地唱几遍。我们不愿围炉消遣,是为了我们的明天。

我们这样苦锻练,是为了我们的明天,是为了我们的

1940年,在抗战极其艰难的岁月里,中国第一个幼稚师范学校在江西诞生。校长、中国幼教之父陈鹤琴先生特别邀请了程懋筠先生来校工作。他在寒冷的冬天里，为师生写下了这火热、昂扬的歌。

此歌为2007年5月27日由裘婉畴口述，张坚记谱，因时间久远，忘记了歌名，现歌曲名称由张坚所加。

摇 篮 歌

Wiegenlied

F. 舒伯特 作曲
程懋筠 译词

平 静 睡 着, 安 稳 休 息,
娘 的 心 愿, 娘 的 才 力,
soft - - ly rest and safe ly slum - ber,
all - - her wish - es. all - - - - posses - sions,

当 娘 把 你 摇 在 摇 篮 内。
娘 的 挚 爱 你 免 灾 祟。
while she swings thee by this cradle band.
and her love shall shelter thee from harm.

mf

1934年1月《音乐教育》二卷一期24页。

饮 酒 歌

（话剧《血洒晴空》插曲）

1=D $\frac{4}{4}$ $\frac{5}{4}$

曹 禺 词
程懋筠 曲
熊志成 记谱

中速 感情地

饮酒，请饮尽我们这离别的酒樽。今晚呵，请记住这西子湖滨，这黄昏灯影，这悲壮的饯行！明天呵，明天，你

（慢而有力）

是万里鹏程，完成你那壮志凌云！

据裘宗恕《飞向时代的暴风雨》一文有关《血洒晴空》一剧的回忆，此歌曲大致写于1938年。

正气中学校歌

（同声二部合唱）

1= F $\frac{2}{4}$

陈立夫 词
程懋筠 曲

（勇壮）中庸速度

mf

3• 3 | 2• 1 | 1 – | 1• 0 | 5• 7 1 | 5 6• 6 | 5 ♯4 | 5• 0 |

mf

1• 1 2 | 6 4• 4 | 3 1 3 | 2• 0 | 5• 5 1 3 | 5 5 | 3• 1 5 |

忠贞文谢，文章政事王欧。善养浩然正气立大志

1• 1 2 | 6 5• 5 | 5 6 1 | 7• 0 | 5• 5 1 5 | 3 3 | 1• 1 3 |

绍 前修! 义 利能 明辨, 不惑 复 何忧? 依仁 由义,

涵 咏 优游。 德 行相 砥 砺, 学 术共 研 求。

善 养浩 然 正 气, 立 大志 绍 前 修!

中国民俗学运动歌

钟敬文 词
程懋筠 曲

中国民俗学运动歌（1930年）

朋友们，忍耐呵，忘记呵！

（一六纪念歌）

程柏庐　作词作曲
程舆松　记谱定宫

1=♭B $\frac{4}{4}$

Con Spirito

5 5 3 | i 5 3 5 5 6 | 5 5 3 2 i i 6 | 6 2 i 7 i 6 i· |

我们的　手　膀　是几经绷　索，但我　们的头顶　并没有钱轮旋磨。

人　生一　刹　那，　纵加　上　了钱轮也只有　他。　朋　友们，

忍　耐呵，　忘　记啊！　仁人义士古　来　多，　看千　千万万的蚂蚁　儿，

正在那拼　命　填　河，　让他　们的子孙平安度　过；　这胜下的六　条

算得什　么？朋　友　么，忍　耐　呵，忘　记　呵！

363

编 后 记

编辑出版《程懋筠的音乐人生》一书，是“纪念程懋筠逝世50周年学术活动”的核心内容；因为没有这本书，就体现不出活动的学术价值与实际意义，就没有充分的确凿可靠、富有说服力的史实依据实事求是地去评价程懋筠。我们最初倡议是纪念程先生诞辰105周年，但书的编辑工作，因种种原因，进展迟缓；2006年又改为纪念程先生诞辰106周年，因故又未实现。去年底，最终定为“纪念程懋筠逝世50周年”(1957－2007)。在三年左右的时间里，程懋筠先生的多位学生和有识之士、热心的同志、老师和几位同学，在促进会的组织下，协助我们搜集资料、提供资料、撰写文稿，其中，80多高龄的程先生的学生、原南昌市文联副主席、音协主席熊志成先生最积极、最主动，提供的资料也最多，最珍贵，可以说，没有熊先生的热情支持和提供资料，本书就不可能编成今天这个样子。除熊先生之外，为本书搜集、提供资料或参与校对或做编务工作的，还有李岩、钟立民、俞玉姿、李淑琴、夏凡、吴棣冰、祁斌斌、冯云、泰尔、银尔、张坚、阿强、萧琳、汪朴、王天红、周建都、高拂晓等等10多人。如果没有他们，就不会有这本书的出版。

我指的有识之士，一是山东师大音乐学院刘再生教授和中国艺术研究院音乐研究所李岩副研究员。刘先生闻讯北京要举办程懋筠的学术纪念活动，他在原有史料的基础上，花了不少工夫，搜集资料，进行研究，及时写出并发表了为人称道的学术文论。李岩副研究员，指导他的硕士研究生夏凡，以“程懋筠”为研究课题，于今春完成了毕业论文。我赞同郑祖襄教授的评价：夏凡的“程懋筠研究，对当今中国近现代音乐史学科来说，是具有开拓意义的”。

还要感谢今年百岁华诞的缪天瑞先生，在他98岁高龄的岁月里，不辞辛苦，撰写了长篇纪念文章，对与他一起共事五年的程懋筠先生的工作、业绩、成就和为人，作了实事求是的回忆，富有史料价值和学术价值。

还应提到的是，我院音乐教育系研究生贺晓乐、音乐学系硕士研究生祁斌斌（应届毕业生）和硕士研究生宋歌，应约在限定的时间里，利用课余时间为本书撰写文章，令我感到后生真是可畏，可信，也可爱。

最后，还必须提及的是学院出版社领导俞人豪教授，对本书编辑出版的全方位支持。如果没有这种支持，这本书绝对不可能在纪念活动上举行首发式。

总之，没有大家的热心支持，真诚帮助，这本书是编不出来，也不可能及时出版的。热心的读者朋友，当你发现书中有什么差错失误，我们真心实意的欢迎你提出，这对我们也是一种支持。

黄旭东　2007年6月2日
于宝蕾元

图书在版编目(CIP)数据

程懋筠的音乐人生 / 萧友梅音乐教育促进会编. —北京：中央音乐学院出版社，2007.6（2025.4 重印）

ISBN 978-7-81096-225-4

（中国近现代音乐史教学参考文献）

Ⅰ.程...　Ⅱ.①萧...　Ⅲ.①程懋筠—纪念文集　Ⅳ.K825.76-53

中国版本图书馆 CIP 数据核字（2007）第 080681 号

程懋筠的音乐人生　　萧友梅音乐教育促进会编

编　　者：萧友梅音乐教育促进会
出版发行：中央音乐学院出版社
经　　销：新华书店
开　　本：787×1092 毫米　1/16 开　印张：24.75　字数：340 千字
印　　刷：三河市金兆印刷装订有限公司
版　　次：2007 年 6 月第 1 版　　印次：2025 年 4 月第 2 次印刷
书　　号：ISBN 978-7-81096-225-4
定　　价：198.00 元

中央音乐学院出版社　北京市西城区鲍家街 43 号　邮编：100031
发行部：（010）66418248　66415711（传真）